明代政治史研究

——科道官の言官的機能——

曺　永禄著
渡　昌弘訳

汲古書院

日本語版への序文

著者は一九六〇年代前半に、碩士論文で、東林派に関する研究を進めていたが、東林派は万暦時代の政治と思想の両方面に、共通する目的を持った士大夫官僚の集団である。これに関する研究は以後、著者に、明代の政治史と思想史の両方面に関心を抱かせる契機となった。

その後二〇年が過ぎた八〇年代前半に、著者が学位請求論文を準備するようになったとき、明代の科道官を研究課題として選んだのも、東林派研究と無関係ではなかった。周知の通り、科道官は当初、明代の監察官として明太祖が君主独裁体制を運用するために設置した制度であった。しかし、明の中期以後、社会的弛緩とともに、柔弱で無能な君主が現われて、統治権力が次第に弱まると、科道官はその監察機能とともに、次第にこれを批判する言官的機能を伴うようになった。その上、君主権を批判する科道官の集団的活動は、万暦年間の東林派及びその後継者としての復社の政治運動と、直接的・間接的な関連性を持っていた。

著者が東林派に関する碩士論文を書いたとき、韓国にはこれに関する研究者がおらず、基礎的資料を揃えることもできない状況にあった。中国とは国交が成立しておらず、謝国楨氏の『明清之際党社運動考』すらも入手できなかった。ただ、日本やヨーロッパとは通信が可能で、関係資料を入手することができたが、これは並大抵の幸運ではなかった。日本の東林派に関する研究論文である小野和子先生の「東林派とその政治思想」は、非常に大きな手助けとなり、Hucker, Charles O 氏の「晩明時期の東林運動」と Heinrich Bush 氏の「東林書院と政治的・思想的 重要性」からも史料的恩恵を受けた。

ソウル大学校博士課程で科道官関係の論文を書いていたとき、小野先生の、東林党の言路としての役割に関する研究が相次いで発表された。日本の学界の事情にも精通した博士課程の指導教授、今は故き閔斗基先生の推薦と、京都大学人文科学研究所の招請を受けて、一九八二年に日本を訪れ、一年間滞在した。このとき小野先生から受けた助力と、明代の文集を数多く所蔵している図書館の活用で、有益な期間を持つことができた。その年の五月、同研究所明清史研究班の月例発表会で「明代科道官の発言権強化と朝廷の態度」を報告し、肯定的な反応を得たことも、著者にいっそうこの研究に対する自信を持たせた。ともあれ、人文科学研究所での研究は本書を上梓する決定的な契機をもたらし、四年後には「明代科道官体系の形成と政治的機能に関する研究」と題する学位論文を完成することができた。そして、ほとんど同時に『中国近世政治史研究――明代科道官の言官的機能――』という書名で、韓国語版を刊行した。

この書については、しばらくして渡昌弘氏が『東洋史研究』第四九巻第二号（一九九〇年九月）に書評を発表された。しかし、何人かの日本や中国の学者の方から、韓国語を解せないために内容を知ることができず残念だ、という話を耳にした。そうこうするうち、今から二年ほど前、山根幸夫先生から、この書の日本語訳が書評を書いた渡氏により進められているという内容の手紙を受け取った。出版社は汲古書院を予定しているとのことであった。

今回、日本語版を出すのに、多くの方々の援助があった。東国大学校の徐仁範講師には、この書が韓国で初めて刊行されたときに手を煩わせたが、このたびの日本語翻訳でも渡氏と連絡をとり、大きな手助けをしてくれた。徐君は東北大学大学院東洋史学専攻で学んでいたとき、渡氏に機会があればこの書を翻訳してみたいという気持ちがあることを伝えてくれ、今回も面倒なことを殆ど一手に引き受けてくれた。そして渡氏は翻訳を終えて小野先生に監修を、また森正夫先生にも特に日本語表現の修訂をお願いしたが、両先生はご多忙のなか、快くお読みいただいたという。多くの方々に深く感謝申し上げる。刊行の労をとっていただいた山根先生にも感謝する。博士論文の指導教授であった閔斗基先生も地下で喜んでおられると信ずる。そして、日本の出版界が厳しい状況にあるにもかかわらず、本書の刊行を快く引き受けて下さった汲古書院の方々にも謝意を表したい。

最後に、本書の日本語版刊行は、私自身にとっても特別な意味があることを述べておきたい。それは、去る二月、およそ三五年間の教壇生活を終えて停年退任するに当たり、それまでに書いた他の二冊の韓国版著書の序文とともに、今、この序文を草しているからである。

二〇〇二年五月二五日

著者　曺　永　禄　識す

目　次

明代政治史研究

――科道官の言官的機能――

凡例

一、本書は、曺永禄著『中国近世政治史研究――明代科道官の言官的機能――』（知識産業社、一九八八年二月刊、ソウル）の全訳である。

一、特に断らない限り、本文中の（　）、傍線は、著者によるものである。［　］は訳者の補った部分であるが、繁雑になるのを避けるため省略したところもある。

一、巻末の索引は、原書所掲のものをならびかえた。

一、原書所掲の英文概要は収録していない。

一、ハングル文の文献名も日本語訳し、註では＊を付した。

まえがき

わが国［韓国］の東洋史学界で明代史の研究者が増え、研究成果が質量ともに高まり注目されるようになってから、さほど久しい歳月は経っていない。著者が碩士論文［日本の修士論文に相当］を提出した一九六〇年代前半のみを見ても、明代史関係の論文はほとんど皆無の状態で、まるで寂しい道を一人で歩く気分であった。

明代史の分野が他の時代に比べて興味を引かなかったのは、必ずしも我々の学界にのみ当てはまるものではなかった。この時代は清代のように近代に接続しているのでなく、文化的に漢・唐・宋ほど親しみを感じるでもなく、また、モンゴル族の元や満州族の清のように征服王朝として異色の魅力を持つ訳でもないので、探究欲が相対的に減少するためであった。そうであったものが、一九四五年の第二次世界大戦の終息と一九四九年の中国共産党政権の成立により、一つの転換期を迎えた。主に中国と日本の社会経済史学者により進められた、明末清初を近代資本主義の萌芽期に設定しようという努力、換言すれば、西欧の近代がアヘン戦争を通じて移植されたのではなく、アジア社会で自生的に成長していたという、いわゆる内在的発展の論理に負うところが大きかったのである。

明末清初という時期が、一部の社会経済史学者の主張どおり中国資本主義の萌芽期として設定し得るのかは別問題として、ともかく、そうした社会経済的視角とともに、政治史的な面でも学術思想的な面でも、一つの変革期としての特徴を持つこの時代についての研究が、次第に活気を帯び、明代史全般への関心が高まるようになったのである。著者が「明代東林学派の研究――高攀龍の生涯と思想を中心に――」を碩士論文に選んだのも、こうした学界の新しい動きに興味を覚えたためで、指導教授高柄翊先生による思慮深い御指導の影響下でのことだった。

右の東林学派の研究を発表（『歴史学報』二九、一九六五）して以来、「陽明思想における『分』の問題――社会思想的性格――」（『東洋史学研究』六、一九七三）や「『明夷待訪録』に見える職分論――宋代以来の位・分観の変遷上から見た――」（『東洋史学研究』一〇、一九七六）等を書き、「東林」を中心として問題の関心を上下に拡大してみようという努力を続けた。こうした社会思想ないし政治思想に関する研究を進めても、他方で明代政治史に対する興味をなくしてしまうことはなかったのであるが、これは著者の処女論文と関係がある。すなわち東林派とはいっても、がんらい学問と政治は表裏の関係をなすもので、その反対の部分についての研究意欲が常に隠されていたためである。そのうえ明代の前期や末期の政治史の分野にはそれなりに研究成果があったが、中期に対してはほとんど皆無の状況であったことも、またそちらへの関心を誘発した。

平素著者のつまらない学問活動に絶えず関心を示していただいたソウル大学校東洋史学科閔斗基教授には、この時おくれの学生の博士課程への進学を許可してくださり、また、学位論文で「明代科道官」についての研究計画書を検討、認定してくださった。七品の卑官で、その数も二〇〇名未満の科道官は、前王朝の台諫と類似性は備えていても性格を異にしており、その明代特有の言官としての政治的活動は非常に重要であったが、それにも拘らず未だに白紙の状態の分野であり、これに対する総合的かつ体系的な研究は明代政治史の本質的解明に寄与し得るという点が肯定的に評価されたのである。さらに、一九八二年初に日本を訪れ、明代の文集を最も多く所蔵していた京都大学人文科学研究所に約一年間滞在し、その間、そこで東林党研究を精力的に推し進め、明代の言官の問題にも一定の関心を持っている小野和子氏の助力と激励を得られたのは、一方ならぬ幸運であった。到着数カ月後、小野氏が主宰する明清史研究班に於いて「明代科道官の発言権強化と朝廷の態度」という題目で口頭発表し、研究計画を披露する機会を持ち、それなりに好意的な反応を得ることができたことは、この研究にいっそう自信を持つ契機となった。帰国後、本格的な論文作成に取りかかり、「明太祖の君主権強化と言路開放策」（高柄翊先生華甲紀念史学論叢『歴史と人間の対応』、一九八四）を筆頭に、「嘉靖初、政治対立と科道官――大礼の議を中心に――」（『東洋史学研究』二一、一九八五）、「明代前期における科道官体系の形成過程」（『東方学志』五一、一九八六）、「明正徳朝の乱政と言官の集団的対応」（『東国史学』一九・二〇合輯、一九八六）等を続けて発表し、これに新たに作成した新稿を加え、『明代科道官体系の形成と政治的機能に関する研究』という題目で学位請求論文を提出した。『中国近世政治史研究――明代科道官の言官的機能――』［日本語版『明代政治史研究――科道官の言官的機能――』］は、この学位論文を、題目のみ変えたものである。

論文の計画書作成から発表と提出、さらには本書の出版に至るまで、閔斗基先生の格別な関心と厳正な指導がなければ不可能であった。一六〇〇余枚に達する原稿を、ご自身の忙しい時間を割き、事細かに読み、そのうえ引用した原文の誤謬まで指摘される細心の御指導に、尊敬と感謝を表すものである。そして、学部時代から今日に至るまで施された学恩はもちろん、人生の道標となられた高柄翊、李龍範おふたりの先生に、衷心より感謝申し上げる。ソウル大学校東洋史学科の呉金成教授とは一緒に博士課程を履修し、資料その他で惜しみない協力を受け、また東国大学校史学科の多くの同僚は朝夕、助言と激励を惜しまなかったのみならず、李吉鎔先生は英文概要の作成を快く引受けて下さった。出版まで校正など煩瑣なことを引き受け、処理してくれた徐仁範君をはじめ、崔源植君ほか東国大学校大学院生の労苦もまた大きかった。そして様々な困難の中で、本書の出版を引受けてくれた知識産業社金京煕社長と編集部の皆さんにも、深く感謝申し上げる。

この書を母上の霊前に捧げる。論文の提出期限に追われる我が子の様子を、心配そうに肩越しに見守ってくれた母が、いまだその完成を見ないまま極楽往生した。また母上の葬儀後、一ヵ月余で著者は病気になった。その看病に疲れながらも、最後まで本書の上梓に誠意を尽くし支援してくれた妻にも、その功を感謝する。

一九八七年十一月

著　者　誌す

序論

明代政治史に於ける言官の政治活動は、それ以前のどの王朝に照らしてみても特異であり、活発に展開された。特に明代後期の政治史に検討を加えてみると、そうした事情をより深く実感するが、例えば『明史』王治列伝の賛[1]に、

世宗の治世に門戸《とうそう》が次第におこり始め、言路に属する者がそれぞれに主張し始めた。そのとき彼らは、言わないことを患えるのでなく、その言が冗漫無当ではないか、或はその心に私がないかを患えた。言が多いほど国是がますます淆乱したためである。

とあり、嘉靖年間に次第に見え始めた党派の兆候が、言路と密接な関係にあったと指摘されている。世宗治世下の「門戸漸開」（＝次第におこり始めた党争）は、万暦・天啓朝に至って東林党争へと発展し、政局は対立と争乱を極め、結局は王朝の滅亡を招いたのだが、じっさい明代後期の党争における言路の役割は大きかった。『明史』の撰者が「門戸《とうそう》が次第におこり始め、言路に属する者がそれぞれに主張し始めた」と述べるような、言わば党派争いに於ける言官の責任が相当に大きかったというかたちの明代言路に対する否定的評価は、一般的な例に属する。ところで著者の関心を引いたのは、明代の政治体制の下で、さらに言えば中国史上皇帝権が最も発達したと言われる明代の君主独裁体制の下で、言官の言論活動が、何故にそれ以前の王朝には見られない党争の要因として作用したのか、ということであった。

そういうわけであるが、この問題に検討を加えるには、いったい明代の言官とはどの官を指し、また言路という場合、言官とはどのように異なるのか、という点から明らかにしておく必要があろう。まず言路は、文字通り「言の通

路」すなわち言論のパイプを意味するが、使われる場合によって範囲が異なる。狭義の言路が言官を指すのに対して、広義の言路は、言官はもちろん百司官、甚だしきは一般庶民が下情（すなわち官・軍・民の実情）を上達する言論まで全て含めるのである。つぎに言官と言っても、王朝により或は時代により指す内容が異なっており、明代には御史と給事中がこれに該当した。例えば『明史』張寧等列伝の賛に、

御史は朝廷の耳目であり、給事中は章奏を担当し、廷陛の間で是非を争い、ともに言路と称した。(2)

とあり、「廷陛の間で是非を争」った御史と給事中を言路と規定しているが、ここの言路は狭義で用いられている。ところで朝廷の耳目官たる都察院御史の場合、下は七品官たる十三道監察御史から上は二品の左・右都御史に至るまで、その構成は重層的になっており、七品官でしかない六科給事中に比べて、その職掌もかなり多様である。では、どうしてこの両官が言官と称されるようになったのか。

これまでの明代の言官に対する研究は、断片的であったり部分的であるけれども、数編を数えることができる。それにも拘らず、言官とは具体的に何かという問いに対しては、いまだに二通りの相異なる答えが出されているのが実情である。

その一つは、六科給事中と都察院の全ての御史をひっくるめる見解で、この見解をとる研究者には謝国楨氏はじめ数人を挙げることができる。謝氏は『明清之際党社運動考』全一三章のうち、前半の五つの章で明末の東林党争と関連させて言官の重要性を論じているが、そこでは都察院官と六科官が「一般の世論を代表する」言官となったことを前提に、論を展開させている。(3) また、同一の視角から扱った論文として、李徳福氏の「明代言官」がある。氏はそこで、

明代の言官は、都給事中・左右給事中・給事中及び都御史・僉都御史・十三道監察御史、そして彼らが兼任した巡撫・巡按等であり、その組織が都察院と六科であった。……この二つの機構は組織上互いに統属しないが、職

責上では互いに通じあっている[4]。

と、都察院と六科は組織上で統属の関係はないが、職務上では相互に共通性があり、明代言官の双輪を成していたと述べ、また、その主要な職責として弾劾、糾察、切諫、巡按、巡撫、章奏の封駁、訟獄の推鞫、雑差等を挙げている。しかし、謝氏の研究を超えるものではない。

謝国楨氏や李徳福氏の都察院官と六科官を言官と見る視角は、Charles O. Hucker 氏の監察官についての見解とほぼ一致している。氏は『明代監察制度研究[5]』で、明代の監察官の範囲を、六科官と都察院官を中心とし、地方の按察司官、甚だしい場合は分巡道・分守道まで含むとしており、従来の監察制度研究の対象を概ねそのまま踏襲している。

彼らはこのように言官と察官を混同しているが、それぞれの系統は厳密には、前者が諫官、後者は察官で御史の職に属した。古来、諫官は君主権の濫用を牽制する役割を担ったのに対し、察官は主に官吏の非行を糾察・弾劾する機能を遂行したのであり、両者は職務の来歴も対象範囲も異なっていた。そうであったものが、宋代以後の君主権強化にともなって諫官の機能が弱まり、察官の機能は相対的に強化されていった。これについて、孫承沢（一五九三〜一六七五）は、

昔は、言官と察官は截然とした二つの系統であり、宋代でもまだそうした状況であった。……後世に、弾劾はあるが、規正は少なくなかった。言官と察官が渾然と一つになったわけである[6]。

と記す。宋代まではまだ両者の区分が残り、それ以後でも官吏の邪行を糾劾することはあったが、君主の言動を正すことが弱まり、その区分が曖昧になったという。しかし、孫のような指摘は元・明朝の場合を対象としたものである。元朝は異民族の征服王朝であったため、中国の伝統的な納諫制度を復活させ、たとえ僅かでも君主の政策や詔勅に対して制約や牽制を受けることは望まなかったのである。もちろん元朝が徐々に中国の伝統的な支配体制へと変質していき、世祖の時代（一二六〇〜九四）に唐代の三省制、特に門下省とその封駁権に関して復活の論議が起ったことはあ

る。しかし結局、世祖は封駁の必要性は認めても、制度それ自体を復活させようとはしなかった。[7]むしろ、形式的にはその職能を御史に兼ねさせた。元貞元年（一二九五）、監察御史となった李元礼の上疏に、

生民の利害と社稷の大計は、惟だ見聞するのみで、職司に関係しないことについては、宰相がこれを行い、諫官がこれを言うことができる。こんにち朝廷に諫官を置いていないのは、御史の職が言路に当たり、すなわち諫官なのであるから、……。[8]

とあるところからも、元代には御史が言路に該当し、また諫官の職能を兼ねていたことが分かる。また、諫官に代わって給事中の制度も設置されていたが、その最も重要な職務である封駁権は剥奪されており、『元史』には、

給事中の秩は四品である。至元六年（一二九四）、初めて起居注と左右補闕を設置して随朝の省・台・院・諸司の凡ての奏聞の事を掌り、これを悉く紀録させること、あたかも古の左・右史のようであった。[9]

とあり、給事中も起居注とともに昔の左・右史のような記録官程度に過ぎなかったという。

このように、宋代以降の君主権強化の趨勢は、元代に至って一層強まり、「言官と察官が渾然と一つになった」。しかし察官本位で一体となったのであり、[10]そうした現状は洪武初にも殆どそのまま踏襲された。本論で仔細に論ずるところだが、明初の多くの制度がそうであったように、御史と給事中の職掌や実際の機能は元朝のそれを殆どそのまま継承し、[11]「胡惟庸の獄」を契機として断行された監察制度の改革も、実は君主権強化という側面では、むしろその度を加えていった。

このような諸般の状況を総合してみると、宋代から明初洪武朝（一三六八〜九八）までの君主専制権強化の趨勢下で、所謂「言官と察官の渾然一体化」が同時に進行していた点がうかがわれ、したがって前で見たところの、謝国楨・李徳福両氏による言官の範囲の設定や、Hucker 氏による察官イコール言官とするなどの概念上の混同を理解し得ないものではない。じっさい明代の都察院は台（昔の御史台）、六科は省（昔の門下省）と称し、合せて台省と称し、また御

史を台官、給事中を諌官と称し、これを合せて台諌と称するなど、都察院官と六科官を一緒にして言官とも察官とも混称している点に照らしてみても、やはり彼らの混同を理解することができる。

しかし著者は、形式的ないし制度的な面から、明代特にその後期の党争へ目を向けたとき、前述したように言官の政治的活躍が非常に大きかったことを知り得た。例えば『明実録』をはじめとする典籍を繙くと、科官と道官の言路活動が非常に活発だということを実感したのである。その著者が、この問題に関心を持つようになったのは、次のような経緯による。かつて明代後期に於いて六科給事中の政治活動が活発であった点に着目して、その言官的性格を解明しようと試みたが[12]、結局、そうした努力は実らないことに気付いた。道官すなわち道監察御史に対しても同時に研究を進めなければ、明代政治史に於ける言官の機能やその政治的性格を把握し難い、換言すれば、言官の政治活動を通じて政治史の本質を理解するのは難しい、という事実を悟ったためである。

他方、早くから東林派研究に着手していた小野和子氏は、一九八〇年に李三才を中心とした東林党に関する本格的な研究を再開し[13]、引き続き『万暦邸鈔』と『万暦疏鈔』の著者を明らかにする過程で、東林派の政治的主張について論じ[14]、その後さらに考成法を中心とした東林党と張居正内閣との関係[15]及び張内閣後の東林党の形成過程を明らかにする等[16]多くの論考を次々に発表したが、これら一連の論文で、氏は東林党争に於ける言路の重要性を強調している。特に東林党の形成を扱う過程で、党の形成と内閣派との間に於ける言路開放の問題を中心に論を展開させているが、そこで氏は最初の二、三章を割き、明代の言官を科道に限定して、断片的ではあるが、科道官について専論しているのである。恐らくそれが、明代政治史の解明に於いて科道官が持つ言路としての重要性に初めて着目したものではなかろうか[17]。

もちろん既に明代に、その重要性が着目されなかった訳ではない。明代中期を生きた丘濬（一四二一〜九五）が、

祖宗が官を設けるときに、諌諍を官名につけなかったのは、みなの者に各々その言を尽くさせるためである。そ

れなのにまた、その責（言責）を科道に付した。ああ、四海に言うことが出来ない者はおらず、百官に言うべきでない職はないのに、［責任の所在が］泛然《ぼんやり》散処とした中、隠然たる専責の意を付（寓）したのである。祖宗の設官の意は深く、求言の意が切実である。(18)

と、科道が言責の官であることを明確に述べる。科道とは六科十三道を指し、科道官は六科給事中と都察院の十三道監察御史のみを切り離して、これを略称したものである。(19) 道監察御史が、都察院の諸々の都御史とは異なり、六科給事中と一緒に七品の卑官としてそれぞれ独立性を保ったまま、言路の主役を担ったという丘濬の指摘は、恐らく記録上最初のもので、以後、一般的呼称として伝承された。しかし丘濬のような、洪武以来の科道が持つ言官としての重要性に対する見解は、あくまでも科官と道官の両官の合称としての用語、すなわち科・道官という程度の意味合しか持たなかったのに対して、小野和子氏や著者の場合は、明代後期の政治史で見られた科道両官の言官的活躍に照らし、その同一体系の言路としての性格に着目しており、そこに相違がある。

ともあれ、孫承沢は、宋代以後、君主権が絶対化して官僚に対する糾劾は強化されたが、君主に対する規諌は弱まり、言官と察官が渾然と一体化したと言うが、これは察官を主とし、言官が包摂されたことを述べたものである。それにも拘らず、中国史上、中央集権的君主独裁体制が最も発達したと言われる明代の中・後期に、科道官の職能が監察官としてよりも、むしろ言官としての性格を強く表出せざるを得なかった理由は、どこにあるのか。何よりも著者の関心を引いたのは、御史と給事中は元来その来歴が異なり、別々の官職であったが、それが如何にして同一の言官として体系化され、明代政治史に於いて言路としての政治的役割を強化し得たのか、ということであった。(20)

このような問題意識から、この研究の対象時期を洪武（一三六八〜九八）初から崇禎（一六二八〜四四）末までの明代の全期間とし、便宜上さらにこれを、正徳（一五〇六〜二一）末・嘉靖（一五二二〜六六）初を画期として二篇に分けて考察した。時期をこのように区分する理由は、科道官の言路活動が嘉靖「大礼の議」以後の「門戸漸開」とともに活発に展開され、それ以前の言官的機能と相違を見せているためである。

第一篇では、明初から正統年間に至る所謂明代前期に於ける科道官体系の形成過程と、景泰（一四五〇～五六）から正徳までの科道官体系の発展及びその政治的機能拡大の問題を中心に、全五章に分けて叙述した。まず第一章では、太祖洪武帝が「胡惟庸の獄」を契機に大々的な官制改革を実施し、君主独裁体制を確立する過程に於いて、彼の言官対策はどのようなものであり、科官と道官の設置動機及びその運用実態はどのようであったのかを、後代に所謂「祖宗の法」として尊崇された洪武政権の性格と関連させて考察した。つづく永楽（一四〇三～二四）・宣徳（一四二六～三五）・正統（一四三六～四九）の間には、内閣制度の成立と宦官勢力の台頭があり、政治的には比較的安定していたが、そうした中にも変化が見られた。次の第二章では、そうした時期に、洪武初に設置された六科十三道官が言路の責務を帯び、その変化に如何に対応していったのかを追究しようと試みた。丘濬は科道が言責の官であったのを明初からのこととしているが、後述するように、科道という用語がおおむね景泰以後から使用されている点等から推測して、科・道両官が一つの言官的体系を成すのは、永楽から正統年間に至る明代前期の政治的・社会経済的な諸変化と軌を一にするものと考えられ、また科道官体系形成の問題の追跡は、同時期の政治的・社会経済的な諸変化を理解するのに一つの重要な鍵にもなる。その次には、科道官体系は形成後、如何に展開し、政治的に成長していったかという問題を扱った。第三章で、「土木の変」（一四四九）の衝撃による政治的不安定や英宗の復辟といった事件の連続によって政局が危機的状況に陥り、言官の政治的役割が要請されたという事実、ならびに科道という用語がこの頃から使用された点にも注意を傾けた[21]。科・道の序列は、がんらい道（正七品）・科（従七品）でこそ適切なのだが、どうして序列体系にそのような変化がもたらされたかをも考察することで、正統以降に於ける六科十三道の言官的機能の変化を明らかにしたのである。第四章は、明朝も中期にかかって、人事問題が次第に複雑化したのみならず、君主の私的肥大化が著しくなって皇荘田という名称が初めて現われ、宦官と大臣（内閣大学士）が帝権の維持・存続に双輪的役割を担い、次第にその弊害を見せるようになったが、そうした際に言責の官としての科道は如何に対応していったのかを扱った。大臣の廷推への参加と考察拾遺権の行使、そして宦官に対する批判と大臣に関する論議のみならず、甚だしい場合には君主権に対する論議も、この時期に顕著に現われているのである。最後の第五章では、政治的に無能で個人的には不道徳な武宗の治世にあって、かつて例を見ないほどの宦官劉瑾の専横と、彼の勢力が削がれた後には武宗の南巡問題等をめぐって、廷臣たちの抵抗が続いたが、このとき科道官の抗議が一般官僚の行為と如何に区別されたかという点、それとともに、特に天啓朝の魏忠賢専権期における場合とあわせて、科道官の政治的位置について追究した。

第二篇では、嘉靖以降の「門戸漸開」から万暦十年（一五八二）の張居正の時代まで、そして万暦以後の東林党争の時代へと次第に移行し、ついに滅亡に至る全期間を、やはり五章に分けて叙述した。第一章第一節では、嘉靖帝の即位とともに発生した「大礼の議」による楊廷和内閣と世宗の立場を庇護する大礼派との激しい対立で、混乱を極めた政局に処し、科道官の向背はどのようであったのか、そして、大礼派と最後まで対立したために、のちに発生した「李福達の獄」にあって、科道官は大礼派から集団的弾圧を受けたのみならず、弾圧のための制度的装置すら施行を見るようになったが、こうした問題を扱うことで「門戸漸開」の本質、あわせて科道官の政治的機能の理解に助けを得けようとした。また、永楽以降に成立した内閣権には、嘉靖年間に至ると首輔と次輔の区分が生じ、首輔は前代の宰相を彷彿させるほど、その権限が強化され、万暦初に張居正の専権を演出することになった。「大礼の議」に見られた楊廷和内閣と世宗の極めて激しい対決の後、張璁・夏言・厳嵩・徐階・高拱・張居正と続く所謂嘉靖以降の首輔権強化の問題と関連させて、朝廷の言路対策及び科道官の対応を、つづく第二章で扱った。

張居正内閣の終焉により、それまで抑圧されていた反内閣派の政治活動が許されると、それにともなって科道官の言路活動も活発になり、東林党争が発生、展開されたが、第三章は、その過程を沈一貫内閣のときまで扱った。第四章では、万暦末すなわち方従哲内閣の成立前から泰昌・天啓にかけ、激烈に展開された東林党争の渦中で、科道官が政局を主導した過程について検討を加えた。万暦末には斉・楚・浙党の科道が、そして泰昌・天啓初には東林派の勢力獲得とともに東林派科道が主導し、続く魏忠賢の専権体制下に於いては魏党科道官の政治的役割が極めて活発に展開されたが、それらの追跡を通じて明代君主独裁体制下に於ける党争と言官との関係に一定の理解を得たのである。最後は崇禎朝に於ける科道官の問題を、一章を立てて論じた。崇禎朝の十七年間は、対内的に党争鎮定策を実施するなど、国勢を挽回しようという毅宗の努力にも拘らず、外からの満州族の侵入と内での李自成・張献忠等の農民反乱により、危急の状況が時々刻々と差し迫ってきたのであるが、科道官は政治批判の度を決して緩めなかった。「五十宰相」と言われるように内閣では交代が続き、[22] 言官に対し言事による処分が相次いだのも、崇禎朝の急迫した状況を示すものであるが、この第五章では、特に明朝の滅亡と関連させ、科道官の政治批判の問題に焦点をおいて論を展開し、君主独裁制下に於ける科道官の言路としての限界を見ようと試みた。

註

（1）『明史』巻二一五・王治等の列伝の賛。
（2）『明史』巻一八〇・張寧等の列伝の賛。
（3）謝国楨『明清之際党社運動考』（台湾、商務印書館、一九六七）五～六頁。
（4）李徳福「明代言官」（『社会科学』一九八二―三、上海社会科学院）六四頁。
（5）Hucker, Charles O., *The Censorial System of Ming China* (Stanford Univ. Press, 1966)。
（6）孫承沢『春明夢餘録』巻二五・六科。
（7）＊青永禄「明・清時代の言官研究――六科給事中を中心に――」（『東洋学』一二、一九八二）四～八頁、参照。
（8）『元史』巻一七六・李元礼伝。
（9）『元史』巻八八・百官志四。
（10）銭穆『中国歴代政治制度』（台湾、一九五六）六一～七一頁。
（11）山根幸夫「明太祖政権の確立期について――制度的側面よりみた――」（『史論』一三、一九六五）一～二一頁。

（12）註（7）参照。

（13）小野和子「東林党考（一）――淮撫李三才をめぐって――」『東方学報〔京都〕』五二、一九八〇（のち同『明季党社考――東林党と復社――』再録、同朋舎出版、第五章・東林党と李三才、一九九六）。

（14）小野和子「『万暦邸鈔』と『万暦疏鈔』」『東洋史研究』三九―四、一九八一（のち前掲書・第三章・東林党の形成過程　第一節・『万暦邸鈔』と『万暦疏鈔』）。

（15）小野和子「東林党考（二）――その形成過程をめぐって――」『東方学報〔京都〕』五五、一九八三（のち前掲書・第三章・東林党の形成過程）。

（16）小野和子「東林党と張居正――考成法を中心に――」『明清時代の政治と社会』、京都大学人文科学研究所、一九八三（のち前掲書・第一章・東林党と張居正）。

（17）小野氏の「東林党考（二）」が発表され、科道官について注目すべき論及があった一九八三年初め、著者は同じく科道官に関する体系的な研究計画を持って日本に渡り、京都大学人文科学研究所招聘学者として滞在し、同年五月二四日、同研究所明清史研究班で「明代科道官の発言権強化と朝廷の態度」という題目で発表した。

（18）丘濬『大学衍義補』巻八・重台諫之任。

（19）『明史』巻七一・選挙志三に、

給事中・御史、謂之科道、科五十員、道百二十員。

とあり、御史といえば一般に監察御史の呼称で、給事中と御史を科道と呼んだ。

（20）Hucker 氏によると、明代の監察制度は言官（Speaking officals）、察官（Surveillance officals）の二つの側面を持っており、「それらが常に均衡状態を保つことは期待し得ない」という。その理由は、主として君主個人の政治的姿勢ないし個人的力量に左右されるためだとするが、明代の「監察官」が、前朝に比べ言路としての役割を強化された点は認めている。前掲書 pp.289~291。

（21）註（18）の丘濬の指摘では、科道官が洪武帝の言路重視により始められたとしている。しかし、科官と道官が洪武朝に設置されたとしても、科道官の言官的体系の形成は永楽朝から正統年間にかけてのことで、そうした科道官の言官的概念が普遍化し用語として一般化するのは、それ以後に見られた。著者が知るところでは、科道という用語を初めて用いた人物は丘濬のように思われる。これについては第一篇・第二章・第二節、参照。

（22）謝国楨氏前掲書・九一~九八頁に、「崇禎五十宰相表」が作成されている。

第一篇　科道官体系の形成と展開

第一章　太祖の科道官設置と言路対策

第一節　言路開放と科道官の設置

1　帝権の絶対化と言路の開放

農民反乱を通して天下を手に入れた太祖（一三六八～九八）は、誰よりも下層民の実情を熟知していた。為政者と被統治者との間に閉塞があり、専断と圧政のみの政治では国が滅びないことが無かったという歴史的教訓を、彼は経験していたのである。元朝の滅亡も大臣の専断と中間の壅蔽に要因があったと見て、建国初期から、下情を上達し得る上下の対話の道が何よりも必要だと考えていた。[1] 彼はすでに建国前、廷臣に言路の重要性を、次のように力説した。

治国の道は、必ず言路を先に通ずるべきである。言は水と同じように、流れようとする。水が塞がると流れが詰まるが、言が塞がると上下が壅蔽する。いま予ひとりで天下の衆務に当たるに、重ねて聴き広く詢ねなければ、どのようにして其の得失を知ることができるのか。[2]

太祖は言論を水の性質になぞらえ、民間の世論は言路を通じて上の耳へ運び込まれる。言路が塞がると、上で世論を聞き込むことができなくなり、結局民衆反乱が起こって国家が滅亡する、というのであった。

ところで、彼は洪武十三年、丞相胡惟庸（?～一三八〇）の疑獄事件を捏造し、これに事寄せて中書省を廃止し、その丞相制を永久に復活させないようにと祖訓に残した。[3] のみならず、これを契機として大々的に官制改革を断行し、それまで中書省に隷属していた六部を独立・昇格させ、政務をそれぞれ分掌して皇帝に直属させ、また軍事機構である大都督府は五軍都督府に改組し、やはり皇帝直属とした。監察機構である御史台にも、その後大幅な改革が断行され、監察御史を中心に、皇帝の耳目官としての役目を本格的に担当させた(4)。こうした中央官制の大幅な改革の趣旨を、太祖は、

朕が臨御して以来十三年、中間に大臣を置いて輔弼を期し、至治を成そうと企てた。……思いがけず、奸臣が国権を窃持し、法を枉げ賢人を誣陥し、不軌の心を操り、奸偽の蔽端を肆にし、嘉言で衆舌に迎合し、朋比でもって群邪を逞《たくまし》くし、政治を蠹害し、社稷を危くするを謀ることになった。……朕は中書省を革去して六部を昇格させ、古の六卿の制に倣って各々に仕事を担当させ、更に五軍都督府を設置して軍衛を分領させた。このようにすれば、権が一司に専擅されず、事が壅蔽してしまわないのである(5)。

と述べ、改革の目的が「権が一司に専擅されず、事が壅蔽に留らない」ことにあり、一司の専権とそれによって醸成される壅蔽の弊害は、奸臣が国権を握って朋党をつくり、政治を蝕むところに始まるとした。こうした弊害を永久に取り除く方法は、結局丞相制の廃止により権限をできる限り分散することだというのであり、これは、元朝滅亡の理由が大臣に全権を委任して上下が壅蔽したところにあった、という太祖の認識に由来するものである。

ところで、君主権を絶対化させればさせる程、臣僚に対する統制を徹底するために耳目官が必要とならざるを得ない。そのため、言の通路すなわち言路はできる限り広く開放され、しかも皇帝の耳目に直接連結されねばならない。太祖が、

およそ耳目を広げ、偏って聴かないのは、壅滞を防ぎ下情に通ずるためである。大小官員や百工技芸で言うべきことがあれば、直接御前へ来て奏聞するを許す。その言が理に適えば、まさに所司に付して施行せしめ、諸衙門で阻滞してはならない。違反した者は奸細に同じく罪を論ずる(6)。

と述べたところからも分かるように、耳目を広げて下情に通じようとして、大小官員はもちろん百工技芸の一般に至

るまで、御前にて直接奏聞できるようにさせた。言路がこのように開放されると、官僚たちの間には上言の場合に班序を無視するものもあった。(7) 太祖は、これほどまで民間の世論に神経を使い、人主は須く天下万民の耳目を言路とし、下情を見聞きすべきとして、求言と納諫の重要性を繰り返し強調し、午門の外に登聞鼓を設置し、普く無念の者の訴えを聞く(8)一方、言路を広く開き、その言に「不実」があってもこれを追究しないという寛大さをも見せた。(9) また、すべての官僚は随時民情を詢問し、得失を上奏できる一方、よしんば小官でも、典礼に関することであれば班序を無視しても許された。(10) 太祖は特に民政に関心を注ぎ、早くから御史に地方を巡歴させる(11)一方、反対に州県の有志を中央へ呼んで観政させてもおり、

　吏部をして、天下の州県より、民間の耆年の有徳者を里ごとに一人ずつ選び、順次来朝せしめた。到着すると随朝観政させ、三箇月が経つと帰らせた。(12)

とある。また里老人制に関連して、

　老人の中に、正事を行わず法を悪用して奸を為したり、衆人の公論に従わず事を曲げる者がいれば、衆老人をして捕まえ京師へ連れて来さしむ。(13)

とあり、里老人に背任行為があったときは、衆老人に京師へ押送、来奏させた。(14) これらの措置は、中央と地方ないしは皇帝と民間のあいだの壅蔽を取り除こうとする、太祖の強い関心の現れと言うべきものである。厳震直の場合も、そのような角度から理解し得る。彼は糧長で税糧を運搬し、その才能が評価されて、いちやく通政司参議に抜擢され、尚書にまでのぼった人物だが、(15) この事実もまた、君主独裁体制の強化のためには、行政上の手続きでは中間過程を無視しても構わないという姿勢を示したものである。

　天下の人の耳目を通して、天下の人の実情を把握しようとする太祖の言路対策は、実際どのくらい効果を収めることができたのだろうか。大臣の専政や言路の壅滞を、丞相制の廃止と言路の開放とによって解決しようとした。しか

し、丞相制の廃止で「中間の壅蔽」は一旦解消されたが、君臣間の距離があまりに遠くなり、かえって下民の声を聞き難くなった。制度的には言路を民間にまで開放したが、やはり中間過程としての言官が存在して、彼らが下情を上達するパイプの機能を遂行せざるを得ないのであった。

中国には伝統的に、言官に該当するものとして御史と諫議官があった。しかし宋代以降、君主権強化の趨勢の中で、御史台は従来通り諸々の職務を遂行していたが、諫議官はこれとは反対に、その存立が不安定なものになった。[16] 太祖も早くから輔臣や将帥の職よりも気を配り、侍従官と台察の官の人選は困難なものであると認識していた。[17] 特に侍従官の中でも拾遺・補過・諫諍の官については格別に神経を使い、けっきょく諫官は置かなかった。給事中は、元朝のそれを受け継いで設置されて以来、職掌や機能が拡大し、後には次第に諫官の機能まで兼ねる傾向が生じた。[18] そして明代中期以後、科（道給事中）・道（十三道監察御史）が言責の官としての科道官体系を確立するようになったが、次に、太祖がどのような目的で科・道官を設置、運用したのかについて検討を加えてみる。両官の設置目的を検討することにより、その運用上どのような過程を経て性格が変化したのかを明らかにし得るためである。

2　科官の設置と運用

太祖は建国初期に、諫官は置かなかったが給事中を設置した。[19] しかし、その給事中も元の制度を踏襲したもので、名称は昔に従っているが、唐代のそれが持っていた封駁権はほとんど喪失し、起居注とともに皇帝の左右で諸司からの奏聞を記録する記録官に過ぎなかった。[20]

給事中が、起居注のような単なる記録官から六科制のかたちを取るようになったのは、洪武六年（一三七三）からである。このとき、六部に応じて吏・戸・礼・兵・刑・工の六科に分け、人員も合計一二名で、毎科二人ずつ配置した。品秩は七品で従前と変わらなかったが、職務は多少具体化した。

凡ての省府及び諸司官の章奏は、当該の給事中が各々管掌する分野に随って執筆、紀録するが、章奏の後に旨意の可否を表示し、文簿に「本日給事中某欽みて記す」と書き、壅遏と欺蔽の憂いを防止した。まんいち特旨があると、纂録して外官に送り、施行した。(21)

とあり、年長者を掌印給事中とし、欽録簿を三つ置いて中書省・大都督府・御史台で各々記録できるようにした。そして、仮りに辺報や銭糧に関する機密・重事であれば、照会を待たずに給事中の処に報告させて、給事中がこれを引奏する手続きを踏むこととした。(22) このように洪武六年に規定された給事中の職務は、諸々の官司から上ってくる章奏を記録・処理することで上下間の壅遏と欺蔽を防止するものであったので、基本的には記録官としての性格から脱却したのではなく、むしろ強化されたのである。

洪武九年から十三年までの間、六科自体の職掌や機能に変化はなかったが、十年に承勅監を昇格して、給事中と中書舎人をそこに隷属させ、(23) さらに十二年には殿庭儀礼司と九関通事使を通政使司に所属させた。(24) 独立した六科を承勅監や通政司に隷属させる一連の動きは、承勅や通政という名称が示すように、詔勅と奏疏に関する業務を管掌するところの、太祖の積極的な言路対策の一環として設置されたこれらの機構に、六科を隷属させることで、より円滑な疏通体制を確立せんとした措置であった。特に通政司の設置は、行中書省を廃止した洪武十年の六月に「事を言うすべての者が直接朕の前に来て伝達できるようにさせよ」(25) と命ずるなど、積極的に言論対策を繰り広げていた時期に行われたが、このころ太祖は通政司の官に、次のように諭旨している。

言が壅蔽すると禍乱が芽生え、事が専恣すると権姦が生ずる。そのため、必ず喉舌の官司を置き、上下の情を通じ、天下の政を達した。昔の虞の納言と唐の門下省が其の職であるが、今この職を卿等に命じ、官を通政と名づけた。政治は水と同じで、長く通ずるようにすれば、壅遏の患を無くすことができる。卿は其の命令を審べて百司を正し、幽隠を達して庶務を通じ、執奏すべきものは忌避せず、駁正すべきものは阿随せず、敷陳すべきものは隠蔽せず、引見すべきものは留難せず、巧言で媚を取らず、苛察で功を邀えず、讒間で欺罔せずして、公清直亮で厥の心を処すると、殆ど委任の意に負かないのである[26]。

太祖は、このように政治をしばしば水になぞらえ、水の流れが塞がると堤が決壊して氾濫するのと同じように、言路が塞がると政治が腐敗し、民衆反乱が発生するとして、上下の疏通体制を確立することが何よりも重要だと考えたのである。通政司設置の理由もここにあった。すなわち通政司を唐代の門下省に比肩して、上の命令を下し、民の実情を上達させ、また「執奏は忌避せず、駁正は阿隨せず、敷陳は隠蔽せず」等を命じたのは、所謂上下疏通のための努力であり、他方で進められた行省廃止等の「大臣の専政」を取り除く努力とともに、疏通体制を確立するための措置の一環だったのである。承勅監に所属していた六科給事中を、通政使司設置の翌年、ここに移属させたのは、通政使司を唐代門下省に比肩する太祖の発想では、むしろ当然のことだったのである。

しかし周知のように、唐代の三省制下の門下省は皇帝権力の濫用をチェックする機関であり、給事中は門下省の職事官として封駁権を持つ主要な官職であったのに比べ[27]、通政司は皇帝の権力行使を円滑にするための疏通機構で、六科給事中もそこに所属する主要な実務職に過ぎず、そのため両者の間には顕著な相違があった。そして形式上では、都察院に於ける道監察御史のような位置が、通政司に於いては六科給事中であった[28]。洪武十三年に行われた改革でも、給事中の職務は基本的に記録官としての性格を脱却するものではなく、壅遏と欺蔽を防止するために、かえって上命の出納と下情の通達に於ける役割が強化された。次の洪武十七年の記事は、そうした事情をよく説明している。

給事中張文輔が「九月十四日から二十一日までの八日間で、内外の諸司からの奏劄が全部で一六六〇件、三三九一事になった」と上言すると、上が「朕は天に代わって物を理め、毎日万幾を統べ、労を憚るものではない。しかし十分に遍くゆきわたらない恐れがある。もしも政事に失敗があると、一民の害でなく天下の害となり、一人の憂でなく四海の憂となるのであろう。卿等がおのおの担当する職責に努めれば、庶事が自ら理に適うのである」

と諭した[29]。

中書省が廃止され、通政司が設置された後、諸司からの奏剳が山積みされるようになり、給事中は八日間で一六六〇件、三六九一事もの案件を整理するが、その誤りを一つひとつ駁正し[30]、執奏するものは一つひとつ処理しなければならないという重務に苦しめられた。丞相制の廃止にともなって四輔官が置かれ、続いて内閣大学士制が設置され、それぞれが「日に万機を理める」皇帝を輔佐したように、給事中もまた輻輳する奏疏の処理等の急増にともなって大幅な増員が不可避となり、二十二年にはその数も八一名に増加した[31]。

給事中は通政司に所属したが、その独立性は、むしろ都察院に於ける道監察御史よりも強かった[32]。「胡惟庸の獄」後に暫く諫官が設置されたが、二十二年に廃止されると、そののち洪武末年まで、給事中にはそれまでの記録官としての職能以外に、諫官の機能も次第に付加されるようになった。丘濬は、言官としての給事中について説明して、

凡そ朝政の得失と百官の賢佞について、聯署して奏聞できるように許したので、事実上、前代の諫議・補缺・拾遺の職を兼ねたのである。……そしてまた、そ（言）の責任を科道に付し……、祖宗の設官の意が深く、求言の意が切実だったのである[33]。

と述べ、給事中が洪武朝から言官として大きく浮上したことを指摘しているが、言官としての職務が重くなったのは、おおむね洪武二十二年頃、諫官の廃止以後のことと考えてよかろう[34]。大臣に対する弾劾も、元来は監察御史の職務だったが、給事中による事例がこの頃から徐々に見え始める。例えば洪武二十五年、給事中陳泰が左僉都御史桂満を欺罔の罪で弾劾したのがそれであるし[35]、三十年、都給事中馮嶧が武定侯郭英の私奴による弊害を糾劾したのもそれである[36]。しかし、丘濬が述べるように給事中が監察御史とともに言責の官として科道官体系を形成するのは、次の時代を待って初めて可能なのであった。

3　道官の設置と運用

建国当初、ほかに諫官を設置しない状況で、朝廷に対する言官的機能を担当したのは御史であった。洪武元年（一三六八）、太祖の侍御史文原吉に対する諭旨に、

比来、台臣に久しく諫諍が無いが、朝廷の庶務はみな上手くいっているのか。朕は聴受し得ないが、爾等は黙っているのか。爾等は言を職としており、大事なのは忠言を進め、天下国家に有益ならしめることである。若し君に過失が有って臣が言わなければ、［それは］臣が君に背くことであり、臣が直言して君が納れなければ、［それは］君が臣に背くことである。(37)

とあり、御史からの諫諍と進言とを要求しているのである。じっさい明初の御史台も、他の大部分の主要な官制と同様、前朝の伝統的な監察組織を殆どそのまま踏襲したのであり、諫官を置かず、その機能を御史に期待したのもまた同じであった。(38)

当時の御史台は、左右御史大夫（従一品）・御史中丞（正二品）・侍御史（従二品）・治書侍御史（正三品）・殿中侍御史（正五品）・察院監察御史（正七品）等で構成されていた。その堂上官の多くは大部分開国の功臣であり、朝廷の重臣として活躍したものたちであったが、これに反し、監察御史は品秩が低く、儒士或は監生の中から選任されるのが普通であった。(39) 監察御史は、このように主に新進であったため、大臣に属する上位の多くの都御史よりも監察官としての利用度がはるかに高かった。殿中侍御史が殿廷の失儀者の糾劾を担当したのに対し、監察御史は大朝会のとき百官の失儀者を糾劾した。(40) また、天下の有司官に非があると、監察御史には按察使とともに調査させ、奏報・黜陟までも行わせた。(41) 特に地方への分遣や州県の巡按(42)など地方巡察の任務を担当させたことは、のちに彼らを各道に分任することにつながり、また登聞鼓を設置し(43)、毎日ひとりずつ担当して無実の者の伸冤を取り上げるのも、すべて下位の御史の職務であった。

堂上官たる上位の御史に比べ、監察御史はこのように比較的独自の領域を持って活動しており、洪武九年に「空印の案」が発生して多くの地方官が空席となったとき、監察御史王偁らが府・州官に大挙充当され[44]、また数回に及ぶ疑獄事件で監察業務が増加するようにもなった[45]。このように監察御史の業務と人員が徐々に増加したのに反して、上位の御史は縮小された。御史大夫と御史中丞は引続き置かれたが、侍御史・治書侍御史・殿中侍御史等を廃止し、御史台の機構は縮小されたのである。丘濬は、明代の御史を唐代のそれと比較して、

唐代には御史大夫一人、中丞二人があり、その属に三院があった。第一は台院の侍御史で、第二は殿院の殿中御史、第三は察院の監察御史である。……唐代の三院は、今日、察院がその二つを併合したものである[46]。

と述べるが、察院が唐代の三院を併合したことで監察業務が前代に比べて強化されたという指摘は、実は、洪武九年に行われた御史台の上位の御史の縮小化を指していたのである。

しかし御史台の大幅な改革が、やはり洪武十三年の「胡惟庸の獄」により断行された。その年、御史中丞涂節が左丞相胡惟庸・御史大夫陳寧らの謀反を告発して大獄が起こると、胡惟庸と陳寧が誅殺され、続いて涂節も殺されたが、それを契機として御史台は大幅な改革を受けた。すなわち、御史大夫を廃して左・右中丞（正二品）及び左・右侍御史（正四品）のみを置いたが、数ヵ月後には御史台と各道の按察司も廃止してしまったのである[47]。御史台の廃止にも拘らず、他方で察院の監察御史は依然として存続し、それのみならず、丘濬が言うように、その職務は相対的に強化された。彼らは公然と不法行為を行う大官を弾劾する一方、新人を推挙したり[48]、各道を分按する等、その職責が一層重くなった。このとき太祖は、六部と察院に対し「六部は朕のため庶務を総理し、察院は朕の耳目とす」と述べ、察院の重要性を強調し、初めて「縄愆糾繆」と刻した御史の印章をつくり、監察官としての士気をさらに高めた[49]。

このように、察院の監察業務を強化しつつ、洪武十五年には察院を都察院とし、その組織を拡大・改編し、業務をいっそう細分化した。すなわち、

監察都御史八人を設け、秩は正七品とした。監察御史を分けて浙江・河南・山東・北平・山西・陝西・湖広・福建・江西・広東・広西・四川の十二道とし、各道に御史五人或は三、四人を置き、秩は正九品とした。[50]とあり、察院が都察院として改編され、中央に都御史が、全国十二道に監察御史がそれぞれ設置され、監察業務を担当するようになったのである。道は布政司の数に応じて設置されたのだが、某道監察御史といっても、必ずしもその道のみが監察の対象となるのではなかった。洪武朝に於ける十二道監察御史の担当区分[51]を見ると、

浙江道……中軍都督府、留守中衛、広洋衛、府軍左衛、神策衛、応天衛、和陽衛、直隷廬州府
江西道……前軍都督府、府軍前衛、豹韜衛、龍江衛、龍驤衛、天策衛、直隷淮安府
福建道……戸部、金吾後衛、飛熊衛、直隷池州府、常州府
北平道……吏部、金吾前衛、旗手衛、直隷蘇州府
広西道……通政使司、鎮南衛、五軍断事官、直隷安慶府、徽州府
四川道……工部、府軍衛、直隷松江府、広徳州
山東道……兵部、羽林右衛、典牧所、直隷鳳陽府、徐州、遼東都司
広東道……刑部、虎賁左衛、直隷応天府
河南道……礼部、太常司、羽林左衛、国子監、翰林院、領天監、光禄司、儀礼司、政坊司、直隷揚州府
陝西道……後軍都督府、江陰衛、蒙古左右衛、府軍後衛、鷹揚衛、興武衛、横海衛、大理寺、行人司、直隷和州
湖広道……右軍都督府、武徳衛、水軍右衛、広武衛、虎賁右衛、留守右衛、五城兵馬司、直隷寧国府
山西道……左軍都督府、留守左衛、英武衛、錦衣衛　水軍左衛、驍騎右衛、府軍右衛、龍虎衛、直隷鎮江府、太平府

とあり、これが十二道監察御史の照刷・巻宗衙門で、以後の『大明会典』に規定される十三道御史の担当衙門の原型

となった。ともあれ、ここに見られるように、各道監察御史が帳簿を調査する場合、自己の道のみならず、多くの衛所、直隷の多くの府、及び中央の六部・院司までも含んでおり、じっさい道監察御史という名称が正確に符合していた訳ではない。[52]

右で見たように、建国初期から洪武十三年の「胡惟庸の獄」を契機とした官制の改革まで、御史台が存続しているが、この時期を「御史台時代」と呼び、御史台の廃止によって察院のみが残り、専ら監察機能を担当した洪武十五年までを「察院時代」と呼ぶ。[53]そして洪武十五年、都察院に改編され、この体制が明代は勿論、清代にも継承された。ともあれ、この都察院体制が続く中で、道監察御史は品秩が低い新進として明代察官の核心を成していたのである。何孟春（一四七四～一五三六）は、これについて、

太祖高皇帝は昔の定制を参考にして、前代の御史大夫・中丞を都御史に、御史台を察院に変えたが、これは察を公署の号にしたものである。監察御史を十三道に分設して、侍御史・殿中侍御等の多くの御史を無くし、糾劾・巡按・照刷・問擬等の任をすべて担当し、監察させたが、これは察を憲臣の号にしたものである。御史の職務は前代から重かったが、監察がさらに重くなったのは我朝が最初である。[54]

と記し、太祖が、伝統的な監察機構である御史台を廃す代わりに察院を存続させて補強したことや、また道の分設で監察御史の職能を強化したという事実は、監察の対象がどこまでも察院中心であったことを指摘しているのみならず、こうした政策が明一代を通じ一貫して行われたことを示唆している。

前述したように、洪武十五年、察院を都察院に改編して監察都御史と監察道御史を置いたが、すべて七品以下の官で、巨大な官僚社会に対する監察は一人で担当するには困難な仕事であるため、早晩その補強策が考究されねばならなかった。そこで翌十六年、都察院を昇格させて、左・右都御史各一員（正三品）、左・副右都御史各一員（正四品）、左・右僉都御史各一員（正五品）を置き、各道の按察司使は従三品に、やはり昇格させた。すなわち都御史・副都御

史・僉都御史はそれぞれ一品ずつ昇級させたのだが、十二道監察御史は従来通り正七品に留めたのである。(55) これは、新進の監察御史のみでは中央と地方の巨大な官僚組織に対する監察を効果的に遂行し難いとして取られた措置であり、洪武十五年以降、数回の改革を経て、結局このように都察院の昇格とともに監察機構の拡大・改編が行われたのである。こうした改編で各道の監察御史も大幅に増員され、各道の分察等、その職務も具体化していった。彼らは原則として、各道と中央の全ての官司を分担していたが、必ずしもそこに拘泥せず、時と場所を問わず監察権を発動することが保証されていた。(56) 一般の大臣は勿論、直属の上官である都御史に対する弾劾にも躊躇しないほど、その独立性が強くなったのであり、この点で、彼らに都察院の属官であるが、六科給事中とともに科道官体系を形成する素地を有したのである。しかし、その形成は、明朝前期の政治制度的・社会的状況に諸般の変化が伴って、初めて可能だったのであり、この問題に関しては次章であらためて詳論する。

第二節　言路開放とその実際

1　新進士人の起用と言路

太祖は、科官と道官以外に、彼らが所属する通政司と都察院の諸官は勿論、翰林院官にまでも、近侍官として建言を疎かにしないよう命じていた。彼は張信と戴彝をそれぞれ侍読と侍講に任命して、

翰林官は、論思を職としているけれども近侍に列し、旦夕朕の左右に在り、国家・政治の得失と生民の利病を知れば、ことごとく言うべきである。……爾等は当に古人でもって自ら期し、朕が擢用した意に負いてはならない。(57)

と諭示している。さらに彼は、翰林官にとどまらず、輔臣にも同じように建言を求めていた。前述したように、常に大臣の専権を念慮していた太祖は、「胡惟庸の獄」を捏造し、これを口実として丞相制を廃し、勲臣や旧臣たちを大

挙粛清すると、洪武十三年、四輔官を置いて「密勿論思」の輔政の役を担当させ、さらに三年後には、これに代わって殿閣大学士の制を設けた(58)。

ところで、我々がここで看過してならないのは、近侍官と耳目官の場合、特に品秩が低く、また新規に採用するときでも、主に元朝治下で仕官しなかった新進の士人に限定した点である。太祖は四輔官王本に、

朕が思うに、人主が一身で天下を統御するのに、輔臣がいなければならず、輔臣には必ず正士を択ぶべきだ(59)。

と諭したが、ここでいう正士とはどのような人物を指すのだろうか。彼が四輔官や殿閣大学士を選抜する時、自身とともに創業に尽力した功臣や宿将ではなく、主に耆儒か、そうでなければ新たな人物を起用したこと(60)、及び権力に近侍する翰林官・御史等の清要の職に比べて品秩を低くしたことは、結局は権臣の出現を防止するためであった。ともあれ、こうして起用されたのは儒教的教養を備えてはいるが、官職の経験がない人士であり、自身に絶対的に忠誠を尽くすと思われる「正士」としての資格を有する者たちであった。御史と給事中も同様であった。特に監察御史の場合は、建国初期から儒者の中より選任した。洪武元年、太祖が侍御史文原吉に、

朕は近来、儒者を御史としたが、［それは］たいがい儒者は経史に通じて道理を識り、政治を行うのに大体を能く知っているからである。但だ彼らが台憲に疎いのが気懸かりで、実に卿等が教え悟らせてくれれば、おそらく事に臨んで持循するところがあろう。たいがい台官の長は御史の師なので、卿等は善導に力を惜しむな(61)。

と述べた言でも、そうした事情を端的に示している。しかし、明初には科挙制が正常に実施されていなかっただけでなく、人材がもともと少なく、人材登用にどのような定式もなく、下級官吏は概して儒士や監生、秀才等から抜擢した。そして、洪武十三年の「胡惟庸の獄」以後には、彼ら自身が儒士や地方学校の訓導等に充当され、ひいては彼らによって地方の儒士が中央へ大挙起用された。『明実録』によると、その年の五月から、監察御史による推挙は勿論(62)、給事中の推挙もあり(63)、このほかに翰林院編修・典籍・吏部主事・司諫・正言等の実務級官僚そして四輔官等による推

挙も見られる。同年六月、太祖は儒士の李延齢と李幹を召し、次のように勅諭した。

朕は、即位して以来十有三年、夙夜孜々として四方の賢才を得て、一緒に天下を安んじようとした。大臣が不職で、朋比して姦を作すなど、どうして考えたであろう。たとい四凶の罪が已に誅せられたとしても、求賢の意は未だに称わない。いま監察御史が爾等を博学で治聞だと推挙したので、特別に使臣を派遣して符を齎し、召に臨むに有司に礼をもって送り京へ至らせた。朕の虚懐に副うようにせよ。[64]

ここで、太祖は四方の賢才を得てともに天下を治めようとしたが、大臣が朋比して奸を作したので、今は大臣を信頼することができず、彼ら新進に期待をかけるというのである。そして、推挙も監察御史等の実務級官僚の意見を参酌し、新進の人士による新たな形態の政治を構想したものであった。洪武九年に「空印の案」が発生すると老猾な地方官を排除し、そのポストに監察御史王偁ら百数十名を任命したのも[65]、結局は太祖が言う「大臣の不職」に関連したものと推断することができる。太祖は、初めて四輔官に任命した王本ら儒士出身者に、それぞれ自己の所見を言わせたが、このとき彼らは、

士為る者は、「幼にして学び、壮にして行ふ」（孟子）を貴ぶ。これを往昔に求めると、致君沢民の志を懐いても、明主に遇うことができなければ、道が行われず、功を立てることができず、単に世上に湮没するだけだが、こうしたことは惜しまずにはいられない。いま臣等は、草野愚陋で、学は道を明らかにするに足りず、才は経世するに足りないが、恐れ多くも聖上が儒臣を召し、与に治道を謀らせられた。臣等が恩栄に遭遇することは誠に千載一遇の出会いであり、慶幸はどれほどのものか。若し報いることを思わなければ、是れは明時に自棄することで、何を以て士と称するのか。[66]（傍線は著者）

と述べた。新たに抜擢された彼ら儒士は、がんらい士は「幼にして学び、壮にして行ふ」を尊ぶことを強調し、忠節を尽くすことを誓約しているが、ここからもまた、太祖が正士を中心とした新たな政治形態を如何に構成しようとし

たかを推察することができる。[67]

このように、「胡惟庸の獄」の後、太祖は、科官や道官は勿論、輔臣を中心とする近侍官をみな新進の人士で構成し、彼らを中心に「中間の壅蔽」をなくそうとした。彼らに国家政治の得失と生民の利病を直言できるようにさせ、言路としての役割を期待し、他方では彼らを通して儒士を抜擢し、民情を上達する通路としようというのであった。しかし、こうしたすべての措置は畢竟、君主独裁体制の構築に標的を置いたものであったことに留意すべきである。

2　「名分主義」政治理念と言路開放の限界

これまで見てきたように、言路に対する太祖の関心は非常に大きなものであった。侍従官と耳目官は勿論、百官そして商賈や百工技芸にまで言路を開放したのは、結局、君主がそれらを通して下情を把握することにより集権体制を確立しようとしたためであった。従って、彼にとって言路開放の必要性は「胡惟庸の獄」の前後で変わることなく、大臣の専権により「中間が壅蔽」したときは民間の実情を自ら耳にしなければならず、また、丞相制の廃止により上下が隔絶し、下情の上達が困難となったので、言の通路を広げねばならなかったのである。何孟春は、太祖の積極的な言官対策として、執法義理司の設置を挙げている。すなわち、

太祖は、朝廷に過失があっても敢て述べる者がいないのを慮り、執法義理司を設置して、汪広洋・李勝端を執法義理官とし、上に白牌を置き、執法義理の四字を刻んだ。如し（朝廷に）過ちがあると、牌を取って直言して極諫できるようにしたのである。ああ、これは盛世のことである。[68]

と称賛し、その制度がいつ廃止されたのかを知らず、と嘆いている。何は嘉靖「大礼の議」に於ける楊廷和内閣派の論客としても有名であるが、彼が太祖の言路開放政策に対してこのように賛辞を送ったのは、それが単に祖宗の法であるという理由だけでなく、明代中期以後、皇室の私的肥大化と宗藩・貴戚の量的増大、及び大臣や宦官の跋扈等、

政治的ないし社会経済的な変化に基づく士大夫の危機意識に由来するものであった。「大礼の議」の場合に、大礼派の勝利により楊廷和内閣派と同派言官に対し激しい迫害が加えられたが[69]、その経験に照らし太祖の言路開放策を言葉を尽くしてほめたたえたのは、むしろ当然のことと考えられる。

しかし実際には明初に、その通りに行われてはいなかった。盛世の事と称賛された執法義理官にも、当時の政治的雰囲気から敢言しようとする者が無かった。このように設置を余儀なくされた制度がありながら、やはり当時、御史による大部分の糾弾が帝の密旨によって行われていたという事実[70]に照らしてみると、言路の開放は、太祖にとって、それほど特別なことではなかった。洪武朝の言路対策がどの程度閉鎖的であったのかを知る一つの好例として、学校政策がある。同じ年の十五年、全国の学校に禁例十二条を頒布し、これを臥碑に刻み明倫堂の傍らに建てさせたが、その中に生員の建言に関連して、

軍民の一切の利病は、生員に建言を許さない。一切の軍民の利病に関する事項は、当該の有司と在野の賢才、有志壮士と質朴農夫及び商賈技芸には、みな述べ得るようにさせ、誰もが妨げてしまわないようにするが、唯だ生員にのみは許さない[71]。

とあり、軍民の利害に関することは在野の農・工・商賈及び技芸にまで建議させるという積極的な開放策を用いたが、「唯だ生員にのみは許さない」とある。太祖は、中央の国子監を始めとして全国各地に府・州・県学を設立し、前朝には見られないほど教育に熱をあげたが、彼が意図した教育は飽く迄も専制君主制に相応しい官僚の養成に目的があり、そのために合計五六款にのぼる監規の中、監生に関する条項は全て彼らの行動を規制する内容であった。例えば、彼ら相互間の交結結党や地方官との往来を厳禁する条項[72]があり、教科も『御製大誥』と律令を必修科目とし[73]、彼らの統制を徹底的に行おうとしたこと等が、それである。一般の人と異なり、血気盛んな学生たちが、近くは学校や地方官に対して、遠くは王朝の諸問題に対して不満を抱かない筈はなく、君主独裁制をもくろむ朱氏政権としては、彼ら

が徒党を組み、誹謗し騒乱を起こすと、これは甚だ不可であった。そこで言路を開放しても、生員にのみは言論を封じようとしたのであった(74)。

このような事実上の言路封じ込めの方針は、太祖の学校政策に見られるだけでなく、「胡惟庸の獄」のほかに文字の獄なども起こり、洪武年間ほど疑獄事件の規模や数が多大だった時も珍しいという事実(75)からも知られるところであり、たびたび言事で犠牲となる者がいた。太祖は、農民反乱で起兵して政権を獲得した後、次第に伝統的な王朝に性格を転換していくと、儒教とくに朱子学の名分主義を治国の理念とした。建国前に、

国を建てるには当然まず名を正すべきである。……君臣の間では敬を主となすべきで、敬は礼の本である。そのため、礼が保たれてこそ上下の分が定まり、上下の分が定まってこそ名が正しくなり、名が正しくなってこそ天下が治められる(76)。

と述べたところからも分かるように、君臣上下の名分を固定化し、君主を頂点とする独裁体制を具体化しようとし、そのため、孟子の易姓革命説に対して不満に感じたのは当然のことであった。黄宗羲が、君主独裁体制の理念となる朱子学的名分論に、太祖の君主権強化と関連させて鋭い批判を加えつつも、反対に君主が天命に違背した時は放伐してよいという孟子の言説を聖人の言と称賛しているのも、結局はこのためであった(77)。けれども太祖は、洪武三年、初めて『孟子』を読んだとき大いに憤怒し、孔子の配享から取り除かせ、万一これを諫める者がいれば不敬罪で罰するという詔書を下した。こうした詔書にも拘らず刑部尚書銭唐が抗議の疏を上せ、はじめ彼の言は容れられなかったが、しばらくして用いられた(78)。彼は上疏したとき、「臣が孟軻のために死ねば、むしろ光栄でございます」と叫んだ。これに感動した太祖は、遂に孟子の祭祀を復活し、太医院に箭の瘡を治療させた。しかし、彼がその後、『孟子』所載の湯王・武王の放伐に関する一節はすべて削除した『孟子節要』を刊行し、一般に読むようにさせたことを知るべきである。

このほかに、茹太素の例がある。[79] 彼は監察御史から刑部侍郎、都察院都御史、戸部尚書にのぼるまで、抗直で阿らず、「才能ある士で数年来、幸いにして生き残っている者は百に一、二もいない。今いる者は皆な迂儒・俗吏のみだ」などの直言で、何度も左遷され、遂には御史、さらには江西参議に降等された。便殿の宴会で、太祖が酒を下賜しつつ、「金杯はお前とともにできるが、白刃は分けることができない」と脅迫めいた冗談を言ったという。

また、御史王朴の場合は、次のようであった。[80] 彼は、御史としてしばしば太祖と是非を争い、上が立腹して斬るようにと命じた。しばらく後に釈放され、上に謁見すると、上が「今は改めたかね？」と言い、朴が「陛下は臣を御史にしておいて、どうしてこんなに辱めるのですか。罪が無いのなら、どうして殺されるのでしょう。また、臣に罪が有るならば、なぜ私を生かしておくのですか。殺して下さるよう願います」と応ずると、上はあらためて殺すように命じた。朴は史館を通り過ぎたとき、「学士劉三吾は記録されよ、某年月日に皇帝が無罪の御史［王朴］を殺した、と」と大呼し、殺されたが、詩一首をつくっていた。刑の執行者が復命したとき、詩に関することは話さなかったため、太祖はこれに難癖をつけてその執行者数名を殺したが、それは王朴の死に哀惜を感じたためだったという。

このほかにも、洪武朝の言事に関して興味深い記述が多数あるが、なかでも監察御史韓宜可と訓導葉伯巨を抜きに語ることはできない。韓は「胡惟庸の獄」の発生前、丞相胡惟庸と御史大夫陳寧、御史中丞涂節らとともに帝の寵信を受けていたが、あるとき彼らが侍坐し密談している所に突然あらわれ、三人に対する弾劾の疏を提出した。上疏して、「三人は忠直な者のようだが、険悪・奸佞で、内心では反側を抱き、威福を独占している」と主張し、斬首に処すよう建議したのであった。太祖は「口の軽い御史がむやみに大臣を謀陥するものだ」として、錦衣衛に命じて繫獄させたが、後になり釈放した。[81] 葉伯巨は洪武九年、星変で直言を求められたとき、上言して禍を被ったが、その疏に、

臣が今日の事を観ると、度を過したものが三つある。［王の］分封があまりに奢侈なこと、刑罰があまりに煩雑なこと、求治があまりに速いことである。

とあり、太祖の政治を真っ向から批判した。葉が疏を上す前から、諸王の分封に対する言及は恐らく禍を引き起こすものと予想されていたが、果たして骨肉を離間させたという理由で帝の怒りを買い、殺された[82]。

以上、いくつかの例をあげて太祖の言路対策の実情について検討を加えたが、その結果、著者は、彼が標榜した「言路の開放」には、飽く迄も自身の統治基盤を強固にするという目的、さらには宋代以降の君主権強化の趨勢下で中央集権体制を強化する目的があったことを知り得た。言路開放の目的がそのようであったから、言路対策は非常に厳格に行われ、むしろ閉鎖的というほど徹底したものであった。『明史』巻一三九・列伝二七は、右に挙げた数人を含み、言事で栄辱を受けた人物を載せているが、その伝記がそうした実情を如実に物語っている。のみならず、この列伝は銭唐ら一〇人の正伝と程徐ら七人の附伝、合計一七人を収めるが、そのうち御史と給事中は合わせて七名である。より精確には、正伝一〇人のうち御史は韓宜可・茹太素・王朴の三人、給事中は王朴（御史だが給事中を歴任）一人のみであり、附伝七人のうち御史は三人、給事中は一人、それもまた御史で給事中を歴任した者（方徴）であり、残りは尚書二人、訓導二人で、給事中・御史でない官職の者が大部分である。こうした数字は、彼らの亢直な言論活動が個人的な特性により現れたものであって、制度的な言論活動ではなかったことを示している。科・道両官が言官的成長をして科道官体系を形成するには、次の時期を待たねばならなかった。

註

（1）＊曺永禄「明太祖の君主権強化と言路開放策」（『歴史と人間の対応』、高柄翊先生華甲論叢刊行会、一九八四）九三〜九九頁、参照。

（2）『太祖実録』巻一五・甲辰年六月戊戌の条。

（3）同書・巻二三九・洪武二十八年六月己丑の条に、

自古三公論道、六卿分職、自秦始置丞相、不旋踵而亡。漢唐宋因之、雖有賢相、然其間所用者、多有小人、専権乱政。我朝罷相、設五府・六部・都察院・通政司・大理寺等衙門、分理天下庶務、彼此頡頏、不敢相圧、事皆朝廷総之、所以穏当、以後嗣君、並不許立丞相、臣下敢有奏請設立者、文武群臣即時劾奏、処以重刑。

とある。

（4）洪武十三年正月、中書省を廃止し大都督府を改編したが、御史台の改革は直ちには行われず、ただ御史大夫を罷める程度にとどまった。しかし、その年の五月に御史台及び各道の按察司を全廃し、監察御史のみを置いて監察に当たらせ、洪武十五年になって都察院の成立を見た。このように官制改革には遅速があったが、それは監察が皇帝の耳目官であって、行政権や軍事権と同じように権力が一司に専断される憂慮をなくすためであった。序論の註（11）参照。

（5）『太祖実録』巻一二九・洪武十三年正月己亥の条。

（6）『皇明祖訓』「慎国政」。このほか太祖の「臥碑文」、『大明律』礼律・儀制「上書陳言」、『大明会典』巻八〇・建言等にも記載されている。

（7）『太祖実録』巻四八・洪武三年正月癸巳の条に、

先是、上以天下初定、欲通群下之情、日詔百官、悉侍左右、詢問民情、諮訪得失、或考論古今典礼制度。故雖小官、亦得上殿、至有踰越班序者。

とある。

（8）同書・巻三七・洪武元年十二月己巳の条。

（9）同書・巻三〇・洪武元年二月己未の条。

（10）同書・巻四八・洪武三年正月癸巳の条。

（11）栗林宣夫「明代の巡撫の成立に就いて」（『史潮』一一―三、一九四二）七〇～七四頁。

（12）『太祖実録』巻一九九・洪武二十二年十一月癸未の条。

（13）『皇明制書』所収の「教民榜文」第八条。これについては細野浩二「里老と衆老人――『教民榜文』の理解に関連して――」（『史学雑誌』七八―七、一九六九）参照。

（14）『皇明制書』「教民榜文」第七条、及び同右条の文。

（15）『明史』巻一五一・厳震直伝、山根幸夫「明帝国の形成とその発展」（『世界の歴史』一一、筑摩書房、一九六一）二〇頁、参照。

（16）＊曺永禄「明・清時代の言官研究――六科給事中を中心に――」四～八頁、参照。

（17）『太祖実録』巻一四・甲辰年三月戊辰の条。

（18）『明史』巻七四・職官三、丘濬『大学衍義補』巻八・重台諫之任。

（19）『太祖実録』巻一四・甲辰年三月丁卯の条。

（20）註（16）参照。

（21）『太祖実録』巻七八・洪武六年三月乙巳の条。

（22）同右。

（23）同書・巻一一三・洪武十年七月甲申の条。

（24）同書・巻一二八・洪武十二年十二月丙寅の条。

（25）同書・巻一一三・洪武十年六月丁巳の条に、
　上謂中書省臣曰、清明之朝耳目外通、昏暗之世聡明内蔽、外通則下無壅遏、内蔽則上如聾瞽。国家治否、実関於此。朕常患下情不能上達、得失無由以知、故広言路、以求直言。其有言者、朕皆虚心以納之、尚慮微賤之人敢言、而不得言、疏遠之士欲言、而恐不信、如此則所知有限、所聞不広。其令天下臣民、凡言事者、実封直達朕前。

とある。
（26）註（23）参照。
（27）唐代門下省の給事中に関しては、内藤乾吉「唐の三省」（『史林』一五－四、一九三〇）、砺波護「唐代の制誥」（『東洋史研究』三四－三、一九七五）、同「唐の三省六部」（『隋唐帝国と東アジア世界』、汲古書院、一九七九）、築山治三郎「唐代給事中の封駁権について」（『鎌田博士還暦記念歴史学論叢』、一九六九）、陳登原「唐封駁」（『国史旧聞』二冊分、台北、一九六二）等がある。
（28）洪武二十六年に編纂され、『大明会典』の底本となった『諸司職掌』には、六部・都察院・通政司・大理寺・都督府の職掌が規定されているが、特に都察院と通政司のそれは、その属官たる十二道監察御史と六科給事中を中心に構成されている。
（29）『太祖実録』巻一六五・洪武十七年九月己未の条。
（30）孫承沢は、『春明夢餘録』巻二五・六科で、この給事中張文輔と太祖の対話を紹介して、
　此六科稽査号件・封駁章奏之例也。

と記し、この場合の封駁が唐代給事中の皇帝に対する「封駁」ではなく、章奏の謬誤に対する意であることを明らかにしている。
（31）『太祖実録』巻一九五・洪武二十二年二月戊戌の条、鄧球『皇明泳化類編』巻五九・官制、及び『昭代典則』巻一〇・太祖高皇帝・己巳二十二年三月庚午朔の条。
（32）『太祖実録』巻一五五・洪武十六年六月己卯の条によると、吏部が奏聞した考覈制度の案では、察院の監察御史は都御史の考覈に従うとしているのに対し、給事中は通政司に所属していても掌科給事中の考覈に従うとしており、この点から見て、給事中の独立性は強かった。ところが、一般官僚の勤務評定である考劾法ないし考績法が実施されると、耳目官たる監察御史と通政司・光禄寺・翰林院・尚宝寺・考功監・給事中・中書舎人等の近侍官及び太医院・欽天監・王府官等は、一般の官職と異なり、皇帝自らの決定に従うとされた。『太祖実録』巻一三九・洪武十四年十月壬申の条、及び巻一六四・洪武十七年八月癸未の条、参照。
（33）序論の註（18）参照。

（34）　黄光昇『昭代典則』巻一一・太祖高皇帝・辛未二十四年五月丁亥の条の「更定六科官制」に、

　六科掌侍従・規諫・補缺・拾遺・分察六部之事、而糾其弊誤。凡臣民題奏下、読而署之、駁正其違失。凡制勅宣行、大事覆奏、小事署而頒之、有失、執奏封還。凡百司官非其人、政失其理、露章班劾、或封章奏劾。凡日朝、六科輪一人侍殿廷、左右執筆記旨。凡大事廷議、大臣廷推、大獄廷鞫、掌科預焉。凡旨下、東科類吏科、西科類兵科、日早朝、進掲帖。凡諸司題奏、日附科籍、五日一銷註、覈稽緩。朝参門籍、六科流掌焉。内官伝旨下、補奏得旨、而後施行之。

とあり、『明史』巻七四・職官三・六科の条の記述と大同小異であるが、これは明一代を通じた給事中の典型的な職掌として述べたものである。しかし、そうだとして、廷議・廷推制度だけを見ても、洪武朝に施行されたものではない。したがって、こうした内容は『明実録』には見えない。問題は、六科給事中がいつから「記注の職」以外に諫官的機能をも兼ねるようになっていったか、にある。

　太祖は洪武十五年に諫院を設置して、兵部尚書唐鐸を諫議大夫としたが、二十二年には詹事院を設置して唐鐸をそちらへ転補させることにより、諫院は事実上廃止された。給事中によるいわゆる諫議・補缺・拾遺の兼職、換言すれば、言官としての一段階の成長はこの時からと見て差し支えないのである。『皇明泳化類編』官制・巻五九に、

　是年（十五年）冬、以兵部尚書唐鐸為諫議大夫、耆儒劉静・関賢為左右司諫、……至洪武壬申（二十五年）始定為詹事府、而諫院専属之六科十三道云。

とあり、洪武二十五年に諫院が廃止され、詹事府が設置されたのにともない、諫院の機能が六科十三道へ傾いていったように説明しているが、諫院の廃止が洪武二十二年であったことを想起すると、実はこれを誤ったものではなかろうか。勿論その誤りを認めるとしても、『昭代典則』の二十四年の「更定六科官制」説とも符合しない。しかし、推測すれば、諫院が事実上廃止された洪武二十二年は、太祖の治世も後半期に当たり、諸制度の整備が要請された頃（『諸司職掌』も洪武二十六年三月に成立）であり、それから何年かの間に、明一代を通じた六科給事中の典型的な職掌の性格が形成されたものであろう。

（35）　『太祖実録』巻二一五・洪武二十五年正月辛亥の条。

（36）　同書・巻二五五・洪武三十年十一月壬子の条。

（37）　同書・巻三〇・洪武元年二月己未の条。

（38）　例えば、元代の元貞元年に李元礼は監察御史に拝授され、翌年、

　生民之利害、社稷之大計、惟所見聞而不係職司者、独

宰相得行之、諫官得言之。今朝廷不設諫官、御史職当言路、即諫官也。

と上疏している（『元史』巻一七六・李元礼伝）が、これは明初の場合も同様であった。

(39) 間野潜龍「明代都察院の成立について」（『史林』四三―二、一九六〇）で、明初、監察御史に儒士・秀才・監生等の新人たちをさかんに採用したと述べ、これは言わば「朝廷内における文官の進出を意味するものであって、まさに武官に対抗する新しい勢力の伸長」（三九頁）だという。

(40)『太祖実録』巻五三・洪武三年六月甲子の条。

(41) 同書・巻七九・洪武六年二月壬辰の条。

(42) 同書・巻六八・洪武四年九月丙辰の条及び巻一一一・同十年二月己巳の条に、監察御史をそれぞれ地方に「分遣」「分巡」させた記事が初めて見える。

(43) 同書・巻三七・洪武元年十二月己巳の条。

(44) 同書・巻一〇七・洪武九年七月丁卯の条に、

以監察御史王偁等一百二十三人為知府・知州等官有差。時各処有司為考校銭糧簿牒至京、故命官往代之。

とある。

(45)『南京都察院志』巻四によると、建国初期に監察御史の数は二〇余名を超えなかったが、洪武九年には四四名に増員されている。間野氏前掲論文、参照。

(46) 序論の註（18）に同じ。

(47)『太祖実録』巻一三二・洪武十三年五月己未の条。

(48) 同書・巻一三二・洪武十三年六月甲申の条にのせる、監察御史に推挙された儒士掲枢と王輿らを召見した記事をはじめとし、以後、監察御史による新人の推挙が頻繁になった。間野氏前掲論文、参照。

(49) 同書・巻一四三・洪武十五年三月乙亥の条及び巻一四八・同年九月壬戌の条。

(50)『明史』巻七三・職官二。ところで、万暦『大明会典』巻二〇九・都察院の条には、

十四年、改都察院、正七品衙門、止設監察御史、分設浙江・江西・福建・北平・広西・四川・山東・広東・河南・陝西・湖広・山西十二道。

とあり、十五年を十四年と誤記しているが、間野氏は前掲論文・四七～四八頁で、これを訂正している。

(51)『諸司職掌』都察院の条（『皇明制書』所収）。

(52) 都察院を設置した時、監察御史の職務を十二道（後に十三道）に分けていたが、これについてHucker, Charles O., *The Censorial System of Ming China* (Stanford Univ., Press, 1966) では、道監察御史の「道」は、形式上でも実際上でも相応しくないと指摘されている。こうした点から見ると、六科の場合もまた必ずしも六部にのみ対

応するものではなく、監察御史と同様に、便宜上命名したに過ぎなかった。ところで、于登氏は「明代監察制度概述」（『金陵学報』六―二、二頁。のち『明代政治』再録、台湾、学生書局印行、一九六九、一二〇頁）で、明代の監察機構を都察院と六科に分け、前者は内閣を監察する機関、後者は六部を稽察する機関と見るが、これもまた疑問である。

(53) 間野氏前掲論文、参照。

(54) 『皇明泳化類編』官制・巻六四。

(55) 道按察司については、『太祖実録』巻一三六・洪武十四年三月丁亥の条に、復活の記事が見える。

(56) 間野潜龍「洪武朝の都察院について」（『大谷大学研究年報』一三、一九六〇）二〇九頁。

(57) 『太祖実録』巻二四九・洪武三十年正月己卯の条。

(58) 呉緝華「明代四輔官考」、「明初殿閣大学士研究」（『明代制度史論叢』、台湾、一九七一）、山本隆義『中国政治制度の研究――内閣制度の起源と発展――』（一九六八）四七八～四八一頁。

(59) 『太祖実録』巻一三一・洪武十三年九月戊申の条。太祖の士に対する認識については、Dardess, John W., *Confucianism and Autocracy-Professional Elites in the founding of the Ming Dynasty* (Univ. of California Press, 1983), pp.218～278 参照。

(60) 註（58）参照。

(61) 『太祖実録』巻三六・洪武元年十一月丁未の条。

(62) 間野潜龍「明代都察院の成立について」四六頁、参照。

(63) 『太祖実録』巻一三一・洪武十三年六月丙子の条に、

遣使召江都県学訓導胡志遠、用給事中王和薦也。

と、同書・同巻・同年同月甲申の条に、

遣使召儒士揭枢・王輿・龔文達・白天民、用給事中徐日新・監察御史葉孟芳薦也。

と、同書・巻一三三・同年九月辛丑の条に、

遣使召太原府学訓導王観、陽曲県学訓導李徳彰、用給事中劉緯薦也。

と、同書・巻一三四・同年十月壬戌の条に、

遣使召教諭王正民、訓導韓均耀・史清・王景範、儒士武彧、用給事中董希顔・劉知微薦也。

とある。ところで、この儒士は、給事中と御史のほかにも広範に入仕した（＊権重達「明代の教育制度――特に明王朝の君主独裁的性格と関連して――」『大東文化研究』一七、一九八三、参照）が、未だその来源や実体については、はっきりしていない（＊呉金成『中国近世社会経済史研究――明代紳士層の成立と社会経済的役割――』一潮閣、一九八六、一四頁の註（15）、渡昌弘訳『明代社会経済史研究――紳士層の成立とその社会経済的役割――』汲古書院、

一九九〇、四一頁の註（15）、参照）。

（64）『太祖実録』巻一三二・洪武十三年六月癸酉の条。

（65）『太祖実録』巻一〇七・洪武九年七月丁卯の条、及び呉晗『朱元璋伝』（北京、一九六五）二五五～二六五頁、檀上寛「明王朝成立期の軌跡――洪武朝の疑獄事件と京師問題をめぐって――」『東洋史研究』三七－三、一九七八、一二～一七頁（のち同『明朝専制支配の史的構造』再録、汲古書院、一九九五、五一～五七頁）参照。

（66）『太祖実録』巻一三三・洪武十三年九月丙午の条。

（67）雷礼『国朝列卿紀』巻六・国初侍臣四輔官行実に、

　王本……洪武十三年、以吏部尚書范敏薦、召至京。勅曰、朕観上古君臣、必正直無私、心同気合、方乃上悦……。永惟致治、必在得人、乃訪近臣而求士、得爾諸儒来朝。朕甚欲与賢者周旋、以安寰宇。

とあり、正士とは、やはり近臣を通じて推薦された儒者で、太祖は彼らと一緒に政治を行い、寰宇［天下］を平安にさせようとしている。

（68）『皇明泳化類編』諫諍・巻一〇八。

（69）『明史』巻一九一・何孟春伝。「大礼の議」と楊廷和内閣派については、本書・第二編・第一章・第一節、参照。

（70）『明史』巻一四七・解縉伝。

（71）この臥碑文は『大明律』「礼拝　上書陳言」、万暦『大明会典』巻七八・礼部の「学校」、「学規」等にも記載されている。

（72）呉晗「明初的学校」（『読史劄記』、北京、一九五六）。

（73）同右。万暦『大明会典』巻七八・学校。

（74）このように生員に言路を封ずる一方、監生に対しても行動を規制する監規があったが、建言の禁止まではしなかった。これは恐らく、監生を規制するのは比較的容易だが、全国の州県に散在している地方学校の血気盛んな生員たちは治め難いというところに、その理由があったものであろう。『太祖実録』巻二一八・洪武二十五年六月癸亥の条に、

　上諭礼部臣曰、近聞天下学校生員、多驕惰縦肆、凌慢師長、宜重禁之。爾礼部、其著為学規、俾之遵守。

とあるところからも、そうした事情を推測することができる。

（75）呉晗『朱元璋伝』第七章・統治階級的内部矛盾、参照。

（76）『太祖実録』巻一四・甲辰年四月壬戌の条。

（77）黄宗羲『明夷待訪録』「原君」、《梨洲遺著彙刊》（台湾、隆言出版社）所収。これについては、佐野公治「明夷待訪録における易姓革命思想」（『日本中国学会報』一七、一九五六）、及び＊青永禄「『明夷待訪録』に見える職分観――宋代以来の位・分観の変遷上から見た――」（『東洋史学研究』一〇、一九七六）、参照。

(78)『明史』巻一三九・銭唐伝、及び『皇明泳化類編』諫諍・巻一〇八。
(79) 同書・巻一三九・茹太素伝。
(80) 同書・巻一三九・王朴伝。
(81) 同書・巻一三九・韓宜可伝。
(82) 同書・巻一三九・葉伯巨伝。

第二章　永楽・正統年間における科道官体系の形成

第一節　六科給事中の中央言官化

1　内閣の票擬制と六科の封駁権

封駁権とは帝権に対する一種の拒否権というべきもので、もともと唐代給事中の固有な権限に属するものであった。しかし、洪武初の給事中は記録官程度に過ぎず、封駁権という独自の権限の行使はあり得なかった。ところが、それにも拘らず、顧炎武（一六一三～八二）は明代の六科給事中の封駁権について、次のように述べている。

明代には、たとい門下省長官を廃止したと言っても、六科給事中を置いて封駁の任を掌らせた。旨は必ず科に下されるが、其れに不都合なところが有ると、給事中が駁正して部に送った。之れを科参と謂う。六部の官で、科参に抗議してまで敢て施行しようとする者はいなかった。そのため、給事中の品は卑いが、権は特に重かった。[1]

つまり、六科の封駁権すなわち科参を、唐代の門下省所属のそれに比肩するくらい高く評価しているのである。しかし、両者の間には懸け離れた差異がある。明代の六科は六部牽制のために設置されたもので、飽く迄も帝権の円滑な行使のための侍従官であったのに比べ、唐代のそれは帝権自体を牽制する機能を備えた門下省の職事官であったためである。[2] したがって顧炎武の説明には不十分なところがあり、明代六科の封駁権は、六部の行政の次元に於ける牽制機能すなわち科参に止まるものではない。票擬制の成立によって、六科は内閣大学士と宦官との勢力関係の変動に一定の影響力を行使するようになり、その「品秩は低いが権限が重い」ことが、事実上可能になったのである。

周知の通り明代政治制度の特質は、丞相制を廃止して帝権を絶対化し、これを維持・存続させるための制度的装置として、内閣と司礼監を双輪として利用したところにある。そして、こうした制度的装置が、内外の百司から上がってきた章奏を如何に処理し、またそれらを収斂して政治に如何に反映させるかという問題と、密接な関連を持つのは当然である。

内閣大学士の制度は、太祖による丞相制廃止ののち四輔官を置いたのがその始まりで、永楽時代には大学士が機務に参与していたが、太祖と成祖（一四〇三～二四）は章奏の重要なものは親ら見極めて決裁するという創業期の君主であり、特別に代言を待つ必要がなかった(3)。しかし守成期の君主は違っていた。閣臣が大部分父祖の旧臣であったのみならず、病弱な仁宗は自ずと彼らに精査を頼るところが多く、次の宣宗（一四二六～三五）の時代に至ると、内閣の票擬権はその基礎がいっそう安定した。すなわち黄佐が、

> 宣徳の時に至り、初めて内閣の楊士奇をして、凡ての中外の章奏について、小票に墨書することを許し、各疏面に貼りつけて上進せしめた。之れを条旨と謂い、宮中から紅書で批出した(4)。

と記すところからわかるように、宣徳朝に初めて内閣の票擬権が成立した。他方、これと殆ど同時に、がんらい五品官であった大学士が、尚書や太師・太傅・太保の職銜を兼ねることで品階も高まり、これによって「王言を代言する」大学士の票擬権(5)は、それまでの顧問秘書格から脱け出して、徐々に宰相の権威を備えるようになったのである。

票擬制の実施と前後して、宦官の政治介入が見られるようになった。かつて太祖はそれを防ぐため、宦官に文字の習得さえ禁止したが、「靖難の役」で成祖が彼らを利用したことが契機となり、宣徳年間には内書堂を設置し、書記の役割と国政の諮問に当たらせた(6)。その結果、宦官が票擬制を中心とする諸般の文書伝達の過程で様々の奸計を巡らすことが可能になり、となると宣宗は、票擬制と面議制の施行に関わる勅諭で、その防止を六科給事中に命じ、

> 爾《なんじ》ら近侍官は、職が記注にある。凡そ朕の一言一令により、或は内使をして旨を伝えしめるとき、必ずその通り

に記録して覆奏し、再に旨を得た後に施行すべく、そうすれば、ほとんど欺蔽を防止することができる。そうでなければ必ず詐偽があるのである。[7]

と、内官や内使が天子から旨を受けて官司に伝達するようになると、そこに捏造された情報が入り込むので、給事中に覆奏させ、再び旨を得させている。六科設置の目的も元来は文書上の誤謬を是正して欺蔽を防止するための「記注」にあったが[8]、宣徳以後は、票擬制の成立とともに宦官の政治介入により生じた捏造を駁正することが、給事中の新たな職務として附け加わるようになった。しかし正統年間（一四三六～四九）に至ると、事情は一変した。英宗は、幼冲で即位したために、朝廷に重大事があっても臣との面議を避け、唯だ内臣に命じ意旨を内閣へ伝えさせるだけで、票擬までも行わせ、言わば政事を全面的に票擬制に依存した[9]。票擬制はもともと文書が内閣と天子、天子と給事中、そして給事中と六部の間を往来するもので、そこに宦官による捏造が入り込む素地がある。そのうえ、君主が幼かったり無能な場合、内閣から上ってきた条旨を一つ一つ親批する代わりに、差し支えのない内容であれば秉筆太監に代筆させたため、宦官による弊害はいっそう甚だしくなった[10]。宦官の最上の官職である司礼太監は、こうして大学士の上に君臨するようになった。これについて趙翼が、

明代にはたとい首輔権が重いと言っても、司礼監の権がさらに首輔の上にあった。王振が権力を奮った時も、票擬［権］はむしろ内閣にあった。しかし涂棐の疏によると、英宗の時の批答には中官が大部分参与したが、内閣は時には参与しないことがあったという。ゆえに（票擬権を）内閣の専有物とすることはできない。[11]

と述べるように、正統年間には内閣が票擬権を持っていたが、専ら章奏を担当した三楊すなわち楊栄・楊溥・楊士奇といった大物が次々に世を去ると、王振を中心とする宦官勢力が次第に影響力を行使するようになり、内閣権が司礼太監の権限の下に置かれるほど、権力構造に変化が生じた[12]。

このように票擬制をめぐって、内閣の首輔と司礼太監はそれぞれ権限を高めていき、明代中期以後、彼らは帝権の

維持に双輪的役割を担うようになったが、問題は、これによって六科給事中が持つ封駁権の機能も強化されたところにある。換言すれば、六科の職務は、それまでは欺蔽と造作（捏造）の防止に止まっていたが、票擬制の成立により封駁権が強化され、今や内閣や司礼監をも牽制する機能を持つ契機が得られたのである。帝権が脆弱な場合には、内閣や司礼監による跋扈の機会が生ずる可能性があり、ゆえに六科が彼らを牽制する機能を持つことは、帝権に対する批判の矢が一次的には内閣に、二次的には司礼監に回されるようになることであり、帝権それ自体の安全がひとまず保障されるかのようである。しかし、必ずしもそのようになるのではなかった。内閣と司礼監はともに帝権維持のための双輪的機能を担当するのがその本来の職務なので、後述するように明代後期になると、彼らに対する言官の攻撃は自ずと帝権を侵害することになった。言わば、帝権が間接的に牽制されるようにならざるを得なかったのである。ゆえに票擬制の成立以後、六科の封駁権は、次第に唐代三省制の下に於ける給事中の権限に比肩され得るものとなった。しかし、六科の帝権に対する牽制ないし批判に関して言及するのであれば、この封駁権以外に、彼らが中央の政治舞台で発言権を強化していった過程をもあわせて説明する必要があろう。

2　廷議への参与と発言権の強化

六科給事中の封駁権はがんらい給事中の典型的な権限に属すが、明代六科が言官として成長した契機は、その侍従官としての属性に起因するところが大きい。六科の衙門を、設立初期に磚城内の尚宝司の西側に内閣と相対して置いたのも、その侍従官としての性格のためであった。永楽時代の火災により午門の外へ移したが、帝の居所と最も近い所に置き[13]、朝廷の機密重事が発生すると、給事中はこれを朝会の時を待たずに引奏し得るよう、帝の周囲に密着されていたのである[14]。また名称の沿革のみを見ても、そのようである。洪武年間に給事中を元士或は源士と改称したのも、六科を「事の本源」と見たためで[15]、これは詔勅や章奏の出納を給事とする意と隔たりはない。

六科給事中の数は、洪武朝に何度か人員調整が行われ、建文中にも若干の変動があったが、永楽初に至ってその編制・員数・品秩等に恒久的な制度化を見るようになった。このほか永楽十八年（一四二〇）の北京遷都の際に六科を設置したが、［南京にも］科ごとに給事中を一人ずつ置き、北京と同一の処遇を与えた。品秩は、数回の変動を経た後、けっきょく永楽初に都給事中[16]が正七品、左・右給事中及び給事中が従七品に確定された。これをまとめると次の通りである。[17]

ところで、給事中の品秩が七品に固定されたのは、何よりも唐・宋・元代のそれが四、五品であったのに比べて桁外れに低く、特に宋・元代に給事中の役割は見るに値しないが品階が高かったところに比べると、なおさらそのように言える。

●六科給事中

吏科――都給事中（一人）（正七品）
　├左・右給事中（各一人、従七品）
　└給　事　中（四人、従七品）

戸科――都給事中（一人）（正七品）
　├左・右給事中（各一人、従七品）
　└給　事　中（八人、従七品）

礼科――都給事中（一人）（正七品）
　├左・右給事中（各一人、従七品）
　└給　事　中（六人、従七品）

兵科――都給事中（一人）（正七品）
　├左・右給事中（各一人、従七品）
　└給　事　中（一〇人、従七品）

刑科――都給事中（一人）（正七品）
　├左・右給事中（各一人、従七品）
　└給　事　中（八人、従七品）

工科――都給事中（一人）（正七品）
　├左・右給事中（各一人、従七品）
　└給　事　中（四人、従七品。工科給事中は後に増減）

ともあれ、六科給事中は帝の侍従官で、品秩は低かったのだが、では、どうして「秩は卑《ひく》いが権は重い」とか「禄は薄いが賞は厚い」と称されたのであろうか。既に検討を加えたように、仁・宣以後、票擬制の成立により六科の封駁権が強化されたが、それが第一の理由であり、ほかには侍従官として一定の発言権を行使することができたためである。

『明史』には、その職掌について、

主徳の闕違、朝政の失得、百官の賢佞は、各科から、或は単疏で専達し、或は公疏で聯署して奏聞した。……凡そ大事の廷議、大臣の廷推、大獄の廷鞫には、六掌科が参預した。[18]

とあり、六科の言官としての様相がよく表現されている。勿論これは明代の六科を一代を通じて説明したものであるが、六科が君主や百官に対する批判を公疏という形によって行い得たのは、少なくとも廷議や廷鞫への参与[19]とともに、票擬制の形成を通じた封駁権の強化と密接な関係を持つものであった。特に都給事中が廷議に参与した事実は、六科の中央言官化にとって重要な意味を持った。廷議とは、朝廷の重臣会議を指し、六科がここに参与し得たのは、王命を出納する元来の侍従官としての資格のためであった。廷議について『大明会典』には、

宣徳三年に奏准せられ、官民の建言について、六部尚書・都御史・六科給事中が会議して奏聞した。[20]

とあり、宣徳三年（一四二八）に初めて、官・民の建言をめぐって開かれた六部尚書と都御史の会議に、六科が参預して報告できるようになったという。六部の尚書と都御史はそれぞれ行政、監察の最高機関の長官で、明代にはこれらを七卿と称したが、これらの大臣会議に六科が参加し得たのは、彼らが常に帝の左右で大小の事を報告し、また王命を下達する、言わば王命を出納する職務を帯びていたためである。

しかし、英宗が幼くして即位すると、廷議の形式は異なり、会議に於ける給事中の役割も自ずと変わった。黄佐が、

宣徳以前には、政事が有るたびに群臣と相面し議論していたが、正統には十年に初めて内閣官に命じ、六部・都察院・通政司・大理寺堂上官・六科掌印官をして会議せしめた。[21]

と記すように、宣徳年間までの廷議では皇帝が直接臣僚と向かい合って政事を議論したが、英宗が即位すると、そうした形式の議論は廃止せざるを得なかったのである。[22]面議に代わる廷議には、六部と都御史以外に、内閣をはじめと

して通政司と大理寺の堂上官及び都給事中が参加するようになり、その構成員が増えた。六部と都御史に加えて通政司と大理寺の各堂上官を合せると九卿となり、そのほか内閣大学士は輔臣であり、給事中は近侍官として参加した。給事中は国家の最高会議に引続き参席し、中央言官としての位置を固めていったのである。

六科が参席する廷議は、記録の上では宣徳三年から見られるが、その先駆けとしての多官会議は洪武末年にもあった。[23]この多官会議に給事中が参与したかどうかは明らかでないが、その頃になると六科の侍従官としての職掌は殆ど整備されており、参与の可能性が無かったことはない。まんいち参与し得なくとも、成祖の言路奨励策に負い、少なくとも宣徳三年以前のある時期から、六科が重臣会議に参与していた可能性は十分に考えられる。

廷議とは性質が異なるが、六科が参預したものに廷鞫がある。洪武初には、大獄があると天子が宮廷で親ら審問する制度があり、これを廷鞫と言った。その後、諸官を集めて審録する所謂会審制度が設けられたことにより、次第に皇帝が面訊しなくなった。特別審判ともいうべきこの会審では、洪武三十年に五府・六部・都察院・通政司及び詹事府の官が集まるところに六科が参預し、[24]洪熙元年（一四二五）には公・侯・伯・五府・六部の堂上官、内閣の大学士が集まるところに六科給事中もまた参預させ、これを令として定めたのだが、[25]会審の主務機関は三法司であった。『大明会典』に、

凡そ三法司が旨を奉じて、午門の前で罪囚を鞫問すると、掌科官も亦たここに参預した。[26]

とあり、三法司すなわち刑部・都察院・大理寺が刑獄の処理とそれに対する糾察駁正を担当するが、都給事中も王命の出納のためにここに参与したのである。[27]こうした六科の廷鞫への参与は、廷議への参与とともに、たとい侍従官の資格に過ぎなくとも、中央権力の核心に接近し、自身の政治的成長の契機となり得るものであった。

このほかにも、民間から冤罪を愬訴し機密重情を自由に告発できるように設置した登聞鼓の当番に、六科各科の給事中を一人ずつ配置し、その伸冤と告発を受理して奏達できるようにさせた。[28]登聞鼓の輪直［当番］は、もともと監

察御史の担当であったが、いつの頃からか交替し、宣徳年間には給事中がこれを担当するようになっていたのも[29]、永楽以来の両者の中央と地方に於ける職務機能の分化に伴う措置の一環として見ることができる。

以上のように、六科は機構上独立した近侍衙門であり、給事中はおおむね洪武末年から廷議と廷鞫に参預し、その一方で諫議官の機能までをも兼ねることで、言官として成長する土台が準備された。実際には、その中央言官化の傾向は、次の成祖の言論対策に負うところが大きい。成祖は「靖難の変」という自身の政治的弱点と北京遷都という重要な事業を断行するのに、自分の父王が取った言路開放の政策ではなく、特定の言官の育成を通じて政治的安定を図ろうとしたのであった。彼は、監察御史以外に、六科に対しても言官の役割の遂行を期待して、

朕が天下に君臨して昼夜努めるのは、惟だ軍民老少をしてみな安らかならしめんとするためである。……近ごろ軍民の利病に関する言及がないのは、どういう訳なのか。いま一歩退いて考え、項目別に建議せよ。そうすれば朕が将に採択して行うであろう[30]。

と述べ、彼らの建言を積極的に勧奨しているところや、また他方で、府州県官を六科の弁事官に抜擢し、彼らを通じて地方の実情を聞き込むようにしたが、意の通りにならないと、給事中朱原吉に、

郡県の間に、どうして一つの問題もないと言うのか。彼らが朕の左右で黙然を守るのみだとしたら、千万里の外にいる者は、まして言うはずがない。卿らは朕の意を伝え、利をどのように興こし、弊をどのように取り除くのか、直言して隠さないようにせよ。いま言わず、他人が先に言うようなことがあると、罪を免れることはできない[31]。

と諭しているところからも、六科に言路としての役割を期待したことがうかがえるのである。のみならず、成祖は民情把握のための本格的活動を展開し、監察御史の府州県巡按と大臣の地方巡歴を実施した。この問題については改めて次節で詳論するが、特に大臣の巡撫行に給事中が補佐の責を帯びて同行することで[32]、地方の実情に対する識見を高

めることができる。これは、給事中と地方官との交流とともに、朝廷としては中央と地方の交流を通じて円滑な統治を期すところにその目的を置いたものだが、こうした場合とは異なり、成祖が自らの政治的弱点を弥縫するため、政敵を排除する等の抑圧政治を強行するときにも、近侍官たる給事中を利用した。『明史』奸臣伝に、

帝は簒奪で天下を得たため、下僚を重典で治めた。（陳）瑛がまず風旨を承け、謀略にかけて陥れた者は数えきれない。一時、臣工たちがその行為を手本とし、紀綱・馬麟・丁珏・秦政学・趙緯・李芳といった者たちが、みな傾険だとの評判であった。(33)

とある。陳瑛が都憲すなわち左都御史で、成祖の腹心の中心となって活躍していたとき、彼を手本とし、悪徳として評判となった六名がいた。そのうち、紀綱が錦衣衛指揮使であって特務政治で活躍し(34)、次の馬麟・丁珏・趙緯・李芳の四人は給事中で、奸臣伝に立てられているが、そうした事実は、多くの近侍官の中でも六科官に、政治的な利用価値が最も高まったためであることを示唆する。また馬麟伝に(35)、

成祖が即位し、建文朝に罷官された者をみな復職させるとき、麟も召還され、ただちに兵科都給事中へ昇進した。麟は特別な建白も無く、専ら訐発を以て能事とし……、麟が言路に居り、諸司を糾弾しない日がなかった。

と記されているところからも、そうした事情を推察することができる。

ともあれ、永楽朝のように政権を正常に継承し得なかった体制の下では、特務政治等の強圧政治を強化せざるを得ず(36)、こうした条件の下で給事中は、王朝権力にいっそう密着することが可能となり、ここに中央言官として成長し得るもう一つの踏み段が準備されたのであった。

このような給事中の言官化と同時に、宣徳・正統と時代が下るにつれて漸増した政治的・社会経済的な諸矛盾によって、言官にはより一層発言が要求されるようになった。給事中の言官化傾向はそれに比例して促進されたのである。

第二節　十三道監察御史の言官的性格

中国の御史制度は、天下の百司官の非違を摘発して糾劾するのがその本来の職務であり、もともと言官的性質を持たないものではなかった。しかし明代に入ると、ひとり十三道監察御史のみが上位の御史と区別されて、六科給事中とともにその言官的役割が強化されたのだが、その理由はどこにあったのか。前節で六科給事中が中央言官化していく過程に検討を加えたが、本節では十三道御史の言官的性格は如何なるものかという問題を中心に検討を加えてみる。

1　十三道御史と都御史——十三道の独立性

洪武二十六年編纂の『諸司職掌』には、都御史と監察御史の職掌について、

左右都御史・副都御史・僉都御史は、職が専ら百司を糾劾し、冤枉を弁明し、各道及び一切の不公不法等の事を提督することである。其の属に十二道監察御史が有り、凡そ刑名に当たるに、各道へ分送し発落させ、監察御史を差委して出巡・追問・審理・刷巻等の事があれば、それぞれ事目を具備し、旨を請いて点差する。(37)

とある。都御史は各道監察御史を提督するが、それを除いた百司の糾劾、冤枉の弁明、不公不法の処理等は、道御史が担当する具体的任務の中に含まれており、続いて、十二道担当の照刷・巻宗衙門の名称と百事の糾劾、刑名の問擬、出巡、刷巻、追問、審録など道御史の職掌は詳細に記されているのに、都御史の職掌に関しては言及がない。このことから推察されるのは、けっきょく、京郷［中央と地方］に於ける儀礼的活動と十二道監察御史の提督以外、都御史の職掌に特別に区分されたものがなかったことである。(38)そして李学曾は、

十三道監察御史は、出れば方岳を巡視し、入れば百僚を弾圧し、たとい都御史と互いに関渉があるとは言っても、その属官ではない。まさに某道と名づけたのみで、都察院に拘泥せず、事を独断で上達しても、都御史はこれを

預め知ることはできない[39]。

と記し、道御史と都御史とは同じ系統だが従属関係はないことを明白に述べている。監察御史は、京郷の各道を巡歴するとき某道監察御史という職銜を持ち、復命のときも都御史の許可を受けずに直接上達するくらい独立性が強いのみならず、七品官の彼らは、堂上官たる都御史との間では品秩に懸け離れた差異があり、そのために互いに一体化することができず、個別性を持たざるを得なかった[40]。

監察御史の都御史に対する独立的性格は、既に洪武初に前者の後者に対する弾劾として現れており[41]、こうした関係は次第に対立的となり、甚だしくは監察御史側の集団行動にまで発展した。がんらい風憲官は、非違の事実がある時に相互に糾劾し得るよう朝廷からも個別的独立性を認められていたが[42]、それはその職能上の性格のためであった。双方が対立した例として、次の出来事がある。洪武二十五年、監察御史胡昌齢ら四一人が時政に対して口を緘《とざ》して言わない（緘口不言）という事態が発生すると、右都御史袁泰は彼らの意図的な集団行動を赦し得ないことだと非難した。太祖はこのことを不問に付したが[43]、ここに見られるような双方の対立、即ち上位の御史が下位の御史を管理しようとし、それに反して下位の御史は自ら独立性を強調してその拘束から逃れようとするが、そうしたところに生じやすい対立が、散発的に発生していたのである。

もちろん例外がなかったのではない。永楽朝に、陳瑛は御史の出身で都御史に上り、成祖の腹心となり、簒奪の弱点を弥縫するための弾圧政治に先鋒将として活躍し、帝の意を受けて大臣一〇余人を弾劾する一方、一部の監察御史とも結託して非行をほいしままにし、かえって「奸に朋《くみ》して蔽を蒙った」と弾劾されたことがあった[44]。しかし、こうしたことは飽くまでも永楽朝という特殊な時代に該当するもので、一般に両者の間は不和の関係にある。ともあれ、こうした関係は、明代も中期を迎えて正統年間になると、政治的・社会経済的な諸変化により、言論ないし監察の内容にも相当な変化を与えることになった。一例として、次の出来事がある。正統十二年、南京都察院の副都御史と十三道監察御史が不和のために、みな投獄されるという事件が発生した。ことの顛末はこうである。かつて周銓が南京の糧儲を督責したとき、御史から貪暴だという劾奏が上り、私怨を招いた。そうした中で、その年に周はたまたま南京都察院の職を司るようになると、報復のために功過簿を置き、御史に対し管理を厳しくしたが、多くの御史たちがこれに耐えきれず、范霖・楊永・尚褫ら一〇人が合同で上疏して周銓の罪状を告発した。こうして周は投獄されたが、再び御史たちの非違を暴露し、十三道御史がみな逮捕もしくは降等されて流刑に処せられる、という珍しいことが起きたのである。(45) 当時は三楊も政界から退いた後で、司礼太監王振が政柄を左右しており、特に言官を憎んでいたので、両者間に対立が発生すると南京十三道御史全員の逮捕という異変を起こさせたのである。(46) この頃になると、このような都・道の対立が起るようになったが、他方で監察御史と給事中の協同関係が次第に強化され、変貌する政治状況に対応する新たな政治的勢力として発展していった。なお、この問題については次の節で取り扱うこととする。

　これまで見てきたように、同じ都察院の御史であっても、道監察御史は都御史に統制されるかのようだが、その属官ではなかった。そして監察御史は都御史の干渉なく自由な監察活動をすることができ、時には都御史に対する弾劾さえも躊躇せず、両者間に激しい対立が発生することもあった。しかし、七品の道監察御史は所定の任期が過ぎると考満と称し、その勤務成績を評価されるが、これを考覈といい、都御史が担当する規定であり、(47) 都御史の人事上の影響力を全く逃れることはできなかった。仁・宣時代の都御史劉観が、たとい一時的にしろ十三道御史を糾合して大理寺卿弋謙を糾劾し得たのは、そうした影響力と関連させて見ることができ、また、劉の非違の事実が認定、処分されたときには、「観を治して台政を粛正すべし」という朝廷の意図があったのであり、(48) こうした点からも両者の微妙な関係をうかがい知ることができる。

　しかし、都御史の監察御史に対する人事上の影響力も、一般の官僚の場合とは異なっていた。すなわち、近侍官や風憲官が考満で降等や昇進を決定されるときは皇帝の裁可を受けるという規定に従い、(49) 監察御史は都御史の考覈を経るとしても、最終的には上裁に依るとされていた。言わば監察御史は他の近侍官とともに、吏部や都察院の人事措置に止まらず必ず上裁に依るとしたのは、一般官僚の場合と大いに異なる措置で、これは、それだけ活動の自由が保障されていたことを意味する。

2　府州県巡按と言官的機能

御史は、がんらい天下の百司官の非違を摘発、糾劾すると同時に、天子に代わって天下を巡視するという趣旨から設置、運用されたものであった。杜佑の『通典』に「初め秦が御史に多くの郡を監理せしめたが、これを監察史といった」[50]とあるところからも、最初の古代帝国たる秦で御史に命じて地方を監察させ、これを通じて民情を把握しようしたことが分かる。

こうした伝統的意味での御史の地方巡察は、明代に至っても依然として踏襲されていた。『明実録』によると、洪武四年（一三七一）の、

監察御史を分遣して、山東・北平・河南等の府・州に至らしめ、塩課并びに倉庫逋負の数を覈実させた。[51]

という記事を嚆矢として、六年に「分巡」・「巡按」御史の名称が見え、[52]十年には監察御史の「分巡」「巡按郡県」が実施されている。[53]その後、「胡惟庸の獄」を契機とした監察機構の数回の改編を経て、十五年に至って都察院の設置とともに監察御史の任務が地方と中央に分けられ、これより地方に対する監察がいっそう強化された。すなわち、中央に七品官たる監察都御史八人を置き、九品官たる監察御史は地方十二道にそれぞれ五人或は三～四人を分けて配置することで、中央と地方の分担監察が制度的に成立したのである。[54]翌年には七品の監察都御史は堂上官となり、道監察御史も九品から七品へ昇格したが、中央と地方の分担には変動がなかった。以後継承され、十二道も布政司の増減に対応し、宣徳十年に十三道として永久的な制度化を見るようになった。[55]

ともあれ、都察院の体制が安定すると、道監察御史は、品階の上では都御史と懸け離れるようになり、これとともに全国の各道を分巡するようになったが、さりとて必ずしも地方の十三道のみを巡視するのではなかった。各道内の官司を監察するのみならず、衛所と直隷の府、中央の六部・院・司をも分担して督察したのであり、こうした点から見ると、道監察御史という名称は明らかに適切なものではない。それでも強いて「道」の字を冠したのは、象徴的に表現したものに相違ない。すなわち、中央と地方の別なく天下の官署を道で区切ることで、御史が天子に代わって天下を巡視するという象徴的意味を持たせたものであり、[56]と同時に一定期間に一定の任務を帯びて各道で巡按するこの制度は、明らかに明代監察制度の一つの特色と言うことができる。もともと巡按御史の制度は、洪武十五年の都察院設置と殆ど同時に実施されたもので、当初は直隷・府・州・県に限定されていたが、十二道監察御史の設置とともに次第に制度的に整備されていったのである。[57]

各道は守院御史と分巡御史に分けられ、後者が出巡したが、その任務は主に罪囚の審録と巻宗の吊刷（帳簿調査）のように比較的単純なものであった。しかし、洪武朝を過ぎて永楽以後になると、次第に複雑な任務が付加され、最初は付随的であった軍民の戸婚・田宅・闘殴等の詞訟を処理することが、巡按御史の重要な職務となっていった。[58]こうした現象があらわれたのは、宣徳・正統年間を経て現れた社会経済的変化により軍民間に多くの新たな問題が惹起されたが、地方官ではこれに十分に対処し難く、巡按御史の力を必要としたためである。[59]

巡按御史の職務は、このように罪囚の審録をはじめ軍民間の訴訟、そして明中期以後には官吏の考察等へと、広範囲に拡大されていったが、何れにせよ、当初の各布政司の管内を巡歴してその結果を復命するという単純な監察の業務を越えて、次第に地方政治にも関与するようになり、そのため時には三司官との間に序列をめぐって問題が生じた。宣徳六年（一四三一）、監察御史胡智の上奏に、

一方《ちほう》を巡按する場合、御史は朝廷から派遣されるので、序列は三司官の上、もしくは同一である。公務で出理す

るとき三司は馬に乗るが、御史のみは駅驢に乗るので、とても見るにしのびなく……。御史も駅馬に乗るのが適当である。(60)

とあり、裁可を得て、御史も三司官とともに駅馬に乗り、その体面を維持することが許された。［ここに見られるのは］監察御史と都指揮・布政・按察の三司の官は、品階では堂上・堂下官という懸け離れた差異があったが、地方に派遣されるときは、天子の特使という資格のために、品秩の開きを離れて三司官と同等か、さもなければそれ以上の権限を持つという論理である。

宣徳朝を経て正統年間に至ると、葉宗留や鄧茂七の乱が示すように社会的矛盾は次第に深まって、明初の三司制に依る地方統治体制も大きく動揺するようになり、このため巡按御史の地方政治に対する影響力がいっそう強化された。(61)その例として、まず巡按御史の地方滞在期間が延長された点を挙げることができる。はじめ滞在期間についての規定は別段設けられていなかったが、宣徳年間には一年交替で勤務することになり、正統末年になると、その勤務年限のさらなる延長を論議しなければならないくらい、地方の事情は地方官のみでは十分に対処させ難い状況に陥った。(62)

このように、地方官の業務が日増しに輻輳するにつれて巡按御史はその滞在期間を延長され、それらの業務を部分的に担当することで、「地方官化」する傾向が生じざるを得なかった。(63)しかし、これは「地方官化」というよりは、地方に根拠を固めてその元来の機能を強化していくものであった。がんらい巡按御史は、地方官史の監察、中央・地方間の上意下達、下意上通という言路としての機能を持って出発し、正統年間に至り滞在期間が延長され業務が増えたが、だとしても、地方官化という質的変化がもたらされたというよりは、飽く迄も地方の民意を上達する言路としての機能が強化されたと見るべきである。(64)

これは諸差御史の場合も同様であった。正規の巡按御史以外に、事務の繁簡や距離の遠近、責任の軽重によって大差・中差・小差に分けて派遣される諸差御史は、在外巡按以外に清軍・提督学校・巡塩・茶馬・巡漕・巡関・鑽運・

印馬・屯田・塩軍紀功等の複雑な任務を帯びたが[65]、この場合でも飽く迄も「天子に代わり巡狩する」、すなわち中央と地方を連結するという御史本来の機能に基づいていたことを看過することはできない。

これまで検討を加えたように、十三道監察御史は中央の都御史とは異なり、地方の巡按をその特徴的な任務としていた。彼らは中央のすべての官署を分担し、監察の対象としたが、巡按・雑差等の地方監察を通じて、同じ都察院の官でありながらも都御史とは異なって、中央の六科と肩を並べ、言官として成長していった。そうしたところに、監察御史の特性をうかがうことができるのである。巡按とともに、尚書・侍郎等の高官で地方行政を補助する巡撫制が永楽以来実施されたが、社会が不安定で治安維持が困難となった景泰年間に至ると、彼らに都御史の職銜を兼ねさせる措置が取られた[66]。これは、従来の巡撫が巡按との間に統属関係を持たず、また文書の処理等に支障があり、それによって惹起される両者間の不和な関係を多少なりとも解消しようという苦肉の策に過ぎなかった。しかし、こうした措置も撫・按の衝突を決して緩めることはできなかったが、それもまた、十三道監察御史の独立的性格が強いためであった[67]。巡按御史と諸差御史を含む監察御史は、十三道という名称が示すように、中央の都御史に対して地方担当の監察官という意味合いを当初から備えていた。そして、永楽から正統年間にかけて、政治的ないし社会経済的な変化により地方に根拠を固めて民意を上達する言路としての役割を強化していった十三道は、中央言官として成長した六科給事中とともに明代言官の双輪を造り上げ、政治的役割を遂行するようになった。都御史も、耳目官ないし風憲官としては監察御史と同じだが、品秩が大きく開き大臣の列に立っており、以後の社会経済的変化[68]のなかで十三道とは違和感を深めていった。それとは反対に、六科・十三道は言官としての諸般の類似性で接近するようになり、むしろ都御史は六科・十三道による批判の標的となったのである。

第三節　科道両官の接近と言官的体系の形成

1　科道両官の言官的接近

前節までで、六科給事中と十三道監察御史が宣徳・正統年間に至り、それぞれ中央と地方を根拠として自らの発言権を強化していった過程について、検討を加えた。六科が侍従官で中央を舞台とし、言官としての成長をしていったのに対し、十三道は帝の耳目官で、地方の民情を上達し軍民の利弊を直言する言官としての責任が強化されていった。しかし、それら両官が明代後期に見せた言官的体系の形成は、一定の歴史的契機により、職能上に於いて相互に共通する或は補完しあう関係を通じてこそ可能だったのである。であるとすれば、両官には果たして職能上どのような共通性があり、如何なる過程を経て相互に接近し交渉していったのか、という問題について検討する必要がある。六科給事中の本領は、内外の百司から上ってくる章奏を取り扱い、また聞いた所を上奏することであったが、そのほか必要に応じて朝廷から随時地方へ派遣して民情を把握させる等、近侍官としての任務も多様であった。給事中の地方派遣は洪武年間に行われていた[69]が、永楽初からは、

監察御史袁綱と給事中朱亮らに、それぞれ直隷の府・州及び浙江等の布政司へ詣らせ、軍民を按察せしめた[70]。

という記事をはじめとして、御史との同時派遣が見え始めた[71]。その永楽朝を過ぎ、宣宗が即位すると、事情は変わった。すなわち宣宗は父王の意を受け継ぎ、御史・給事中等を宣府・隆慶等の衛に派遣したのである[72]。

上が即位し、兵部に諭示して、「朝廷が軍民に対するのに、ちょうど舟や車に荷を偏重に載せてはならないのと同じく、有司は当然実を審べて、混乱させることがあってはならない」と述べ、遂にこうした命が下った。自後、京郷に給事中・御史を遣わすを常とした[73]。

とあり、宣徳初になって、京郷への同時派遣が一つの制度として確定した。このように軍伍の清理等で両官の接触が持たれるようになると、時おり相互間に序列争いを招いた模様だが、

行在兵部が奏し、「いま御史・給事中を各処へ往かせ、軍伍を清理させたが、給事中は近侍の臣、御史は耳目の官であり、彼らは同行するにあたって坐位を争う。請ふらくは、その序列を正されんことを」と言うと、上は「品級で序列を定めよ」と命じた。(74)

とあり、従七品官たる御史が正八品官たる給事中よりも上位に立つことで落着した。これは永楽十九年までのことで、例えば給事中から監察御史に転じた場合、一品階の差異があるため、昇進と看做されていた。(75)しかし宣徳初になり、兵部で殊吏にこの問題が論じられたのは、その間侍従官としての給事中が、御史に比べて、中央言官としての地位を高めていった点を示唆しているように見える。

ともあれ、王命を出納する六科給事中も、道監察御史と同じく軍民の状況把握に動員され、そのうえ獲得した情報を朝廷に建議させる等、彼らを言官として利用しようとしたのである。これは、中央に於ける政治の壅滞のみならず地方の民瘼を知悉しようという朝廷の努力であり、時代が下がるにつれて次第に複雑になっていった社会的・政治的な諸問題を解決するために、上下の疏通を達成しようという君主の意志の現れで、監察御史の力のみでは十分でないと判断されたためであった。巡按御史とは別に、永楽初に撫按給事中が江西へ派遣されたことがあるが、久しく存続しなかったようで、(76)それに代わる巡撫制の実施によって、給事中が大臣に伴行する制度が生まれた。その最も典型的な形態は、永楽十九年四月、吏部尚書兼詹事府蹇義ら二六人の廷臣を全国に巡歴させた時で、二人ずつ一三箇所に分けたが、それぞれの箇所には一様に給事中が副となり、他の一三人は尚書・侍郎・都御史・少卿・寺丞・通政司参議が正として、派遣された。(77)こうした給事中の伴行は、永楽以後には続けられなかったが、それは恐らく監察御史との接近など職務が煩多になり、もともとの侍従の言官としての位置に戻っていったためであろう。

成祖はこのほかにも、中央と地方の円滑な疏通のために官僚の交流を実施した。考満で入京する府州県官たちの中から知識と大体がある者を選び、六科弁事官となして、それぞれの府州県の問題点を開陳させ、民情の把握を競争させたことや[78]、或は地方官を直接給事中や御史に抜擢したこと[79]、その一方で逆に中央の給事中と御史を知州・知県に任じたり、また時には地方の按察司官と給事中・御史との交流[80]が行われたが、これらはみな疏通のための努力の一環として取られた措置である。永楽年間に時々行われた皇帝の側近と地方官の間の交流は、洪熙初に至っても見られ、吏科給事中蕭奇ら三五人を州県官に送ったが、この措置は、

ちょうどその時、上言が「在外の職には宜らく風憲官と近侍官を当てるべく、〔そうすれば〕適切な者を得るだろう」とあった。上がその言を採用したため、こうした命が下ったのである[81]。

であった。ところで、こうした所謂風憲官・近侍官と在外の微職との交流は、宣徳年間に政治が安定して以降、それ以上活発には行われなかった。何故ならば、永楽帝が給事中・御史を側近として利用し、彼らを通じて民情を把握しようとし、それゆえ皇帝の特使の格で地方の巡歴に臨んだ彼らは、宣徳朝になると地方の都・布・按三司と同等であったり、そうでなければ三司以上の権威を自任するくらい[82]になったためである。彼らは、単にそうした権威を唱えたのみでなく、正統以後には知府への昇進を要求するようになった[83]。そこで朝廷では先朝の故事に倣って、中央の科・道官を地方へ出外するときには知府へ昇進させることにしたが[84]、それは以前のような条件の交流では無くなった。

2　科道官体系の形成

給事中の中央言官化や監察御史の巡按など地方を根拠とする言官的成長、或は両官の相互接近及び職能上の交互の関係が、永楽朝にその端緒を見せるようになった事実は、決して偶然のことではない。成祖は「靖難の変」という政治的弱点のため、当初から父王の開放的言路政策を追従することができなかった。はじめ燕王の靖難軍が京師に進入

した際、御史と給事中そして中書舎人等、帝［建文帝］の側近の少壮官僚四〇余名が逃亡する事件が発生した。成祖はこれを不問に付したが、[85] この事件は、後に方孝孺のような名儒が成祖の即位を最期まで容認しようとしなかった態度とともに、新政権に対する当時の政界の抵抗的雰囲気を示すものである。このように周囲が非協力的な状況の下では、一般の臣僚たちになるべくなら言論を回避しようとする傾向が生ずる。成祖はそうした雰囲気を多少とも緩和させるために、言路を無制限に開放するよりも、御史と給事中をともに耳目官として利用し、その一方で民情に明るい彼らに言論の責任を負わせて一定の政治的効果を得ようとしたのである。

言官を政略に利用した例は、既に太祖の時にある。彼は、大臣を排斥しようとするとき、先に御史に密旨を与えて糾弾させたのだが、[86] こうした手法は成祖にも伝授され、彼が重用していた楊栄を論難の対象に置かないようにし、楊栄が行おうとした言を代わりに御史に論じさせてもいた。[87] 御史とともに給事中を言官として利用することは、永楽時代に始められた。同十四年、錦衣衛指揮使紀綱は帝の側近だったが、横暴を極めて摘発されると、成祖は給事中と御史に廷議で糾劾させ、彼の罪をさばいて磔刑とし、[88] また正統末、鄧茂七や葉宗留等の民衆反乱が頻発したときも、右都御史陳鎰・右副都御史曹翼らが事を誤ったとして、給事中と御史に糾弾させた。[89] このように給事中と御史が言路として政治に利用されることは、帝が幼冲であったり無能であったりして、大臣や宦官がこれに付け込み権力を掌握して政事を左右する場合にも起った。正統朝の司礼太監王振（?～一四四九）がその代表的人物である。かつて兵部尚書王驥らが辺方の問題を論議したが、五日が過ぎても報告しなかったところ、王振はこれを問題として取り上げ、英宗に彼らを投獄する処分を下させた。しかし、その一方、しばらくして呉国公張輔がまた同様のことで右都御史陳智の弾劾を受けると、このときは給事中と御史が、言路の職にありながらも先に上奏を挙げなかったとして同時に指弾され、それぞれ廷杖二〇の処分を受けた。[90] これらのことをめぐり、夏燮（一七九九～一八七五?）が、

この時から言官が［王］振の風指を承けて、大臣の過失を屢々ひろい集め、公・侯・駙馬・伯より尚書・都御史

以下に及ぶまでが弾劾され、或は獄に下され、或は枷刑をうけ、甚だしきは譴謫されない歳はなかった。[91]と表現するくらい、言官が権臣に利用されることになった。正統八年には大理寺少卿薛瑄が、王振の従子王山の非行とそれに関連する民間からの訴えを明らかにしようとしたが、その過程で、王振の圧力を受けた給事中と御史により、薛瑄は賄賂を受けて不当な処理をしたと指弾され、投獄される事件があった。[92]こうした言官の政略的利用は、政局が混乱するとその度を加え、天順朝に至っては言路を鷹犬になぞらえることすらあった。[93]

しかし言路は、常に政権を担当する側に利用されただけではない。大小臣僚の非違を糾弾することは元々御史の仕事だが、洪武末葉に、公侯・大臣の非違に対する給事中の劾奏があり、[94]永楽初に至ると両官同時の劾奏が現れるようになった。すなわち永楽元年、駙馬都尉胡観に対する劾奏や、都督袁宇が軍屯を占拠して任意に軍士を使役したことに対する劾奏等、[95]以後、給事中と御史により次第に共同して行われるようになり、仁・宣年間になると給事中の発言がかなり頻繁になった。Hucker 氏の研究によると、仁・宣年間に弾劾の疏は合計一四七件あったが、この中の一八八件が御史、一一件が給事中、そして御史と給事中の聯疏が一一件、残り三七件は按察使によるものであったという。[96]ここから見ると、大部分が御史によるものであったことが分かるが、これは未だに官邪の糾劾が御史の本領であったことを意味するものである。しかしこの時期に給事中の単独疏が一一件で、御史との聯疏もまた一一件にのぼったという事実は、給事中が内閣の票擬制成立とともに中央の権力構造の変化に奥深く介入し、言官としての自己成長をしていた証拠となるものである。

給事中と御史の接近は、概して永楽年間から見られた。両官の聯疏や、糾劾の効果を上げるために交々章した上疏(交章上疏)も、正統朝に至るとかなり頻発するようになり、監察御史が問題の端緒を引き起こすと六科・十三道が劾奏し、給事中が問題を引き起こすとまた六科・十三道が交々章して弾劾する等、公然と共同行動で臨んだ。彼らは朝廷の元老たる大学士楊士奇（一三六五～一四四四）の子稷の非行さえも暴き、劾奏することに躊躇しなかったし、[97]そのほか豪強による土地侵奪や高官の職務怠慢は勿論、奢侈・失儀等に対する糾弾に至るまで、所謂「廷陛の間」に於いて是非を問い詰めたが、その活動の範囲が広まり、強度が高まった。そして仁・宣年間に比べ、正統年間にはその弾劾の内容に顕著な相違が見られた。すなわち、御史と給事中の聯疏が仁・宣の一〇年間には僅か一一件だったのが、英宗即位からの一〇年間は給事中と御史の合疏のみで二四件となり、そこに六科・十三道がそれぞれ連名で交々章したり或は連章して弾劾した場合を合せて、おおよそ三六回、都合六〇件となる。(98) このように、仁・宣朝に見られなかった六科・十三道の交章ないし連章した上疏が、正統年間に入り三六回を数えるという事実は、六科給事中の急速な言官的地位の向上と合せて、十三道と同じ言官としての活動がそれだけ強化されたことを示すものである。

そのように六科・十三道の言官的活動が強化された理由としては、第一に、英宗が幼くして即位し帝権が微弱な状態にあったため、発言権が相対的に強化されたという政治的な側面、第二には、正統朝に至って江南先進地帯を中心として次第に銀経済の時代に入り、租税と徭役の銀納化が進んで里甲制が徐々に解体されることによって階層が分化し、流民が生成されたという社会経済的変化をあげることができる。(99) 例えば、正統十年の葉宗留の乱と同十三〜十四年の鄧茂七の乱は、そうした時代的背景の下で発生したもので、(100) 鄧茂七の乱と前後して勃発した「土木の変」もまた明朝の弱体化を露呈した証左であった。このように明初の支配体制が動揺し始めた正統年間には、六科・十三道の監察活動がいっそう必要とされ、と同時に彼らの発言権をいっそう強化させた。科道官は明代中期を迎えると、言わば政治的ないし社会経済的な要求によって言官としての自己成長をしていったのである。こうなると彼らの、当初の侍従官と耳目官という区分も次第に曖昧になり、同時にそれぞれ中央と地方に土台を置いて言官として発展していくことによって、それまでの御史―給事中の序列が逆転する現象が起るようになった。そうした現象が起ったのは、「土木の変」を契機に政治的空白が生じた時に、給事中の中央言官としての役割がいっそう強化されたためで、景泰年間には両官の間に新たな序列体系が確立された。すなわち、

景泰三年令、都左右給事中坐御御史上。[101]

とあり、景泰三年（一四五二）、都給事中だけでなく左・右給事中までも御史の上座に据えるよう定めたことで、それまでの御史－給事中の序列が、給事中－御史すなわち科道に逆転したのである。

このように見てくると、正統までを、その序列「転換」確定の前段階と看做すことができるが、その「転換」は事実上すでに正統年間に形成されており、景泰三年の令は「土木の変」以後続いてきた六科優位の現象を現実化したものに過ぎなかった。換言すれば、「土木の変」直後、郕王の監国とその即位をめぐる複雑な政局を導く際に、六科給事中が大臣と同列でその発言権を行使し得たのも、六科の言職としての成長が既に十三道の及ばないほど大きくなっていたためである。[102]こうした現象は、言官としての科道官体系が事実上正統朝に形成されたことを意味する。

このような科道官体系の形成とも関連して、それら両官の間に葛藤が起らない筈がなかった。両官の紛争は、給事中が帝の左右に侍従する利点によりとった威圧的態度のために発生した。たとえば、宣徳年間に吏科給事中富敬が、三法司及び道監察御史とともに作成した会審決定の文書に署名する時、高飛車な態度をとったとして、御史の劾奏を受けたことや、[103]正統年間に給事中章瑾らが規定を無視して御駕の太学行幸で設けられた天安門の宴会に一緒に参加しようとし、光禄寺官との間で犯した非礼に対して、十三道が、自らの「分を越えて欺罔する」態度をとったとして罪を請うたこと等が、[104]それである。それとは反対に、御史に対する給事中の劾奏も、勿論あった。監察御史と給事中が天財庫で職務を遂行している最中、御史が独断的行動をとると、これを給事中側が明らかにしようと要求したが服さず、六科が一緒に劾奏したり、[105]また通政使李錫が朝会で失儀をおかすと、この問題をめぐって御史と給事中との間で攻防が繰り広げられた。すなわち、礼科給事中章瑾は李錫と同官の関係であったが、李の失儀を糾儀御史周文盛が糾劾すると、章は周の劾詞に「注曰」が抜け落ちているのを発見して、その違式を弾劾し、やはり周が投獄されたのである。[106]

六科と十三道の間のこうした不協和音は主に正統以後のことだが、科道の言論活動が次第に活発化したときに、多く発生し得るものである。しかし、これは憲綱に規定された御史の相互糾劾からもうかがわれるように、言官や察官の属性に起因するもので、別段問題はない。もし彼らが職務の遂行上官吏の不正を隠蔽して上奏しなければ、六科と十三道でこれを劾奏するのも、言官の職務上避けられないことだが、それよりも次第に複雑多端になった政治的・社会的な諸条件の下では、彼らの間に同類意識ないし運命共同体的な一体感が自然発生的に現れざるを得なかった。言責の官として複雑な朝廷の重事を処理するため、彼ら内部の不協和音は一時的なものに終わり、むしろ六科は、十三道に助力を求め、協力を必要とすることが急務となったのである。

六科給事中と十三道監察御史は、元来その設置動機や職務が全く異なる体系の官職であった。しかし、右で検討を加えたように、太祖が確立した皇帝独裁体制の下で、彼らは侍従官と耳目官が持つ職能上の共通性により、永楽以降相互に接近する傾向を帯び、正統年間に至ってその言官的機能が著しく強化された。『明史』に指摘されるように、「御史は朝廷の耳目で、給事中は章奏を担当し、是非を廷陛の間で争い、みな言路と呼ぶようになった」のである。「給事中と御史が、言路の職[107]」として明代言路の双輪を担うようになるのも、この頃のことであった。趙翼の「科道は言を職とし、その責務がいっそう専門化し、その権限がいっそう重くなった」という指摘も、丘濬が科道を言責の官と規定した視角に沿うものであり、科道という用語は正統年間まで全く使用されなかった[108]が、その言官的体系は既に形成されていたのである。言わば、科道官体系が形成されつつある過程では未だ科道という用語は使用されず、遅くとも「景泰三年の令」以後、徐々に一般的な呼称となったようである。

ともあれ、六科・十三道が言官となった所以についての李学曾の説明は、かなり要領を得ている。彼は、

太祖が六科都給事中と諸給事中を設けたのは、六部諸司と関連して命令を出納し、章奏を封駁し、欺弊を正して、百官を警畏させるためで、そのほかに十三道監察御史を置いて、出れば方岳を巡視し、入れば百僚を弾圧し、た

とい都御史とは互いに関係しても、その属官ではなく、まさに某道と名づけたのみで、都察院に拘泥することなく、事があると直接上達し、都御史は預め知ることができない。此れはみな聖祖の建官制事、防姦保治という初意によるもので、耳目の司を敬い聡明の徳を広げるために、六科十三道に委任したところもまた少なくない。まして官品が低いとその職に努め、人員が衆いと進言を争う。たとい朋党の徒がいても、尽くその口を箝ぎ、その心を結び得ない。激勧誘掖の方法を寓したその意図は、非常に深遠なのである。(109)

と記し、六科・十三道はそれぞれ独立した職掌を持ちながらも職能上の共通性を備え、六科が六部の監察、王命の出納、章奏の封駁及び欺蔽の是正等、中央政界に於ける言職を受け持ったのに対し、十三道は地方の巡視と百僚の弾圧等、主に地方中心の言事を担当するようになった。また、科・道がともに言官的体系を築くことができた素地は、その官品が低く人員が多いためで、官品が低いと自身の職責にのみ尽力し、人員が多いと言官としての職務を競って遂行する、という。李の指摘の中で、特に官品が低く人員が多いためその職に励み職務遂行を競うという点は、注意を要するもので、これは昇進の問題とも関連があり、また、君主や権臣が言官を政略的に利用しようとしても少数に限られた。むしろ彼らはどのような調査であろうとも、弾劾すべき人物が生ずると互いに協力して情報を交換し、問題の処理に対する意見を交わしたのであり、特に新鋭で機動性に優れているという一点を利用し、次第に自らの政治的地位を高めていったのは間違いない。

註

（1）顧炎武『原抄本日知録』巻九・封駁。

（2）＊曺永禄「明・清時代の言官研究――六科給事中を中心に――」一二四～一二六頁、及び本書二四頁、参照。

（3）銭穆『中国歴代政治得失』第四講「明代内閣制度」（一九六九）。票擬制と関連した内閣の研究には、杜乃済『明代内閣制度』（一九六九）、関文発「試論明朝内閣制度的形成和発展」（『明清史国際学術討論会論文集』、一九八一）、李天佑「明代的内閣」（同前）、山本隆義『中国政治制度の研究』第一三章「明代の内閣」（一九六八）、呉緝華「明仁宣時内閣制度之演変与宦官僭越相権之禍」（『明代制度史論叢』、一九七一）等がある。

（4）黄佐・廖道南『殿閣詞林記』巻九・擬旨。

（5）同書・巻二・殿学・謹身殿大学士の蒋冕伝に、

内閣之職、其大者在代王言、凡手勅旨意、倶従撰擬。

とある。

（6）呉氏前掲論文。

（7）『宣宗実録』巻一九・宣徳元年七月己亥の条、万暦『大明会典』巻二一三・六科。

（8）『太祖実録』巻八〇・洪武六年三月乙巳の条。

（9）『明史』巻一七九・涂棐伝、『殿閣詞林記』巻九・擬旨、参照。

（10）『明通鑑』巻一九・宣徳元年七月の条に、

自此内官始通文墨、司礼・掌印之下、則秉筆太監為重。凡毎日奏文書、自御筆親批数本外、皆秉筆内官遵照閣中票擬字様、用硃筆批行、遂与外廷交結往来矣。

とある。

（11）趙翼『二十二史箚記』巻三三・明内閣首輔之権最重。

（12）明代の宦官に関する研究には、趙翼『二十二史箚記』巻三五・明代宦官を始め、丁易『明代特務政治』（一九五一）、呉氏前掲論文、趙令揚「論明代之宦禍」（『明史論集』一九七）、間野潜龍『明代文化史研究』三三五〜三八一頁（一九七九）、Crawford, Robert B., *Eunuch Power in the Ming Dynasty*, T'oung Pao, XILX (1961) pp.115〜148及びHucker, Charles O., *The Ming Dynasty: It's Origins and Evolving Institutions* (Center for Chinese Studies the University of Michigan, 1978) pp.73〜100等がある。

（13）孫承沢『春明夢餘録』巻二五・六科、同『天府広記』巻四〇・六科。

（14）『太祖実録』巻八〇・洪武六年三月乙巳の条。

（15）鄧球『皇明泳化類編』巻五九・官制。

（16）掌印給事中を都給事中と改称したのは洪武二十四年のことである。『太祖実録』巻二一四・洪武二十四年十一月戊辰の条。

（17）『明史』巻七四・六科、及び張治安「明代六科之研究」（『国立政治大学学報』三一、台北、一九七五）。

（18）『明史』巻七四・六科。

（19）以上の『明史』職官志の六科についての説明では、廷議・廷鞫と同時に廷推にも参与したかのようになっているが、廷推制度の始まりは実際には成化以後である。張治安「明代廷推之研究」（『国立政治大学学報』二九、台北、一九七四）参照。

(20) 万暦『大明会典』巻八〇・礼部三八・会議。

(21) 黄佐『翰林記』巻二・会議。

(22)『明史』巻一七九・涂棐伝によると、成化朝の御史涂棐は、

　祖宗朝、政事必与大臣面議。自先帝幼沖、未能裁決、柄国者慮其缺遺、仮簡易之辞、以便宣布。凡視朝奏事、諭旨輒曰、所司知之。此一時権宜、非可循為定制。

と上言し、面議制の復活を建議している。

(23) 万暦『大明会典』巻八〇・礼部三八・会議・洪武二十四年令の条。

(24)『明史』巻九四・刑法志二。

(25)『宣宗実録』巻一〇・洪熙元年十月丁亥の条。

(26) 万暦『大明会典』巻二一三・六科。

(27) 同書・巻一一七・刑部一九・朝審。

(28) 同書・巻二一三・六科。

(29) 洪武初に登聞鼓を設置して、監察御史に輪直せしめたが（第一章の註43参照）が、宣徳初に至ると給事中に交替されている。『宣宗実録』巻一六・宣徳元年四月癸酉の条、巻二八・同二年六月丙子の条、参照。

(30)『太宗実録』巻二九・永楽二年三月甲子の条。

(31) 同書・巻二五・永楽元年十一月乙未の条。

(32)『国朝典彙』巻五五・吏部二一・総督巡撫に、

　按巡撫之名、実始於洪武辛未。是年勅遣皇太子、巡撫陝西也。建文・永楽巡行大臣、竝以給事中佐之。

とある。

(33)『明史』巻三〇八「奸臣」陳瑛伝。

(34) 同書・巻三〇七「佞倖」紀綱伝。

(35) 同書・巻三〇八「奸臣」馬麟伝。

(36) 山根幸夫「明帝国の形成とその発展」（『世界の歴史』一一、筑摩書房、一九六一）三八～三九頁、参照。

(37)『諸司職掌』「都察院職掌」及び『明楽制書』に収録。

(38) 間野潜龍「洪武朝の都察院について」（『大谷大学研究年報』一三、一九六〇）二一五～二二七頁、参照

(39) 張萱・孟奇甫『西園聞見録』巻九三・台省「前言」。

(40) 註（38）参照。

(41)『太祖実録』巻一九三・洪武二十一年八月甲寅の条、巻二一六・同二十五年二月戊午の条。

(42) 正統四年の憲綱三四箇条に「互相糾劾」の一条が入っている。最初の憲綱は洪武四年に制定された全四〇箇条だが、その内容を知り得ない。『皇明制書』（東洋・蓬左・内閣文庫集成本）巻一五・憲綱、参照。

(43)『太祖実録』巻二一五・洪武二十五年正月丁亥の条。

(44) 註（34）参照。

(45)『英宗実録』巻一五一・正統十二年三月壬申及び同年六月甲子の条に、事件が簡略に記されているが、十三道に関する言及はない。十三道がすべて逮捕されたという記事は、黄光昇『昭代典則』正統十二年冬十月の条にあり、そして『明通鑑』では巻二三・正統十二年条の終わりの部分で、「是歳、逮南京副都御史周銓及十三道御史並下獄」という題目の下に、事件の内容が記されている。
(46)『明史』巻一六四・劉煒伝。
(47)『太祖実録』巻一五五・洪武十六年六月己卯の条。
(48)『明通鑑』巻二〇・宣徳三年冬十月の条。
(49)風憲官の考覈は都御史の担当であったが、考満で黜陟を決定するときは近侍官と同じく上裁に従うとした洪武朝の規定(『太祖実録』巻六四・洪武十七年八月癸未の条)は、以後も引き続き施行された。
(50)杜佑『通典』巻二四・職官六・監察侍御史。
(51)『太祖実録』巻六八・洪武四年九月丙辰の条。
(52)同書・巻八六・洪武六年十一月戊戌、巻九一・同七年七月丁亥の条。
(53)同書・巻一一一・洪武十年二月己巳、巻一一三・同年七月乙巳の条。
(54)註(41)参照。
(55)永楽一九年に北京道(北平道)を廃止して新たに貴州・雲南・交阯道を増設することで十四道となったが、宣徳十年に交阯道を廃して、はじめて十三道に確定した。『明史』巻七四・職官三・都察院、参照。
(56)『明史』巻七四・職官三・都察院の条に「巡按則代天子巡狩」とあるのが、それである。
(57)小川尚「明代の巡按御史について」『明代史研究』四、一九七六、一三〜一五頁、(のち同『明代地方監察制度の研究』再録、一九九九、汲古書院、一九〜二二頁)参照。
(58)罪囚の審録や巻宗の吊刷等は、分巡御史にのみ該当するものではなく、もともと監察御史の主要な職務であった。洪武二十六年の規定(『諸司職掌』の規定)で、監察御史の職務として出巡事宜が重要とされ、刷巻・追問・審理等もその具体的規定に含まれていたが、時代が下るに従って、軍民の詞訟等が、巡按のより一層重要な職務に変わった。間野潜龍「洪武朝の都察院について」二二一〜二三四頁、小川氏前掲論文・一五〜一七頁(前掲書・二二〜二三頁)、参照。
(59)栗林宣夫「明代の巡撫の成立に就いて」(『史潮』一一―三、一九四二)七一〜八〇頁、及び小川尚氏前掲論文・一七〜二〇頁(前掲書・二三〜二八頁)。
(60)『宣宗実録』巻七六・宣徳六年二月壬寅の条。
(61)小川氏前掲論文・一八〜一九頁(前掲書・二五〜二六頁)、

参照。

(62) 同右・一九～二〇頁（前掲書・二六～二八頁）、参照。

(63) 小川氏は前掲論文・一八頁（前掲書・二五頁）で、巡按は宣徳・正統以後に地方官化したと主張し、それを決定づけたのは、永楽末年から浙江・江西・福建の三省に跨って発生した砿賊や鄧茂七等の農民起義により生じた治安の紊乱と社会不安にあると断じている。しかし、御史の元来の機能は監督にあり、地方への常駐化で地方官的業務を担当したとしても、それは飽く迄も地方と中央の疏通を円滑にするという言官ないし監察官としての役割――言官は監察をその固有の機能としている――に付随するものであった。

(64) 栗林氏は前掲論文で、「この巡按御史は地方官吏の監察と中央地方の間に介して上意下達、下意上通の役目をなし、……これは三司による地方行政制度ではやはり若干不十分の点があり、三司に地方政治の補修といふ必要であったものと思われる」（七一～七二頁）と述べ、巡按御史の一次的な目的が上下疏通という言路としての役割にあることを、明確に指摘している。

(65) 巨煥武「明代巡按御史与中差御史」（『国立政治大学学報』三二）参照。

(66) 『英宗実録』巻二三三・景泰四年九月癸未の条に、

改刑部右侍郎耿九疇為都察院右副都御史、仍鎮守陝西。時陝西布政使許資奏称、侍郎鎮守与巡按御史、不相統属、行事矛盾、人難遵守、況文移往来、亦多窒礙。乞将九疇改授憲職、庶便於行事。故有是命。

とある。

(67) 小川氏前掲論文・二二頁（前掲書・二九～三〇頁）。

(68) ＊呉金成『中国近世社会経済史研究』（一九八六）第二編・紳士層の社会経済的役割、第一章・江西鄱陽湖周辺の農村社会と紳士、第一節・農村社会の安定と社会矛盾の拡大、2・中期以後の社会矛盾の拡大、及び田中正俊・佐伯有一「十五世紀における福建の農民反乱(1)」（『歴史学研究』一六七、一九五四）、山根幸夫『明代徭役制度の展開』（一九六六）一〇二～一五四頁、等参照。

(69) その同行は『太祖実録』巻一七七・洪武十九年四月丁亥の条にも一例が見られるが、これは偶然のことと考えるよりほかない。

(70) 『太宗実録』巻二一・永楽元年六月癸丑の条。

(71) 同書・巻二九・永楽二年三月庚申、巻一三七・同十一年二月乙丑の条、及び『宣宗実録』巻九・洪熙元年九月壬子の条にも、同一の記事が見える。

(72) 『宣宗実録』巻一五・宣徳元年三月己未の条。

(73) 『明通鑑』巻一九・宣徳元年春正月己未の条。

(74) 『宣宗実録』巻三六・宣徳三年二月丙辰の条。

(75)『太宗実録』巻二三七・永楽十九年五月乙丑の条に、給事中柯進らの言事が嘉納され、監察御史等の官へ昇進した例が見える。
(76)『太宗実録』によると、撫安江西給事中朱肇の活動が永楽二年正月から翌年十一月にかけて見える。同書・巻二七・二年正月戊午、巻三五・同年十月辛未、及び巻四八・三年十一月乙巳の各条。
(77)同書・巻二三五・永楽十九年四月癸丑の条。
(78)同書・巻二五・永楽元年十一月乙未の条。
(79)同書・巻二八・永楽二年二月壬午の条。
(80)同書・巻三一・永楽二年五月戊申の条。
(81)『仁宗実録』巻二・永楽二十二年九月丙戌の条。
(82)『宣宗実録』巻七六・宣徳六年二月壬寅の条に、
　監察御史胡智奏、……若巡按一方、則御史以朝廷所差、序于三司官之上、或同三司。出理公務、三司皆乗馬、御史独乗駅驢、頗失観瞻。自今請許進表官宿駅舎、御史得乗駅馬為宜。上諭行在兵部臣曰、御史所言、亦合大体。其従之。

とある。
(83)『英宗実録』巻一四六・正統十一年十月癸卯の条。
(84)『明通鑑』巻二七・天順元年九月の条に、
　上復位、欲仿先朝故事、出廷臣為知府。是月、以御史林鶚為鎮江知府、……

とある。
(85)同書・巻一三・建文四年十二月の条。
(86)『明史』巻一四七・解縉伝に、
　縉即日上封事万言、略曰……近年以来、台綱不粛、以刑名軽重為能事、……御史糾弾、皆承密旨、毎聞上有赦宥、則必故為執持、……

とある。
(87)『明通鑑』巻一七・永楽十七年冬十一月の条。
(88)同書・巻一六・永楽十四年秋七月乙巳の条。
(89)『英宗実録』巻一七六・正統十四年三月癸未の条。
(90)同書・巻二五・正統元年十二月己卯の条。
(91)『明通鑑』巻二二・正統元年十二月丁丑の条。
(92)同書・巻二三・正統八年六月甲辰の条。
(93)第二章の註(24)参照。
(94)註(26)(27)参照。
(95)『太宗実録』巻一九・永楽元年四月癸酉、巻二五・同年十一月戊午の条。
(96)Hucker 氏 前掲書 pp.121。
(97)『明史』巻一四八・楊士奇伝。

(98)

年別／疏の内容	給事中と御史の合疏	六科・十三道の聯疏及び文章上疏	その他（＊言官の疏）
正統即位の年	1		
1	1	1	
2	5	4	1
3	7	4	
4	3	6	
5	3	10	
6	2	5	1
7		3	
8	2	2	
9		1	
合計	24	36	2

＊「その他」欄の言官の疏は、給事中と御史のどちらか一方、あるいは両者の合疏か、明確でないもの。

(99)　註（68）参照。

(100)　田中正俊・佐伯有一両氏前掲論文、李龍潜「明正統年間葉宗留鄧茂七起義的経過及特点」（『歴史教学』一九五七－三。のち『歴代農民起義論叢』中、香港、一九七八、再録）、李光璧「試論明中葉農民起義的歴史作用」（『歴史教学』一九六一－八・九）、谷川道雄・森正夫編訳『中国民衆反乱史』2・宋～明中期、Ⅲ・明代中期の二大反乱、1・鄧茂七の乱（平凡社、一九七九）、参照。

(101)　蕭彦『掖垣人鑑』巻一・官制沿革、鄧球『皇明泳化類編』巻五九・官制。

(102)　「土木の変」直後、明朝が当面した危機的状況の下で、給事中姚夔・林聡・葉盛らの役割が際立った（『明史』巻一七七・姚夔等の伝）のは、このとき六科の廷議参与は可能だったが、十三道が参加できなかったところに大きな原因がある（葉盛『水東日記』巻四・記会議異同諸事）。

(103)　『宣宗実録』巻六八・宣徳五年七月乙丑の条。

(104)　『英宗実録』巻一一四・正統九年三月丙辰の条。

(105)　同書・巻二九・正統二年四月己卯の条。

(106)　同書・巻一三六・正統十年十二月丙午の条。

(107)　同書・巻二五・正統元年十二月己卯の条。

(108)　六科十三道を科道と略称するのは、葉盛『水東日記』と丘濬『大学衍義補』が最初のようである。両書はおおむね成化年間の刊行で、遅くともそれ以前にこの用語が使用されていたことを知り得る。もちろん『明史』や『明通鑑』のような二次的史料では、明一代を通じて用いられているが、『昭代典則』と『皇明泳化類編』では景泰二年の条から使用されている。これらの点を総合してみると、科道という用語は、正統年間を経て、おおむね景泰年間から、次第に使用され始めたものではなかったか。

(109)　張萱・孟奇甫『西園聞見録』巻九三・台省「前言」。

第三章　景泰・天順年間における科道官体系の確立と発言権の強化

第一節　「土木の変」後の政局と公論の尊重

1　景泰初の政局と言官による言論の尊重

正統十四年（一四四九）七月に発生した「土木の変」により、英宗が囚われの状態でオイラート部に如何に対応すべきか、及びこれに関連して対内的に体制を如何に整備していくかという問題で、朝廷は大きく頭を悩まされることになった。ひとまず英宗の異腹弟の郕王を監国としたが、彼を中心に事後の問題を熟議する廷臣会議では、侍講徐珵を中心とした一派が南京遷都説を唱えて消極的防御策を主張する一方、兵部侍郎于謙（一三九八～一四五七）を中心とした大部分の主張は勤王の兵を起こして北京を死守すべきというものであった。互いに相反する見解が出されていたのだが、けっきょく後者の側で大勢が決まった。そうして于謙を尚書に昇進させ、彼を中心に北京防御体制を確立するため、二歳になったばかりの英宗の子見深を皇太子に立てる一方、郕王を帝位に推戴し、英宗は太上皇と追尊することにした。(1)

しかし一方で、オイラート部のエセンが英宗を擁して大同城の下にまで至り、彼を返還する代価として金幣を要求してきた。こうした状況では皇太子の冊立、景宗の即位そして英宗への追尊等、当面する政治的事件の処理が急務であった。そして、そのような危急を要するが容易に決定し得ない事件の処理の過程に於いて、言官の役割が重要視された。その好例が、景宗の即位当時、吏科給事中であった姚夔（一四一四～七三）の言を伝えた次の記述で、そうした事情をよく物語っている。

景帝が監国したとき、諸大臣が議論して即位を勧めたが、決定をみないうち、言官に意見を求めた。（姚）夔が「朝廷で大臣を補任するのは、正に社稷の為に計ったものであった。どうして（言官が）紛々と論議する必要があろう」と述べて、遂に論議は決定された。(2)

また他方では、オイラート部から英宗を送還したい旨を伝えてきたが、信じ難いことであり、また北京中心の防御体制を整えたといっても、依然として危機感が澎湃とした状況にあり、朝廷全体が兵部尚書于謙ひとりに期待をかけていた。(3) そうした不安定な政情の下、景宗即位という重大事を決定する廷議に於いて、給事中姚夔が「どうして言官が紛々と論議する必要があろう」と述べた事実も、実は言官の政治的役割の重要性を示すものである。英宗の帰還をめぐっては、紆余曲折を経て景泰元年（一四五〇）八月に、大臣と言官がともに彼を迎接する手続きを決定したが、次の『明通鑑』の記述に示すように、この問題を論議する過程で言官の発言が非常に重視された。礼部尚書胡濙が述べた迎接の儀式について、景宗は旨を伝えてそれを簡素に執り行わせようとした。しかし、これに対して給事中劉福らが、礼をあまり薄くしてはならないという意見を提出し、景宗と諸臣との対話が次のように進行した。

「朕は大兄を太上皇として尊ぶが、礼を加えない。福らはこのことを［礼が］薄いというが、どういう意なのか。礼部は会官して詳察せよ」と述べると、濙は「諸臣に他意はなく、ただ陛下が親を親むを篤くせらるるを願うだけだ」と言った。上が「昨日得た太上皇の書に迎駕の礼は簡素にせよとあったのに、今日どうしてこれに反するのか」と述べると、群臣は敢えて答えることができなかった。たまたま千戸龔遂栄が大学士高穀に書を投じ、「奉迎は厚くせねばならず、主上は当然位を遜《ゆず》り、辞を懇ろにした後で受命せねばならないのであり、唐の粛宗が上皇を迎えた故事に倣うべきだ」と述べた。穀は［その書を］袖の中に入れ、胡濙と王直に見せ……、直（吏部尚書）が報告しようとすると、王文（都御史）が反対した。しかし給事中葉盛が遂に上奏し、さらに同官林聰も「直・濙・穀らは、股肱の大臣であるならば、聞いたことを必ず申し上げ、耳打ちしてこっそり話すべきではない」と言った。よって濙らがその書を進め、「粛宗が上皇を迎えた典礼に、今日そのままに従うべきだ。……」と言った。[4]

英宗迎接の手続きを論議する場に登場した人物は、礼部尚書胡濙、大学士高穀、吏部尚書王直、都御史王文ら大臣と、給事中劉福・葉盛・林聰ら言官であり、両者は対等な立場で発言しているだけでなく、むしろ後者が批判的な態度で会議の雰囲気を導いていった。これに続く、次の記述を見よう。

さらに胡濙らが「明年正月に百官をして延安門で、上皇を朝会せしめられん」ことを請うと、［上は］可とせず、合わせて「今後、正月の慶節はみな行うを免ぜよ」と諭示した。給事中林聰が上疏しようとすると、同官葉盛が制して、「今上が孝弟で、上皇が盛徳であり、両宮が帖然と安定している。敢えてこれを口に出すと一般の疑惑を招き、むしろ事を荒立てる」と述べ、聡は止めた。御史盛昶が盛を横目で睨み、「自分がしないだけでなく、なぜ他人がしようとするのを妨げるのか」と言うと、盛は「これは大事であり、当然熟慮しなければならない。ただ安静のみが長久の道である」と述べた。[5]

こうしたところにも見られるように、景宗は上皇を迎える儀式を出来る限り簡略に済ませようとしたが、そればかりか、迎え入れた後も百官との接触を意図的に妨害していた。そうした微妙な状況の下で、科道官が上疏について相互に意見の調整までも行い、言官として朝廷の重事に悉く関与していた。

右の二つの記述に見られるように、それまで科道官は政治的に非常に慎重で、特定の有力者の決定的な影響力を持つのみだったが、決定を下し難い問題に当面して大臣と並んで是非を正すようになると、言責の官としての面目を一新した。成化朝の庶吉士鄒智の、「天下の事は唯だ輔臣のみが論議し、唯だ諫官のみが述べることができる。諫官はその地位が低いが、輔臣と同等である」[6]と述べた言が、右の場合にそのまま当てはまる。

2　易儲・復儲問題と公論

英宗は、蒙古から帰還して太上皇として優待されていたが、景宗との微妙な緊張関係は続かざるを得なかった。そうした関係は、景宗が自己の即位と前後して冊立された皇太子見深を自己の子見済と取り換えようとした所謂易儲問題で、いっそう複雑に展開することとなった。

景宗は即位直後から易儲の意を抱いていたが、口に出し難く、機会をうかがっていた。そうしたところ、広西潯州守備都指揮黄𤨭が弟𤨭との不和により法を犯すと、処罰を受けるのを恐れ、景宗の機嫌を取って罪を逃れようとし、この問題を持ち出した。彼の疏に接した景宗は直ちに廷臣会議に送り、論議させた。よって礼部尚書胡濙が群臣を集め廷臣会議に諮ったが、誰ひとりとして発言しようとせず、惟だ都給事中李侃と林聡そして御史朱英ら科道官だけが、その不当性を指摘した。[7]そこで太監興安が賛否を記名投票で決定することを要求し、胡濙はじめ大学士陳循・王文及び吏部尚書王直が署名に立つと、参席した文武群臣九一名が順にこれに従い、黄𤨭の易儲の提議に対しては満場一致で公式に支持することになったのである。[8]その後、易儲に異論を唱えた林聡は春坊司直郎へ左遷せしめられたが、言官として適材であると学士商輅が主張したことにより、復職した。[9]林聡は、その後も御史左鼎らとともに吏部尚書何文淵糾劾の先頭に立つ[10]等、依然として言官としての役割を担い続けたのであるが、これについては次の節であらためて論ずることにする。

ところで、一段落した易儲の問題は、懐献太子見済の不慮の死により第二段階を迎えることになった。すなわち、懐献太子が景宗の独子であったため、廃置された前の太子の沂王見深を東宮に復位させるべきだというのが一般的な考え方であるのだが、これは景宗の忌諱するところであった。そのため誰も口出し出来ない中で、御史鍾同が上疏し

て復儲問題を持ち出し、それに付加えて、

臣が草野にあったとき、寺人の悪行で直臣劉球を狀戮して［言事を弾圧し］、遂に廷臣まで口を閉ざしたようだ。仮りに当時犯顔する人がいれば、必ずや諌めて上皇の行次を中止させたであろうから、どうして蒙塵の禍に至っただろう。……沂王は天資が重厚で、十分に宗社を付託することができる。伏して望むらくは、天地の如き道量と友于の慈愛に満ちておられるので、吉日を選んで儀式を具備し、儲位を復さんことを建議し、実に祖宗の無窮の美とならんことを。(11)

と、「土木の変」により齎らされた国威の失墜は、臣下の犯顔を恐れたためにおこり、自身はこのことに鑑みて復儲問題を敢えて口に出さざるを得ない、という上書を上せた。すると、これが契機となり、礼部郎中章綸と南京大理寺少師廖荘が相次いで復儲を主張したが、結局ふたりは錦衣衛の獄に下され、鍾同は復儲論議の主唱者として指目され、廷杖で獄死してしまった。(12)鍾同が指摘するところの、正統朝の直臣劉球が言事で処刑されてから廷臣が口出ししなくなり、「土木の変」を招来したという論理は、景泰初に宦官の政治介入を食い止めて言路を開き、公論による政治を期待する一般的な輿望から出てきたものであり、『明史』の撰者は、劉球が正統初に蒙蔽を批判して亡くなったことと、景泰初に蒙蔽を挙げて時政を論じ獄死した鍾同のことを、同一の類型として見、列伝に並べて載せている。(13)彼らは言官ではないが、言事で犠牲となったのである。こうして言官でない者が言事で物議を醸すようになると、それに続き当然言官が介入した。鍾同らが復儲の上疏で投獄されると、同官の御史倪敬を始め盛昶・杜宥・黄譲・羅俊・汪清らが擁護する疏を上せ、諸般の政治上の是正を要求した。これは帝の忌むところとならざるを得ず、けっきょく都御史蕭維禎が詔を奉じてその属官の考察を実施し、倪敬を含む御史一六人を罷免したのは勿論、前述したように、鍾同と章綸も獄死してしまった。景泰八年初、景宗は危篤に陥り、突如として台諫より沂王復儲の要請が出されたが、その実現は続いて発生した英宗の復辟を待たねばならなかった。(15)

景泰年間に相次いで起こった易儲と復儲の論議では、科道官のなかから少数の離脱者が出なかった訳ではない[16]。しかし、概して同一の歩調を取ったのであり、それは自らが公論の代弁者であるという言路意識に由来するものであった。

3　天順朝に於ける科道官の政略的利用

これまで見てきたように、「土木の変」を始まりとして、景宗の監国と即位、英宗の帰還と太上皇の待遇、そして易儲と復儲をめぐる複雑な関係等、政局は微妙な状態の連続であったが、ここに加えて英宗の復辟（一四五六）もまた政局を沸き立たせ、科道官の言官的役割はいっそう重くならざるを得なかった。

復辟の主謀者は将軍石亨、太監曹吉祥、都督張軏、都御史楊善、副都御史徐有貞らであったが、このうち徐有貞は「土木の変」当時、南京遷都説を主張した徐珵まさにその人で、復辟が成功すると逸早く入閣し、善後処理に主導的役割を担った。彼は石亨と共謀し、まず、「土木の変」以来景泰帝を奉じて対オイラート防御体制を主導してきた于謙を、大学士王文とともに獄に下し、その後、彼らに「沂王に代わり、外藩の襄世子を迎えて大統に入継させた」という罪名を負わせて、英宗復辟の正当性を求め、さらに言官を使嗾して弾劾させた[17]。また、「土木の変」直後、王振の党であった馬順を提議の場で先頭に立って打ち殺した給事中王竑は、このとき都御史に昇進していたが、石亨が彼を犯闕で以て追論するのにやはり言官を利用した[18]。

ところが、復辟の主役たちは長続きせず、次第に分裂し始めた。徐有貞、石亨、曹吉祥だけでも文臣、武臣、宦官とそれぞれ身分が異なり、相互の利害関係で絡み合った間柄なので、結束は長続きしなかったのである。事件は、御史楊瑄が、曹吉祥と石亨の家人が民田を占奪したと劾奏したところに始まり、曹・石は、これが大学士徐有貞と李賢が捏造して言官を主使したものだと判断し、逆襲の計画を立てた。石亨はかつて于謙に抜擢された武臣で、復辟に功を立てた後は、武臣が文臣の節制を受けることがあってはならないという理論で巡撫の軍務提督を廃止したくらい[19]、威勢を張っていただけでなく、曹吉祥の場合と同じく郷里の家人が民田を侵奪するなど横暴を極めた。[20] それゆえ、同じ功臣でありながら、内閣の首輔の座を手に入れた徐有貞が、武臣や宦官のたぐいと同列に立つという愚かな振舞いをしないようにしたのは、自明の理である。[21] こうしたところに、御史張鵬・周武らが曹・石らの別の不法行為を暴き、十三道御史とともに交々章して上奏しようとするが、この事実を嗅ぎ付けた給事中王鉉が石に密告し、かえって計略に陥れられ、楊瑄と張鵬及びその他の多くの御史は投獄されてしまった。[22] また曹・石はあらゆる方法を用いて徐有貞を、言官楊瑄を主使した張本人だと嫌疑をかけた李賢とともに投獄させたが、この時また英宗は「止むを得ず、彼（石亨）の言によって言官を召し、賢と有貞を獄に下させた」[23] と述べており、混乱する中で武臣や宦官の勢力が内閣を圧倒していた当時の状況を推測させる。

復辟の主謀者側による于謙と王文に対する劾奏や、その後の内閣と曹吉祥・石亨の間の対立でも、必ず言官が利用され、また英宗が石亨の意に沿って徐有貞・李賢を投獄させたときも、言官の口を借りている。こうした政治紛争に於ける言官の利用について、何孟春は、

また朝廷で、既に臣下の奸悪を知ると必ず言官に弾劾させ、その上で罰するなど、これまで聞いたことがなかった。しかし徐有貞らは、英宗の復辟に乗じて、于謙らを害するため、初めて六科十三道に借り、都給事中王鎮らの奏で獄案とした。後に英宗が徐有貞らを罰しようとした時も、遂に前例に倣って言官を召し、劾奏の後に獄に下させた。こうした端緒が一旦開かれると、遂に改めることは難しく、鷹犬の輩がこれ以後出現するようになった。[24]

と述べ、成化・弘治以後、次第に複雑化していく政治状況の下で、一部の科道官が往々権貴の政争の手段として利用された一面を指摘している。言官を政治に利用した例は、以前にも無かった訳ではない。[25] しかし英宗の復辟以後、特に明代後期の党派問題に関連して、科道官の政治的機能に対しては、何孟春以外の人によっても往々否定的評価が下

されていた[26]。政府の立場でも、科道官を自己の側に有利に用いるときは問題とならないが、権貴や特定の政派の「鷹犬」の役目を恣にする場合には、これを傍観し得なかった。例えば、天順元年、曹・石の側に加わって楊瑄・張鵬を処分した後、さらに吏部に科道官の三〇歳以上の者だけを留め、一度に給事中何玘ら一三名と御史呉禎ら二三名を州の判官や知県へ斥け、言わば台諫が空っぽになったことと[27]か、同三年、英宗が石亨の姪の彪を逮捕、治罪したとき、ある言官が漏洩したとして、以後、科官・道官が大臣と私的に交通できないよう禁令を下したこと[28]等がそれである。成化以後、科道が「鷹犬」の役目だけでなく、言責の官として政治的批判の声をいっそう高めるようになると、彼らに対する朝廷の対応も苛酷の度を加えていった[29]。

第二節　科道官体系の確立

「土木の変」から英宗の復辟に至るまでの度重なる政治的混乱と、明代中期と表現されるこの時期に発生した社会経済的な諸変化は、言路の必要性をなお一層要求した。前節でも検討を加えたように、景泰・天順朝の政局運営の中で、六科・十三道の言官としての役割が際立ち、とりわけ六科給事中の活躍が著しかったが、明初からそうであった訳ではない。

明初、給事中と監察御史は、官僚体系や職務内容が互いに異なっていた。給事中は、洪武初には単に王命の出納と文書上の誤謬を摘発する侍従官的な職権を持っていたに過ぎず、監察権とともに官僚の邪行に対して糾劾権を持つ監察御史の権限にまで達していなかった。のみならず、品階でも給事中は従七品（都給事中は正七品）で、正七品の御史よりも下位にあったのだが、景泰初になり、その活躍が御史を凌駕したのには、それだけの理由があった。すなわち、監察御史が府州県巡按等の地方官的業務を加えていったのに対し、給事中は、朝廷の重臣会議に参与して国事を論ずるのに一翼を担う等、中央言官化したことにより、宣徳朝を過ぎて正統年間に至る頃には、言官としての比重が次第に御史を凌駕する趨勢を見せるようになった。(30) そうした趨勢が、景泰初の昏迷した政局の運営に於いて給事中の活躍振りを際立たせたのである。

このような、六科給事中の言官としての成長は、廷議に参与して大臣とともに是非を争う機会を持つようになったことと直接関連がある。それゆえ、前述した給事中の廷議参与の経緯を、再度簡略に論じつつ、これと関連して十三道監察御史は何時、如何なる経緯で六科とともに廷議への参与が可能になったのかという点に検討を加えることで、異なる体系の両官が、科道という同一体系の言官として成長するようになった背景を理解することができよう。

六科と十三道は永楽以降、相互に接近して言官的成長をしていった。より具体的には、「天子に代わり郡県を巡狩する」道監察御史の職務が、天子の耳目官であるという理念に立脚し、主に地方巡狩に従事するものであったのに比べ、六科給事中は王命を出納する侍従官としての資格で早くから廷臣会議に参加していた。廷議の構成員としては七卿、すなわち行政と監察機構の長たる六部尚書と都察院都御史がいたが、六科給事中もその隊列に伍するようになったのである。それは、永楽を経て宣徳朝に入り、六科が次第に「上意下達、下情上通」を職務とする中央の言路的性格を強く帯びるようになったためである。ただ、宣徳三年当時の事情を、黄佐が、

行在礼部が奏し、官民の建言に六部尚書・都御史・六科給事中が一緒に合議すべきと請うた。しかし、上が言うには、致理の道は言路を広げるよりも先に立つものはない。おおよそ天下は大きく、吏治の得失と民生の休戚を人々が言わなければ、朝廷がどのようにして悉知するのか。……卿等は当然この意を探り、全ての言の良いものはまさに報告すべく、そうすれば治に手助けとなるのである。(31)

と伝えるところからも分かるように、六科給事中は七卿と並んで廷議に参席できたが、そうだとしても、朝廷としては、都察院を代表する都御史が参加している限り、別段監察御史だけを参席させる必要がなかった。

侍従官である給事中が、七卿会議に参加したのは宣徳三年からである。多官会議は洪武朝から開かれていたが、そこにも給事中が参与していたか否かは不詳だが、その可能性が無い訳ではない。[32] 言うまでもなく歴代中国の何れの王朝でも廷臣会議が開かれなかったことはないが、明代には、太祖が丞相制を廃止して確立した君主専制の維持・発展のため公論を収斂するという発想から選択された措置であった。正統以後に幼冲或は無能な君主が出現すると、彼は会議に臨まず、一切の政務を廷臣に論議させ裁可を仰いで行わせる形式を取ったため、特に中期以後の廷議は、歴代の王朝に比べて特別な意味を持った。六科官が参与した宣徳朝の七卿会議は、政治的にも社会経済的にも多くの難題を露呈する正統初になると、その参与範囲がいっそう拡大された。やはり黄佐は、

正統十年、内閣官をして六部・都察院・通政司・大理寺の堂上官・六科掌印官とともに会議せしめた。[33]

と述べ、宣徳以降、票擬制の発展により成長してきた内閣大学士をはじめ、通政司と大理寺の長官もこの会議に参加するようになった、という。七卿に通政司と大理寺を合わせて九卿となり、それゆえ内閣の首輔と九卿が参加する廷議に六科の都給事中が参加していたのだが、未だに十三道御史は参加していない。ところが大学士は輔臣で、事実上、議事官たちが論議した結果について皇帝を輔佐し、その可否を決定する立場にあるため、廷議から抜け、代わりに十三道官が六科官とともに参加することになった。これについて陸容は、

正統・景泰の間、会議に、五府・六部・都察院・大理寺・通政司のほか、閣老と掌科はいたが、掌道官はいなかった。いま十三道はいるが閣老が参与しない。これは、李文達公が請うてそのようになったものだが、各道が議論に関与するようになったのは何時からか分からない。[34]

と述べ、正統・景泰年間の会議には内閣が参加して十三道は抜けていたが、その後、逆に十三道が参加して内閣が参加しなくなった、という。陸は、このことが当時の大学士李賢（文達は号）の奏請により行われるようになったとしているが、実は憲宗初のことで、内閣大学士が参与しなくなった時期については誤っている。[35] けれども、じっさい彼

らの参与・不参与の問題が、明代中期の政治的変動と密接な連関性を持っていたという点で目を引く。正統後期から景泰・天順初にかけての多難な時代には、輔臣が言官とともに廷議に参与して国事を論議しなければならなかったが、同時に言官と輔臣との職務上の相矛盾する性質により、憲宗初になって輔臣の廷議参席はむしろ理が通らなくなり、中止されるに至った。大学士が天子を輔佐して政策を立て、政治を行うのに対して、言官は官邪を弾劾し政治を批判するという任務の違いためであった。「土木の変」以後の困難な時期に当たり、廷議には六科官以外に十三道の同時参加を必要とした。しかし、大学士の不参与と十三道の参与は同時に行われたものではない。まず十三道が参与することで科官に道官が加勢し、言わば科道官の言官としての発言がいっそう強化されたが、その反面、天順末から憲宗初にかけて、輔臣は一旦廷議に参与しなくなった[36]のである。

十三道の廷議参与は、景泰後半に認められた。すなわち同六年（一四五五）閏六月、

今後、あらゆる多官議事には、内閣・六科・十三道官が一同に参与せよ[37]。

とあり、内閣と六科・十三道が多官会議すなわち九卿会議に参加するようになったことが分かるが、十三道がこのとき初めて参加し得たのは、自らの監察官ないし言官としての活動を積極的に保障してもらうために、参加を要求したからである。すなわち、彼らがそうした要求を提出した直接の原因は、当時、吏科給事中盧祥が吏部侍郎項文曜と人事をめぐって不和を生じたところにある。けっきょく法司でその実状を明らかにすることになったのだが、このとき御史の上奏内容が参酌されなかった。となると、直ちに十三道から上せられた再疏で、「今後、すべての罪囚の廷鞫には当然内閣大臣及び六科・十三道が参加すべきであり、そうしてこそ奸党が欺蔽できず、刑罰が公平に処せられる」と建議し、これにより初めて道官の参加が公式に認められたのである[38]。このように彼ら十三道御史が自身の独立性を強く意識し、都御史の廷議参与のみでは自身の主張を貫徹することが出来ないと考え、直接参与を要求したのである。

ところで、道官の廷議参加は、あくまでも景泰六年から定例となったのであり、それ以前に参加の例が全く無かっ

た訳ではない。例えば同三年、易儲問題で文武諸臣が集まり論議する場に於いて、「衆人は互いに振り返り、敢えて発言しなかったが、ただ都給事中李侃・林聡、御史陳英だけが不可とした[39]」という記述があり、同四年末、エセンをオイラート部の可汗と称するか否かの問題で開かれた廷議でも、道官が五府・六部及び六科官とともに賛成した[40]。これらの事実から見て、景泰初に入ってから十三道は、六科とともに徐々に多官会議に参与し、自らの発言権を行使していったように思われる。

このことに関連して、六科と十三道の序列を考慮する必要がある。給事中と御史とで、明初には品階により後者の優位が認められていたことには異論の余地がなく、永楽以後両官が接近しても、宣徳年間までは大きな変化はなかった。しかし給事中は、仁・宣以後の内閣票擬制の発展に伴う封駁権の事実上の強化と、その侍従官としての廷議・廷鞫への参加、及び大臣の地方巡撫行への伴行等、中央言官的な職務が付加されたことにより、正統を転換期とし、その言官的成長が御史よりも先んずるようになった[41]。前節で検討を加えたところの、「土木の変」による郕王の監国と即位、英宗の帰還と太上皇の待遇、そしてエセンと辺備問題等、多難な国事をめぐる論議では、六科官が大臣と同列に発言権を行使していたが、そうしたところに、序列では既に十三道官の上に立っていたことが立証されている。そのような両官の言官としての発言権の軽重で、景泰三年に「令でもって、都・左・右給事中は御史の上位に置かれることが確定」したのである[42]。

このように科官を優位とする決定が景泰三年に下されたが、同六年に道官の廷議参与が公式に認められても、科・道官という序列は変動することなく、むしろその序列が固定化され、明代後期の廷議が所謂「九卿科道官会議」となったのである。ともあれ、こうした言官体系としての科道官は、九卿と並び廷議を通じて国家の機密重事を論ずるようになっただけでなく、成化年間から実施された廷推にも参与することで[43]、大臣の人事にも強い影響力を行使し得るようになった。

第三節　景泰・天順年間における科道官の発言権強化

前節では、科道官の言官的成長について、廷議参与の問題を中心に制度史的側面から考察を加えたが、本節では「土木の変」以後の複雑な政治状況の中で、六科十三道官が具体的に如何に言官活動を展開していったのかを、代表的ないくつかの事例を中心に追跡しようと思うが、これは科道官体系形成の制度史研究に実際的な裏付けを与えるものである。

正統末から景泰初にかけて活動した科道官の中では、給事中林聡（一四一七～八二）と葉盛（一四二〇～七四）が特に有名である。林は正統四年の進士で、直ちに吏科給事中となり、景泰元年には都給事中に昇進、また葉は正統十年の進士で、兵科給事中となり、景泰元年に都給事中に昇進した。彼らは倶に言官として活躍したが、特に景泰初、六科官の中で双璧をなした。『明史』葉盛伝に「この時、帝は心を開いて諫を納れたが、凡そ六科が聯署して建請するのに、大部分は盛が林聡とともに先に署名をした[44]」とあるが、吏科は六科のうちの最も上位であり、また兵科は、「土木の変」前後に于謙が兵部尚書として政局を主導していたことからも推測し得るように、辺備が非常に重要な問題となっていた当時、吏科とともに必然的にその発言権が強まっていた[45]。林・葉の言官としての活躍をうかがわせる一例として、中書舎人何観の言事による事件を挙げることができる。次の記述は、その代表的なものである。

> 観が上言し、「大臣のうち王直と胡濙の如き者は、正統の時に権奸に阿附して大患を譲成した。いま老猾なこの群れを当然左右に仕えさせてはならない」……等のことを述べた。……一、二の中貴が、観の疏中の権奸という語は自分たちを攻撃したものだと考えて、上を激怒させ、（疏を）六科十三道に下して参議させた。吏科給事中毛玉が奏稿を作成するのに、「観は大臣を誣陥して辺衅を擅に開いた。須らくその罪を正し、虚妄を進言した者

の教訓とすべきだ」と強くとたしなめると、給事中林聡と葉盛が問いただし、「朝廷では言路を大きく開いており、ひとりの言者も罪したことはない。今たとい観のために怒ったとしても、むしろ我々をして議論させたので、非常な盛徳というべきである。君は劉球を知らなかったのか。……この困難な時期に、万一不測のことが起これば、我々自らがことを為すのであり、朝廷をして直言を容れなかったという評判を聞かしむるようになるのである。まして諸君はみな言官であり、今後自身のための計策を立てることは出来ないのか」と述べ、毛は［奏稿を］少し改めた。

奏が上ると、たまたま御史の疏も上り、そこに「観は考満なのに遷せられず、吏部に私憾を抱いている」という語があった。［景宗は］遂に詔獄に下して廷杖に処し、九渓衛の経歴に左遷させた(46)。

これは、一介の中書舎人何観による大臣弾劾の疏に対する対策を不満に思った景宗が、何の疏を六科十三道に論議させ、科・道側でそれぞれ上奏文の草稿を作成する過程を、特に科官側から表現したものである。ここから見ると、林聡や葉盛のように実力ある給事中は、自身たちの発言自体よりも一般の廷臣の発言をめぐってこれを調整しており、特に今後も言路を疏通させなければならないという前提条件の下で、吏科給事中毛玉の奏稿の改作までさせている。言わば言官の論理は、あくまでも言路の開放とそれにより達成される政治風土の改善までも念頭に置いて行われるべきだというのであった。六科では自身たちの意見をこのように調整しただけでなく、時には十三道との間でも一定の意見調整を行っていたようである。何観の言事問題を六科十三道に参議、報告させたことや、両者が前後して上奏していることから推測すると、六科は六科同士、十三道は十三道同士で、奏稿作成のために意見調整を行ったが、それら両官の間にも一定の対話が成立していたに相違ない(47)。ところが、両官の間では六科側が主導権を握っていた。もちろん明代初期、換言すれば科道官体系の形成以前には、皇帝が特定の人物に対し不満を抱くと、御史に密旨を与えて糾弾させたが(48)、その形成以後は状況が変化し、次第に六科でイニシアティブを取るようになったのである。景泰初に

葉盛は、

初め、凡そ糾弾があるたびに、必ず六科が先に密旨を受け、十三道はこれに従ったのだが、密旨に由らずに糾弾することは、実は（葉）盛に始まった。(49)

と記し、それ以前のある時期から、君主は指弾しようとする対象があると、まず六科に密旨を下して糾弾させたのであり、十三道はこれによって受動的に行動したという。密旨は先に御史に下されていたが、恐らく科道官体系の形成過程と軌を同じくして、給事中が先に受けるようになる「転換」が起ったのである。そして、そうした「転換」は、さらに「土木の変」などによる難局を経て、科道官の公論に対する朝廷の依存度がより一層高まった状況にあって、彼らは一つ一つ密旨のたぐいに頼るような消極的・受動的行動をとるだけではいられなくなった。そうして給事中葉盛が、従来の密旨による科道官の糾弾という慣例を破って、大小官僚に対して独自の自由奔放な言官としての矜持を持ち、それまで無かった新たな慣例を創り出したのである。(50)

ともあれ景泰初に、科官は多くの点で道官に先んじた。弾劾も、六科が先に密旨を受けて行っただけでなく、密旨なしで劾奏する例も給事中葉盛によって作られたほど、言官としての活躍は大きかった。『明史』が葉盛の言論活動について、

廷臣が事を議するのに、葉がいつも先に発言し、往復して論難した。一緒に論議する大臣は時おり不快に感じ、「あの者は少保なのか」と言い、「葉少保」という名をもらうようになった。しかし衆論はみな盛の才能を高く評価していた。(51)

と記すところに見られるように、葉盛が廷議で繰返し論難したが、その都度先に発言し、僅か七品の小官に過ぎなくても譲歩しない堂々としたその態度は、一緒に論議した大臣を不快にさせて、彼を葉少保と皮肉ったというのである。

吏科給事中林聡は、葉盛に比べて先輩であるばかりでなく、活動期間も長く、職も兵科より上位で、言官としては

活動がはるかに多彩であった。『明史』の撰者は、その人となりを論じて、

聡は諫官となるや、まさに犯すべからざる厳しさだったが、実は恂恂として和易で、人の非難を招くような行為をしなかった。そのため、不肖なる者は恐れ、賢者には好んで就くものが多かった。景泰の時には士大夫たちが激昂して事を論じ、朝廷に直臣が多かったが、大部分は聡と葉盛が主唱していた。

とあり、また、

諸司では聡の風裁を憚り、聡が言ったところを敢えて奉行しない者はいなかったが、中でも吏部が最も甚だしかった。内閣及び諸御史も、聡が論建［建議］を好むので、善しとしなかった[52]。

と記している。林は景泰元年に都給事中に昇り、宦官の金英と単増の家人たちが殺人を犯し、民産や商税を侵奪した等の罪を論じ、投獄させる一方、事件を担当した都御史陳鎰と王文が張本人の金英を罰しなかったことを指して、「勢を畏れて奸を縦にすること」だと劾奏し、やはり投獄させた[53]。また同四年には、推薦をめぐって物議を醸していた吏部尚書何文淵を弾劾し、投獄させた[54]。彼の直言は宦官や大臣の非違の摘発・劾奏に止まるものではなく、上皇英宗の待遇にもおよび、景宗の憚りにさほど拘泥しなかった。このように林聡が述べたところは、言わば誰もが奉行せざるを得ないこととなり、それだけ偉名を轟かせることになったのだが、言事で得た名望は必ず他の怨望を積むものである。あるとき東宮の改建に異論を唱え、春坊司直郎に左遷されたが、しばらくして復職し[55]、さらに人事問題で御史黄溥の劾奏を受けた。直言する言官が一般的にそうであるように、林聡も平素大臣たちの恨みを買い、一部では斬首を論ずる者もいたが、けっきょく国子監学正に左遷されるにとどまった[56]。

このように林聡は、葉盛とともに六科を代表して景泰初の政治に相当な影響力を行使したが、職務上で彼らに同調する勢力としては、十三道を代表する監察御史の左鼎と練綱（一四〇二～七七）がいた。言わば当時の代表的な科道官であり、『明通鑑』では彼らのことを次のように描写している。

その時、給事中で敢言した者として林聡と葉盛を挙げることができ、凡そ六科の聯署建請では、大部分聡と盛が最初に署名した。御史では（左）鼎と練綱が卓然として声誉をあげたが、鼎は章奏に長け、綱は才弁があり……、廷臣がみな彼らの口を恐れた。一時、京師では「左鼎の手」「練綱の口」という諺言が立ち、公卿はじめ、その弾劾を被らない者は少なかった。(57)

左鼎は正統八年に御史となって以来、林聡とほぼ同じ時期を同じ言官の職で活動した。彼は景泰四年初め、災異のため同官とともに上せた救弊・恤民の疏で、「大臣に奸邪な者がいれば、当然斥け、政本を清くすべきこと」を主張した。これは、実はいくらか前に練綱が上せた疏で、吏部の推選が不公平だとして尚書何文淵の罪を論じたが、その後を追ったものであった。そして、この弾劾が採り上げられないとなると、給事中林聡は調査によって坐贓の劾奏内容を事実通り明確にするよう要求する一方、さらに林・左らが先頭に立って六科十三道が共に論じ、けっきょく何が致仕するに至った。(58)

御史による、このような中央官僚と方面官に対する弾劾もしくは時政に対する批判は、六科官のそれと差違があったのではない。『明史』職官志では、科道の言職としての責任と権限の重さを論じた箇所で、

都御史の職は百司の糾劾を専らとし、……凡そ大臣の奸邪と小人で搆党した者を劾し、凡そ百官として猥茸貪冒な者を劾し、凡そ上書で成憲を紊乱した者を劾し、考察にあっては吏部とともに黜陟を担当し、大獄の重囚を外朝で会鞫する時は刑部・大理寺とともに平讞し、……

十三道御史は、……凡そ政事の得失と軍民の利病について、直言して隠蔽することがなかった。(59)

と記し、十三道御史の職について、給事中とともに同じ言官としての機能を指摘しているが、給事中が近侍する言官として中央の政情に明るかったのに比べ、御史は地方の巡按がその主な任務だったばかりに、彼らの建言内容が地方の利害得失に偏ったのは当然のことである。しかし、左鼎・練綱や彼らとともに活躍した鍾同、そして倪敬・楊宣ら、

景泰・天順年間に建言で朝廷の怨みを買った十三道御史の場合は、必ずしも地方の利害に関することだけ建言したのではなかった。例えば、鍾同は復儲を主張し景宗の怨みを買って殺され、倪敬は景泰の晩年に多くの同官と一緒に府庫の濫費・嬉遊の不当性を諫めて左遷され[60]、その一方で、楊宣は天順初に同官張鵬らとともに石亨・曹吉祥らの権奸に対して争い、謫戍された[61]。このような中央政治における皇帝と権臣の政治権力の濫用に対する批判的な言論活動に於いて、科官との間に言官としての機能的相違を見出だすことは難しい。これは、時期的に景泰以後に限られるものではなく、それ以前から続いてきたことであり、また、朝廷に対する政治批判は科道官に限定されるものではなく、洪武帝の言路開放策の実施以来、原則として大小官僚は勿論、一般にまで開放されていた。こうした点を勘案すると、科・道両官の政治批判に於いて、言官として機能に差異が無いことは、別段不思議ではない。ただ両官の間にはそれぞれ固有の活動舞台があり、その舞台を根拠として各々言官としての役割を演じたのであり、前述したように、科官が侍従官として中央を舞台とし、道官は耳目官として地方を巡按することが主な任務だった。そのため「土木の変」によって政局が不安定な状態に陥った時に、吏科給事中姚夔・林聡、兵科給事中葉盛を始めとする科官の役割が特に顕著だったのであり、道官はそれに及ぶことが出来なかった。そして、こうした両官の職能上に於ける言路としての比重の差違は、道官に科官とともに廷議への参与が公式に認められた景泰六年を過ぎても、続かざるを得なかった。

　ともあれ、言官としての体系が形成され、特に「土木の変」以後の困難な政局を迎えて、彼ら科道官は引き続き中央の政治舞台で、大臣と同列に立ち或は大臣に先んじて、公論を主導していった。ただ科官は中央に、そして道官は地方に、言路としての土台を保ったまま、ともに中央の政治批判に共同で参与し、政治的成長をしていったのである。

註

（1）『明史』巻一七〇・于謙伝、同書・巻一七一・徐有貞伝、及び『明史紀事本末』巻三三・景帝登極守禦。土木の変に関する研究としては、萩原淳平「土木の変前後――経済問題を中心として見た明蒙交渉――」（『東洋史研究』一一―三、一九五一）。

（2）『明史』巻一七七・姚夔伝。

（3）同前。『明史紀事本末』巻三三・景帝登極守禦にも、「土木の変」直後に開催された廷臣会議で、王振党に対する小壮官僚の暴力行為などの険悪な雰囲気を説明するところで、吏部尚書王直が、

執（于）謙手而歎曰、朝廷正藉公耳。今日雖百王直、何能為。

と述べているが、ここからも、于謙に対する朝廷の期待をうかがうことができる。

（4）『明通鑑』巻二五・景泰元年八月の条。

（5）同書・巻二五・景泰元年十二月丙申の条。

（6）『明史』巻一七九・鄒智伝。

（7）同書・巻一五九・李侃伝に、

時給事中敢言者、林聡称首、侃亦矯抗有直声。廷議易儲、諸大臣唯唯。侃泣言東宮無失徳、聡与御史朱英亦言不可、……

とあり、易儲問題について、多くの大臣はその不当性を知りながらも躊躇しており、もっぱら科道官が敢言する気象を見せた。

（8）『英宗実録』巻二一五・景泰三年四月乙酉の条。『明史紀事本末』巻三五・南宮復辟・易儲附・景泰三年五月甲戌の条。『明通鑑』巻二六・景泰三年夏四月の条。

（9）『明史』巻一七七・林聡伝。

（10）同書・巻一六四・左鼎伝。

（11）同書・巻一六二・鍾同伝。

（12）同書の各伝。

（13）同書・巻一六二は、恵帝の時代から天順年間までの間に、言事で害を被った御史七名、給事中三名、礼部主事一名の本伝を立てている。

（14）同書・巻一六二・倪敬伝。

（15）同書・巻一六二・廖荘等の伝、『明史紀事本末』巻三五・南宮復辟・易儲附、参照。

（16）例えば景泰六年、復儲の問題で政局が不安定なとき、刑科給事中徐正と御史高平はそれぞれ上皇の復位と沂王の復儲を阻止するための方策を密奏している。『明史紀事本末』巻三五、趙翼『二十二史箚記』巻三四・景泰帝欲仍立沂王、参照。

（17）『明史』巻一六八・王文、巻一七〇・于謙、巻一七一・徐有貞等の伝、及び楊瑄「復辟録」（『紀録彙編』巻二一）、李賢「天順日録」（『紀録彙編』巻二二）の引用部分。

（18）『明史』巻一七七・王竑伝、『明史紀事本末』巻三六・曹石之変・天順元年夏四月の条。

(19)『明通鑑』巻二七・天順元年春正月辛卯の条。『英宗実録』の同条にはこうした内容の記述が見えない。
(20)『英宗実録』巻二七八・天順元年五月乙酉の条。
(21)『明史』巻一七一・徐有貞伝。
(22) 同書・巻一六二・楊瑄伝。
(23) 李賢「天順日録」の最初の部分に、

上皇復位、無不歓忻鼓舞、及石亨・張軏輩窃弄威権、人又失望、有御史自河間来者、言石亨家人、覇占民田。上謂賢与徐有禎（禎は貞……著者）曰、御史敢言如此、実為難得、亨輩遂譖賢与徐有禎主使、不然御史安敢如此。遂於上前訴其迎駕奪門之功、且言賢等欲排陥之、悲哭不已。上不得已、依其所言、召言官劾賢与有禎、下之獄。

とある。
(24) 鄧球『皇明泳化類編』諫諍・巻一〇八。
(25) 御史が大小の官・軍に対して糾弾する場合、まず密旨を受けてから行うことは洪武帝のときにもあったが、永楽帝が給事中も御史も一緒に政治的目的に利用し始め、以後も継続された。本書・第二章・第三節、参照。
(26)『明史』巻二一五・王治等の伝の賛、趙翼『二十二史箚記』巻三五・明言路習気先後不同などを代表的な例として挙げることができるが、これについては本書・第二編・第一章・第一節、参照。
(27)『明史』巻一六二・楊瑄伝。
(28)『英宗実録』巻三〇六・天順三年八月己未の条、『明通鑑』巻二八・天順三年八月庚戌の条。
(29) 林時対『荷牐叢談』巻二・列朝犯顔強諫杖斃惨殺諸公に、

本朝三百年、犯顔強諍、如南巡・大礼・国本・撃瑠諸公、或因杖斃、或遭惨殺、以至沈冤獄底、……

とあり、明朝三〇〇年で最も激烈な「諫諍」と朝廷による苛酷な対応は、正徳帝の南巡の時から行われたと見ている。諫諍によって帝の怒りを買い禍に当たった例は洪武朝からある。しかし、天順朝までに言官体系の確立を見た科道官による政治批判が、激烈になった時期を、劉瑾の乱政等により政治的混乱が激甚になった正徳年間からと見るのは、やはり妥当な見解と言えよう。本章・第三節、参照。
(30) 前章・第二節・一、参照。
(31) 黄佐『翰林記』巻二・会議、万暦『大明会典』巻八〇・礼部三八。明代の廷議に関する研究には、張治安「明代廷議之研究」（『国立政治大学学報』二七、一九七三）がある。
(32) 張治安「明代六科之研究」（『国立政治大学学報』三一、一九七五）三六～三七頁。この論文で張氏は、既に洪武二四年に給事中は成熟した言官としての責を負って廷議に参与していたと述べるが、このときに六科が参与したとしても、単なる近侍官の資格での参与に相違ない。

（33）『翰林記』巻二・会議。

（34）陸容「菽園雑記」巻五（『紀録彙編』巻一八二）、黄景昉『国史唯疑』巻三・陸容記。

（35）張治安「明代廷議之研究」二五〇〜二五一頁によると、この李賢の上疏は天順八年すなわち憲宗即位の年のものであり、景泰年間に於ける十三道の廷議参与の事実に矛盾する、と指摘されている。

（36）『憲宗実録』巻九・天順八年九月丁巳の条に、

少保吏部尚書兼華蓋殿大学士李賢言、近科道官言挙官須会内閣計議、此雖故例、然先帝有旨、保官審囚、不必会同翰林院、遵行已久、宜仍不預為是。上曰、内閣儒臣、所以輔朕裁処万機者、如挙官論獄、亦令参預、事有可否、誰更商確。卿等言是、先帝著令、宜永遵守。

とある。科道官が廷議に内閣を参与させようとしたのに対し、大学士李賢は景宗時代の事例を挙げて反対の意を表し、憲宗も、内閣大学士は自身を助けて万幾を処決するが、仮に官を挙げて獄事を論議する会議に参与すると、事の可否を再び商議する者がいなくなるため、大臣の廷議参与は妥当ではない、とした。この記述は、言わば、科道官は批判的立場に、内閣輔臣は君主を助ける当務的立場に立つようになったという意を含むものである。

（37）『英宗実録』巻二五五・景泰六年閏六月壬子の条。

（38）同前。廷議、廷鞫、廷推は、成立の時期がそれぞれ異なり、会議の内容も廷鞫と廷推は異なるが、みな廷議に含めることができる。これは註（36）の原文を吟味してみても、首肯し得る。

（39）註（8）参照。

（40）『英宗実録』巻二三六・景泰四年十二月辛丑の条。

（41）第一章・第二節・科道官体系の形成、参照。

（42）蕭彦『掖垣人鑑』巻一・官制沿革、鄧球『皇明泳化類編』官制・巻五九。『国史唯疑』巻三にも、

翰林六科同侍従夾立宝座旁、亦以太宗晩年有疾用女官扶侍、因退避立陛螭頭下如今制、六部主事列銜御史上、永楽修五経四書性理大典時尚然。其後郎中列科道官後、不知起自何年、都左右給事中列御史上、巧自景泰三年始。

とあり、永楽朝に於ける『四書大全』『五経大全』などの編纂時までは、品秩に従い、六部主事（正六品）が御史の上列に立っていたが、その後いつの頃からか郎中（正五品）が科道官の下列に立つようになった、と疑問を呈している。これはおおむね正統年間の科道官体系の形成とともに、科道官の政治的地位が上昇した結果で、遅くとも景泰三年の科道官体系の確立以前には成り立っていた、と見るべき

である。

(43) 廷推制度は成化以後に実施され、廷議や廷鞫と同様に、九卿と一緒に六科、十三道が参与した。これに関する研究は張治安「明代六科之研究」三七〜三八頁、及び同「明代廷推之研究」(『国立政治大学学報』二九、一九七四)、参照。

(44) 『明史』巻一七七・葉盛伝。

(45) 『明史紀事本末』巻三三・景帝登極守禦・英宗・正統十四年十一月の条に、

先是、土木既敗、辺城多陥、宣府孤危、……下令曰、敢有出城者必斬、衆始定、……至是、上従于謙・葉盛言。(傍線は著者)

と記されている。

(46) 『明通鑑』巻二五・景泰二年十二月是冬の条。同じ内容の記述は葉盛『水東日記』巻一・看議何観、黄光昇『昭代典則』巻十六・辛未二年十二月の条にも見えるが、特に『水東日記』の記述が非常に詳細である。

(47) 六科十三道の聯疏は、仁・宣の一〇年間に僅か一一件であった (Hucker, *The Censorial System of Ming China*, p.121) が、英宗の即位から一〇年間では、両官の合疏のみで二四件、それぞれ聯疏で交々章して上疏したものが三六件に達している (前章・第三節・二、参照) のも、両官の奏稿作成に於ける意見交換が早くから行われていたことを推測させるが、景泰朝のこの「看議何観」では、最初から朝廷より彼らの意見を公式に尋ねている。

(48) 前章・第二節・1　十三道御史と都御史、参照。

(49) 『水東日記』巻一・糾弾不承密旨。

(50) 科道官による糾弾がすべて密旨によっていたという言は、どの程度信用できるか疑問である。恐らくこれは、朝廷にとって政治的に重要な糾弾すべきことがあるとき、密旨によったか、或は帝の事前了解の下に行われた場合を指すものであろう。

(51) 『明史』巻一七七・葉盛伝。

(52) 同書・巻一七七・林聡伝。

(53) 同前。

(54) 『英宗実録』巻二三〇・景泰四年六月壬辰の条。

(55) 『明史』巻一七七・林聡伝。

(56) 『明通鑑』巻二六・景泰五年十二月是月の条。

(57) 同書・同巻・景泰四年五月是月の条。

(58) 『明史』巻一六四・左鼎、練綱伝。

(59) 『明史』巻七三・職官二・都察院。趙翼は『二十二史箚記』巻三五・明言路習気先後不同で、職官志のこの一節を引用し、科道官の言路としての機能を説明している。

(60) 『明史』巻一六二・倪敬伝。

(61) 同書・巻一六二・楊瑄伝。

第四章　成化・弘治年間における帝室の「民との利益争い」と科道官の政治批判

第一節　科道官の政治的機能の拡大と「秩卑《ひく》く権重し」

1　廷推への参与と考察拾遺権

憲宗の「即位詔書」[1]には、

給事中と御史は、職が言路に当たる。今後、朝廷政事の得失と天下軍民の利病については直言して隠すことなく、また文武官員に貪暴で奸邪な者がいれば、事実を明らかにして糾劾するにつとめよ。

とあり、科道官に、すべての朝廷政事の得失と天下軍民の利病ならびに文武官員の貪奸な者について、隠さず直言、糾劾まで行わせる、という言路に関する一文が含まれていた。

憲宗は英宗の長子で、正統十四年に「土木の変」が勃発すると、景宗の監国とともに僅か二歳で皇太子に冊立されたが、景宗の易儲により沂王へ降等され、のち英宗の復辟で復儲されるなど、景泰・天順両朝にかけて多くの政治的異変を経験した。そのため、即位詔書で科道官に言路としての責任を尽くすことを強調したのは、むしろ当然のことであった。しかも成化（一四六五～八七）・弘治（一四八八～一五〇五）年間になると、銓政にも様々な変化が現れた[2]。大臣の任用に保挙による廷推制度が施行され[3]、また一般官僚の陞遷に於いて考満の法が実質的意義を失い、代わって考察の法が重視されるようになり[4]、そこに科道官が深く関与して、その責任がいっそう重くなったのである。

まず、廷推制度との関係を見よう。大臣の任用は、明初には帝の意に従って抜擢されるのが常例であったが、英宗が幼くして即位すると三楊が元老閣臣となり、大臣の保挙は大部分彼らにより行われた。英宗の天順年間に至っても、内閣と吏部で推薦して天子の裁可を受けており[5]、いまだに廷推制度は成立していなかった。大臣の廷推については、胡世寧（一四六九～一五三〇）が、

憲宗純皇帝のときから、大臣を召見して面議することがなくなり、ただ吏部をして才望の相応しい者二～三員を会推せしめ、上疏して旨を請うと、一員を点用した[6]。

と述べるように、成化朝に至り、その制度が徐々に形成されたという。すなわち、成化以前には正統朝を除いて、天子が会議に参席する所謂「面議」がしばしば行われ、特別に廷推（別名会推）制は必要なかったが、以後は憲宗が面議制を無くして君臣間を遠く引き離したため、必要となったのである[7]。廷推には科道官が九卿とともに参加したが、それは廷鞫がそうであったように、廷議の構成員と同一であった。前章で見たところの、景泰朝に成立した「九卿科道官会議」のかたちは、成化朝に成立した廷推制度にもそのまま適用され、科道官は廷議をはじめ廷鞫・廷推でも、大臣と同列に立って朝廷の重事を論議するようになったのである。これが科道官の「秩は低いが権は重い」ということである。とりわけ廷推への参与により、大臣人事の上で相当な影響力を持つようになると、なおさらそのようであった。ともあれ、大臣を会推する制度が成立し、その後、これを経ずに中旨により特別に抜擢される場合があると、科道官は断固としてこれに抵抗したが、それは公論を無視したためであり、また抜擢された者自身もこれを満足に思わなかった[8]。

次は、官吏の考察（勤務評定）拾遺権を科道官が行使した問題である。明代には、官吏の勤務成績を評定してその陞降を決定したが、それには考満と考察の二つの方法があった。考満とは、官吏の任用期間が三年を一期としているので、期ごとに治績を考覈することである。三年ごとに所属の長官が考覈して撫按官に送り、撫按官はさらにこれを考覈して吏部へ送る。吏部では、ここに称職・平常・不称職の判定を下すのだが、三年目の評価を初考、六年目のそ

れを再考、九年目のそれを通考と言い、陞遷が決定された。この九年考満の制度は明代中期に廃止され、それ以後、概ね弘治朝から考察の法が施行された[9]。考察は、京官（五品以下の文職で、四品以上は自陳による）に於いては、五年に一度行われていたが、弘治以後は三年ごとに外計（布政司・按察司・府・州・県等の外官に対する勤務評定）を、六年ごとに京察（五品以下の文官に対する勤務評価と四品以上の官の自己陳述による勤務評価）を行った。これは吏部が都察院と会同して担当したが、まんいち考察後に漏落や誤謬が発見されると、科道官に糾劾させて処分した。これを考察拾遺と言った。科道官は、この拾遺を通じて官界に相当な影響力を行使したのであり、『明史』には、これについて、

拾遺で糾弾されると、逃れられない者が現れた。弘治・正徳・嘉靖・隆慶の間、士大夫たちは廉恥、自重し、察典に掛かることを終身の傷と考えた[10]。

とあり、考察拾遺権を持つ科道官の威勢がどのようであったのかをよく表現している。考察に誤りがあったとき、科道官に事実を挙げさせ効奏まで行わせたのは、憲宗即位当初からだが[11]、考察の法の基礎が概ね弘治以後に安定したことにより、拾遺権もそれと時を同じくして行使されるようになったと思われる[12]。考察拾遺に掛かると、被考察者は事実隠匿の罪に該当するが、主考者である吏部や都察院もその不法・不公性が問われ、科道官の糾劾を受けたことは勿論である。

科道官には、この考察拾遺権の行使以外にも、大小官僚の不職者や諸般の不法・不公に対して、即座に糾劾することが許されていた。『大明会典』に、

弘治元年題准。……およそ両京の大臣・方面等の官で不職の者は、みな効奏したり大班が面劾したりし、如何なる人物でも不公・不法等があると、みな効奏する[13]。

とあり、弘治初、中央と地方とを問わず、不職の大臣やその他一般官僚でも不公や不法が発見されると、時と場所を選ばずに効奏まで行う権限を賦与された。のみならず、さらに同書に、

正徳元年題准。まんいち重大事に関することであれば、特旨で科道官をして即時に糾挙せしめ、隠漏できないようにする。

とあり、成化以後、科道官は、会推及び考察拾遺など諸般の人事上の問題をはじめ、大小臣僚を問わず非違の事実を発見すると、容赦なく糾劾まで行ったのであり、言官としての職責がいっそう重くなった。このように、景泰・天順年間に、六科・十三道官の序列の確定と相俟って両官が九卿会議に並んで参与するようになる等、科道官体系が確立されたが、それ以後も職掌が附加されたことで、官僚に対する彼らの影響力が増大し、万暦年間に至ると遂に「言路がひとたび攻撃すると、その人が自ら去る」と言われるまでになったのである。[14]

人事に対する影響力の増大と合わせて、「土木の変」以後実施された団営制の運営にも一定の関与をするようになった。彼ら科道官は早くから軍伍の清理を担当していたが、景泰から成化・弘治年間にかけて、衛所制の動揺に伴う軍事上の脆弱さを補うために実施された団営にあって、兵士の訓練について不時の巡察を行ったり、その運営の実態調査までもさせている。[15] 京営制の運営では宦官にその提督権が賦与されていたが、そのうえ科道官にも監督権を賦与したのは、内臣のみに耳目の任務を担当させないという明代監察制の徹底ぶりを示すものである。

ともあれ、以上見てきたように、科道官の言官としての職掌は、成化・弘治年間に至り整備された。ところで清代の趙翼は、明代の建言者の気風を論じた箇所で、洪武から成化・弘治までを一つの時期と区分し得ると述べている。[16] しかし、それは言わば、科道官体系が正統までに形成され、景泰・天順年間に至ってその確立を見、さらに成化・弘治年間の発展期へとつながる全過程を、一つの時期として大雑把にまとめて表現したものに過ぎない。科道官の職掌はこのように整備されていったのだが、官界に於けるその位置は如何に変貌していったのかという問題も、著者の関心の対象とならざるを得ない。これについては、次の項で見てみよう。

2　陞遷問題と「秩卑《ひ》く権重し」

早くから言官に対する朝廷の関心には格別なものがあったが、政治的にも社会経済的にも諸変化が見られた正統年間に至ると、科道官の言官的成長が相当に進み、その人選や昇進等の人事に対する関心が次第に高まっていった[17]。そして、あるいは科道官を他の官職と分離して特典を設けるべきだという意見も出されたのだが、次は浙江巡按御史黄棠が科道官の昇進問題に関して進言した内容である。

近年以来、方面・府正に缺員が生じると、三品以上から廷臣が推薦する。臣が思うに、御史と給事中は既に糾察・参駁を職としている以上、もし上は君主に忠誠を尽くし、下でその言を尽くそうとすると、かえって他から憎しみを買い、自己に災いを招き、考満の際に昇格を待つようなことが起る。……願わくは、吏部をして以後御史と給事中の考満に際し、その才行を調べ、果たして方面・府正に適当だと判断されれば、例に従って昇格するよう奏請せしめられんことを。このようにすれば、任用にみな適格者を得るのであり、言路はさらに奮発するであろう[18]。

黄棠は正統年間の巡按御史で、科道官の職務遂行は困難であるという苦衷を吐露しているが、この言から著者は、糾察と参駁を職とする科道官が、科せられた職務を忠実に履行するとき、「むしろ人の憎しみを買い、自身は禍に会う」という、彼ら言官の職務遂行上の苦しみを理解することができた。そして黄は、考満にあたり、科道官に才行が優秀という評価が下されると、知府・知州へ昇進させる途を開き、言路としての任務を果たすよう発奮させるべきだと述べた。

黄棠のそうした言路奨励策については、明代中期に至り、より具体的な方案が出された。弘治九年、観政進士孫盤の上疏に、

近者《ちかごろ》、言官が人を糾劾するのに、勢力ある者に敗れるのが常で、奸倖の攻撃が寧ろ胥吏から出て、議論する者が

恥ずかしく感ずる。請うらくは、建言を四等級に区分して、最上は権貴の弾劾、その次は闕遺の補拾、またその次は時政の建白とし、国家に裨益する度合いに従って昇進させるべきであり、文章を整えるのみで、循黙して言わなければ、退けるべきである。(19)

とあり、言官の言事の内容を分析してこれを四等に分け、人事異動に反映させようというのであった。景泰・天順年間の科道官体系の確立を経て、成化・弘治朝に至ると、彼らの政治的発言が著しく強化されたが、その強化により、宦官を含む権臣・貴戚はもちろん、時には君主の怒りに触れて犠牲になる者が次第に増大し、そのため言官が言論を忌避する現象まで起こったのである。これに関しては次の節で詳論するが、孫が提案した言論奨励の制度は、たとい採り上げられなかったとしても、当時の状況を興味深く説明している。ともあれ、科道官がこのように言官として政治的成長をすると、朝廷ではその選任に対しても関心を持たざるを得なかった。『明史』に、

太祖の時、選官には資格が制限されていなかった。……給事・御史も初授と陞遷がそれぞれ半々であった。永楽・宣徳以後は次第に資格に従うようになったが、しかし台省にはまだ初授が多かった。

とあり、また、

給事中・御史を科道といい、科は五十員、道は百二十員である。明初から天順・成化年間に至るまで、進士・挙貢・監生より選補されたが、その遷擢される者には推官・知県のほかに学官も該当した。しかし、その後、監生及び新進の進士はここに参与し得なくなった。(20)

とある言を総合すると、明初にはまだ科挙制度が正常に実施されておらず、進士・貢挙・監生の初任か、或は推官・知県・学官等からの昇進で、その数が半々であった。しかし初任者は永楽・宣徳以後、次第に少なくなり、英宗時代を経て成化以後には、まったくいなくなったという。(21) このように初任者が減少し、代わりに他職からの昇進・転補が増えたのは、官吏の任用が次第に正常化していったことを示すものだが、それよりも、科道官の発言権が次第に強化

されたことにより、経験が豊富で政治の大体を知る人士を任命すべきだという朝廷の意志および政界からの要求が、そうした段階的な変化を生じさせたと言うべきであろう。そして、一旦科道官へ任用し、三年の考満でその評価が優秀な者は知府へ抜擢しようという黄棠の主張や、言路の政治批判を特に勧奨すべきだという孫盤の主張が、ともに明代の中期に現れたのは決して偶然ではなく、前述したような「土木の変」以後の科道官の政治的成長と密接な関係がある点に留意すべきである。

こうして明代後期になると、品秩の差異にも拘らず、他官から科道官へ考選される場合「優れたる者は給事中、次は御史、またその次は部曹へ任用された[22]」のである。こうした任用上に於ける給事中優位の原則は、正統以降の科道官体系形成の結果であり、このことは、その後清代の雍正朝に六科が都察院体系へ編入されるとき[23]、給事中は正五品で中央の六部百司官に対する糾察を担当し、従五品で地方官の糾察を担当する御史の上位に位置したが、その端緒が、既に明代中期に開かれていたことを物語るものである。ともあれ、明代中期以後、特に成化・弘治期に至るまでに科道の職掌が整備され、と同時に科道官が言責の官として政治的成長を増したのであり、趙翼が指摘するように、「科道は言論を職とし、その職責が大きく広く（専）、その権限が重大であった[24]」のであり、また顧炎武が、その「秩品は低いが、権は特に重かった[25]」と記した所謂科道官の「秩は卑いが権は重い」という評価が、まさにこうして可能になったのである。

憲宗は即位詔書で、言官の職務を持つ科道官に政事の得失と軍民の利病について隠し立てせずに直言させ、ならびに貪暴・奸邪な文武官を糾劾させるのに、言路の奨励策を用いた。しかし、じっさい科道官の政治批判の声が高くなると、言官の問題は並大抵の頭の痛さではなくなった。例えば、刑科給事中毛弘は、戸科給事中丘弘とともに直言する「二弘」として評判になった[26]人物だが、六科に於ける言論活動が特に活発で、憲宗はそれを非常に煩わしく感じたという。『明史』の表現を借りると、弘が垣中にある時に、論列したところが最も多く、声が朝宇に鳴り響いた。帝はそれを並大抵の煩わしさではないと感じ、「昨日も毛弘、今日も毛弘か」と言った。前後して述べたところが、或は聴かれないともなると、弘は慷慨したが、論議は曲がることがなかった。(27)

とある。君主と言官との間のこのような雰囲気は、太祖以来見られないものだった。太祖や成祖のような創業期の君主は、自己の思い通りに臣下を治め、また「土木の変」以降は、科道官の言責の官としての地位が上昇したが、相互に尊重する乃至は君主側で一方的に利用する関係にあり、憲宗のように毛弘に対して嫌気がさしてもどうにも出来ないという関係ではなかった(28)のである。憲宗時代のそうした関係は、君主による私益追求の問題が徐々に持ち上がって、いっそう本格化した。

第二節　帝室の私益追求と科道官の抗争

憲宗が景泰・天順年間の困難な政局を引継いで即位するに当たり、言路を開放して「公天下」を達成しようという意志を見せても、他方で皇帝自ら田土を所有し天子の私的性質を露呈して、帝権の矛盾する二側面を曝け出したのはアイロニーなことであり、皇荘田の創設がそれであった。憲宗が、没収された曹吉祥の土地を皇荘田にすると、給事中斉荘がこれに抗議して、

天子は四海を一家とするのに、どうして小民と利を争うのか。(29)

と、天子は四海を一家とする「大公」の実現に責任を負うにも拘らず、一家一姓の私利を追求するのは不当であると辛辣に批判したのである。成化四年には、嘉善公主が文安の土地数百頃を要求し、また徳王が寿長の土地四千余頃の賜与を請い、これらに応じたが、この事実について戸科給事中丘弘らは、

洪武・永楽年間、畿輔と山東地方は、土地は広く人が少ないので、詔書を下して民間の耕種を促し、科税を免除した。ところが権豪は勢力に頼り、これをみな間田だとして賜与を乞い……。およそ百頃を越える土地は、古には百家の恒産であった。どうして一人の私情で百家の恒産を奪うことができようか。(30)

と述べ、それらの賜与を白紙に戻すよう強力に要求した。この要求は一旦受け入れられたが、結局その後も荘田の賜与は継続され、科道官による抗疏ももちろん続いた。(31)憲宗朝に至り、このように帝室と王府で蓄財の傾向が顕著になったのは、以前から積み重ねられてきた弊害の結果であった。孟森氏はこれについて、

明の君主は、英宗の時から無道となり始めたが、明の民はいまだ困苦を感じていなかった。祖宗が民に富を享受させようとした意を壊し始めたのは、憲宗からである。(32)

と述べ、天順以前には君主に庶民と利を争う気持ちはなく、そうした弊害が生ずるのは成化初からであったと指摘している。

このように、明代も中期を迎えると、君主の私益追求や皇帝の貴戚の私的肥大化が顕著に現れてきた。皇帝及び王府の財富を最も端的に説明するものとして荘田と禄米を挙げることができるが、清代の学者潘純甫（名は永季）はこれについて興味深い説明をしている。すなわち、

明代に国家を病ませたものに宗禄よりひどいものはなく、百姓を病ませたものに荘田より甚だしいものはない。はじめ太祖が親王に荘田千頃を与えたが、勲臣・公侯・丞相以下には多い場合でも百頃であった。憲宗が曹吉祥の土地を没入して宮中荘田となし、皇荘という名がここに始まった。弘治二年に……畿内の皇荘が五箇所、合わせて万二千八百余頃で、勲戚・中官の荘田は三百三十五、合わせて三万三千余頃で……、攘奪がこのように甚だしかった。太祖の定制では、親王には米万石、郡王は二千石、鎮国将軍は千石……、公主及び駙馬は二千石、郡主及び儀賓は八百石で、宗藩は世々歳禄を食み、職を与えず、事を委ねなかった。ところが、その数は日増しに

増えたが、民賦には限りがある。嘉靖四十一年、御史林潤の言によると、天下歳供京師糧［毎年全国から京師に送られる税糧］が四百万石だが、諸府の禄米は何と百五十三万石であり、山西の場合、存留が百五十二万石だが、宗禄が二百十二万石で、……[33]

と述べ、明代の中・後期に入り、荘田と宗禄の急増に伴って国家と民生に極めて大きな弊害が及ぶようになったことを如実に示している。天下に責任を持つ天子は、天下のための公的任務に忠実であるべきで、私的財貨に関心を抱いてはならないという批判が付いて回った。公論の代弁者を自任する科道官が、君主に公的性質を要求するのは、職責上当然のことであった。

ともあれ、成化初に初めて皇荘田が設置され、これに対して科道官が「君主が民と利を争うこと」の不当性を挙げて批判したが、その設置は、以後、私利に汲々とする多くの帝王、特に武宗や神宗を代表とする皇帝と、公論の代弁者としての科道官との間に繰り広げられた不断の攻防の出発点となったほど重要な一事件である。実際これ以後の、前代に見られないほど活発な科道官の政治的活動も、君主の私的策謀ないし私利追求に対する政治批判と関係がある。

明代に於いて、議礼に関し二度にわたって敢行された科道官の伏闕は、同じ認識によるものであった。嘉靖朝の「大礼の議」はあまりにも有名な事件に違いないが、成化初にも類似する出来事が起っていた。[34]

成化四年（一四六八）八月、慈懿銭太后が亡くなると、英宗陵に祔葬［合葬］するか否かをめぐって世論が沸騰したが、この事件の経緯は次の通りである。憲宗の父王たる英宗は、臨終に際して、銭太后が亡くなったら自分に副葬してくれるよう遺命を残した。しかし、憲宗は生母周太后のことを想い、父王の遺命に背いて英宗陵とは別葬にしようとし、そうしたところ廷議で反対が起こったのである。儀礼に関する問題は礼部の所管で、尚書姚夔は九卿の論議を集約して、次のように上言した。

天下は祖宗の天下である。皇上が祖宗の天下を持てば、当然祖宗の成法を守るべきである。我が国家は法律をつくったが、もっぱら三綱五常の道を根本としたものである。議礼制度はいっそう厳格で、君臣・父子・夫婦の間にはそれぞれ倫序があり、敢えて踰越することはできない[35]。

すなわち、祖宗の成法は君主個人の恣意で変えられず、国家の法憲と個人の倫序にも決して反することはできないと主張し、憲宗の別葬の主張に対して強力に抗議した。このほかにも一般臣僚による集団の抗疏があり、また六科や十三道からも集団抗疏が相次いだ。六科給事中魏元ら三九名の上疏に続いて、河南道監察御史康永韶ら四一人の疏奏があったが、裁可されることはなかった。六科・十三道は、礼部と一般臣僚の主張がそのようであっただけでなく、自身たちと同じ科道官の建議が皇帝から拒否されると、実力での抵抗を企てた。毛弘が先頭に立ち、「これは大事である。私は当然死諫で臨むが、大小臣工も一緒に闕に伏して闘おう」と主唱すると、衆人が呼応したが、中には避ける者もいた。このときは、給事中張賓が「あなたたちは一人きりで、国から何らの恩恵を蒙らなかったのか」と遣り込め、遂に科道官は一緒に伏闕、哭争し、けっきょく憲宗が当初の意を覆してしまった[36]。

この成化朝の所謂「伏闕争礼」は、嘉靖初の「大礼の議」の先例となったもので、議礼の内容に多少相違があるとしても、科道官がリーダー（主動）となり、君主の意志に反旗を翻した点では同じである[37]。事件の規模は嘉靖「大礼の議」に比べ得るものではないが、科道官主導という形式や争礼の論理に共通性を見出すことができる。礼部尚書姚夔は上疏で、「天下は祖宗の天下であるため、陛下は祖宗の成法を守るべきだ」と述べ、言わば祖宗が創制した法憲を、時君がむやみに改変して私を追求してはならないとした。こうした礼官の論理は、科道官に、公論の重要性を唱えて君主権の私的濫用を抑制すべきだという論理で受容された。彼らは、

陛下が廷臣の話し合ったところに従おうとしないのではなく、聖母の命に背き得ないためである、ということを臣等は理解できないのではない。しかし、凡そ衆臣の論議は天下の公論であり、聖母の命は一時の私恩である。天下の公に従うと綱常が正しく倫理が明るくなり、先帝の霊を慰めて天下の望みを集めるものであり、一時の私

に従うと綱常が壊れて倫理が混乱し、先帝の意に背いて天下の人の疑心を引き起こすもので、公と私の間に関わるところが少なくない。願わくは、果敢に大義もて公論に従われんことを(38)。

と、公論によって君主の恣意を防止しようとしているのである。このように公議・公論が政治に反映されるべきだという言官側の立場から、伏闕争礼という科道官の集団行動が発生したが(39)、このことにしても、また成化初に起った荊・襄での劉千斤の乱(40)で、民の父母としての人主が真心を尽くして撫恤すべきとしたことにしても、私的な玩好や寺塔の建立など無節制な生活は徹底して禁止すべきだといった抗議(41)と、同一の批判の視角から出された要求なのである。

科道官はまた、特に成化年間に頭角を現して、全国的規模で毒手を伸ばすようになった宦官に対し、容赦ない批判を加えたが、これに関しては次の節で詳論するとし、この節ではしばらく佞倖について言及しておこう。

成化初の代表的な佞倖として、李孜省と僧侶継暁を挙げることができる。彼らは宦官と結託して、方術を好んだ帝の歓心を買い、官爵を売って財富を集める等、弊害を恣にするようになり、当然言路の指弾の標的となった。成化十五年、李を太常寺丞に抜擢したことについて御史楊守慎と給事中李俊より抗疏が上ると、彼らを上林苑副監へ改め(42)、また同二十一年に朝廷から星変により求言があり、給事中李俊と御史汪奎らが大臣と前後して佞奉官の弊害を極言すると、李孜省を左遷させ、冗濫者五百余名を罷免して国師継暁を革罷する等の措置を下した(43)。しかし、これらは科道官を始めとする庶僚の圧力により止むを得ず取った措置に過ぎず、内心では忌避するところとなり、吏部尚書尹旻に密かに諭して彼らの粗捜しをさせ、処分まで行った。その一方で、帝自身も給事中盧瑀ら六〇人の姓名を記録しておき、上奏文により処分の材料が揃うと、はるか遠方へ追放した(44)。

これ以後、成化朝では毎年言事者の放逐が相次いで発生するようになった(45)が、事の発端は、伝奉官に対する抗疏であった。伝奉官というのは、授官の手続きを経ずに、姓名を表記して旨で官とする場合を言った。憲宗初に一人の工人を伝旨で文思院副使としたのを初めとして、以後、文・武・僧・道でそうした恩恵を蒙った者が千余名を数えた(46)。

このように官爵を君主の私物としたのも皇荘田の設置と同じ憲宗時代のことで、実に成化一朝は前朝に見られなかった科道官の君主権批判が、初めから予見されるところであった。

憲宗は、そのような私的利益の追求とその保障のため、廠衛制の強化[47]を企てた。しかし、そうした企ては大臣たちから強い反発を招いた。すなわち憲宗が、伝統的に伝えられてきた錦衣衛と東廠以外に、新たに西廠を設置して宦官汪直に委ね、特務政治を強化すると、大学士商輅ら大臣の反発により、一時、西廠の廃止にまで追い込まれた[48]。このとき科道官側から汪直に対する攻撃がなかった[49]ことは、著者には少し納得がいかないが、おそらく品秩が低い科道官としては、特務政治への対抗がいまだに越権行為となっていたためであろう。ただ後述するように、もちろん武宗朝の劉瑾や天啓朝の魏忠賢の頃は、政治風土が目まぐるしく変化し、科道官がその対立的政局のなかで自己の立場を表明しなければならなかったため、自らの対応姿勢はより積極的でなければならなかった。

しかし、彼ら科道官はこのとき、大臣はもちろん宦官に対する一般的な批判、甚だしい場合は君主の批判までも躊躇しなかった。『明史』巻一八〇・列伝第六八に載せる本伝はみな科道官で、合計二一名（科官一二、道官九）だが、一篇の列伝が科道官一色で構成される例は、かつて見られなかったことである[50]。この点に照らしても、成化・弘治年間の科道官に言責の官としての典型的役割を見ることができ、このことからも著者は、この時期を「科道官体系の発展期」と考えるのである。

第三節　弘治「新政」と科道官の建言

孝宗（一四八八〜一五〇五）が即位すると、科道官は成化朝の悪政を挙げて速やかな改革を追求した。特に佞倖李孜省と太監梁芳、外戚万喜が犯した多様な不法行為を列挙して、彼らの処刑を主張したが、孝宗は喪中を理由に、彼らとその党人に左遷や辺戍程度の比較的軽い措置を下すにとどまった[51]。しかし他方で、科道官の劾奏を取り入れて直ちに伝奉官を大挙削奪し、その過程で右通政任傑・侍郎蒯鋼・指揮僉事王栄ら二千人余りを免職させ、禅師と真人及び西番の法王、国師ら千数百人を追放した[52]。また、庶吉士鄒智、御史湯鼐・文貴・姜洪らが交々章し、所謂不職の大学士万安の罪状、特に言路を塞ごうとした罪状を列挙して、彼の二〇年間の官僚生活に終止符を打たせる[53]等、孝宗の即位当初から、先王の君側の奸たちを排除し、内閣と六部大臣に正人を起用したのだが、こうした新政には科道官の建言が常に後押しをした[54]。

明代の歴代皇帝の治績を論ずるとき、決まって言路の開放と閉塞が一つの基準となるが、孝宗の新政では「言路の大開」が常に賞め讃えられる。憲宗の失政を目のあたりにした孝宗が即位すると、大部分の皇帝がそうであったように、自分の父王が仕出かした政治上の遺産を整理する過程で、言事で降等されたり官職を削奪されたり、或は辺方へ流配された者たちを故官に復帰させ、また欠員となったポストを補う等の措置を講じ、言路尊重の気風を振るい立たせた。こうした雰囲気の下、大臣に対する科道官の攻撃も容赦なく進行し、御史湯鼐はじめ庶吉士鄒智、進士李文祥ら下僚が前後して上疏したが、特に新政を力説する過程に於いて大学士劉吉に対する攻撃が辛辣であった[55]。また、庶子張昇が天変により上せた疏で、

陛下が即位すると、言者たちが万安・劉吉・尹直を指弾し、安と直は退いたが、ひとり吉が残った。吉は奸佞に阿附して言官を歓待し、昏暮に自宅を訪問して糾弾を免れようと願い、他方で昇進を約束した。これ以後、諫官は口を箝ざすようになり、奸計が成し遂げられた[56]。

と述べ、弾劾を恐れた大学士劉吉が様々な方法で科道官の糾弾を避け、自身の権力の座を維持しようとした罪状を枚挙した。しかし、やはり張の言葉通り、劉は科道を使嗾し、けっきょく誣詆を受けた張が南京へ斥けられた[57]。劉は成化時代、大学士万安・尹直とともに科道官の評判が良くなく[58]、従って弘治新政期に当たって科道官の攻撃を受けた。

万と尹は退いたが、劉吉のみが首輔の座にそのまま居座り、特に言官の問題に腐心したのである。[59]

張昇の上疏と前後して、六科十三道が劉吉の罷免を要求する疏を上せた。すると劉は、自己の党人の太監蒋琮に、給事中周紘と御史張昺が軍伍閲覧の時に欠員を見逃した責任を問うて劾奏させたが、かえって尚書王恕がその不当性に反駁し、その他の科道官もこれに同調した。けっきょく周紘と張昺は左遷に止まったが、[60] 双方の争いはさらに拡大していった。弘治二年、御史湯鼐が投獄されるという吉人の獄が起こったが、事件の内容はおおよそ次のようである。

孝宗の即位後、首輔劉吉（一四二七～九三）が多くの科道官により糾劾されたが、その過程では、御史湯鼐が上疏の回数も多く断固たる攻撃を行い、断然先鋒将の位置に立った。劉は、湯の攻撃の鋭鋒をかわす方法として、やはり別の御史を利用した。すなわち御史魏璋に、昇進を保障するという条件で同僚の御史湯の過ちを暴いて糾弾させたのである。ところが、たまたま四川に飢饉が起こり、中書舎人吉人が、その賑恤のため人物を選んで派遣することを主張して、給事中宋琮らと御史曹璘らを推薦したのだが、当該地方の巡按御史では湯鼐らを推薦した。そこで、劉吉の側ではこのことを巧みに利用した。すなわち、劉派の御史魏璋は同官陳景隆らの名を濫用し、「吉人が成命に抵抗して、私的に朋党の種を播いた」として陥れ、吉人を錦衣衛の獄に監禁し、さらに湯らにその党人という罪を着せて、みな逮捕、拘禁したのである。[61] この疑獄事件を内密裏に主管した劉は、これに連座した者たちを重罪に処さんとしたが、刑部尚書何喬新や吏部尚書王恕らがあらゆる方面で擁護したので、彼らの罪を軽減する線で事件は締め括られた。[62]

南京御史姜綰の疑獄事件も事情は似ている。やはり弘治新政の即位詔書により勢家に投献地を返還させようとした措置が原因で、南京守備中官蒋琮と江浦県民との間に田地をめぐり争いが起こった。蒋はこれを御史姜綰に付託したが、姜は黙殺したのみならず、かえって「守備の重臣として民と利を争うことは不当だ」という論旨で、その成法変乱の罪を論じた。[63] これに先立って御史余濬は宦官陳祖生が不法に後湖田を開墾した事実をあげて劾奏したが、たまたま給事中方向が後湖の黄冊を監修していたので、ともに陳祖生を劾奏し、さらに彼らは首輔劉吉らの不職の状をも糾劾した。そこで陳が逆に、方向こそ後湖田を侵犯したとして調査を要請したが[64]、ちょうど蒋琮が姜の糾劾を受けたときであったため、陳と蒋が劉吉に工作して、姜を始めとする南京科道一〇名を投獄させたのである[65]。

綿花閣老との異名を持つ劉吉は、成化五年八月に入閣し、この後一八年間在職して科道官との間に多くの問題を惹起し、弘治初には自身の地位を固守するため、手続きを無視した科道官の超遷［特進］を建議して彼らの歓心を買う等の無理な方法で、言官を籠絡した[66]。しかし、科道官は人数の面で多くを占めたのみならず、互いの競争心も作用し[67]、また明代中期以後の紳士層の台頭とその膨満な参与意識[68]、中でも清要の職としての公意識[69]が、彼らにたやすく権勢に阿付しないという非妥協的な姿勢を構えさせ、しばしば衝突を起した。

そうした双方間の衝突は、けっきょく数回に及ぶ疑獄事件を引き起こし、台署に空席が生ずるようになり、中外で不満に感じられ、また、言者による攻撃の鋭鋒は多少緩まざるを得なかったが[70]、これも品階が低い科道官の言路活動の限界のためであった。

成化・弘治年間になると、科道官のみでなく庶僚による政治批判も相当に活発であった。一般の官僚に積極的な建言を奨励したのは太祖の言路開放策の基本方針で、宣徳・正統以降、科道官体系が形成されてからは、次第に六科・十三道の政治的発言が強化されていった。しかし、そうした政治批判にはしばしば大臣に対する弾劾が含まれており、このため疑獄事件が頻発した。劉吉の場合にも見られるように、輔臣に対する攻撃は主に科道官によるものだが、時には庶僚の弾章もあった[71]。

こうした風潮こそ、科道官の言論活動の風土を造り上げた。武宗の南巡について、礼部員外郎として同官とともに諫諍し、処分された鄭善夫は、ある知人に次のような「直言の勝利」に関する一文を認め、

> 直言で処分された者は、後日の公論で必ず美官に起用され、天下の人士もまたこれを称賛する。ところで、近世の士大夫は弾劾されると、それによって名を得るといい、左遷されると、みな「心配することじゃない。これが

官吏になる者の最も願うところではないか」と慰め、自身も本音では「自分の読書した結実を見るようになったな。死ななければ常格から脱け出せ、不幸にして死んでも忠義の名を聞くようになる」と言い、勇退の術を知ると出世の近道を得られるという。士大夫の立身は真にこのようであるべきなのか(72)と、概歎している。鄭のこうした文言は、目まぐるしく変わる正徳期の政局に当たり、士人たちが直言という手段を講じてまでも逃避せずに後日の立身を目指す風潮を概歎したものだが、他方で、成化・弘治年間には科道官の公論が朝廷の政治に対して相当な影響力を行使していたことを物語るものでもある。景泰・天順年間の科道官体系の確立以後、彼らの発言権がいっそう強まり、成化初の儀礼問題に起因する伏闕、抗議の事件に当たっては、先鋒将として活躍する様相まで見せた。

前節で述べたような人事上に於ける影響力の行使とともに、こうした政治的成長により、科道官は一般官僚との間で品秩の高下により序列を定めるべきだとする主張もあったが、大臣が彼らの歓心を買おうとする局面でそのような主張が取り入れられる道理は全く無い(73)。また科道官は、自身たちが言責の官であるため、自身たちの言事に桁外れの誤りがあったとしても許されるべきだと主張した。天順五年、曹吉祥と石亨が処刑されると、大学士李賢（一四〇八～六六）は、その間に閉塞されていた言路を開くように奏請した文で、

また進言する者は、ただ君徳の虧缺・朝政の闕失・天下生民の利害そして文武百官の貪暴と奸邪に関することのみ行う。これはみな国家に有益なことだが、自己には益が無い。しかも自己に益が無いのみならず、皇帝の怒りに触れると罪を得る。聖帝・明王はこれに鑑み、熱心に求言に努めたが、ただ［言官の批判がなければ］失政があるかどうか分からないのを心配し、……(74)

と述べ、続いて言路の開放が直ちに善政へとつながることを力説している。成化四年に大学士商輅（一四一四～八六）は、自身に辞職を要求した監察御史林誠が、大臣を陥れたとして罷免されると、むしろ「林誠が大臣を論じ罷職させせ

て、公論はどのようになったのか」と擁護論を展開し、林誠を復職させた。(75)この場合も李賢の論理と同一線上に立つのものである。

弘治一朝の政治は、成化朝のそれに比べると宦官の被害が減り、劉吉が退いた後には、言路に対して寛容策を用い、また正士を起用して政事を正そうとする等の努力が続けられた。行政法規集としての『大明会典』の刊行や丘濬の『大学衍義補』の発刊は、中興の功を期した君主の意志の現れであった。しかし、成化朝から本格化した帝室・勲戚の「民と利を争う」気風は、孝宗のそのような努力で一掃されてしまうものではなかった。宦官の数が増えて司礼監の機構が拡大し、彼らが所謂宮奴として帝室のためだけにとった放恣な行為で、朝野にその悪影響が蔓延していった。(76)これとともに広まった張皇后の親族の張鶴齢兄弟による弊害も、(77)明初の政治制度や社会経済的基盤が一五～一六世紀に入り次第に解体していったという時代状況に関係があり、皇帝ひとりの能力に属するものではなかった。

こうした状況では、武宗のように狂悖な皇帝が出ると、それを抑え難い局面に陥らざるを得ず、政治的成長を重ねてきた科道官も厳しい試練を受けた。

第四節　科道官の宦官・大臣批判

1　宦官批判

明王朝も正統年間を経て、創業期の政治制度的・社会経済的基盤が徐々に揺らぎ始めた。特に正統末の鄧茂七の乱のほか、「土木の変」もまた、士大夫の危機意識を刺激するのに十分であった。

こうした二度の変乱を経た中外の士大夫たちは、景泰・天順年間のやはり不安定な政局に当たって、そうした事変に追いやった原因が果たしてどこにあるのかについて反省を促すようになり、それに対する弁明を異口同音に、「正統間の蒙蔽」や「王振の蒙蔽」に求めた。言わば正統後期の悪政は、王振を筆頭とする宦官たちの政治的奸計で君臣上下の間に情意の疏通が成し遂げられなかったためだ、というのである。「土木の変」直後の廷臣会議で、給事中王竑が先頭に立ち、王振の党人馬順と内官毛貴・王長隨を殴打して死なせたが、その勇敢さのために「竑の名が天下にとどろき、王（郕王。後の景宗。著者註）もこういう訳で竑を深く尊重した。また多くの言官を呼び、深甚に慰め諭した[78]」ほどである。

前述したように、こうした趨勢で景泰年間には言路が開かれたが、宦官の跋扈は無かった。次の天順年間には所謂復辟の功臣である宦官曹吉祥や将軍石亨の横暴が続き、この五～六年間は科道官の公論が一時後退したように思われるが、憲宗の即位とともに、積もりに積もった宦官に対する不満が言官を通じて一気に噴き出した。まず給事中王徽は、同官との合同の上疏で、

古より宦官に賢良なる者は少なく、奸邪なる者が多い。万一彼らに大権を授けると、紀綱を敗壊した後、刑罰を加えるのでは……。願わくは、高皇帝の旧制に法《のっと》り、政治と兵事に関与できなくし……、官僚との交通を厳禁し、その賞賚を十分に厚くし満足させれば、他に望みを持たなくなる。そうすれば、これは国家の福であり、また宦官の福にもなる[79]。

と、宦官が政事に関与すると、国家は勿論、宦官自身にも決して助けにならないという主張を立て、太祖の旧制に従って彼らの政治関与を禁止することを求めた。しばらくして、宦官牛玉が呉后の廃置事件に関わったとして罰を受けると、それに乗じて王徽は、王淵らとともに再び上疏し、

内閣大臣は輔弼の責を負っていても、皇后冊立の大事を漠然と見つめるばかりであった。まさに牛玉が欺肆し始めたとき、婚礼は行われていなかったが、礼官は権勢を恐れ、輒ち阿附した。（牛）玉の事件が問題化した後も……。李賢らはまた成敗を座視したまま一言も述べなかった。悪に党《くみ》し君を欺くに、此より甚だしいことがあろうか。

請うらくは、賢らも罪し、大臣で不忠な者の鑑戒とせんことを。

と、牛玉に対する攻撃は勿論、敢えて内閣大臣李賢らに対する糾弾も行った(80)。彼はまたこの疏で、宦官の出現について、正統末の王振に始まり、天順朝に曹吉祥・牛玉らが順々に出て国に禍乱を招いたことを辛辣に指摘し、こうした批判が、彼らの「職、言路に居れば、苟容を為さず、死すとも後悔せず。ただ陛下の裁察を請うのみ」という言官としての使命感から出たことを強調している。宦官と内閣大臣は帝権に最も密着した言わば帝権維持の双輪的存在であり、これらに対し攻撃を加えて、無事でいることはできない。六科十三道の擁護にも拘らず、罪を被ったのは勿論である(81)。

一般の士人によって宮奴とも表現される宦官は、政治のみならず軍事や経済の各方面にも幅広く関与し、それによって得られる莫大な利益で、自身はもちろん帝室をも太らせる役割を遂行した点から、君主の私的分身というべき存在であった。公論の代弁者を自任する科道官にとって、君主にその公的性質を要求することは、職務上、当然であった。君主による財貨の私的蓄積に対して批判的態度を取った彼らだが、憲宗が没入した曹吉祥の土地を「皇荘田」とすると、給事中斉荘の批判が付いて回ったのも、そうした場合に該当する(82)。ともあれ、君主の私的側面を助長する宦官に対して、科道官は本格的に敵対関係に立たざるを得なかったのである。

成化年間に西廠を掌握して権勢を振るった宦官汪直は、正統朝の王振、武宗朝の劉瑾に次ぐ人物に数えられる(83)。成化十三年（一四七七）、西廠を建てて既存の東廠とともに特務政治を強化したが、法外の刑罰が放恣に行われているという大学士商輅の強力な建議により、その年に一時廃止された。しかし、直ちに御史戴縉と王億が西廠復活の必要性を主張し、これによって再び設置され、同十八年の完全廃止まで、士大夫で敢えて汪直に対抗しようとする者はいなかった(84)。西廠の復活を要求した戴縉・王億もまた汪直に阿附し、その反対派を陥れた給事中郭鏜・御史馮瓘らとともに、昇進の機会を賭けて権力に便乗したのであった(85)。西廠を再び掌握した汪直とその麾下の奸計が次第に露呈し始めると、同十六年、初めて給事中孫博・御史強珍らがその不法性を次々に指摘し、同十八年に至り、東廠の尚銘との不和で帝の信任を失った機に乗じて、科道官の交々章した上疏があり、西廠を完全に廃止するに至ったのである。(86)この西廠の置廃に関連して、科道官が宦官汪直に対してとった協力的な態度は、かつて宦官牛玉を攻撃した王徽のそれとは対照的である。しかし、正統時代の王振や正徳時代の劉瑾のような強者が出て、権力を思い通りに行使する間は、避けられないものである。甚だしい場合、戴縉のように時勢に迎合する行為が見られ、これについて『明通鑑』では、「王振の乱政のときから……、言官の気が宦官に挫かれたが、公然とは宦官と朋比しなかった。……戴縉が干進をうかがい……、西廠の功を称頌し、汪直の好まない者をそしり、それ以後、宦官が事を用い、遂に大部分言官と互いに表裏を成すようになった」と、彼の罪が以後に及ぼした悪影響を挙げて、大きく咎めている。(87)

じっさい特務政治が強化されると、正常な政治は行われなかった。社会的基盤を持たない宦官が帝権の庇護の下で権力を濫りに振るう時、いくら清要の職にあり士大夫意識が明確な科道官であっても、品秩が低く個別的には無力な存在であるため、彼らと争うには余りに脆弱であった。特務政治が強化されたとき、公論は一時後退するよりほかなく、劉瑾や魏忠賢の乱政期がそうした場合に該当する。これとは多少異なるところがあるが、後述する嘉靖朝の厳嵩や万暦朝の張居正のような閣臣による専権の時期も、また同様であった。とはいえ、彼ら権臣に対する科道官の抵抗が全く無くなるかと言えば、そうではなかった。李学曾はこれについて、

況んや（科道）官は品秩が低いとその職に勤め、人員が多いと競って進言をする。朋党の徒がいたとしても、人々の口をみな箝制し得ない。……我が祖宗が、科道をして官を糾劾せしむるに、或は会疏し、或は単独で挙劾せしめたのは、正に人情の好悪をもってすれば、正を偏らせ事勢の関する所に離合があるためで、こちらで言わなくとも、あちらで必ず言うようにし、広く世論を進めれば、暗かに朋党を消すようになるのである。(88)

と記し、朋党の群れが弾圧政治によりどれほど科道官の口を塞ごうとしても、けっきょく一様に封ずることはできな

いが、それは、遂には彼らにより世論が喚起されて朋党が消滅するためだという。しかし特務政治が盛んな時は、科道官の中にもやはり離脱者が生ずるもので、汪直の西廠を称賛して自身の出世をもくろんだ御史戴縉らが、そうした人物である。

2　大臣論

明代に於ける大臣という概念は、歴代王朝のそれに比べて特異であった。それは、太祖が丞相制を無くして皇帝権を絶対化したことで、相対的に大臣の地位が低くなったところに原因がある。丞相がいない明代には、六部の尚書と都察院左都御史を合わせて七卿と称し、或はここに通政使と大理寺卿を加えて九卿とも称して、これらが大臣に該当した。このほかに内閣大学士がいるが、内閣制度は丞相制の廃止により皇帝の秘書顧問の役割を担当するよう創案されたもので、その品階も五品に過ぎなかった。しかし仁・宣以後は、尚書・侍郎や太保・太傅の官を兼ねたのみならず、票擬権をも掌握し、正統朝に至って次第に丞相としての実権を持つようになった。大学士の中でも首席大学士を首輔と称し、特に丞相の権威を備え[89]、七卿ないし九卿とともに大臣の列に立つようになったのである[90]。

ところで、内閣大学士と九卿との間は、前朝に於ける宰相と六部官のような縦の関係にあったのではない。大学士は皇帝の側近で票擬権を持っていたが、六部とは原則として従属関係を持たない横の関係にあり、そのため両者の間、特に大学士と六部の首長たる吏部との間は、微妙な緊張関係にあった[91]。これに加えて内閣権のもう一つ特異な点は、宦官との関係である。内閣権の具体的内容は票擬権にあったが、票擬権はまた「王言の代言」がその目的といわれるくらいで、そこには宦官が奥深く介入し、票擬権をめぐって内閣と司礼監の絶え間ない反目と妥協が交差していたのである[92]。

このように明代の大臣は、その構成が歴代王朝のそれとは異なり、皇帝権を中心とする諸般の関係でも特異であった。こうした皇帝を中心とする多様な関係、すなわち宦官と大臣、そして彼らと科道官の関係の上に、明代の政治が成り立っていたのだが、このとき科道官は言官としてあくまでも批判的立場に立った。既に著者は、宦官に対する科道官の批判の視角とその政治的意味について検討を加えたが、今度は科道官と大臣との関係を明らかにする番である。

給事中王徽らが呉后の廃置に関わった宦官牛玉を指弾し、内閣大臣李賢に対して攻撃を加えたことは、前述した通りだが、そこからも推測し得るように、大臣に対する科道官の批判の視角は、概して彼らと宦官との関係にその焦点が絞られていた。成化朝の給事中李俊は、

今日の大臣は、その座につく前には内臣と因縁がなければ進むことができず、進んでからは内臣に依憑しなければ安穏には過ごせないという。こちら側では財で官を買い、あちら側では官で財を売るのだから、四方から搾取して権貴に転輸したとしても不思議ではない(93)。

と、大臣と内臣との不正な関係を辛辣に指摘している。景泰初、給事中林聡らが、宦官金英の家奴の不法行為を取調べる過程で都御史陳鎰と王文が宦官の勢力を恐れて公正に行わなかったと糾弾し、挙げ句の果てに投獄させた事件(94)を始めとして、宦官との不正な関係のために、その後も屢々言官による大臣の糾弾が発生した。王振以後、景泰朝には宦官の弊害が少なかったとしても、景宗は外で于謙（兵部尚書）に頼り、内で興安（司礼太監）を信ずる状態にあり(95)、天順前期には曹吉祥の跋扈で彼の息子が天子を夢見るほどであった(96)。特に成化・正徳年間に至ると汪直・劉瑾は勿論、その他権奸たちの跋扈は到底数えきれない。こうしたことは、大臣と彼らとの関係を充分に推測させるもので、従って、科道官による大臣批判に於いて宦官との不正な関係が屢々論ぜられたのは、自明の理である。成化末から弘治初にかけて、特に大臣の役割と言路の開放を強調した庶吉士鄒智は、

近者《ちかごろ》、旧章が日ごとに壊れ、邪道が日ごとに盛行し、人主の大権はみなそ（宦官）の手から出てきた。内ではこれに依附して丞相となり、外ではこれに依附して将軍となり、藩方《ちほう》はこれに依附して鎮撫となり、伶人・賤工は

これに依附して奇技・淫巧をなし、法王・仏子はこれに依附して宮禁に放恣《かって》に出入りするが、どうしてこれが高皇帝の許可したことであろうか。願わくは、陛下は宰相を股肱とし、諫官を耳目とし、正人君子を腹心とし、深く思慮し、宗社の長久の計策を立てられるよう。そうすれば大綱が正されるのである。(97)

と述べ、成化年間に入って次第に強化された宦官の勢力が、文武大臣のみならず、全国の各界にその害毒を及ぼしていることを指摘し、これを治癒する手段は宰相を股肱とし、科道官を耳目とし、大綱を確立する以外に無いと力説している。

科道官の大臣批判が、宦官に関わること以外で行われる場合には、もちろん古来の諫官の大臣糾弾と類似した面がある。必ずしも同じでないのは、明代の政治構造やそれと関連して大臣及び言官の概念が異なるためである。しかし彼ら科道官は、自らを大臣と比べて諫官と表現した。彼らは天下を人体になぞらえて、人主を元首《あたま》、大臣を股肱、諫官を耳目、京師を腹心、藩郡を躯幹《からだ》と見、(98)また「天下のことは惟だ輔臣のみが論議し、惟だ諫官のみが述べるもので、諫官はたとい［品秩が］低くとも輔臣と同等である」(99)など、大臣と科道官は、品秩に於いては比較にもならないが、職能に於いては対等な関係であるという主張が、成化朝に至って続出しているのである。もちろん大臣に対する御史の糾弾は以前にもあったが、特に明代中期以後、内閣首輔の権限の強大化により、内閣大臣に対する科道官の批判が頻繁になったのみならず、その理論的整備もなされた。憲宗の即位当初、以後の両京文武大臣の不法・不公については、科道官に「直言して隠すこと無かれ」というように令で定めるまでになった。(100)

しかし、そうだとしても、理由も無く攻撃してはならなかった。前述したように、景泰二年、文淵閣弁事中書舎人何観が「吏部尚書王直と戸部尚書胡濙らは、正統中に権奸に阿附して大患を引き起こしておきながら、今もそのまま要職に留まっているが、そうあるべきではない」と述べた問題をめぐって、廷臣たち、特に科道官たちの間に様々な物議を醸したが、このことも、小臣として無責任に大臣を誹謗してはならないという、言わば大臣保護論と関係して

いた[101]。景泰朝に行人尚褫は、

> 大臣は、上では朝廷のためにことを付託し、下では百官のために法を司る存在であり、空缺になっても軽々しく任命してはならず、過ちがあっても軽々しく辱かしめてはならない。それゆえ、黥默の罰は大夫に及ばなかったのであって、それは天子の近くに仕えるためである。いま文武大臣が、或は言官に弾劾され、或は旗校に緝訪されて、露頂・跣足・束縛・奔走し、まるで囚人のようである。……今日の衣冠の大臣は、昨日の罰を受けた囚繫である。僚友と顔を合わせ、また属官を統べるのに、よく恥ずかしくないな[102]。

と記し、文武大臣が一方で言官に弾劾され、他方で旗校に査察されることが屢々あったと嘆いている。じっさい明代には君主の独裁権を維持存続するために、大臣を度を超さないように軽く扱い、また廷杖と錦衣衛等の特務政治により、君主の意にはずれると、官僚の高下を問わず処分の対象となったが、科道官の弾劾によってもまた、それが可能だったのである。そしてその一角には、君主権確立のためにも股肱大臣の権威がある程度は保障されるべきだという大臣保護論も台頭していた。

しかし、こうした大臣保護論にも拘らず、言官の一角からは、甚だしい場合、言路を尊重するはずの所謂賢相に対する攻撃も、絶えず続いていた。権臣の党略に利用されたのみならず、所謂「敢言の士」により指弾されたのである。例として、天順・成化期の李賢・商輅のように名望ある輔臣[103]や、正徳朝の無軌道な政治を一掃して「嘉靖新政」を成し遂げようとした楊廷和を挙げることができる。彼らはみな言官の言論を尊重して言路の開放を主張する側であったが、科道官の一角から一様に糾弾を受けた[104]のであり、それは、明代政治権力の構造的な問題に起因するものであった。換言すれば、内閣輔臣は票擬権を持つことにより宰相としての実権を備えたといわれるが、その票擬権自体が司礼監による侵犯が可能だという制度的欠陥を持っていたのみならず、吏部との関係も古の宰相のような統属の関係に無かった。それは、開府の書記とも表現されるように、あくまでも職能上独裁君主の顧問秘書の本領を脱け出るものではなく、[105]主君が幼く「民と利を争っ」て私利を追求したときや、党争で政局が混乱したときには、なおさら科道官による糾弾の標的になったのである。これは、明代の君主独裁体制の制度的問題ないし権力構造の問題に属することであった。

従って科道官は、政治的地位が高まった成化朝から、会推を通して推挙されるのが当然のこととして受け入れられたのだが、反対に、大臣は台諫を推薦すべきではないという意見も出てきた。[106]言官が権臣の鷹犬の役目をつとめる場合があるという現実の政治のなかで、大臣の推挙によりその私人の役目をつとめてはならないという理由からである。こうした提議が採択されなかったとしても、少なくともこうした意見が出てきた事実は、大臣の子弟が言官になることが出来なかった慣例[107]とともに、科道官と大臣の関係を説明する一つの好例というべきものである。

註

（1）『憲宗実録』巻一・天順八年正月乙亥の条。

（2）谷光隆「明代銓政史序説」（『東洋史研究』二三―二、一九六四）参照。

（3）廷推制度に関する専論としては、張治安「明代廷推之研究」（『国立政治大学学報』二九、一九七四）がある。

（4）谷氏前掲論文・九〇頁。明代の考察法に関する研究としては、和田正広「朝観考察制度の創設」（『九州大学東洋史論集』一〇、一九八二）、同「考察『八法』の形成過程(1)(2)」（同・一一～一二、一九八三～四）、ともに同『明清官僚制の研究』再録、第十章、第十五章（汲古書院、二〇〇二）、がある。

（5）谷氏前掲論文・八五～八六頁、張氏前掲論文・二〇八頁、参照。

（6）張萱・孟奇甫『西園聞見録』巻二六・宰相・上。

（7）『明史』巻一六八・万安伝に、（成化）七年冬、彗見天田、犯太微。廷臣多言君臣否隔、宜時召大臣議政。大学士彭時・商輅力請。司礼中官乃約以御殿日召対、且曰、初見、情未洽、勿多言、姑俟他日。将入、復約如初。比見、時言天変可畏、帝曰、已知、卿等宜尽心。時又言、昨御史有疏、請減京官俸薪、武臣不免觖望、乞如旧便。帝可之。安遂頓首呼万歳、欲出。時・輅不得已、皆叩頭退。中官戯朝士曰、若輩嘗言不召見。及見、止知呼万歳耳。一時伝笑、謂之万歳閣老。帝自是不復召見大臣矣。

とあり、皇帝と大臣の距離が遠くなった理由を、興味深く記している。これに関する詳論は、張氏前掲論文・二〇六～二〇八頁。

(8) 成化末、尹直が大学士万安の私的な推薦で入閣すると、科道官が交々章してその不当性を指摘し、結局、孝宗の初に尹直は辞職してしまったこと（『明史』巻一六八・尹直伝）、及び、弘治中に湖広巡撫徐恪が中旨により工部侍郎に改授されると、徐恪が自ら抗疏して、

大臣進用、宜出廷推、未聞有伝奉得者。臣生平不敢由他途進、請賜罷黜。（同書・巻一八五・徐恪伝）

と述べたこと、等がそれである。なお、『孝宗実録』巻一〇九・弘治九年二月己酉朔の条、参照。

(9) 谷氏前掲論文・八七～九二頁、参照。

(10) 『明史』巻七一・選挙志三。このほか孫承沢『春明夢餘録』巻三四・吏部・考課に、

天順八年、令考察誣妄者、科道官指実劾奏、南京者則責南京科道官。

とあるのを見ると、既に天順年間に、考察に過失があると、南北の科道官に劾奏の責を負わせていたことがわかる。

(11) 孫承沢『天府広記』巻一〇・六科に、

弘治六年、諭、……今後三年朝覲之年、先期行之、布・按二司考合属、巡撫・巡按考方面、年終具奏、行下該衙門立案、待来朝日従公詳審考察。如有不公、許其伸理、其科道官必待吏部考察、後有失当、方許指名糾劾。此計後拾遺之例也。

とある。

(12) これに関しては、和田正広「考察『八法』の形成過程(1)」八三～八四頁（前掲書・五四八～五四九頁）、参照。

(13) 万暦『大明会典』巻二一三・六科。

(14) 『明史紀事本末』巻六六・東林党議・万暦四十五年三月の条。

(15) 『明通鑑』巻三〇・成化二年正月戊申の条等、及び羅麗馨「明代京営之形成与衰敗」（『明史研究専刊』六、台湾、一九八三）一一～一八頁、参照。

(16) 趙翼『二十二史劄記』巻三五・明言路習気先後不同。

(17) 『春明夢餘録』巻二五・六科に、

給事中張固言、六科都左右給事中員缺、乞選各科年深者以次陞補。英宗謂吏部臣曰、給事中乃近侍之官、凡朝廷政令得失、軍民休戚、百官邪慝、挙得言之、況都左右給事中為之領袖、非識達大体者不可畀也。固乃欲循資而用之、不亦舛乎。此都科不循資俸之例也。

とあり、都給事中と左・右給事中は必ずしも資格に従って陞補する必要がなくなっており、各科給事中の選補におい

ても行検・才識・儀貌・言語を等しく備えた者であることがしばしば強調されている（『英宗実録』巻五六・正統四年六月戊戌、巻七三・同五年十一月壬子、巻一三三・同十年九月甲戌の各条）が、それは、おおよそ太祖以来行われてきた傾向である。また御史の選補でも、『英宗実録』巻一三三・正統十年九月癸未の条に、

擢進士林廷挙、……為監察御史。先是、右都御史王文言、御史缺員数多、旧以知県教官選授、多有不称。今請於各衙門辦事進士内、従公考選、照缺除授。事下吏部。至是、吏部以考得廷挙等堪任疏名以聞。

とあり、その人選に気を配っているが、これは正統四年の憲綱制定とともに、正統朝の風憲官の人選に腐心していた一面を見せる事例である。

(18)『英宗実録』巻一四六・正統十一年十月癸卯の条。

(19)『明通鑑』巻三八・弘治九年十二月の条。

(20)『明史』巻七一・選挙志三。

(21)朱国楨『湧幢小品』巻八によると、科・道が員缺の場合、弘治年間には中書舎人、行人・評事・博士・推官・知県から選補し、正徳末に至ると進士より選補する例は一切廃止したという。黄光昇『昭代典則』では弘治二年夏五月の条に、同一の記事が見える。

(22)『明史』巻七一・選挙志三。

(23)『清朝通典』巻二六・職官四、及び張徳沢『清代国家機関考略』（北京、一九八一）一一四～一一三頁、参照。

(24)『二十二史箚記』巻三五・明言路習気先後不同。

(25)顧炎武『原抄本日知録』巻九・封駁。

(26)『明史』巻一八〇・丘弘伝。

(27)同書・同巻・毛弘伝。

(28)Hucker氏は、憲宗が毛弘に対し煩わしさを感じていたという意が込められた本文中の引用史料を取り上げ、「太祖以来、明の歴代皇帝たちは、また勇気ある諫官たちにより、圧制・放蕩・浪費または放縦したと非難された。諸々の皇帝たちは、憲宗が精力的な給事中毛弘から感じたところを、同様に感じたに違いない」（《*The Censorial System of Ming China*》p.109）と述べ、明代の言官が即ち諫官であり監察官であるという等式の下に、既に洪武朝に設けられていた言官即ち諫官が、明代後期に入っても同様に存在していたものとして論を展開させている。

しかし、著者が既に本書の序論で指摘したように、諫議官は明初に一時的に存在したに過ぎず、給事中も洪武後半になり諫官の機能を多少は帯びていたが、いまだ科道官は言責の官としての体系を形成していなかった。例えば、洪武朝から景泰・天順まで、言事で朝廷に物議を醸した人士たちを時期別にまとめて立伝した『明史』巻一三九・列伝

第二七、巻一五九・列伝第四七、巻一六二・列伝第五〇、巻一七二・列伝第六〇は、本伝と附伝を合わせた計九〇人のうち、科・道官が都合三七人であり、そのうち御史が二八人、給事中が九人で、給事中が御史の三分の一にも満たない。

ところが、成化・弘治朝に該当する巻一八〇・列伝第六八は本・附伝合わせて四二人であり、このうち御史が一四人、給事中が一五人で、残り一三人はその他の職であるが、それらはみな附伝に登載されているに過ぎない。このような成化・弘治年間の言官活動に於ける科官と道官の比率、あるいは科道官とその他の職との比率は、以後、多少の変動はあっても、類似した趨勢を見せており、成化・弘治以降、換言すれば科道官体系の発展期に入って、科道官の言官的成長が顕著になったことを示している。

Hucker 氏は、また、太祖以来の歴代皇帝は勇気ある諫官により圧制・放蕩等で指弾され、また諸々の皇帝も憲宗が科官毛弘に対して感じたところを同様に感じたとし、諫官すなわち言官は洪武朝からその活動が活発だったと見ているが、これは誤りである。なぜならば、例えば『明史』巻一三九・列伝第二七に登載された人士は計一七人（本伝一〇人、附伝七人）で、そのうち御史六人（本伝二人、附伝四人）、給事中は附伝に二人、それも給事中を経て御史を歴任しており、純粋に給事中で活動した者は一人もいないからである。

この点から見ても、Hucker 氏の研究は中国の伝統的な監察制度という視角から扱われたために、科道官の言官的性格を看過しており、それゆえ、言官すなわち科道官の政治的機能を通じた明代君主独裁制の特性の解明にも、不十分な感じを否めない。

（29）『明通鑑』巻二九・天順八年十月の条。
（30）『明史』巻一八〇・丘弘伝、『憲宗実録』巻五二・成化四年三月甲申の条。
（31）同書・同巻・李森伝。
（32）孟森『明清史講義』上・第二編・第三章・第六節「成化朝政局」一五七頁。
（33）潘永季「読明史劄記」（『昭代叢書』丁集補・巻三）。
（34）『二十二史劄記』巻三四・成化嘉靖中百官伏闕争礼凡両次。
（35）『憲宗実録』巻五六・成化四年七月戊午の条。
（36）『明史』巻一八〇・王弘、魏元等の伝。
（37）二つの伏闕事件とも科道官が主導した、と見るのは難しい。嘉靖「大礼の議」は規模が前者に比べて桁外れに大きいけれども、侍郎・翰林官等を多数含んでいる点で、科道官の主導とすることはできない。小規模であるが成化朝の伏闕抗争、これこそ純然たる科道官の集団運動であった。

(38)『憲宗実録』巻五六・成化四年七月戊午の条。

(39) 呉晗氏によると、「祖法」ないし「祖宗」を口実にして帝権の濫用を防止しようという「紳権」側の努力が続けられたが、こうした方法も実際の政治では「集議制」とともに特別な効果を収めることはできなかった、という（同「論皇権」、呉晗・費孝通『皇権与紳権』四三～四五頁）。しかし、明代のような独裁君主制の下では、集議制（すなわち廷議制）や祖宗の法であることを掲げる方法によってのみ、臣僚間に世論を喚起させ、君主権を牽制することができ、断じて別の方法はないのであり、また、これらの方法により、いわゆる帝権に対する紳権の牽制に一定の効果を上げることができた。成化朝と嘉靖朝の伏闕争礼で、前者は勝利を収め後者は失敗したが、こうした例を通じても、その一定の効果を認めることができるのである。

(40) 谷口規矩雄「明中期荊襄地帯農民反乱の一面」（『研究』三五、一九六五）、黄国強「明中葉荊襄地区流民的墾荒闘争」（『中国農民戦争史研究集刊』四、一九八五）、参照。

(41)『明史』巻一八〇・魏元伝。

(42)『明通鑑』巻三四・成化十五年四月の条。

(43) 同書・巻三五・成化二十一年正月の条、『明史』巻三〇七「佞倖」李孜省、継暁伝。

(44)『明史』巻一八〇・汪奎伝。

(45) 孟森氏前掲書「成化朝政局」一六八頁、及び『明史』巻一八〇・汪奎伝。

(46)『明史』巻三〇七「佞倖」李孜省伝。

(47) 同書・巻三〇四「宦官一」汪直伝、『明史紀事本末』巻三七・汪直用事、及び丁易『明代特務政治』（北京、一九五一）二六～四五頁、三五一～三六五頁、参照。

(48)『明史』巻一七六・商輅伝。

(49) このとき商輅を始めとする大学士と数人の大臣以外、科道官には汪直を糾弾する者が一人もいなかった。御史戴縉と汪億は、むしろ権勢に阿附し、汪直の功労を称賛した。『明史』巻一七六・商輅伝、『明史紀事本末』巻三七・汪直用事・成化十三年六月の条、傅維麟『明書』巻一五八・宦官伝・汪直、参照。

(50) 註（28）参照。

(51)『明通鑑』巻三五・成化二十三年九月丁未の条。

(52) 同書・同巻・成化二十三年十月丁卯の条。

(53)『明史』巻一六八・万安伝に、

孝宗嗣位、安草登極詔書、禁言官仮風聞挟私、中外譁然。御史湯鼐詣閣。安従容言曰、此裏面意也。鼐即以其語奏聞、謂安抑塞言路、帰過於君、無人臣礼。於是庶吉士鄒智、御史文貴・姜洪等交章列其罪状。

とある。

(54)『明史』巻一八〇・姜洪伝。

(55)同書・同巻・湯鼐伝に、

当是時、帝更新庶政、言路大開。新進者争欲以巧名自見。封章旁午、頗傷激訐、鼐意気尤鋭。其所抨撃、間及海内人望、以故大臣多畏之、……

とある。

(56)同書・巻一八四・張昇伝。

(57)同前。

(58)同書・巻一六八・劉吉伝に、

初、吉与万安・劉珝在成化時、帝失徳、無所規正、時有「紙糊三閣老、泥塑六尚書」之謡。

とあり、劉珝と万安に対する一般の評判は良くなく、科道官の攻撃がともなったのは勿論、同・尹直伝にも、

孝宗立、進士李文祥、御史湯鼐・姜洪・繆樗、庶吉士鄒智等連章劾直。給事中宋琮及御史許斌言直自初為侍郎以至入閣、夤縁攀附、皆取中旨。

とある。

(59)焦竑『玉堂叢語』巻四・侃直に、

弘治新政、万安尹直以次罷去、劉吉独不動。尤慮科道言之、乃曲身阿結、昏夜欵門、蕲免弾劾。建言欲超遷科道、待以不次之位。

とある。

(60)『明史』巻一六一・張昺伝。

(61)同書・巻一八〇・湯鼐伝。

(62)同書・巻一六八・劉吉伝、巻一八二・王恕伝。

(63)同書・巻一八〇・姜綰伝。

(64)洪武時代、後湖に黄冊庫を置き、戸部主事と給事中各一人ずつにこれを司らせた。しかし、成化の頃には湖が埋まり、その土地をめぐって、戸部主事盧錦、給事中方向と守備中官陳祖生、そして現地民との間に紛争が惹き起こされ、これが劉吉と科道官との争いに利用されたのである。『明史』巻三〇四「宦官一」蒋琮伝、参照。

(65)同書・巻一八〇・姜綰伝、巻三〇四・蒋琮伝。

(66)同書・巻一六八・劉吉伝。

(67)李学曾は、『西園聞見録』巻九三・台省「前言」に、

太祖之設六科都給事中及諸給事中、……外列十三道監察御史、……。其任六科十三道者、亦非細也。況官小則勉于其職、員衆則争于進言、雖有朋党之徒、不能人人尽箝其口、……我祖宗所以許科道劾官、或会章、或独挙者、正以人情好悪而偏正、事勢所関有離合、此或不言、彼必言之、広進人言、暗消朋党也。

と記すように、六科十三道は官位が低く職に忠実で、人員が多く競って進言するので、たとい朋党でも彼らの口をこ

とごとく塞ぐことはできないと述べ、科道官に対する肯定的評価を下している。

(68) ＊呉金成『中国近世社会経済史研究——明代紳士層の形成と社会経済的役割——』（一潮閣、一九八六）第一編・紳士層の形成、参照。

(69) 谷氏前掲論文・八二頁。

(70) 『明史』巻一六八・劉吉伝。

(71) 沈徳符『万暦野獲編』巻七・内閣「詞臣論劾首揆」の条に、

殿閣輔臣毎有被弾章者、然多出言路、或庶僚間亦有之、其出本衙門者絶少。

とある。

(72) 鄭球『皇明泳化類編』諫諍・巻一〇九。

(73) 弘治年間に主事林沂が、品秩の高下に従って正六品官である主事は科道よりも上位に列すべきだとしたが、この主張に御史が反駁し、林沂は成憲を紊乱したとして投獄されたことがある。しかし他方で、弘治時代に南通政徐説が科臣に媚びようとして初めて手本を用い、徐説の後任者は旧制に復さんとしたが、南北の科臣が糾劾に立ったため、中止されたこともある。余継登『典故紀聞』（中華書局《元明史料筆記叢刊》）二八二頁、二八八頁、参照。

(74) 李賢「天順日録」（『紀録彙編』巻二二）三六六頁。

(75) 『明史』巻一七六・商輅伝。

(76) 同書・巻一八八・許天錫伝に、

十七年五月、天変求言。上疏曰、……内府二十四監局及在外管事者、並有常員。近年諸監局掌印・僉事多至三四十人、他管事無数、留都亦然。憑陵奢暴、蠹蝕民膏、第宅連雲、田園遍野、膏粱厭於輿台、文繡被乎狗馬。凡若此類、皆足召変。乞勅司礼監会内閣厳行考察、以定去留。……

とある。

(77) 『孝宗実録』巻一一七・弘治九年九月己酉の条、『明通鑑』巻三八・同日の条。

(78) 『明史』巻一七七・王竑伝。

(79) 同書・巻一八〇・王徽伝。

(80) 同前。

(81) 『明通鑑』巻二九・天順八年十一月丙寅の条、及び『昭代典則』巻一七・天順八年十月の条。両史料の当該の月が食い違っているが、『明通鑑』では弇州の説を取り入れて十一月としている。

(82) 註（20）参照。

(83) 『明史紀事本末』巻三七・汪直用事、『二十二史劄記』巻三五・明代宦官。

(84) 『明史』巻一七六・商輅伝。

（85）当時、御史戴縉は、九年が過ぎるまで遷擢できない状態にあり、汪直に阿附して商輅を始めとする正義派大臣たちを攻撃し、退けた。その後、馮瑾は大理寺丞を、戴縉は尚宝寺少卿を経て、直ちに僉都御史に上り、王億も湖広按察副使となった。『明史紀事本末』巻三七・成化十三年六月、十一月の各条。

（86）『明史』巻三〇四・汪直伝、『明史紀事本末』巻三七・成化十八年三月の条。

（87）『明通鑑』巻三三・成化十三年六月の条。

（88）『西園聞見録』巻九三・台省「前言」。註（67）参照。

（89）『二十二史箚記』巻三三・明内閣首輔之権最重。

（90）明代の大臣を内閣大学士と九卿に限定するのは勿論困難だが、その典型は、あるいは九卿に限定しても構わないであろう。

（91）内閣大学士は、がんらい五品官で皇帝の秘書・顧問に該当するものであったが、仁・宣以後、侍郎或は尚書で入閣する者が現れるようになり、また、票擬権を持つにともない、その権限は部権の上になった。しかし、六部の首長たる吏部尚書は、人事権を握っているのみならず、制度的には内閣輔臣の上位にあり、両者の関係は微妙であったが、政治的実権を握る内閣の首席大学士が上に立っていたのは、当然のことである。例として、弘治の時に丘濬が礼部尚書で入閣して、吏部尚書王恕と序列争いを始めたこと、及び嘉靖朝の首輔楊廷和と吏部尚書王瓊との衝突を挙げることができる。『明史』各本伝、参照。

（92）『二十二史箚記』巻三三・明内閣首輔之権最重、及び本書・第一篇・第二章・第一節「1　内閣の票擬制と六科の封駁権」、参照。

（93）『明史』巻一八〇・李俊伝。

（94）同書・巻一六八・王文伝、巻一七七・林聡伝。

（95）『明史紀事本末』巻三三・景帝登極守禦「谷応泰曰」。

（96）『明史』巻三〇四「宦官一」曹吉祥伝には、吉祥の息子欽と彼の賓客との対話を、次のように記している。

欽問客馮益曰、自古有宦官子弟為天子者乎。益曰、君家魏武、其人也。欽大喜。

（97）同書・巻一七九・鄒智伝。

（98）同書・巻一八〇・李俊伝。

（99）同書・巻一六四・尚褫伝。

（100）註（9）（11）参照。

（101）葉盛『水東日記』巻二・看議何観。

（102）『英宗実録』巻九七・正統七年十月丙申の条。

（103）同書・一七七・李賢、商輅等の伝賛。

（104）同右、両人の伝。及び＊曹永禄「嘉靖初、政治対立と科道官」一四〜二二頁。

(105) 黄宗羲『明夷待訪録』「置相」。

(106) 『明史』巻一八四・張元禎伝に、

憲宗嗣位、……疏陳三事。……一、広用賢。請命給事中・御史、各陳両京堂上官賢否。如有不尽、亦許在京五品官指陳之、以為進退。又令共薦有徳望者、以代所去之位、則大臣皆得其人。……中外群臣、有剛正敢言者、挙為台諫、不必論其言貌・官職・出身。但不宜委之堂上官、恐憚其剛方、……是以古者大臣不挙台諫。

とある。

(107) 『明史』には、巻一八六・許誥伝の、

誥……進刑科右給事中。正徳元年、父進為兵部尚書。故事、大臣子不得居言職、遂改翰林検討。

という記述を始めとして正徳初の事例があり、『湧幢小品』巻一〇・改翰林にも、

大臣子弟為科道者、例応回避得改翰林、嘉靖中御史胡効臣以父璉任都御史、当改授翰林。

と、嘉靖年間の事例が挙げられているが、以上の様々な情況から推測して、父子回避の発想は、恐らく成化・弘治の間に始まったものであろう。

第五章　正徳朝の乱政と科道官の集団抗議

第一節　八虎打倒計画に於ける戸部と科道官

1　八虎[1]打倒計画と戸部

劉瑾（?～一五一〇）が、武宗から殆ど全権を委任され、権力を振るうことができたのは、司礼監太監の職にあったためである。[2]彼は、武宗の皇太子時代には宦官二四衙門中の鐘鼓司に所属する無名の一宦官に過ぎなかったが、いちやく司礼太監の地位にまで駆け上がり、専権体制を形成し得たのは、武宗の即位直後、内外廷が協力した、劉瑾を含む所謂八虎の打倒計画が失敗に終わったことにより、その契機がもたらされたためであった。[3]

ところで、この八虎打倒計画を構想、主導した勢力について、阪倉篤秀氏は「内閣を中心とする外廷と当時の司礼監」であることを明らかにしたが、その内閣を中心とする「外廷」でも、就中、戸部が中核となっていたところに着目すべきである。これについて、谷応泰が、

ああ、宦寺の禍は古よりも烈しい。……韓文の一発が中《あた》らず、顧命大臣たちが残らず斥けられ、さらに六給事と十三御史の弾章が入ると、諫官・台官が根絶された。[4]

と記すように、戸部尚書韓文（一四四一～一五二六）が打倒計画を立てたが失敗し、後れて科道官が弾劾文を上せたが、これにより、むしろ顧命大臣や台諫たちが死に追い込まれるなどの被害を蒙ったという。ここでいう顧命大臣とは、孝宗が臨終の際に大学士劉健（一四三三～一五二六）、李東陽（一四四七～一五一六）、謝遷（一四四九～一五三一）を呼び、

一五歳の武宗の輔弼を付託したが、それらの者を指す。

右で見たように、そして次に詳論するところでもあるが、八虎打倒は内閣というよりも「戸部を中心とする外廷」によって計画され、失敗に終わった。では、どうして戸部が先頭に立つことになったのか。

憲宗の即位当初、没収した田土を皇荘田とする措置が取られると、科道官から、これは君主が「民と利を争う」ものだという批判が発せられた(5)。その事実が示すように、皇室をはじめ王公・貴戚や中貴の経済的欲求は、成化・弘治朝の小康状態を過ぎて放縦で無軌道な正徳帝が即位すると同時に、爆発的かつ無秩序な状態に陥ってしまった。こうしたところには、言うまでもなく宦官が深く関与していた。皇荘田の管理をめぐって畿南［直隷南部］の農民魯堂ら二百余名を逮捕する等の騒動が持ち上がったが、皇荘の革罷を要求した保定巡撫王璟の上疏を契機として、戸部尚書韓文、大学士劉建らが荘田管理を担当する内官による被害を極言し、その召還を要求した(6)。鎮守中官については、孝宗が早々に旧額以外の全ての宦官を革罷させていたが、武宗が即位すると、罪を被って追放され長く職が得られずにいた太監韋興を湖広鎮守に任命したため、科道官に指弾されるところとなり(7)、さらに戸科都給事中張文らは、御馬太監が全国に設置された草場以外に、私家の父兄のために民間の土地に無理矢理草場を開いて業としようとしたことに対し、それを是正するよう要求した(8)。また、内官監崔杲に南京織造の責を委ねると、工部では、皇帝の節倹と地方の弊害を理由に反対し、六科・十三道もこれに同調する疏を上せたが、容れられなかった(9)。のみならず、崔が南京行を控えて長蘆の往年の剰余塩一万二千引を支給するよう求めると、給事中陶諧らと御史杜旻らが前後してその不当性を諫め、また尚書韓文は、塩課の設置目的はもっぱら辺餉にあり、がんらい織造とは無関係であることを挙げて、これを織造とともに廃止することを強く要求した(10)。

塩政は辺政と不可分の関係にあり、そこには常に利権が大きく伴うため、この問題をめぐり屢々論難が起こった。弘治末、外戚慶雲と寿寧侯の家人が商人譚景清とともに残塩一八〇万引の買補を奏請したところ、韓文が戸部尚書の立場から残塩の宿弊を極言して嘉納された。このとき韓文は大学士劉健らとともに、奸商が塩政を破壊したと抗疏し、言官もまた抗議している。[11] 宦官以外にも、このように帝の側近で奸計をめぐらし、利を謀る勲戚たちが市を成していたのは勿論、武宗自身も奢侈で浪費癖が甚だしく、ことごとく戸部と対立する有様であった。武宗の即位後、山陵・大婚及び賞賚に必要な銀約一八〇万両について、韓文は戸部の帑庫からの支給を拒否し、代わりに承運庫からの発給を請うたが許されなかった。また正徳元年七月、大婚礼に銀四〇万両を支給すべしという司礼監の伝旨に、戸庫が空であるという理由でその一部の一〇万両のみ支給しようとするなど、国内財政が窮乏し辺糧の不足していることを挙げて、主君の倹徳を強く要求した。[12]

このように武宗の即位当初から、戸部と内閣、そして科官を中心とする外廷が、国家の財政・経済に対する深刻な危機意識から政治批判を続ける中で、[13] 劉瑾を中心とする八虎の奸計は続いた。武宗は皇太子時代から彼らを近侍の宦官として近づけ、遊興に耽る一方、即位後も日ごと彼らに唆され、狗馬鷹兎・歌舞・角觝等の娯楽に溺れ、政事に関心を置かなくなり、外廷はこれに強い懸念を抱かざるを得なかった。なかでも常に国家財政に危機を感じていた戸部では、何らかの打開策を講ぜざるを得なかった。尚書韓文がいつものようにその属僚に泣きつくと、郎中李夢陽が「諫官が諸々の宦官を弾劾すれば、執政（内閣大学士）はこれを強力に支持する。公はこの時に合わせ総ての大臣とともに力を合わせて争えば、八虎はたやすく排除できる」と、八虎打倒の方法を教え、韓はこの方法に従い、直ちに実行に移した。[14] 折りよく科道官から宦官弾劾の疏が上り、内閣でこれを支持した機に乗じ、韓文が扇動して多くの大臣が闕に伏して上疏するという集団行動に出たのである。所謂八虎による禍乱の芽を摘んで祖業を永久に保全すべきだという強硬な疏に接した武宗は、食事を摂れないくらいに大きな衝撃を受けた。

2　八虎打倒計画と科道官

戸部尚書韓文が郎中李夢陽の提議を受けて八虎打倒の計画を立て、伏闕を通してこれを実現しようとしたが、その過程で見られた積極的な態度は、武宗の即位以後も反省することなく続けられた「游宴無道」と帝室・勲戚の私的肥大化が結局「今、海内民窮し盗起る」現状に直接関係している、という認識から取られたものである。そして、そうした積極的な行動は、顧命大臣と科道官から武宗に反省を求める上疏が相次いで出されたことに助けられたところが大きい(15)。

既に著者は、武宗即位直後の政治の現状に対する戸部を始めとした科道官の批判的態度と、その上疏を通じた争いについて概観したが、次には特に科道官による上疏の焦点がどこに置かれていたかについて、検討を加える必要があろう。

政治が紊乱した事実は、行政手続き上の紀綱が確立されていないという言と一致する。武宗の即位以後、八虎による奸計は言わば章奏の批答に深く関与したもので、内閣の票擬権が大きく侵害されたのは自明の理であり、即ち君主が幼年であったり無能な場合にそうした矛盾が発生する素地を、当初から票擬制自体が持っていたという制度的欠点でもある(16)。武宗の即位後、数カ月を見守った戸科給事中劉茝が、初めてこのことを問題として取り上げた。

先帝は臨終に際し、閣臣劉健・李東陽・謝遷を榻前に召し、陛下のことを付託した。ところが、いま梓宮では葬儀を執り行っておらず、徳音がまだ聞こえているが……。近ごろ章奏に対する批答は、恩で法を侵し、私で公をおおい、閣臣は与聞できないが、左右の近習は干預している。願わくは、遺命に遵って老臣を信じ、政事に大小を選ばず、みな内閣に諮問を求めるべきで、そうしてこそ、事に塞がることがなく、権は仮窃されることがないのである(17)。

とあり、政事が左右の近習に籠絡されている現状を批判し、紀綱を正すには内閣の票擬権が正常に行使されるべきで、それと同時に内閣輔臣との面議を通じて政事を遂行し、皇帝の権威を立てるべきだというのであった。こうした劉茝の主張は、大学士劉健の「臣等は叨《かたじけな》くも重地に居るが、徒に虚銜を擁するのみで、或は旨が宮中から出ても、預め知ることが全くできず、或は議擬するところがあっても、直ちに改易されてしまう」という主張[18]と一致するものであった。言わば「梓宮は政事せずとも、徳音は聞こえた」即位当初から、武宗が八虎の甘言で遊興に耽って政事を等閑にすると、顧命大臣たちは辞意を表明することで主君に強く反省を促し[19]、六科十三道官は「輔臣を重んじ、権倖を抑へ、弊政を清らかにする」ことを強調する上疏で、これと争った[20]。中でも南京科道官牧相らは、大臣と台諫の権利について、

今後、百司の章疏で、朝廷の大政に関することは必ず内閣と六部を経、それに関する公論は台諫に送るべきで、こうした手続きを経ずに、いきなり宮中から批答が出てくることがあってはならない[21]。

と述べ、朝廷の大政は内閣と六部が主導して処理し、科道官はその過程で公論によって是非を争う言官としての権利を持つべきと主張した。しかし武宗は、ただ「朝廷が調べて処理することだ」として攻撃の鋭鋒を避けたのみならず、昨今の科道官の活発な政治批判に対して、むしろ「私を挾みて挙劾すること」を慎ませるよう訓戒が下った。しかし科道官は自ら公論の代弁者であることを認識して、

天下の賢才を選ぶは公論にあり、天下の公論の責任は科道にある。公論が明らかでないと、賢、不肖が転倒し、天下は無秩序になる[22]。

と、政治に於ける公論の重要性を力説し、公論の代弁者としての科道官の責任と役割が重要であると述べている。次は、都給事中張文を始めとする戸科から災異による求言に応じて上せられた疏のうち、特に内批についての内容である。

近ごろ中外から要請があると、直ちに批答を下し、准を賜わらないことがない。このとき各科から参論したり諸司で執奏すると、これをすべて報じて許さないので、是非は混乱し……、事理にはずれ、ことごとく不法で、後

のことは見るまでもない。……今後、謹厳にして、欺上行私の患を防止せられんことを。(23)

すなわち、中外の王公・貴戚・宦官等より経済上の請求があると、当該の部署に回付し、当該の科官の論議を経て執行すべきで、そうした手続きを無視したまま内批で決定することがあってはならない、と抗議したものである。内外の百司官の章奏に従った政務の処理が、六部と内閣、そして六科の参駁を経るという正常な過程を踏むときは、閣・部と六科とは概して不和の関係にあるが、それは六科十三道が閣・部に対する牽制機関であるためである。しかし、正徳朝のように一切の政令が閣・部を無視したまま専ら宮中から出されると、科道官もその存在理由を失うことになった。戸部尚書韓文と戸科の張文・劉茝らが心を合わせ武宗の処置に不満を抱いて抗議した訳はここにあり、内閣を始めとする外廷がみな共同歩調を取ったのである。これが正に八虎打倒計画の理由であった。

しかし、その打倒は外廷のみでは不可能であり、内部で別の内臣の手助けが必要であった。当時の司礼太監王岳もかつての東宮時代の臣下で、一般の宦官とは異なる正義感あふれる人士であり、戸部が中心となったこの計画に内応したのである。(24)しかし、尚書韓文が九卿・科道を倡率して八虎の排除を要求しようとした伏闕上疏は、むしろ外廷側の漏洩で失敗に終わった。吏部尚書焦芳が平素劉瑾と通じるうちに、この謀議を事前に漏らし、そのため夜のうちに劉瑾が司礼監を掌握すると同時に団営の提督を兼ね、八虎の残りの多くも要所要所を掌握し、それ以後、劉の専権体制が形成されたのである。(25)

第二節　劉瑾の科道官弾圧と公論の後退

内閣と科道官の協力を得て戸部尚書韓文が主導した八虎打倒計画が事前の漏洩で失敗に終わると、劉健らの所謂顧命大臣は退かざるを得なかった。(26)劉瑾が司礼監太監と団営提督を兼ね、邱聚は東廠を、谷大用は西廠を受け持ち、そして張永らは営務を担当する等、所謂八虎は要所要所を占拠し、漏洩で功を立てた焦芳を公論無視のまま入閣させ[27]、自身の勢力基盤を堅固にした。

こうした状況の下、科道官は一様に従前の態度を堅持して劉瑾を劾奏し、反面で劉健ら顧命大臣の辞意撤回を要求する疏を上せた。特に給事中劉茝と呂翀は、彼らの経綸は新進たちが手本とし得ないほど老練なものなので、朝廷で彼らを失うことは大いに非策であると抗議し[28]、六科の戴銑らと十三道の薄彦徽らもすぐさま同一内容の疏を上せたが、劉瑾の怒りを買い、彼らはことごとく詔獄に処せられた[29]。とりわけ戸科の劉茝は、弘治朝以来、科官として高官の子弟や外戚家人の不法行為に対する劾奏をためらわず、武宗の即位後には吏部尚書馬文昇の後任の廷推等で積極的な言論活動を展開し、「言官の挾私妄奏」を禁ずるという叱責を受けたのみならず、鎮守中官の問題でも抗疏して奪俸三ヵ月の処分を受けた。そうこうするうち、このときは閣臣劉建・謝遷の辞職と焦芳の入閣をめぐって抗議し、けっきょく一部の南北科道官とともに言職を退いてしまったのである。

これと殆ど時を同じくして、戸部尚書韓文も官職を離れざるを得なかった。韓が八虎打倒の計画を主導しただけに、劉瑾の怨恨は非常に深く、戸部の取るに足らない過失の責任を尚書に問い、官職を退かせた[30]。のみならず劉瑾は、正徳二年三月には政敵に対処するため、所謂奸党五三人の名簿を発表した。尚書の列で韓文を一番上に置いたのは[31]、むしろ当然のことだが、結局は彼を侍郎張縉とともに詔獄に下し、さらに罰米を賦課して家業さえ蕩尽するという辱めを受けさせた。このように韓文は何段階にもわたって劉瑾の報復を受け、そのたびごとに多くの科道官たちは擁護したが、罪を得た者が大部分であった[32]。その中で戸科給事中徐昂も擁護して除名されたが[33]、南京科道による擁護の疏では、疏首が戸科の戴銑であった。その点を勘案すると、戸部と戸科は渾然一体となっていたことが分かる。それはともかく、このとき戴銑が疏首で、そこに給事中李光翰らが加わり上疏を上せたが、その疏中の宦官高鳳らに対する攻撃が劉瑾を刺激して、彼らがみな投獄される結果をもたらした[34]。また南京科道戴銑・薄彦徽ら二一人は廷杖に処され、官職さえ削奪されたが、彼らが逮捕・護送されるとき転送したり擁護したりする者がいると、劉瑾は他の科道官を指嗾して糾弾させ、左遷・除名するのが常套手段であった(35)。

劉瑾に対する弾劾で先頭に立ち、詔獄と廷杖により官職が削奪された多くの科道官の中から、御史蒋欽の場合を挙げてみよう。彼は野に下されて三日後の再疏で、

> 給事中劉茝が陛下を指し、用人に暗く行事に昏迷だと言うと、瑾がその秩を削り、廷杖で辱めた。さらに旨を偽って諸々の言官を抑え、むやみに議論させないようにした。言わなければ坐視したという非難を受け、言えば非法だと虐待された。皆が寒心してやまないのに、ただ陛下は彼を近くに置き……、彼を放ち、天下の事を破壊し祖宗の法を混乱させた。このようにして、陛下はなぜ自ら立っておられるのか(36)。

と述べ、再び廷杖三〇で投獄されたが、さらに三日目に獄中疏を上せ、三回目の廷杖三〇により、結局四九歳で亡くなってしまった。疏中の「言わなければ坐視したという非難を受け、言えば非法だと虐待された」という文言は、言責の官の運命を嘆息したものであり、彼は劉瑾の乱政を座視できず、述べてから死を選んだ「敢言の士」の一人であった。戴銑ら二一人が逮捕されると、兵部主事王守仁（一四七二～一五二九）もこれを擁護したが、その疏で彼は、

> 戴銑らは、職が諫するところにある。言を職とし、その言が善ければ当然嘉納し、善くなくてもまた包容して忠讜の途を開くべきなのに、近ごろは非常に厳しく下命し、急いで逮捕させ……、敢えて陛下のために訟言できなくしている。その国を憂え君を愛する心をなぜ斥けようとするのか(37)。

と抗議して劉瑾の憎しみを買い、やはり廷杖を受けて龍場駅丞へ流刑となったのは周知の通りである。言官を寛容に待遇すべきだという主張は常にあったが、じっさい言事で執政の気に障り報復を受けるのは、有り触れたことであった。特に劉瑾のような無頼出身の宦官が実権を握り、武宗ほどに無軌道な皇帝が在位しているとき、その報復は即座に行われ、かつ残酷を極めた。彼は、時政を論じて常に自己を攻撃するために特に言官を憎み、時には別の事でもっ

て逆襲したりした。[38] そして彼は、科道官や一般の言事者に止まらず、自分自身に反対し政治批判を続けて処分された大小臣僚をも集めて奸党とし、天下に榜示した。かなり以前に退いた大学士劉健と謝遷、尚書韓文ら大臣六名、郎中李夢陽、主事王守仁ら小官六名、そして四一名の科道官（給事中一六、御史二五）で、都合五三名であった。[39] 人数の上でも、五三名のうち、科道官が四一名を占めて絶対多数であった。このことは、劉瑾が司礼太監の地位に上り専権体制を形成するようになった前後で、科道官の言路活動がどれだけ活発であったかを示し、それと同時に、彼らの言路が劉瑾にとってどれほど忌諱するところが大きかったかを物語るものである。ともあれ、彼ら科道官を中心とする大小の正義派を奸党と榜示したときから、科道官に対する弾圧も本格化することになった。

劉瑾による科道官弾圧は、戸部がリーダーとなった八虎打倒計画が失敗に終わった直後からのことで、自ら司礼監を掌握するや否や、内閣の票擬権を奪取し、それと同時に吏部の人事権をも掌握した。彼が外廷の権力の核心に該当する票擬権と人事権を掌握する方法は、一次的には吏部尚書焦芳に文淵閣大学士を兼ねさせたことであり、これにより、相互に表裏して政権を壟断し得るようになったのである。[40] はじめ彼は、中外から章奏が上ってくると、内閣に送り擬旨も行わせるという形式上の手続きを維持し、秉筆太監は劉瑾の意をうかがってこれを尊重して処理する程度にとどまっていたが、武宗が遊戯と娯楽に耽溺し、即位後一年目にして天下の章奏を彼に一任したことで、事実上政権を専断し得るようになったのである。[41] 彼は章奏に関する全ての処理を私邸で自身の指示に従って行わせ、妹婿たる礼部司務孫聡と松江の市僧張文冕が参与、決定し、焦芳がこれを潤色して施行したので、諸衙門の官僚たちは毎日彼の家の門前でうろつき、科道官と部属以下はその前に跪拝の礼で接した。或は内閣に送り票擬を行う場合も、それは形式に過ぎず、章奏はやはり劉瑾の思い通りに処理された。[42] それゆえ、内閣が存在してはいたが、票擬権を奪い取られた状態で、単なる劉瑾の秘書機関に過ぎなかったのである。[43]

劉瑾は内閣と吏部を掌握し、と同時に科道官に対する箝制策を強化していった。彼は禁直指揮に命じて、六科官が午前に出勤すると、退勤まで片時も席を離れられなくさせる一方、科道官で自分の憎しみを買った者たちは病気にかこつけて隠れ棲んでいるという事実を知り、彼らを厳重に治めた。[44] また、焦芳との縁で都御史となった劉宇も、劉瑾の指示によって、御史たちに過失が発見されると笞辱を加える一方、取るに足らないことで揚げ足を取り、弾圧に躊躇せず、十三道の箝制に効果を上げた。[45] 科道官の箝制には、また考察を利用する方法もある。[46] この方法は勿論科道官だけでなく、全ての官僚に該当するもので、劉瑾の私人である吏部侍郎張綵が彼に迎合するための一手段として利用した。夏燮はこれについて、

瑾の私人の侍郎張綵は、瑾に媚びて吏部に抜擢されたが、内外官を考察するのに糾摘に厳急であった。ときおり軽罰で治めても、諸司と台諌はその謫辱に堪えられず、これにより賄賂が力を振るうようになった。[47]

と記し、不時の考察で笞辱や譴戌を免れるために、諸司と台諌は賄賂を用いざるを得なかったという。[48] 張綵により始められた不時考察は、次第に地方にまで拡大し、天下の官吏には少しばかりの過失でも罪を得る者が増加し、御史では最初から劉瑾に媚びる者も現れた。[49] 一方、劉瑾は収賄で天下の怨みを買っていたので、悪名を晴らすために、地方の差遣から京師に戻った給事中呉儀と御史欧陽雲が自身に納賄する機会を利用し、彼らを不時考察に付して官職を削奪し、[50] また他方で、他の科道官にもこの方法を用いるため、地方の銭糧を調査する任務を与えて派遣したりもした。[51] 科道官を圧迫するもう一つの方法は、罰米であった。例えば、致仕した尚書雍泰に対する報復として、彼と関係を持っていた科道趙士賢・張津の官職を削奪し、吏科都給事中任良弼らと広西道監察御史陳順らが各三〇〇石の罰米を支払った。[52] 罰米法も不時考察とともに百司官にみな適用されるものではあるが、職務上科道官がその被害を最も直接的に受けたのは、当然のことであった。

ともあれ、このように劉瑾は司礼太監の位置から、内閣・吏部は勿論、都察院までも掌握し、科道官の政治批判の口を箝制するための方法を、百方手をつくして講究せしめた。しかし、箝制策よりも積極的な方法として、時には彼

らを鷹犬として利用した。当時、劉瑾の党と指目される科道官が相当数いたが[53]、なかでも兵科給事中屈銓の所業は特異であった。すなわち彼は、劉瑾の意向に迎合するため、劉が定めた見行事例を刊行し、六部の順に編集して中外に頒布することを請い、実行の段階に至ったが、劉の失脚で中止されたのである[54]。なお、このように言官が権臣の手先となり、党派争いに利用される事例は、天順以降、しばしば見られたことである。

劉瑾とその一党により行われた科道官に対する箝制策と懐柔策で、言路は大きく阻喪せざるを得なかった。こうした局面に置かれ、良心的な科道官の中には、耐えかねて自殺でもって応ずる場合も発生した。代表的な例として、許天錫を挙げることができる[55]。彼は安南に使臣として派遣されて戻り、多くの正義派官僚と科道官が劉瑾により多数放逐された事実に衝撃を受けたのみならず、内庫の清覈を担当・処理する過程で劉瑾の不正行為数十件が持ち上がった。そして、これを上奏しようとしたが、劾奏が事実上不可能であるのを悟り、死をもって諌めようとして自ら首をくくったのが、それである。また『明史』許天錫伝の附伝には、兵科周鑰、礼科郗夔、御史馮顒らが劉党の禍を恐れて自尽した内容を、簡略に載せている。

第三節　武宗の行幸と科道官の集団抗議

武宗の治下では如何なる政治的改変を求めても、宦官の協力がないと、実現は不可能であった。即位当初の八虎打倒計画にも司礼太監王岳の内応があり、その五年後の正徳五年（一五一〇）八月、劉瑾の失脚も、都御史楊一清が太監張永に工作して初めて事が成ったのである[56]。そうした政治的改変の際には宦官の直接介入があったが、それとは別に、科道官の役割すなわち劾奏が伴ったという事実も、また注目されねばならない。

六科十三道が長い沈黙を破って劉瑾の罪を攻撃したのは、武宗が太監張永の建言を容れ、彼の失脚が確実視されてからのことであった。給事中謝訥・御史賀泰らが彼の罪を列挙して速やかな処刑を求めたのだが、その疏が容れられ、初めて彼に対する鞫問［審問］が始まったのである。[57]このとき劉瑾党の言官として活躍した給事中李憲が、やはり自身の昔の主人を劾奏して劉の失笑を買ったことは、[58]一面で言官の弱体性を示す一齣に属するが、ともあれ劉の失脚後には言路がいっそう開かれ、科道官は内閣の焦芳と尚書張綵を魁首とする六〇余人を劉の奸党として劾奏した。[59]このほかにも彼ら科道官は引き続きその余党の罪を明らかにし、甚だしくは内閣大学士李東陽に対しても劉瑾に協力した責任を問い詰めたくらいで、[60]言事で罪を得た科道や諸司官が復官される等、言路が一気に噴き出たようであった。

ところが、劉瑾党が政治的に没落したとしても、もちろん宦官の専制が終わった訳ではない。張永を中心として魏彬・谷大用の権力が強大で、[61]ここに加えて佞倖の銭寧・江彬らいわゆる四家が豹房で帝と起居をともにし、やはり権力の中枢に接近していった。[62]特に江彬は大同の遊撃で、当時畿内［直隷］に発生した反乱の鎮圧のために抜擢された者で、その勇猛さと武芸が武宗の好むところとなり、次第に寵信を得るようになった。しかし、このため武宗は狩りに没頭するなど政事への関心をさらに遠ざけ、政治紀綱は弛み、劉六・劉七の反乱[63]は皇帝の権威をいっそう失墜させた。正徳九年正月、たまたま乾清宮で火災が発生すると、大学士楊廷和の自劾疏を皮切りに、科道官より修省を要求する上疏が上せられた。そして、これと前後して部臣楊一清、修撰呂柟と、科道では給事中石天柱・雷雯と御史施儒及び南京御史汪正らの上疏が続き、いまだ皇子がいない武宗の私生活に対する批判とその反省を促す主張がなされた。[64]

武宗が正徳十年の初めから、太廟等の祭祀を口実に朝会を免ずるなど政事を疎かにすると、大学士楊廷和（一四五九～一五二九）、吏部尚書楊一清（一四五四～一五三〇）らの規諫の疏を始めとして、給事中李陽春らと御史于鏊らも同じ内容の疏を上せたが、すべて留中で処理されてしまった。[65]しかし当時は劉瑾の専権時代ほど一人の人物に権限が集中していたのではなく、形式的には皇帝による統治が成立していた。張永と江彬以外に、銭寧は錦衣衛を、内臣張鋭は東廠をそれぞれ受け持ち、所謂廠衛の影響力が強まり、[66]また地方でも鎮守・織造等を担当する太監の権限は強大で、悪行を告発しようとした地方官は反撃を受けて往々逮捕、投獄され、これらを擁護した科道官も処分されることが度々あった[67]。

権力が分散されたまま武宗の無軌道な政治が続き、佞倖・宦寺たちに対する科道官の批判も散発的で拡散していった。しかも、当時の大部分の章疏は中間で妨害されて上達せず、武宗の政治への怠慢や近郊の遊猟に対する大臣たちの批判も受け入れられない状況にあった。そうした状況について、南京給事中孫懋らが、

> 臣等が屢次論建したことも、みな留中不報となったが、果たして聖覧を経た後、不急として捨て置いたのか、さもなければ左右で防ぎ上達できなかったのか、知り得ない。……およそ明目達聡は　舜が聖治を成した所以であり、偏聴独任は秦・隋が敗亡した所以である。……[68]

と述べるように、批答を催促する疏を上せても、「留中不報」となるだけだった。

正徳十二年の正月初めに、武宗から内閣・五府・六部の大臣と科道官に「十三日の郊祀を終わってから、南海子で観猟する」という旨が下されると、朝野を挙げての反対が起こった[69]。しかし予定通り「南海子の観猟」が強行され、これを契機として西北巡辺の行幸が行われた。その年の七月、武宗は江彬に誘導されて関を出で、巡猟の途についたが、このとき一介の居庸関巡視御史張欽の反対に遭い、一時出関の途が遮られる事態が発生した[70]。御史張欽は巡視中に出関の報せを聞き、前後三回に及ぶ上疏でその不当性を痛烈に主張したが、その主要な骨子は「土木の変」の再現があってはならないというものであった。特に二番目の疏で、

> 臣の職は言路にあり、関を巡察する任務を奉じており、死力をつくして職分を守るのみで、このことに敢て身命を惜しまず、陛下に背くものではない。

と述べ、帝の出関は決して座視できないという決心を示していたが、この時、武宗が微行［お忍び］で昌平に到着し、出関を急ぐようにとの報せが届いた。そこで張欽は指揮孫璽に門を閉じさせ、鍵は保管したまま、分守中官劉嵩にも

開門出遊による「土木の変」の再現は防止すべし、と厳重に告げた。しばらくして一行が到着し、使者に開門を命じた。しかし、張はこれに応じなかったのみならず、勅印手剣を差して「敢えて開門を言う者は斬る」と威嚇する一方、三番目の疏を上せ、

天子に親征があるときは、必ず先に詔書を下し、廷臣の集議が成り立つ。……まんいち陛下が出関しようとすると、必ず両宮の宝があって、臣は敢て戸を開けるのである。そのようにしなければ、万死をもって詔勅に従うことができない。(71)

と最後まで固守した。武宗は大いに立腹して朱寧に張欽を捕殺するよう命じたが、ちょうど大学士梁儲・蔣冕らが一行を追い掛けてきて帰京を急がせたのみならず、科道官を含む廷臣の規諫の疏も殺到し、武宗は止むを得ず昌平で引き返さねばならなかった。しかし、その後二〇日目に、武宗は微服［忍び姿］で御史張欽の目を避けて居庸関を越えた。そのあとは宦官谷大用に関を守らせ、一人の出関者もないようにと命じたが、それは御史張の追跡を禁じる意なのであった。帝の一行が関北で年を越す間、南京科道官汪元錫・孫孟和らにより帰還を請う上疏があったが、黙殺されたままであった。(72)十三年正月に宣府から関に着いた武宗が、笑って「前に御史が朕を制したら、このように帰っては来なかった」と述べ、張欽を不問に付した。武宗の出関に対する御史張の行為は、皇帝権の濫用に対する科道官の抵抗の一つという点で非常に興味深いのみならず、示唆するところもまた大きい。(73)

その十三年の正月、出関游幸中の武宗は、太皇太后王氏の死により戻ってきたが、再び塞上巡視のため、自ら威武大将軍総兵官朱寿と称して、直接六軍を統率するという内容の勅書を内閣に命じて起草させようとした。しかし内閣ではこれに頑強に反対し、けっきょく起草は放棄されたまま北巡を断行したが、この時も内閣輔臣と六部及び六科十三道より抗疏が相次ぎ、すべて留中のまま行幸は続けられたのであった。(74)翌十四年二月、武宗は北巡から帰ってくると、さらに自ら総督軍務威武大将軍太師鎮国公朱寿と称し、今度は南巡を宣言した。(75)それまでの北方巡辺とは別に、

突然南方巡幸を発表すると、内閣と礼部そして南北科道官から抗疏が一挙に上せられた。特に南京科道官徐之鸞・楊秉忠らは上疏後三日が経っても批答がないと、その批答を急がせるために伏闕を断行し、武宗は宦官を通じて宣諭を下し、ようやく解散させた(76)。科道官の今回の伏闕上奏は比較的容易に終わったが、これが契機となり朝野を挙げて上疏を通じた争いが開始された。修撰舒芬、郎中黄鞏、員外郎陸震らの連疏があり、その直後に員外郎夏良勝、主事万潮、博士陳九川による連疏もあった。また、それらに続いて吏部郎中張衍瑞ら一一人と刑部郎中陸俸ら五三人の疏があり、礼部郎中姜龍ら一六人、兵部郎中孫鳳ら一六人の疏が、またその後に続いた。このように相次いだ上疏が、武宗と倖臣たちの怒りを買ったのは当然である。夏良勝（一四八〇～一五三八）ら一〇七人を罰として午門外に五日間跪かせたが、さらに大理寺正周叙ら一〇人、行人司余廷瓚ら二〇人、工部主事林大輅らの疏が上ってくると、今度は彼らを投獄させた。そして、舒芬らは廷杖三〇、夏良勝以下は各廷杖四〇または五〇とし、前後一〇余人の死者を出すほど莫大な犠牲を払うことになったが、このため南方巡幸は中止された(77)。この南巡をめぐる諫諍事件は、成化・嘉靖時代の二度の伏闕諫諍とは性質が若干異なるにしても、廷臣たちが君主の意思に反対して集団行動をとった点では同じである(78)。

やがて発生した寧王宸濠の乱は、巡撫都御史王守仁により鎮圧されたが、この反乱は諫諍で一旦中止された武宗の南巡を実現させる役目を果たした。十五年正月、遂に武宗は南京で朝賀を受けた。そして、翌年正月北京へ戻るが、豹房で亡くなるまで、九卿・台諫により帝権濫用に対する露骨な抵抗が幾度となく繰り返された(79)。

註

（1）八虎とは、劉瑾のほか、宦官の馬永成・谷大用・魏彬・張永・邱聚・高鳳・羅祥をさし、或は八党とも呼んだ。

（2）丁易氏は、明代宦官の専権を代表する人物として正統朝の王振、成化朝の汪直、正徳朝の劉瑾、そして天啓朝の魏忠賢を挙げており、また最後の二人が特務政治の中心であったことを強調している。『明代特務政治』（北京、一九五一）四五〜八五頁、参照。

（3）阪倉篤秀「武宗朝における八虎打倒計画について」（小野和子編『明清時代の政治と社会』）四八〜五八頁、参照。

（4）谷応泰『明史紀事本末』巻四三・劉瑾用事「谷応泰曰」。

（5）第四章の註（29）参照。

（6）『武宗実録』巻一〇・正徳元年二月乙卯の条。

（7）同書・巻七・弘治十八年十一月辛丑の条。

（8）同書・巻一二・正徳元年四月癸丑の条。

（9）同書・巻一六・正徳元年八月乙卯の条。

（10）同書・巻一七・正徳元年九月戊寅の条。

（11）同書・巻一〇・正徳元年二月己巳の条、『明史』巻一八六・韓文伝。

（12）『明史』巻一八六・韓文伝、『明通鑑』巻四一・正徳元年秋七月、是月の条。

（13）正徳元年六月、大風雨をともなった雷震を機に群臣の修省を促す詔を下すと、これに応じて、大学士劉建をはじめ科・道からそれぞれ章し、或は連章での上疏により、人君の倹徳を求める声が沸き立った。『武宗実録』巻一四・正徳元年六月庚午・癸酉・乙亥の各条、参照。

（14）『明史』巻一八六・韓文伝。

（15）『明史紀事本末』巻四三・劉瑾用事の正徳元年冬十月の関連記事に、韓文が太監李栄との対話で、

今海内民窮盗起、天変日増、群小輒導上、游宴無度、荒棄万機、文等備員卿佐、何忍無言。

と述べている。こうした武宗朝の政局に対する危機意識も官僚一般が感じていたものであり、『明史』巻一八六・張敷華伝にも、次のように適確に表現されている。

大臣与言官請去劉瑾等、内閣力主之。帝猶豫、敷華乃上言、陛下宴楽逸遊、日狎憸壬、政令与詔旨相背、行事与成憲交乖、致天変上干、人心下払。……臣窃歎惑、請略言時政之弊。如四十万庫蔵已竭、而取用不已。六七歳童子何知、而招為勇士。織造已停、伝奉已革、尋復如故。塩法・荘田方遣官清覈、而奏乞之疏随聞。中官監督京営・鎮守四方者、一時屢有更易。政令紛拏、弊端滋蔓。

（16）第一篇・第二章・第一節・1　内閣の票擬制と六科の封駁権、参照。また、内閣票擬制の制度的欠点については、黄宗羲『明夷待訪録』「置相」及び「奄宦」上でも適切な説明がなされている。

（17）『明史』巻一八八・劉茝伝。

（18）『武宗実録』巻一〇・正徳元年二月癸酉の条。

（19）同書・巻一〇・正徳元年二月己卯の条、等。

（20）同書・巻一一・正徳元年三月壬辰の条。

（21）同書・巻一四・正徳元年六月乙卯の条。
（22）同書・巻一三・正徳元年五月戊戌の条。
（23）同書・巻一五・正徳元年七月癸未の条。
（24）『明史』巻三〇四・劉瑾伝、『明史紀事本末』巻四三・劉瑾用事。
（25）同前、及び阪倉氏前掲論文。
（26）このとき劉建と謝遷は退いたが、顧命大臣の一人である李東陽は留まり、ほかから顰蹙を買ってもいた。『明史』巻一八一・李東陽伝には、

初、健・遷持議欲誅瑾、詞甚厲、惟東陽少緩、故独留。健・遷瀕行、東陽祖餞泣下。健正色曰、何泣為。使当日力争、与我輩同去矣。東陽黙然。

とある。
（27）同書・巻一八一・王鏊伝に、

俄瑾入司礼、大学士劉健・謝遷相継去、内閣止李東陽一人。瑾欲引焦芳、廷議独推鏊。瑾迫公論、命以本官兼学士与芳同入内閣。

とある。
（28）『武宗実録』巻一八・正徳元年十月癸酉の条、『明史』巻一八八・呂翀伝。
（29）『明史』巻一八八・劉茝伝。
（30）同書・巻一八六・韓文伝。
（31）『武宗実録』巻二四・正徳二年三月辛未の条、『明史』巻三〇四「宦官一」劉瑾伝。
（32）『明通鑑』巻四一・正徳元年十二月癸酉の条。
（33）『武宗実録』巻一九・正徳元年十一月甲辰の条。
（34）『明史』巻一八八・戴銑、李光翰等の伝。
（35）『武宗実録』巻二二・正徳二年閏正月庚戌の条、『明史』巻三〇四・劉瑾伝、及び『明通鑑』巻四二・正徳二年正月庚戌、二月戊戌の各条。
（36）『明史』巻一八八・蒋欽伝。
（37）王守仁『王文成全書』巻九・奏疏一「乞宥言官去権姦以章聖徳疏（正徳元年時官兵部主事）」。
（38）『明史』巻一八八・湯礼敬、許天錫伝。
（39）註（32）参照。
（40）『明史紀事本末』巻四三・劉瑾用事・正徳元年冬十月の記事に、

以吏部尚書焦芳兼文淵閣大学士、入閣辨事、芳潜通瑾党、瑾遂引芳入閣、表裏為奸、凡変紊成憲、桎梏臣工、杜塞言路、酷虐軍民、皆芳導之。

とある。
（41）『明史』巻三〇四「宦官一」劉瑾伝に、

瑾毎奏事、必偵帝為戯弄時。帝厭之、亟麾去曰、吾用若何事、乃溷我。自此遂専決、不復白。

とある。

（42）同書・巻三〇四「宦官一」劉瑾伝、『明通鑑』巻四二・正徳二年四月の条。

（43）『明史』巻三〇六「閹党」に、

明代閹宦之禍酷矣。……中葉以前、士大夫知重名節、雖以王振・汪直之横、党与未盛。至劉瑾窃権、焦芳以閣臣首与之比、於是列卿争先献媚、而司礼之権居内閣上。

とある。

（44）『武宗実録』巻二〇・正徳元年十二月丁巳の条に、

太監李栄伝内旨、六科給事中、倶令守科、日常至酉乃出、仍令錦衣衛直宿指揮不時点閘、違者以名聞。其奉京差非遠出者亦如之。

とある。

（45）『明史紀事本末』巻四三・劉瑾用事・正徳二年三月の記事に、

劉瑾矯詔京官養病三年不赴部者、革為民、未久者、厳限赴京聴選、瑾知科道等官忤己者、養病避禍、故厳禁錮之。

とある。

（46）『明史』巻三〇六「閹党」劉宇伝。

（47）『明通鑑』巻四三・正徳四年春正月庚申の条。

（48）『武宗実録』巻四八・正徳四年三月己酉の条、『明史』巻三〇六「閹党」張綵伝。

（49）『明通鑑』巻四三・正徳四年閏九月の条。

（50）『武宗実録』巻四六・正徳四年正月庚申の条。

（51）同右。

（52）同書・巻四二・正徳三年九月癸卯の条。

（53）劉瑾が失脚すると、科道官は劉瑾党人のリストを発表したが、そのなかの科道官としては、給事中に李憲・段豸、御史に薛鳳鳴・朱袞・秦昂・宇文鍾・崔哲・李紀・周林らがいる。『武宗実録』巻六六・正徳五年八月辛丑の条、及び『明史』巻三〇六「閹党」曹元伝、参照。

（54）『武宗実録』巻六〇・正徳五年二月辛丑の条。

（55）『明史』巻一八八・許天錫伝。

（56）同書・巻一九八・楊一清伝。

（57）『武宗実録』巻六六・正徳五年八月丁酉の条、『明通鑑』巻四三・正徳五年八月丁酉の条。ところが、劉瑾の処分が未だ決定しないうち、張永は科道官に援助を求めている。『明史紀事本末』巻四三・劉瑾用事・正徳五年八月の記事に、

瑾上白帖、……上見帖憐之、命与故衣百件、永始懼、謀之東陽、令科道劾瑾、劾中多及文武大臣、永持疏至左順門、付諸言官曰、瑾用事時、我輩莫敢言、況両班

官耶。

とある。

(58)『明史』巻三〇六「閹党」李憲伝。

(59)同書・巻三〇六「閹党」曹元伝。

(60)同書・巻一八一・李東陽伝、『明通鑑』巻四三・正徳五年九月癸酉の条。

(61)同書・巻一八一・李東陽伝に、

　時焦芳・曹元已罷、而劉忠・梁儲入、政事一新。然張永・魏彬・馬永成・谷大用等猶用事、帝嬉遊如故。

とある。

(62)同書・巻三〇八「佞倖」江彬等の伝、及び『明史紀事本末』巻四九・江彬奸佞・正徳七年冬十月の記事、参照。

(63)趙儷生「明正徳間幾次農民起義的経過和特点」(『文史哲』一九五四―一二)参照。

(64)『明通鑑』巻四五・正徳九年春正月癸未の条。

(65)同書・巻四六・正徳十年春正月乙亥の条。

(66)『明史紀事本末』巻四九・江彬奸佞・正徳八年冬十月の記事。

(67)『明通鑑』巻四六・正徳十年十二月丙辰の条。

(68)『武宗実録』巻一三八・正徳十一年六月戊辰の条。

(69)同書・巻一四五・正徳十二年正月戊寅の条。

(70)『明史』巻一八八・張欽伝。武宗と御史張欽との話は、概ねこの伝によった。

(71)朱寧はもともと銭寧であったが、帝の義子となり、国姓が下賜された。

(72)『武宗実録』巻一五五・正徳十二年十一月庚寅の条。

(73)『明史』巻一八八の伝賛に、

　諫臣之職、在糾愆弼違。諸臣戒盤遊、斥権倖、引義力争、無忝厥職矣。武宗主徳雖荒、然文明止於遠竄、入関不罪張欽、其天姿固非残暴酷烈者比。

とあり、武宗朝に於いて科道官が「義を引きて力争」したことを称賛し、また武宗の性質について残酷ではないと述べているが、こうした評価は次の世宗以後、党派が形成された時期に於ける政治と科道官の問題を考慮するとき、説得力を持つものと思われる。

(74)『明史紀事本末』巻四九・江彬奸佞・正徳十三年の記事、及び『明史』巻一八八・石天柱等の伝。

(75)『武宗実録』巻一七一・正徳十四年二月己丑の条。

(76)同書・巻一七二・正徳十四年三月丙午の条。

(77)『明史』巻一八九・夏良勝等の各伝。特に夏良勝の伝に詳しい。

(78)同書・同巻の伝賛に、

　非司風憲、当言路、以諫諍為尽職也。抗言極論、竄謫接踵、而来者愈多、死相枕籍、而赴蹈恐後。其抵触権倖、指斥乗輿、皆切於安危之至計。

とあり、彼らが御史・給事中でなくても抗言極論することで職分を忠実に果たしていた点から見ると、明代に於いては言官であるか否かでの相違点を見出だし難い。趙翼は『二十二史劄記』巻三四・正徳中諫南巡受杖百官で、

成化・嘉靖両次伏闕、固属大案、而正徳中、百官諫南巡被杖之多、亦不減比二案也。武宗南巡詔下、員外郎夏良勝……

と記し、夏良勝ら言官以外の者たちが諫諍して杖刑を受けたことを挙げ、この事件での科道官の役割を軽視している。しかし、両者の相違は職務上、言責の官であるか否かにあり、今回の南巡をめぐる諫諍事件に於いても、科道官による初期の伏闕上疏とそれが一般廷臣の諫諍する風土に及ぼした影響を、看過してはならない。

（79）『明史紀事本末』巻四九・江彬奸佞・正徳十五年の記事。

第二篇　党争と科道官の政治的役割

第一章　嘉靖初期の「大礼の議」をめぐる政治対立と科道官

第一節　正徳・嘉靖交替期の政局と楊廷和内閣

正徳朝に御史を歴任した余珊は嘉靖四年（一五二五）、一万四千言に及ぶ有名な十漸疏を上せた[1]。宦官劉瑾の専政と彼を戴く江彬・銭寧ら佞倖による乱政、そして言路の閉塞を含む一〇の頽政を挙げて、これらは世宗の即位で施行された新政により是正されたが、いま再び甦ろうとしていると警告したのである。正徳朝の退廃した政治により助長された士人たちの危機意識は、余珊ひとりのものではなく、正徳・嘉靖交替期の中外の全臣僚が改革に対する関心を持った点で共通していた。しかも朝廷の要路にあって武宗末期を経験した高官たちは、深刻な危機意識を持つと同時に政治改革の必要性を強く意識していたが、その代表として当時の内閣首輔楊廷和（一四五九～一五二九）を挙げることができる。彼は、「祖宗の天下は正徳の間に殆ど破壊された。陛下が天下を再造し、危機を安寧へと変えられて、初めて中外の軍民が甦る[2]」ことを期待して、新天子世宗を輔佐し、所謂新政を開いた。『明史』楊廷和伝に、

廷和が朝政を総覧してほぼ四十日目に、興世子が京師に到着し、帝位に即いた。廷和が登極詔書を草上し……。詔書が頒布されると、正徳中の蠹政が剔抉《えぐりだ》された。淘汰された錦衣諸衛と内監局旗校工役が十四万八千七百、減免された漕糧が一百五十三万二千石で、さらに中貴や義子、伝陞、請託して恩沢により官を得た者の大半を斥けた。中外では新天子を聖人と称頌し、また廷和の功をたたえた。しかし、失職した諸々の輩は廷和に対する恨みが骨髄に徹し、廷和が入朝するとき、白刃を抱いて輿傍をうかがう者もいる。このような上聞に達し、詔して、

営卒百人をして出入の際に護衛せしめた。(3)

とあり、世宗の即位当初の新政は、楊が危険を顧みず強力に推進したものと説明されている。楊は首輔として、武宗の崩御と世宗の迎立をめぐる極めて重い朝廷の大事を始終主導し、即位前の一ヵ月以上を総攬し、その一方で即位詔書を起草するなど強大な影響力を行使した。

しかし彼は、武宗当時には思い通りに行い得なかった。李東陽に続いて首輔となり政務を管掌しても、武宗の狂悖な行為を牽制できなかったのみならず、これといった政治的業績も成し遂げられなかったのだが、これは世宗初の場合と非常に対照的である。ここでは、まず武宗の治世に於ける彼の政治的行跡について、暫く検討を加える必要があろう。

楊廷和は成化十四年の進士で、正徳二年に詹事で東閣に入り、詔勅を担当する一方で経筵を受け持ち、佞倖を指弾してから劉瑾の憎しみを買い、南京吏部侍郎へ左遷されたが、後に再び召喚されて入閣した。劉瑾が処刑され、劉六・劉七の乱が平定された後、李東陽に続いて首輔となったが、宦官谷大用・魏彬・張雄らや義子銭寧・江彬らの横暴が甚だしく、そのうえ寧王宸濠の反乱がおこると、朝野を挙げての反対にも拘らず、帝の親征が強行された。親征の二年間は楊内閣が専ら政府を担当しなければならなかったが、その間に帝権の濫用や中官・佞倖の横暴といった状況を立て直すのは、とても手に負えることではなかった。当時の状況を、次の記述が雄弁に物語っている。

楊石斎は入閣して久しいが、めったに建議せず、人々が見くびっていた。武皇が南巡すると、倖臣たちが権柄を振るい、天下が洶洶とするようになった。ある狂生が上疏してその過ちを数え上げると、公は彼を礼を厚くして迎え、泣きながら「久しくその良意に背かなかった」と言った。しばらくして武宗が豹房で崩じ、禁従の兵がすべて江彬に掌握され、危急に際会すると、公が密計で彼を逮捕し、はじめて公の才量に感服した。(4)

ここから著者は、正徳・嘉靖両代にまたがる楊廷和の政治的行跡の実状を理解することができる。言わば武宗当時に凶暴な輩を排除することは、彼の力に余るものだったが、世宗の即位により態度を改め積極的姿勢で臨んだ。それは、武宗が後継ぎも残さず亡くなると、太后の承認を得て世宗を迎え入れたのだが、その功労と背景を利用して、強力に影響力を行使し得たためであった。彼は世宗がいまだ王府から京師に到着する前、既に太后の同意を得て江彬はじめ張忠・許泰らを投獄させ、さらに江彬と銭寧は処刑したが、このとき彼は「こうした輩を断たなければ、国法が正しくならず、公道が明らかにならない(5)」と述べ、危険を顧みず果敢な措置を断行したのである。

宦官や佞倖のみならず、内閣と対立関係にあった吏部尚書王瓊を近侍と交結したという罪名で斥け、そのポストに礼部から石珤を抜擢して人事権を掌握し、それと同時に年老の閣臣梁儲を退かせ、やはり同調勢力たる費弘を再入閣させた(6)。このように世宗の即位と前後して、内閣に同調する人士を左右に布列して反対派を排除する等、身の危険を顧みないまでの用意周到な計画を着々と推進したところに、著者は楊廷和の秀でた政治力をうかがい得るのだが、そうした積極的態度の裏面に、危機意識に伴う改革の意志が隠されていたことを知るべきであろう(7)。

ともあれ、世宗の即位五日目に発生した「大礼の議」は、楊廷和による改革政策の遂行にとてつもない試練を与えた。それは帝の生父興献王の尊号をめぐる問題であり、世宗と内閣を代表する楊廷和との間に深刻な対立を招いた。楊は、世宗が武宗の皇統を継承したので、すべからく伯父である孝宗の次へ入嗣すべきだと主張したのに対し、世宗は自身が興献王の一人息子で、まんいち孝宗の後を継ぐと興献王が無後［跡継ぎ無し］となるので、これを採ることはできないとし、主張が対立したのである。世宗は閣臣たちに会って丁重な意を表し、他方で手勅を伝えたが、楊はこれに対して、

……臣等に諭して「至親は父母に如くは無し」と言うが、臣等がどうして聖意を奉じないことがあろう。実に（『礼』に）「人の後を継ぐ者はその子であり、人の後となるとその私親を顧みない」とあるが、これは天地の常経であり、古今の通誼である。……けだし、天下万世の公議は、実に一人の私情で廃すべきではない。……国家典

礼は事柄が至って重大であり、それが、臣等が敢えて阿諛せず、旨に従わない訳である。

という上疏を上すとともに、手勅も封還し、[8]皇帝権に対する拒否権を行使したのである。楊によると、世宗が孝宗の養子となったのは天下万世の公議によるもので、個人の私情では公議を廃めることができないため、たとい皇帝の命でもこれを採ることはできないと断固たる態度を取り、他方では礼部にその意を重臣会議を経て繰り返し上させ、反対する者が出ると厳罰に処すという強硬な方針を立てた。[9]たまたま礼部侍郎王讃が同郷の観政進士張璁（一四七五〜一五三九）の興献皇考説に関心を示すと、彼を南京へ左遷させ、張も遂には南京へ去らざるを得なかった。

このように楊廷和が、大礼問題で世宗と対立する過程で、皇帝の私的な情義に対して天下万世の公道ないし公論を掲げて批判したのは、注目すべきことである。これは、明代の中・後期に入って社会経済的変化とともに増大した、皇室とその周辺すなわち宦官や勲戚権貴による弊害及び金権的肥大化と関連させて考えるべきもので、こうした皇帝の私的性質の肥大化を防止するための体制上の改革が、特に正徳朝を体験した楊廷和内閣にあっては、深刻に考慮されなくてはならない懸案として浮かび上がってきたのである。[10]前述したような世宗即位当初の諸般の措置も、そうした線で理解されるべきもので、「大礼の議」で強調された「公論」も、けっきょく帝権牽制の武器として用いられたことを、またここから知り得るのである。その公論が如何なるもので、内閣がこれをどのように管理して皇帝権を牽制ないし対決していったかという問題は、次の節であらためて論ずることとするが、内閣側がまず皇帝権を牽制して内閣中心の体制を構想したのは、極めて自然な発想である。

内閣の職掌の中で最も重要なのは、帝の勅旨を受けて票擬し、裁可（批紅）を得ることにあるので、その権限に於いて前代の宰相とは比較にならない。しかも正徳朝を経て朝廷の紀綱が大きく壊れていた当時、楊は朝廷の重務を処決する過程で内閣権に対する越権を悟り、[11]何よりも票擬権の確立が切実だと感じた。その票擬権の侵害にとって最も癌的な存在は宦官であった。[12]内閣の票擬権行使に宦官勢力がどれほど深く作用していたのかは、世宗の即位詔書作成の過程でも見ることができる。

世宗が初め即位するとき、廷和が［登極］詔書を草上したところ、司礼の多くの中貴たちが詔中の不都合なものの数箇条を削除するよう要求した。そこで廷和が「以前、我々が職務を満足に遂行し得なかった訳を、公等が上意のためだとしていたが、今回もまた新天子の意だというのか。そうだとすると、我々は登極を祝った後、その場で面奏するが、詔草を削除してほしいと言った者が誰なのか、問われようぞ」と言い、蔣冕・毛紀も相次いで危言を発し、中貴たちは言葉を失った。(13)

武宗朝に於いて宦官による弊害を大学士として一緒に経験した楊廷和・蔣冕・毛紀は、宦官たちが即位詔書にまで干渉しようとすると、力を合わせてこれを排撃している。がんらい宦官の政治介入は様々な方法によって行われたが、皇帝と内閣の間で文書伝達の責を負うとして皇帝権に奥深く介入し得たところから、その権限の強大化がもたらされた。(14)票擬制を正常に運営して内閣権を確立するというのは、内閣大学士だけの希望ではなかった。兵科給事中夏言の言が、その間の事情を代弁し、

先朝の憸邪な輩は、事を行って主聴を蒙蔽し、一切の章奏を匿して上聞せず、或は朝廷の震怒に仮借し、動もすれば譴謫を加え、威権が下移し、紀綱が大壊し、寒心に耐えず……。伏して願わくは、皇上は天を奉じて祖に法り、権綱を総攬し、毎日視朝の後、文華殿へ出掛け、中外から上ってきた全ての章疏を詳しく御覧になり、時々は内閣大臣を呼び、互いに論議して決裁せられよ。もし重大なことがあり、衆論が同じでなければ、廷臣をして集議せしめ、近従の宦官らに相談して内批するようなことはせず、聖意に基づく予奪は必ず内閣の議論を経た後に行わしめられよ。［事に］可否があると執奏を許し、罷寝にする場合は、外廷に明示せられよ。そうなされば、壅蔽・矯詐・没匿した姦邪の居場所がなくなり、朝廷の政治も一に正しくないものはなくなるであろう。(15)

と、正徳朝に乱れた威権と紀綱を正すためには、内閣権の確立が急務だと力説している。正徳朝の宦官や義子等の私

人組織を通じた尋常でない政治を経験した者であれば、臣僚による正常な政治の回復を願わざるを得ず、内閣権確立についての主張は閣臣だけのことではなかった所以が、ここにあったのである。楊廷和が首輔として世宗の興献皇考説に関する手勅を前後四回も封還し得たのも(16)、こうした雰囲気によるところが大きかったが、基本的には内閣の票擬権を強化することで、再び武宗のように狂悖な君主の権力濫用を決して許さないという決心の現れであった。もちろん武宗当時に、不当と判断される勅旨に対し消極的にしろ抗命はあった筈である(17)。ともあれ正徳年間に、内閣に首輔と次輔の区別が生じたのは(18)、宦官劉瑾ら皇帝の私人組織による政治紀綱の紊乱に対応した、官僚体系内での自然発生的な秩序形成の結果なのである(19)。何れにせよ楊廷和は、正徳後期に至り、次輔とは等級を異にする首輔の地位を確保しており、世宗の即位と前後して自らの地位をいっそう堅固にすると、吏部権を掌握する等(20)、諸般の措置を講究した。即位詔書作成の際、宦官の権限を断固として排撃した彼は、票擬権を確立していく過程で、「大礼の議」の場合のように数回にわたって勅書を封還し、帝権と内閣首輔権とが対決する様相を見せたのである。

第二節　楊廷和内閣派と科道官

1　科道官の楊内閣支持

楊廷和内閣は、世宗の即位を契機とし、票擬制の正常な運営を通じて内閣権を確立することで、君主権の私的肥大化を防止しようとした。しかし、票擬制の正常な運営のためには何よりも公論の必要性が切実であった。「大礼の議」に関する楊の上疏の「たとい天子の命でも、公論に違背すれば挙行し得ない」という言が、これをよく説明しているが、ここで我々はひとまず彼の公論の意味を検討する必要があろう。彼が自劾不職疏(21)で、

臣は忝《かたじけな》くも三孤の官として輔導の責任を引き受け、諸司の守るところは皆臣等が遵守すべく、諸司の言うところ

は皆臣等が行うべきである。況んや典礼の大義と綱常の大倫に於いてをや。近ごろ陛下が本生の父母を追崇しようとしたことに対し、礼官は礼に従ってその職を守り、科道は交々論じてその正論を発した。臣は同官たる蒋冕・毛紀・費宏らとともに、上では故史の旧制を採り、下では庶言と同意見であることを察し、執奏すること再三に及んだが、採納されなかった。

と不平を吐露しているところに、著者は楊が言う公論の意味をうかがうことができると考える。すなわち礼部では典礼を礼の規定に従って遂行し、科道官は章疏で是非を論議し、その上で内閣が原理的制度と世論の正当性に基づいて上奏したのだが、これが公議というもので、すべからく採納されるべきだと言うのである。典礼に関する問題でない場合、所管の部署は礼部でなく別の部署になるが、科道官と内閣の役割は勿論変わらない。しかし公議或は公論は、内閣を頂点とし当該の部と科道官により規定されるものである。典礼問題については、初め楊廷和が示した漢の定陶王と宋の濮王の故事を引き、礼部尚書毛澄が廷議を集約して二回、三回と上奏したが、世宗は再議、三議を命じ、ことは複雑に展開していった。ふつう廷議には九卿と当該の科道官が参席し、それ以外の一般の科道官の場合は単疏もしくは聯疏で言論活動を行った。そこに公議が成立するが、ただ一般に科道官は世論に対し関心を持っていた。それは、廷議が重臣たち中心に朝廷の公けの機構を通じて行われるのに対し、彼ら科道は言責の官であったためである。

ところで、楊廷和内閣は票擬権による内閣中心の体制を構想し、他方で科道官とは協力関係を維持しようとした。前節で言及したように、科道官も他の官僚と同様、武宗の乱政の被害を直接経験したため、帝権を牽制しようという楊内閣の企てに協力的であった。ここで著者は、内閣権の伸張を主張した夏言が給事中であったという事実を想起する必要があり、特に「大礼の議」では殆どすべての科道官から積極的な協力が得られた点を看過することはできない、と考える。はじめ礼部侍郎王讃が同郷である張璁の興献皇考説に関心を持つと、楊廷和は言官を使嗾して彼の別の過ちを探し出し、南京へ左遷させ[22]、また張の大礼の疏をめぐって皇帝と首輔の間に鋭い対立が起ったときは、給事中朱鴻・湯史・于光、御史王溱・盧瓊らが競って攻撃した。[23] さらに、張の『大礼或問』が出された後、世宗が興献帝を皇帝と呼ぼうとすると、内閣と九卿による抗議の疏とともに、給事中朱鳴陽や御史程昌ら、そして編修陳沂ら百余名がそれぞれ抗議の疏を上せて張の罷免を請い、[24] また方献夫・霍韜らが張の大礼説を支持すると、南京の十三道御史方鳳らが大礼を速やかに中止して浮言を根絶すべきと要求したのである。[25]

このように科道官たちは、反大礼運動に於いて概ね楊廷和内閣と路線を同じくしたが、こうした傾向は実は「大礼の議」が本格化する前から生じていた双方の協力関係の延長であった。すなわち、世宗の即位当初、楊内閣に対立的であった吏部尚書王瓊を投獄させたとき、六科給事中張九叙らが権倖に阿附したと弾劾する一方、[26] 次輔梁儲を斥けて後任に費弘を入閣させようという楊の処置にも協力し、[27] また銭寧・江彬らが誅に伏した時には御史王鈞、給事中楊秉義らの劾奏がともない、[28] その後、史道と曹嘉より楊廷和に対する劾奏があったときは、給事中安磐・毛玉らが廷和を支援、擁護する等、[29] そうした例は枚挙にいとまがない。

科道官が楊内閣を支持、擁護する、こうした単疏或は集団の聯疏による言論活動は、楊が内閣を離れる頃になると、大規模な抗争へと変わった。科道官の集団聯疏のみならず、一般官僚の支援もまた伴なったのである。世宗が宦官崔文の言を容れて宮中に斎醮を建立し、また崔文の家人の不法行為を黙認しようとしたのに対して、給事中鄭一鵬・劉済らと十三道御史王約らによる抗疏が前後一四章、署名者が八〇人にのぼった。[30] これより数カ月後、楊廷和は退陣したが、まだその残存勢力が政局を主導していた嘉靖三年七月、大礼問題に抗議する有名な朝臣たちの伏哭事件がおこったが、そこでも参加者総勢二二〇人の中に科道官が五一人おり、このとき死亡したのは科道官のみでも四～五人に達した。[31]

楊廷和が嘉靖三年初に内閣を去るまで、科道官は「大礼の議」のみならず、楊内閣の諸般の施策に対し、一貫して協力的態度を取っていた。一般に言官はその職務上、執政との関係が対立的であるものなので、このように両者間に協力関係が成立したのは特異な現象というべきであり、こうした関係は正徳・嘉靖交替期に於いて内閣権の強化で皇帝権を牽制しようとした楊廷和内閣の政策に因るものであった。すなわち、明代では丞相制の廃止で相対的に皇帝権が絶対化したため、よしんば嘉靖初のように、内閣首輔の発言権が強くなっていた時点でも、内閣が皇帝と対立するときには言官の助けを絶対的に必要とした。ただ所謂「嘉靖新政」が開かれた時には、武宗時代に左遷・削籍され犠牲になった忠諫の諸臣がみな復権されたのみならず、科道官の言論を奨励する政策で好感を与えようとして彼らを時々利用し、科道官としても概ねこれをともに補助することで、帝権と内閣権の互角の対決がいくらかは可能だったのである。世宗を擁立しながらも退陣した楊内閣としては、帝権対内閣権という力関係の下で、内閣権の優位を確保しようと試み得る状況、ここに職権を賭けて闘った理由があったのである。がんらい政治的な問題ではなかった「大礼の議」は、このような楊内閣の意図の下で政治的色彩をいっそう強く帯び、科道官の政治的役割もいっそう大きな比重を持つようになった。

ともあれ科道官は、楊内閣に対してそのように協力関係に立ったが、それに反し、大礼派には極めて冷淡な態度を取り、惟だ給事中熊浹ひとりが張璁・霍韜に続いて興献皇考説を主張したに過ぎない。特に伏哭事件を契機として次第に勢力を伸ばしていった大礼派に同調した科道官の例は、極めて特殊な場合を除いて、見出し難いが、その原因はどこに求めるべきであろうか。沈徳符（一五七八～一六四二）の次の言は、その解答に一つの糸口を与えてくれる。

台省は白簡を職とした。しかし、百疏も厭わないが、片語でも当を失うと、終身まで累となったのである。

とあり、科道官はがんらい清論をその職とし、一言の失言も仕出かさないようにつとめたといい、嘉靖初の、君主の専制的権限を抑制してはならないという政治的雰囲気の下で、公議で政局を主導する楊内閣の反大礼運動の隊列に参与した者が、すなわち「終身の累」を免れたのであった。しかし、彼らは、大礼運動に積極的に参与しなかったのみならず、嘉靖六年の李福達事件を契機に大礼派で主導権を掌握して張璁内閣が成立した時も、殆どの者が顔をそむけたが、それは結局「終身の累」を避けようとしたためであった。このように見ると、科道官で大礼説を直接主張したのは熊浹一人だけであるが、この場合も大礼派と政治的行動を同じくしたのではない。以後、彼は右都御史、吏部尚書にまで昇ったが、従来の党派に巻き込まれなかった理由として、大礼派のわりには他からの指弾を殆ど受けない例外的な人物であった点[38]を勘案すると、科道官で大礼派と路線を始終同じくした者は一人もいなかったことになる。

2　内閣権をめぐる科道官の争い

嘉靖初、科道官は一般に楊廷和内閣に対して同情的で、同一の歩調を取った。しかし、必ずしもすべての科道官がそうであった訳ではない。給事中史道は嘉靖元年一二月、楊廷和が大礼問題で世宗と深刻な意見の対立を見せたとき、彼を弾劾する疏を上せ、

廷和には逆臣宸濠と交通し、銭寧・江彬に諂附して賄賂をもらって専権した罪があり、また先帝が自ら威武大将軍と称した時も、廷和は力争しなかった。今は興献帝に「皇」の一字、「考」の一字を加えるか否かという問題をめぐって去就を以て争い、実に欺罔である。[39]

と、人身攻撃を加えた。この弾劾は実に衝撃的であった。この疏が出ると、楊は自らを弁明する疏を上せ、前例にならい休職を乞うたが、他方で六部のあちこちからこれに反駁する疏が出された。吏部尚書喬宇は史道を扶私妄言の罪で罰すべきだとし[40]、また兵部尚書彭沢も史道は大臣を陥れたのみならず、王瓊らの奸党としても治罪すべきだと主張した。[41]これに対し世宗も、定策大臣に対する誹謗は国体を傷つけ新政を破壊する行為だとして、史道の投獄を命ずる一方、ひいては科道官対策についても強硬な方針を立てさせた。

今後、吏部は、学行が老成で治体を識達する人士を求め、科道に補選する。その言官は独本もて参奏し、大奸大悪と機密重情以外は一切公に従い本を会して具奏し、挟私・沽誉・報怨・市恩及び善類の中傷は許さない。背く

者は、本衙門の掌印官や各衙門の堂上官をして具奏せしめ、吏部は即ち各官の言の当否を稽察した上で、量りて［相当の］黜陟を行い、平明の治を成せ(42)。

と、吏部に諭旨した。世宗のこうした言官取締り策は、定策国老としての楊に対して非常に丁重な待遇が与えられていたために齎らされた結果だが、これは静かな政局にかえって波風を立てた。科道官が立ち上がり、兵部尚書彭沢が言路を塞いだと糾弾したのである(43)。彭沢に対する科道官の悪感情は、言官と行政府との間で必然的に起こる不協和音から始まった。すなわち、このころ宮殿の修理をめぐって給事中徐景嵩と陳江が工部尚書趙璜を弾劾したが、けっきょく言官側が譴責される事件が発生した(44)。これに対して礼科給事中章喬が上疏し、「(趙)璜を糾弾して、二人の言官が放逐されたが、国体に関係するところが少なくない。しばらく璜の辞任を認准する一方、二人の処分は保留にした後、徐に論議すべきだ(45)」と提議したが、拒絶され、科道官が不満を抱いていた。そうしたところに、史道による楊廷和弾劾の疏があり、喬宇と彭沢は史に罪を請うたのである。こうして彭沢は、言路を塞いだとして科道官の集中攻撃を受けるようになると、礼科給事中章喬を攻撃し、章は、

公論は天下にあり、これを高めても上げられず、抑えても下げられず、臣が沢と一緒にこれを私するところではない。……沢の誣《い》う所は弁ずるに足らず、ただ沢が禁言の説を唱えて罪を得ると、天下の禍が決して少なくない(46)。

と、公論すなわち科道官の言論の重要性を力説し、彭を糾弾した。世宗は朝廷で言論を禁じたことは無いとごまかし、双方をなだめようとした。しかし科道官はここで止めなかった。六科給事中李学曾らと十三道監察御史汪珊らがそれぞれ連章し、彭沢が言路を塞いだと極言した。そこで止むなく吏部は、勅旨を受けて調査した結果を報告する席で、「沢と学曾らの所論はみな正しいが、みな過激だ。陛下は当然沢の忠誠を鑑《み》ているから、以前のように視事させ、また科道で進言する者も見解が同じであれば、従来通り連疏を許すべきだ」と述べた。この折衷案が容れられ(47)、事件は一段落するかのようだったが、御史曹嘉より史道を擁護する疏が出て、ことは新たな難局を迎えた。曹嘉の「持公論

破私党以定国是疏」に、

大順の道は大臣の法であり、およそ法とは人君が天下とともにするものである。……我が太祖高皇帝は法を創って治を制するのに、百王に鑑み、古の官職を手本として六部を設置し、ゆえに丞相の復設を述べる者は誅した。大小が位を守り、内外の来往を禁じ、ゆえに敢えて大臣の徳政を述べる者も誅した。政は朝廷に在り、権は主上に在り、ゆえに交結朋党して成法を変乱する者がいると、それぞれ罪に従って誅した。大臣は法を奉じ、それぞれの職を守り、小臣は忠誠を尽くし、耳目の役割でもって相互に助け合わせた。これは我が聖祖の立国命官の体で、崩壊の兆候を予防する深慮に基づくものである。……（彭）沢ひとりが敢えて顧みないのは、何と愚かではないか。廷和は内閣の長であるため、票擬権を掌握して適当に調停処置し、暗かに機関があるけれども、外廷は知ることができない。……願わくは、陛下は、大臣をしてそれぞれ職分を守らしめ、代言票擬する者は権勢を操って威厳を保つことなく、旨に従い覆奏する者は権勢に付いて利を追うことなく、吏部は（官の）陞遷叙用に私を行うことなく、科道は糾劾論諫するが勢道家を巧妙に避けることなく……。そうせしめた後、はじめて朝廷の威福が堅固となるのである[48]。

とあり、一万言に達する長編の疏は史道の為に弁じた疏であるけれども、実は内閣を含む広範な政体問題を取り扱った論説に該当する。太祖洪武帝が丞相制を廃止したのは大臣の専政を防止しようとしたものだが、楊廷和は内閣首輔の立場で票擬権を掌握し、彭沢らと朋党をなしたと非難し、内閣と吏部そして科道官は、それぞれの職責を忠実に守ることでのみ朝廷（皇帝）の威福が堅固になる、とした。内閣は票擬権を権力強化の手段としてはならないという曹嘉の意見に対して、給事中鄭一鵬が反論を提起した。すなわち、

先頃、御史曹嘉が大学士楊廷和を論じた時、内閣の権限があまりに重いとしたが、これは誤りである。太宗は、初めて内閣を立て儒臣解縉ら七人を選んだが、日々機密を商議して顧問に応じ、文字を進呈し、その後に退庁し

> た。陛下が即位してから、大臣で招かれた者はどれほどおり、また忠讜で諫めること、祖宗の時と同じと言えるのか。往年の張鋭・魏彬の獄と興献帝典礼の議の如きは、陛下が廷和らを召して論議しなかったために、礼楽刑罰が公正さを失い、諸般の票擬が途中で改められたのであり、これ［内閣の権限］を重いとは言えない(49)。

と、楊廷和内閣の権限は設置当時の古制に比べて軽くなったとし、曹嘉とは反対に内閣権の強化を主張している。曹が、洪武帝による丞相制廃止の理由が、大臣の専政による皇帝と天下の人との間に於ける中間壅蔽の防止にあることを挙げて、内閣の権限の弱体化を主張したのに対し、楊内閣とその同調者たちによる票擬権強化の主張は、帝権濫用の防止に的をしぼったものであった。この互いに異なる二つの観点が、当時の科道官の政治意識のうちに共存していたのは、武宗時代の乱政を経験した当時の楊内閣による内閣中心体制への動きが、政治上の懸案として浮び上ったところに由来する。鄭一鵬による楊内閣擁護の発言は、世宗即位当時の給事中夏言が内閣票擬制の健全な運用を建議したのと同様、多数の言官の支持の下に内閣権強化のための努力が続けられた(50)が、現実の政治は意の通りにはならなかった。世宗は次第に所謂「二、三佞臣」の言に耳を傾けていったのである。太監崔文の言を容れて宮中に斎醮を建てる一方、中外の臣僚の反対にも拘らず、織造太監を派遣した。楊は、時には内閣の票擬権が無視される状況の下で、嘉靖二年末、世宗の蘇杭地方への織造太監派遣に強力に抗議する疏を、次のように上せている。

> 臣等は、祖宗の法を守り、陛下も遵行して宗社を保全し、天下の公議に違背して後世にそしりを受けないことを望んでいる。いま臣等が申し上げても聞き入れられず、九卿が申し上げても、六科十三道が申し上げても皆聞き入れられず、ただ二、三の邪佞の言のみ聞いて疑われないが、陛下はこの邪佞の臣とのみ祖宗の天下を共治されるおつもりなのか。……天下の人々が聖政の美を伝頌してきたはずなのに、何ゆえに今日の織造の事についての建議は嘉納されないのか。また、その特旨が、たとい御筆親批から出たもので司礼監で敢えて論議したところがないとしても、それを撰写・進呈したのが、果たしてどのような者の手によったものか知り得ない。我が祖宗朝

の批答はすべて内閣で改擬して進呈されたが、ただ正徳年間には権奸が政を乱し、初めて思い通りに票擬して御批を出させ、貪私をなすようになった。新政以来、かつてその罪を正さず、遂にこうした邪佞・小人の輩をして、こんにち前轍を踏ましめ……。陛下は何故その奸計に堕ち、祖宗の法度を壊そうとなされるのか。[51]

と述べ、勅旨が内閣を通らずに票擬、撰進されたことについて、強力に抗議する姿を見せている。天下は朝野を挙げて大臣や言官の公論によって共治すべきなのに、二、三の佞臣の言のみ信じてむやみに御批を下したのは、祖宗の天下を破壊する行為だ、と極言している。この疏は彼が内閣を離れる数カ月前に上せられたもので、帝権は公議によってのみ行使されるべきで、皇帝の私が作用してはならないという論理は、天下が皇帝の私的天下でなく、祖宗の公的天下であるという認識に由来する。そうした論理の典型は、既に皇帝の私情は天下の人の公論により廃棄されるべきだとした「大礼の議」に見える。内閣大学士が票擬権を自己の固有の権利として認識し、これが公論の支持を受けたときは帝の手勅も封還し得るという事実は、明らかに帝権に対する内閣の挑戦であった。しかし、票擬権を強化して内閣中心の体制を構想した楊内閣とは異なり、内閣権の肥大化を問題にしてこれを弾劾した史道と曹嘉は、楊内閣に協力的ないし追従的態度を取った科道一班とは対照的で、反骨的な言論活動を行ったという点で注目に値する。とはいえ、「大礼の議」に加担し、個人的に出世を目指した人士とも全く異なるわけである。[52]彼らの楊廷和と彭沢に対する弾劾は、楊内閣の政治路線に対する一部の科道官の不満が、当時敷かれていた六部と言官との不協和音に乗じて爆発し、それまで優勢に展開されてきた楊内閣主導の反大礼運動にひびが入り始めた。史の弾劾を受けて以来、楊は休職を乞う上疏を上せる一方、特に曹の疏があってからは、楊・彭のみならず、大学士蔣冕・毛紀と礼部尚書毛澄、吏部尚書喬宇ら内閣派人士の大臣たちが大挙辞意を表明した。世宗の数回にわたる視事慫慂にも拘らず、内閣は数日間も全員が出勤せず、周りに沈鬱な雰囲気が漂ったが、その中で出された御史張袞の見解は、興味を引く。すなわち、史道と曹嘉が楊廷和を激しく非難し、大小臣工が相互に非難するようになったが、これは社稷の福ではない。しかし、言官が大臣の行跡を問うて批判したこと自体に誤りはなく、度を超して過激で、また上疏の時期が不適当[53]というところに誤りがあることを指摘すべきであって、大臣を陥れて罪するのは承服し難いという点と、史道の弾劾で楊は勿論、その同官がともに退くのは不当であり、かつての大臣の体面を保つべきだ、という内容を述べたものであった[54]。このような大臣と言官の体面をともに保って事件を締め括ろうという努力は、次の御史朱寔昌の言にいっそう鮮明に見える。

　僉事史道が大学士楊廷和の罪を論じたが、陛下はその無念さをはらし、［廷和を］慰められること至れり。……兵部尚書彭沢が、また督察の法を作って言路を塞ごうとするが、これは「噎《むせび》に因りて食を廃す」ことである。こんにち国是を定めるには、陛下が心を正して学に務め、儒臣を近づけるべきで……、また章奏を詳覧し、二、三の元老とともに議論し……、可のものは用い、不可なものは捨て、諸臣の中で私に従い国に背く者があれば、科道官の劾奏をゆるし、そうすれば、国是が定まるのである。沢の言は、水の氾濫を嫌がり、これを塞ごうとするのと同じである。

とあり、けっきょく史道と彭沢は左遷させ、楊廷和のみは依然として視事させようという提案[55]であった。そして、十三道御史劉廷簠らもまた首輔の視事を求め、南京給事中彭汝寔、御史朱允らも朱寔昌の意見に同調し、言路を開放して楊内閣を信任すべきことを建議した[56]。こうした中で楊内閣を庇う給事中安磐と毛玉は、曹嘉を、朝廷全体の縉紳をそしる軽妄な言官で、成法を破り国是を乱した者として糾弾し、彼を昌邑知県へ斥け、史道と閻閎も前後して左遷した[57]。

　このように、科道官の一般的な世論は内閣側に有利になっていき、楊廷和を始めとする多くの大臣は再び執務した。しかし、楊は放恣に流れて大臣の礼を知らないという風説が生じ[58]、そうした中で言官の支持に亀裂が生じ、「大礼の議」により世宗の信頼も限界に達した。嘉靖二年十月に彭沢が致仕し、翌三年二月には楊廷和も辞任した。これと時を同じくして、内閣の権限を強化し、天子は大臣と政治をともにしなければならないと主張した給事中鄧継曾が詔獄に処されると、この措置が契機となり、言官に対する弾圧も本格化し、言事のために廃黜される科道官が相次ぐようになった。(59)

第三節　大礼派と科道官

1　大礼派の台頭と科道官の抗争

前に言及したように、武宗が跡継ぎも残さず崩御すると、内閣首輔楊廷和が始終指導して、祖訓に規定された兄終弟及の原則に従って従弟世宗を迎え入れ、即位五日目に発生した典礼問題に於いても、彼は、即位の事実が正に武宗の父皇たる孝宗の次へ入嗣したことを意味すると主張した。しかし、世宗は興献王の一人息子で、孝宗の次へ入嗣すると生父母の後嗣が途絶えてしまうため、これを受け入れることはできないとし、皇帝と内閣が真っ向から対立した。すべての政事が内閣主導の下に行われていたときで、新たに即位した世宗としては孤立無援の状態にあったが、このとき一介の観政進士に過ぎなかった張璁が大礼の疏を上せ、皇帝の立場を庇ったことで、事態は非常に深刻な事態へと発展した。彼は世宗を支持する上疏で、

……廷議は、漢の定陶王と宋の濮王の故事に固執して、「人の後を継ぐと、その子となり、私親を顧みてはならない」とする。おおよそ天下に父母のない国があったのか。『記』に「礼は天から降ってくるものでも、地から沸き出るものでもない。単に人情であるのみだ」とある。……いま武宗に後嗣がなく、大臣たちが祖訓に従い、陛下を倫序によって迎立したが、遺詔には「興献王の長子」というのみで、人の後を継ぐ意は明記していない。……『礼』に「長子は人の後を継がない」とある。聖考はただ陛下お一人を生んだのみで、天下の為に人の後を継げ

ば、子が自ら父母の後を断つことになるのを恐れる。そのため、陛下が祖の後へ入継しても、その尊親を廃さなければ可であり、人の後を継いで自らその親を断てば不可だと謂う。おおよそ統と嗣は別のものである[60]。

と述べ、礼は認定から始まるという主観的倫理説を唱え、生父母の後を空けて他人の後を継ぐことはできず、それは庶民もなし得ないことだが、まして天子が行い得ることではない。また世宗が、従子として孝宗を継ぐのではなく、興献王は憲宗の次子なので、孫として皇祖の後を継げば、父子の義を廃せずとも皇統を継ぐことができる。統と嗣を必ずしも同じにする理由はない、というのである。私情の自然的発現が礼であり公になったというこの興献皇考説は、私情に対する公議の優位、個人に対する天下の優位、私家に対する皇統の優位が絶対的に保障されるべきだとする楊廷和の孝宗皇考説とは、全く以て相容れない論理である。この張璁の大礼の疏に接した世宗は、自ら感じながらも説明し得なかったところを、彼の論理に借りて「張生のこの論が出て、我が父子の義をまともにすることができる」と大いに喜び、これを楊廷和に見せ、「この論議こそ、祖訓を遵守し古礼を根拠とするもの」だと称賛すると、楊は「一書生にどうして国家の事体が分かるのか」と反駁した[61]。

張璁は四七歳で科挙に合格し、当時やっと礼部の観政進士の身分となったばかりであったが、敢えて楊内閣に立ち向かった理路整然としたこの上疏に、朝野は大きくうろたえざるを得なかった。そのとき、生母興献王妃が上京の途中で通州に立ち寄り、尊称問題が未だ確定していないことを聞いて不満げである、という報せに接した世宗は、帝位を顧みず王府に戻って対抗したが[62]、このことを伝え聞いた張は自信を持ち、前説をいっそう具体化して『大礼或問』をつくり、上せた。ままならない事態に発展してきたと見做した礼部では、楊内閣と商議して孝宗を皇考とし、興献王は本生父興献帝と尊称する線でひとまず妥協を見た[63]。しかし兵部主事霍韜が『大礼議』をつくって孝宗皇考説に反駁し、続いて同知馬時中、国子監生何淵、巡検房濬など微官末職までが続々と支持し[64]、給事中熊浹もまた言官として初めてこれを支持する疏を上せた。しかし、熊は内閣派により按察僉事へ斥けられ[65]、その年（世宗即位の正徳十六年）

の十二月に張璁も楊内閣により南京刑部主事へ斥けられた。翌嘉靖元年の二月には湖広巡撫席書が張璁と霍韜の説を支持する疏を準備していたが、朝廷全体で世論が沸き上がるように大礼説を邪説だと攻撃したので、席は恐れをなし敢えて上すことが出来ず、こっそり桂萼に見せ、互いに意見を同じくするのみであった。このことから、当時の雰囲気を推し量ることができる。(66) また、その年の夏には吏部員外郎方献夫が議礼の疏を上す等、張璁の大礼の疏から一年余りの間に、桂萼・席書・霍韜・熊浹・方献夫らが、楊内閣派ならびに多分に無理の混じった孝宗皇考説に対抗し、世宗を理論的に支援する代表的な論客となった。

その間、これら大礼派とは別に楊内閣派を攻撃した史道・曹嘉ら言官グループがあり、それは前述した通りである。ともあれ嘉靖二年末までは、少数ではあったものの張璁を中心とする活発な大礼の論議があり、そうしたところに一部の科道官による内閣批判と「大礼の議」による世宗の楊廷和に対する怨望等とが重なり、翌三年正月、楊は内閣から退かねばならなかった。(67) 楊の退陣とほとんど時を同じくして楊内閣派の言官に対する弾圧も本格化していったが、反大礼運動の気勢が和らぐことはなかった。

楊廷和が致仕した後も、礼部尚書汪俊は吏部尚書喬宇とともに反大礼運動を引き続き推進した。このとき喬は九卿とともに上言し、続いて汪も公侯及び多くの大臣、そして翰林・台諫等を集約して上疏したが、このとき前後八〇余りの章疏が上せられ、二五〇余人が全て礼部の主張に従った。(68) しかし世宗は相変わらず少数の大礼派に耳を傾け、また廷臣会議で集議するよう命ずる一方、勅旨を下して張璁と桂萼を、そして数日後には席書を上京させた。(69) これに対し、礼科都給事中張翀ら三二人と御史鄭本公ら三一人が各々章して、前論に従うべきだと主張し、汪俊もまた廷議で抗議する等、(70) 世宗の固執とこれに対する廷議及び科道官の抗議が相次いで繰り返された。

こうした中、けっきょく汪俊は退き、代わって特旨により大礼派の南京兵部侍郎席書を礼部尚書とした。(71) この措置に対し、吏部の喬宇は九卿と合疏して汪の留任を主張し、廷推を経ずに特旨で要職に抜擢するなど百数十年来なかったことだと抗議したのみならず、張璁・桂萼らを上京させる命も撤回するよう要求した。[72] 人事権を握る吏部から、帝の特旨による大臣の抜擢に対して抗議が出されたのは、楊廷和が勅旨を封還した事実とともに、当時の政治的雰囲気を実感させるものである。吏部の抗議に足並みをそろえ、給事中張嵩・曹懐・章僑・安磐らも各々、少数の大礼派人士が互いに附和して聖聡《てんし》を惑わせたと糾弾して、彼らの罷免を要求した。[73] こうした中で結局世宗は礼部に詔勅を下して、興献帝を本生皇考恭穆献皇帝と改め、宮中に一室を建てて祭祀させ、このことを天下に頒詔するに至った。[74]

この頃科道官李学曾・胡瓊らと吏部尚書喬宇らがそれぞれ、席書は曲学邪説により典章を誤って解釈したので元の職に戻し、張・桂両人は免職させるよう要求する等、[75] 大礼派人士の上京を阻止しようという動きが活発になり、そうなると世宗もこれ以上政局を混乱させることはできないという判断の下、席書と張・桂両人の来京を中止させた。しかし彼らは既に鳳陽に到着し、馳疏で前説を再び上言すると、世宗は翻意し、彼らをあらためて上京させることにした。[76] 政局がこのように不安定な時期、楊廷和の後に二ヵ月ものあいだ首輔のポストを守ってきた蒋冕も、その二人を呼び入れたことに抗疏し、礼部尚書汪俊に続いて職を辞した。[77] 嘉靖三年六月、張璁と桂萼が北京に到着すると、政局はさらに悪化し、彼らが街路へ外出し得ないほど市中の雰囲気は険悪になっていった。礼科給事中張璁ら三〇余人、御史鄭本公ら四〇余人による連章弾劾があったが、それは主として二人を人身攻撃したものである。とりわけ鄭本公らは張・桂を欺罔の元凶とし、黄綰をその鷹犬、黄宗明を走隷、方献夫を居中の内応者、そして席書を間諜と規定して、彼らの奸計のために「大臣が放逐され、言官が罪を得た」[78] と極言している。一方、ちょうどこの時、大礼派の席書は、実施した救荒策が不法だという理由で言官の指弾を受けている最中であったが、その機に乗じ、給事中張翀が張・桂二人に対する弾劾の章疏を集めて刑部へ送り、ともに罪を請わせた。刑部尚書趙鑑が張翀に「上が是と言えば、直ちに彼らを撲殺しよう」と述べた、という密談を知り、世宗は趙鑑を朋党となして正人を謀害したと詰責する一方、張璁と桂萼を翰林学士に、方献夫を侍講学士に抜擢する旨を下した。[79] この人事措置は翰林院の学士たちを大きく刺激するところとなった。まず学士豊煕はじめ修撰楊維聡らがこれに抗議し、続いて修撰楊慎は同僚三六名とともに上言したが、そこでは、自分たちの学術は彼ら二人と同じでなく、彼らと同列に立つことができないという理由を挙げて、むしろ自分たちを免職してくれるよう要請した(80)。

楊慎が廷和の子だという点も闘争の炎をいっそう加熱させたかもしれないが、ともあれ科道官と並んで翰林院学士も、反大礼闘争の隊列に積極的に加担するようになったのである。しかし、彼らの強硬な要求は世宗の怒りを買い、「切責、停俸」の処分が下されたが、だからと言って矜持と覇気に満ちた科道官や学士らが落ち込む筈もなかった(81)。ここから大礼をめぐる争いが起り、伏門の獄が始まったのである(82)。

吏部尚書喬宇は、言官による桂萼らの弾劾が前後一二疏にもなったことを想起して、「朝廷の養士は名節を以て自愛するからには、翰林清望の選抜に干進者を参与させると、翰苑の人材が同列に立とうとしない」と抗議した(83)。続いて吏科給事中李学曾ら二九人、河南道御史吉棠ら四五人が抗議の疏を上せた。これと直接の関連はないが、吏部員外郎薛蕙は『為人後解』二篇、『為人後辨』一篇をつくって上せ、反議礼の論を展開したが、世宗は出位妄言だとして彼を鎮撫司に下し、処分した(84)。こうした中、吏部尚書喬宇も官職から退かざるを得なかった。喬は所謂九卿の長で、大学士楊廷和をはじめ兵部彭沢、刑部林俊、戸部孫交とともに反大礼運動の中心人物であり、楊が退いた後も粘り強く抗争を続けたが、遂にポストを離れたのである。このように、楊内閣派の人士が官職を離れたり言事で処分される中、張・桂両人は廷臣を朋党として列べる欺罔十三事の疏を上せた(85)。世宗は騒乱を可及的速やかに鎮めようという心算から、これを秘密裏に付して口外しなかったが、彼らが既に主張したところの、尊号から「本生」の二字を削除する旨を礼部に下したことで、世論はさらに沸騰した。侍郎朱希周は郎中余才・汪必東らとともに不可であると諫め、同時に学士豊煕、給事中張翀と御史余才ら、そして吏・戸・兵・刑部の郎中等も各々同官とともに上疏して諫めたが、世宗は大いに怒り、豊煕・張翀ら代表八人を逮捕、拘禁した(86)。続いて吏部侍郎何孟春も張璁の欺罔十三事の疏に対して、条目ごとに反駁する疏を上せたが、世宗がこの疏とともに前後して上ってきた一切の抗疏をみな留中にして黙殺してしまうと、群衆はいっそう洶洶とするようになった[87]。

しかし、この頃、内閣派は主張をなくしていた。楊廷和・蔣冕が退いた後、内閣には毛紀と石珤がいたが、その勢力は以前ほどではなく、礼部も尚書のポストは空いていた。世宗が廷議と言路を無視したまま「本生」の二字を削除したという風説が広まる中、廷臣間の雰囲気は悪化への一途をたどった。七月十五日、朝会が終わり、侍郎何孟春が憲宗朝の故事を引いて連坐、抗争を主張すると、修撰楊慎、編修王元正、給事中張翀らが仗節死義を宣言して群臣を煽動し、左順門にうつ伏せになって気勢を上げた[88]。これが所謂「左順門伏哭事件」で、尚書以下総勢二二〇余人が参加したが、科道官は五一人（給事中二一人、御史三〇人）、翰林学士も二二人に達した。四品以下は大部分が投獄され、科道官は四名を含む一六～七人が杖殺されるという結果をもたらして、けっきょく興献の尊号から「本生」の二字が削除され、皇考恭穆献皇帝と称することとなった[89]。今回の伏哭事件ではその核心メンバーが、成化朝には科道官が大部分だったのとは異なり、翰林の少壮の人士と科道官以外に部曹の人士が大挙参加したが、それは事件の規模の大きさと複雑さによるものと言える[90]。

ともあれ、このように「大礼の議」が一段落する中、上京が留保されていた席書が京師に到着し、礼部尚書に拝受されると、それまで留中とされ日の目を見なかった張璁ら大礼派の章疏を礼部に下して集議させ[91]、その年の九月には席はじめ桂萼・張璁・方献夫らが中心となって、公侯等と建議した形式を取り、とうとう孝宗を皇伯考と規定してしまった[92]。大学士毛紀も、蔣冕に続いて首輔となってから三ヵ月目に退き、何孟春は南京工部侍郎へ左遷されたが、世宗はここに満足せず、宮中に別に世廟を建てて皇帝の神主を奉安させるよう旨を下した[93]。しかし、議礼に関する限り、科道官はこのとき抗議する力を大きく失っていた。

2　「君主専権」と「分権公政」――政治対立の本質――

内閣の首輔楊廷和と礼部の観政進士張璁は、地位では比較にならなかった。しかし、明代には言路が庶民にまで拡大されていたのみならず、後者が世宗の側に立っていたから、内閣の威勢が当時の政局を圧倒していたとしても、所論に確信が得られさえすれば妄説ではなかった。楊は議礼の典拠を漢・宋の故事に求め、これが天地の常経であり古今の通誼であることを強調したが、「礼は天から降ってくるものでも、地から沸き出るものでもない。単に人情であるのみだ」という張璁の易しくも明白な理論のほうが現実的で、はるかに簡易で説得力があるという強みに勝れていた。人情が即ち礼だという主張は、張を支持し歩調を同じくする大礼派論陣の、理論の根本となった。霍韜の説を挙げてみると、

……天下は天下の人の天下で、ひとりが私するところではない。……孟子は「舜が天子のとき、瞽瞍が人を殺し、皐陶が逮捕すると、舜はひそかに背負って逃亡したが、これは父母を重く思い、天下を軽く見るものだ」とした。宋儒の説は、天下を重く思い、父母を軽く思うものだが、これは聖賢の道から見ると、正しくない。……これを今日の事体に推し量ると、不順というべきである。(94)

と、興献皇考説が堯舜の道に合致するという。君臣の義（忠）が先か、それとも父子の親（孝）が先かは、以前にも問題とならないことはなかったが、内閣と皇帝が対立する状況にあっても、やはり困難な問題となり、霍は父子の情を原理とし、その自然的拡充を通じて君臣の義理に到達するとしたのである。

このような大礼派人士の、人情の倫理を根本とした簡易で直截的な論理は、明初以来官学で奨励されてきた程朱的性理学に代わり、明代中期から新たな傾向として徐々に醸成されてきた性情的ないし心学的風潮に相応しいものであった。また、方献夫の説を挙げてみると、

先王が礼を制定するのに人情を根本とし、君子が事を論ずるのに名実を窮究すべきである。しかし、近ごろ礼官

の論議を見ると、人情に合わず、名実に当たらず……。願わくは、朝廷に宣示して、孝宗を皇伯、興献帝を皇考とし、別に廟を立てて祭祀すべきである。おおよそ、こうした後に［はじめて］人情に合し、名実に当たるのである。[95]

と、礼は人情を根本とした法だが、当時の礼部の議礼を見ると、その原理を知らず名実に適合していないと批判し、さらに給事中熊浹が「礼とは人情に従う法であり、人情が安らかな所に礼が基づく」という程子の言を引用して、礼と人情、天理を重要視しているのも[96]、大礼派に共通するものである。張璁を筆頭とした大礼派の、人情を重視するこうした思考方法は、楊廷和はじめ内閣派の私情を徹底して排撃しようとする態度と、好対照を見せる。楊側が先例に議礼の典拠を求める教条主義的な方式を取ったのに対し、張側は心に礼を求めようという主観主義的な方式を取ったのも対照的である。礼が人情から出てきたと見て、これを心に求めようという大礼派の発想は、明らかに陽明学的であり[97]、大礼派の中心人物のうち霍韜・席書・方献夫は陽明学の系統で、彼らより後に大礼説に賛同した黄綰・黄宗明も彼の弟子であった点を勘案すると、いっそう関連性が認められるのである。王陽明は大礼に関して直接見解を表明したことはないが[98]、彼の弟子たちが大礼派に属すとともに彼自身が楊内閣と対立関係にあったという事実[99]に、やはり注目する必要があろう。

　ともあれ張璁の、礼は人情から出てきたという思考は、大礼派の理論の基礎となり、陽明学の「私の肯定」的発想に近いが、さりとて私を無条件に肯定するものでは勿論ない。霍の「天下は天下の人の天下で、ひとりが私するところではない」という言は、一人の性情はまさに天下の人に共通する公となり得るものだが、その共通する天下の人の私情をいかなる者も私してはならないということである。大臣が天子の私情を奪えば、これは私である。何淵が献皇帝の世室を太廟に建てようとした時、張璁が反対して「これ（反対）は臣一人の私でなく、天下万世の公議である[100]」と述べた場合の私も、正にその公に違背した私を指すものである[101]。彼らの公私の問題を天下統治と関連させて見るとき、天子が下情に滞ることがなく円滑な統治が成り立てば、これは公の状態だが、その中間に滞りがあれば、これは私となる。礼も同じである。張璁がかつて『大礼或問』で主張した「天子がいなければ礼を論じ得ず。願わくは、奮発し独断せられよ」という言でも、方献夫の「大礼の議は聖明の独断を蒙り、天倫が既に明るくなった[102]」という言からも、著者は陽明学的雰囲気が感じられると考える。

「礼は天子の独断により行われるべきだ」という論理は、「政治は天子の独断により行われるべきだ」という君主専権論と容易に結びつく。[103]張璁は明白に、君主権以外に一切の「権」を認めようとしなかった。彼が世宗の召喚を受けて北京に到着し、桂萼とともに、欺罔十三事を掲げて廷臣を朋党と一まとめにして攻撃した疏[104]を見ると、彼のそうした性格の政治的主張を窺い知ることができる。

およそ陛下が孝宗皇帝の子であるという説は、権姦大臣ひとりから始まり、礼官が附和し、九卿・科道が附和したが、当初からその事体の大きさと礼義の過ちは顧みられなかった。九卿・六科・十三道官の連名疏の如きは、どうして議論が同じであり得るのか。九卿の党首が草した疏を衆人に見せず、ただ空紙に九卿の官銜を列書して、吏人に送らしめ、「知」の字を書かせる。万一書かない者がいて回報すると、直ちに科道党与をして別のことを暴いて弾劾せしめる。すると内閣が批令して自陳させ、吏部が覆奏して致仕させる。たとい大臣が無念さを抱いて退いても、敢えて一言もいえない有様である。科道官が連章するに至っても同じことで、担当の者ひとりが執筆して、残りの者はただ「知」の字を書くのみであった。［それは］大勢が切迫していたためである。

この言によると、孝宗皇考説は執政たる楊廷和が主唱したものだが、礼官を始めとする九卿と科道官が、彼の説の正誤を判断せずに付和雷同した。章疏を連名で上せる場合、吏部尚書が党首として九卿の官銜のみ列挙した白紙を回覧して、衆人の私印をもらったが、或は科道官が独自で連名上疏するときも、同じ方法で行った。特に九卿の党首の吏部尚書が起草した上疏に署名しない者がいると、同じ党与の科道官が、その者のほかの非行を暴露して劾奏し、内閣がこれを批擬して過失を自ら陳述させ、吏部ではこの事実をあらためて報告した後に免職させた、というのである。

この張璁の疏は楊廷和が退いた後に出されており、吏部尚書喬宇が廷議を通じた反大礼運動を主導していた頃の状況をめぐって作成されたものだが、楊が首輔として在職していた時も所謂九卿の長たる吏部とは緊密な関係を維持していた。楊はかつて内閣を中心として九卿と科道官との協力体制を構想し、またこれを実現するために努力したのだが、いま張璁はこれらを朋党とひとまとめにして糾弾しているのである。彼の朋党説は、前で見た曹嘉の論と同じ趣旨である。曹が「およそ法とは人君が天下とともにあるものである。……（太祖高皇帝が）古の官職を手本として六部を設置し、ゆえに敢えて丞相の復設を述べる者は誅した。大小が位を守り、内外の往来を禁じ、ゆえに敢えて大臣の徳政を述べる者も誅した。政は朝廷に在り、権は主上に在り、ゆえに交結朋党して成法を変乱した者があると、それぞれ罪に従って誅した。……」という大臣論で主張したように、法とは天下の統治を意味し、君主が権で統治すれば朝廷の臣下は政すなわち行政として輔弼するのみで、まんいち大臣が専権すると朋党が発生する、というのである。大臣の専権とは、もちろん内閣首輔の権限をめぐっての言である。内閣の権限について、霍韜（一四八七～一五四〇）は、

> 楊栄・楊士奇・楊溥から李東陽・楊廷和に至るまで、専権植党し、翰林を籠絡して属官とし、中書を門吏としたために、翰林の遷擢には吏部を通じず、中書には尚書に進む者までいた。……臣はかつて建議し、翰林の去留はすべて吏部に所属させ、ひそかに内閣に付いて腹心とならないようにし、内閣はまた翰林と結託して羽翼となることができなくすべき、と述べたが……。［けっきょく臣の］建議は行われなかった。[105]

と、内閣が専権して朋党をつくったと批判し、甚だしくは三楊が君主の輔弼を成功裏に行ったことで内閣の機能を肯定的に評価する一般的な見解を黙殺し、内閣権自体さえも疑問視しているが、これは張璁の朋党説や曹嘉の大臣論に共通して見られる「大臣の専権植党」に対する批判的視角と、軌を同じくするものである。大臣の専権は公（即ち帝

権）に反する私で、王朝体制では禁止されるべきだ、という。こうした公権の観念は、礼が重臣たちによって議論されても、あくまでも私論に過ぎず、公議は皇帝の独断によってのみ規定、実現されるべきだと、いう張璁の礼観や公私観と一致するものであった。

張璁のこうした公私観に基づく朋党説にことごとく反駁した人物が、かつて楊廷和により中央へ抜擢された内閣派の理論家何孟春（一四七四～一五三六）である。彼は、まず欧陽修の朋党説を引用してその正当性を認め、

彼（張璁）が言うには、権姦大臣ひとりが「入継した君は人後となった」と指示さえすれば、公議で敢えて変改し得なくなり、礼官がこれに従い、九卿科道がこれに従う。衆口も一様の言辞だが、これもまたその公議に従うもので、その人に従うのではない。礼官は近ごろ陛下の切実な孝情に感じて、公議を伸明し得ないことがあった。士林は当時その止むを得ないことを諒解していたけれども、後世に史冊は責備せざるを得なかった。

と述べ、大礼の論議で礼官や九卿科道が大臣ひとりを中心に集まるのは、その人を追従しているのではなく、その公議に従うためで、帝王の私的な情は公議と史冊の前では後退しなければならない、という。これは、天下の公議は一人の私情によって廃棄してはならないとした楊廷和の理論の、正に延長であり、朋党観も、大礼派の人物（大臣）中心の派朋だという主張に対する、公議を中心とする廷臣たちの一致した見解というべきもので、また白紙署名という発言も根拠がないと主張し、「九卿を党首と、六科十三道を党与とするが、どうしてこれほど無礼無根なのか」と咎めている[106]。朋党をめぐる論争は世宗と大学士毛紀（一四六三～一五四五）の間にもあった。毛紀は蔣冕に続いて内閣首輔の座を守った人物で、彼が伏哭事件の処理に不満を表すと、世宗は、

密勿重臣として、国のすべての重大事は、朕と一緒に可否を商榷し、その後行うべきだが、どうして朋奸と結んで君主に背反し、私のみ追うのか。今回は故らに不問に付すが、以後は職を修めることに尽心すべし。

という内容を司礼官に伝諭させ、叱責すると、毛は露骨にこれに反駁する次のような乞休疏を上せた[107]。

先般の聖諭の中に「国の重大事は可否を商榷した後に行うべし」とある。これが正に内閣の職だが、臣は愚かなので、十分に明命に仰副できない。近来の大礼の議では、平台の召対及び司礼の伝諭は商榷によく似ているものの、しかし、すべてが聖心によって決定されたわけで、（臣等は）允納を蒙ることができなければ、可否しようがなかった。廷臣を笞罰するに、ややもすると数百に至るが、これは祖宗以来なかったところであり、またこれらすべてが中旨より出で、臣等は預聞できなかった。……おおよそ「朋奸と結合し、君に背き私に従う」とは、正に臣が平素痛烈に嫉視するものである。

という疏を残し、自ら退いた。世宗が論じたところの内閣の職とは、皇帝の意（勅旨）に従って忠実に行えばよいという、言わば明初の内閣が持っていた顧問秘書という元来の機能に還元させようというのに対して、毛紀は、皇帝が一人で国家の重大事を決定すると、そこには必ず奸佞が干与するようになるので、これこそ「朋奸と結合し、君に背き私に従う」結果を生み、公論による政治は遠のく、というのであった。似たような論調は、楊廷和が退官した頃、彼を支持した給事中鄧継曾の発言にも確認することができ、

祖宗以来、すべての批答は必ず内閣に下し、議論した後に行った。こんにち中旨は、事は経を考せず、文は理に合わないまま、左右の群小が権勢をぬすんで寵愛を願ったため、ここにまで至ったのである。陛下が大臣と共政せず、あの輩の干渉を受け入れるならば、［臣は］大器の人々が安んじないのを恐れる。(108)

とあり、大臣との共政を主張した。

以上、大礼派と楊内閣派の朋党論に検討を加えたが、結局、前者は朋党を否定的に見て朋奸の同義語として用いているのに対し、後者は必ずしもそれだけでなく、公論による臣僚たちの分権分政が不可避だというのであった。こうした朋党をめぐる理論は、天下をどのように規定するかにより異なって導き出された。すなわち「陛下の天下は祖宗の天下」という楊廷和の視角から見ると、祖宗の天下であるため天子が思い通りにし得ないという理論になり、「天

下は天下（者）の天下」という大礼派の視角から見ると、天下の人の天下は当然天子の判断により治めるべきだという理論が成立する。祖宗の天下は天子が公論によって治めるべきもので、天子の独断とし得る性質を持たないが、それに対して、天子の独断により統治される天下の人の天下は、大臣の奸計や散漫な世論で天子と天下の人の間に壅滞の禍を招く憂れがある。次の節で見る大礼派の言路弾圧は、まさにこうした視角から取られた措置なのである。

第四節　大礼派の執権と科道官箝制策

1　伏哭後の大礼派の執権と科道官

伏門の獄を経て「大礼の議」が決着すると、科道官の言路活動は著しく沈滞せざるを得なかったが、大礼派との緊張関係は人知れず継続された。大礼派とそこに附和して出世を図ろうとする輩による内閣派攻撃も間断なく展開されていたものの、基本的には小康状態を保っていた。こうした状態は約二年間続いたが、嘉靖五年七月の李福達事件(109)を契機に、大礼派系統の勲臣武定侯郭勛を科道官たちが集中的に攻撃したことで、両派の攻防にまたひとしきり火がついた。

武定侯郭勛は、かつて「大礼の議」をめぐって議論が起った時、礼部尚書汪俊の側に加わって張璁を攻撃する疏に署名までしたが、後にはそれまでの態度を豹変させ、大礼派に加担した変節者として科道官の怨みを買った(110)。彼が変節した直接の契機は、二年前、張璁と桂萼が世宗の招きを受けて南京から上京したときに結んだ因縁の為だという。すなわち当時、北京の廷臣の間では張璁に対する悪感情のために、雰囲気が非常に険悪で、彼らが郭勛の家へ一時身を隠したことがあった。この因縁により所謂議礼貴人と勲臣武定侯との間で相互に依存する関係が成立したのだが(111)、このために李福達事件を契機として科道官の指弾を集中的に受けるようになったのである。

李福達事件の経緯は、大略次のようであった(112)。李福達は山西崞県出身の太原衛指揮で、武術に秀で、郭勛の信任を受けていたが、彼と怨恨の関係にあった薛良なる者が、彼を逃亡した罪人だと告発したところに発端があった。

薛の告発によると、李福達はもともと弥勒教徒と指目され、牛と改名したが、官憲に逮捕されるところとなった。しかし逃亡し、ことが発覚すると、再び姓名を張寅と変え、後に納粟［捐納］で太原衛指揮になった、という。事件の担当官は巡按御史馬録であり、福達の救援を要請された郭が、手紙で善処を附託した。しかし、馬録はこれに拘泥することなく事件を厳正に処理し、巡撫江潮とともに謀反律により重典に処すことを主張し、と同時に「郭勛は勲戚世爵でありながらも逆謀と交通しており、逮捕してその罪を罰するよう」要求した(113)。これが契機となって給事中陳皐謨が、郭勛と席書は大礼問題を奸邪な群れの巣窟化に用いたとして、その罷免を要求したが(114)、ちょうどその時は席書が長沙の豪民李鑑の罪を大礼問題を掲げて弁護した頃でもあり、二人の大礼派人物がともに弾劾されたのである(115)。これに続いて、京営を巡視する給事中王科と御史陳察も、

> 武定侯郭勛は、団営草場の租銀数万［両］を侵収したのみならず、軍匠を占用して科索が多端であり、保挙官属が賄賂で昇進の踏み台とし、班軍派役も賄賂で放免され、奸悪な郭虎・鄭灤らを起用し、軍を剥《そこな》い家を害したので、怨声が道に溢れた。

と弾劾し、世宗の寵愛を受けて禁兵を管轄する郭の罪を、別の角度から論ずるよう要求した(116)。ここに、給事中鄭一鵬・鄭自壁・程輅・趙廷瑞・沈漢・張逵、そして御史程啓充・盧瓊・高世魁・任淳、南京御史潘壮・戚雄らが起ち上がり、郭を弾劾すると、刑部も処分を主張し、さらに兵部でも彼から兵権を取り上げ、他の者へ代置することを奏請した(117)。しばらくして試御史魏有本が公論によって郭の兵権を取り上げるべきだと主張したが、外任へ追われると、給事中解一貫らと御史許翔鳳が擁護する等(118)、郭に対する非難が激しかった。

このように、李福達の姓名変更の真偽をはっきりさせるというだけの小さな事件で、大礼派の勲戚として帝の信任

を受けていた郭勛は、科道官たちの集中攻撃を受けると、張璁と桂萼に助けを要請し、張・桂はこれを政治的に利用して科道官の口をふさぎ、自身たちの立場を有利にしようとした。彼らは「諸臣が内外で結託し、きっかけを掴んで勛を陥れた。今後、礼を議する別の者にまでその禍が及ぶだろう」と述べて、世宗の怒りを誘発したのである[119]。大礼派では、往々にして政治的に不利なことがあるたびに議礼問題を挙げて世宗を刺激し、自らの立場を弁明していた。多少異なるところがあるかもしれないが、給事中陳洸をその例として挙げることができよう。彼は伏門の事件の直後、給事中から湖広僉事へ転任させられると、これに不満を抱いて大礼派に媚び、内閣派の何良勝を攻撃して、

　良勝が尚書喬宇らと朋党になり、偏頗的な人事を行い、史道や曹嘉らを外任へ追い、辺方へ行かせた。良勝を罷職し、道と嘉は召還して、敢言の気象を振るい立たせるべきだ。

という疏を上せ、採納されたことがあった[120]。何は吏部の文選司郎中であったが、席書・張璁・桂萼・方献夫らが世宗により序次を無視したまま重職に抜擢されると、不可であると主張し、大礼派とは不和の関係にあったのだが、このとき陳洸がこれを今更のように取り上げたのである。給事中に復帰した彼は、このように反大礼派の呉一鵬・金献民・朱希周・薛蕙・汪俊及び大学士費弘の免職を要求する一方、朝廷の大臣を推挙する等、大礼派を信頼して言わば誇張大言する行為に携わった[121]。しかし、彼の犯した罪過が白日の下にさらされると、刑部、都察院そして科道官たちより重罰を請う連章執奏が相次ぎ、これに対して桂萼と張璁が「洸は礼を議して法官の中傷を受けた」と庇護したのを受け、ようやく官職を辞すに止まった[122]。沈徳符はこのことをめぐって、

　おおよそ議礼を護身の符にして反対派をそしり、反坐の事件を起した情状は明らかだ。上もまた心の中ではそのようなことを知っても、ただ、むかしの孝宗皇考の趣旨を慮り、機に乗じて再び用い、これに借りて天下の口を箝ごうとしたのである。

と記し、陳洸の事件を、李福達事件の一年前に発生した同じ類型の出来事と見ているのである[123]。

ともあれ張璁や桂萼は、沈徳符が指摘するように、陳洸や郭勛を擁護する態度を取っているが、こうした行為は議礼を護身用にしたためで、このことは、彼らがいまだに楊廷和内閣の残滓勢力と対決しているという政治的状況と関連させて考慮しなければならない。李福達の獄が起ったころ翰林学士張璁は兵部右侍郎に抜擢され、桂萼とともに大学士費弘の不職を挙げて弾劾したのも、楊内閣の余勢を意識したためで[124]、彼らは遂に錦衣衛百戸王邦奇を使嗾して、正徳朝の楊廷和内閣のときに哈密を失ったのは兵部尚書彭沢の責任であったという罪名に連累、誣奏させ[125]、けっきょく閣臣費弘と石珤を斥けるのに成功した。かつての閣臣楊一清を登用した人事も、大礼問題と関連がある。楊一清は武宗の時代に楊廷和とともに内閣大学士を歴任したが、官職を辞していたとき「大礼の議」が起った。そのとき彼は、張璁の大礼の疏を見て、当時の吏部尚書であった門人喬宇に手紙を送り、「張生のこの疏は、聖人が再び出現しても改めるのは難しい」と述べ、大礼派の側に立った[126]。そのために張璁の発言権が強まると、楊一清を強力に推薦して兵部尚書の職銜で三辺総裁の任に当たらせ、続いて内閣に自派の人物がいなかった点を考慮し、費弘を斥けて楊を入閣させようとしたのである[127]。

こうした大礼派による企てに対し、科道官はもちろん黙ってはいなかった。張璁が兵部侍郎に抜擢された時から、費弘・石珤の免職と楊一清の起用及び入閣をめぐって、双方の攻防が繰り返されたのである。特に、席書を始めとした大礼派による楊の入閣工作に対して、給事中章喬は「(吉) 棠は三辺を軽視して朝廷を危視するが……。臣が思うに、今日の内閣に一清がいるべきでないが、三辺にはいるべきだ」と述べ、給事中鄭一鵬がまた、辺防の勤務が適材適所であることのみならず、過去の内閣に於ける過失をも挙げるなど、内閣派言官の反対がともなった[128]。

楊一清の後任人事でも双方の対立があった。吏部尚書廖紀が主宰した廷臣会議では、三辺軍務総裁に、楊廷和内閣派の彭沢と王守仁の二人を挙げて推薦し、大礼派では嘉靖初に楊廷和により推された王瓊を推薦して、けっきょく致仕兵部尚書王憲が起用された[129]のだが、このとき席書と廖紀の間に攻防があったのである。次に記すのは席の攻撃に対する廖の反撃であり、その間の事情を推測できる。

先ごろ、陛下が楊一清を内閣に召還し、辺務の員缺《ポスト》を提督させた。……。臣が思うに、提督の任は楊一清・彭沢ら五人を凌駕する者がおらず、そこで奏請して、科道の主張に従い一清を留任させるか、でなければ臣等の会推に従って一員を選任すべきとしたが、それは実に辺方に人を得る為に計ったのである。ところが礼部尚書席書は、臣のことを「内では相臣に柔順で、外では科道の牽制を受けてまごまごとし、双方の顔色をうかがっている」と言った。この言には必ず他に意図したところがある。……いま考察の時期に当り、臣を罷めて書を用うると、必ず用と捨が正確で、黜陟が正しく行われるのである。[130]

とあり廖は、席書が吏部の人事問題をめぐって「内では相臣に柔順で、外では科道の牽制を受けてまごまごとし云々」と非難した言を解説し、逆に詰難したが、それに続いて六科給事中張㴱ら、十三道御史周在らも交々章して「[席]書は是非を搆結して、ひそかに（科道を）箝制しようとし、大礼を知らない」[131]と非難した。著者は、ここから当時の大臣がある程度「科道に牽制されており」、また大礼派では「科道を箝制しようとした」という雰囲気を感じ取ることができる、と考える。

嘉靖三年七月の伏門事件から五年七月の李福達事件の間は、たとい小康状態にあったしても、このように両派の対立は継続しており、そこには常に科道官が介在していた。御史馬録が初めてこの事件の真偽を徐溝の郷紳の給事中常泰によって諮問されたのみならず、郭勛と彼を庇護する張璁・桂萼に対し、事件担当官と一緒に単疏や連疏で攻撃を加えたのである。しかし世宗は、これを内閣派の諸臣が互いに結託して大礼派を陥れようとした言動だという張・桂らの教唆で、事件自体を疑い、皇帝自身が親鞫しようとした。大学士楊一清の慰留で親鞫はようやく避けることができたが、担当官たる刑部主事唐枢が官職から斥けられ、尚書顔頤寿が叱責される中[132]、翌六年には馬録が逮捕されて京師へ押送され、また再び反大礼運動に加担した人士たちに対する弾圧が始まったのである。こうした事件の推移の核心部分で、世宗と大礼派により科道官に対する箝制策を制度化しようという動きが進行していた事実を看過してはならない。次に、その内容に検討を加えてみよう。

2　李福達事件と科道官箝制策

嘉靖六年三月、李福達を京師へ押送して本格的な捜査が始まったが、それと殆ど時を同じくして、前年に行われた考察の後遺症が、科道官と大礼派の間における新たな争点として徐々に浮き彫りになってきた。吏部郎中彭沢[133]が考察浮躁という理由で外任へ左遷されたのだが、それに対し、張璁がその無念さをあげて弁護した。

昔、大礼が議論された時、沢が臣の『大礼或問』を見て非常に感嘆し、進呈しようと勧め、また、これを記録して内閣に送ったことがある。このために大いに衆口にのぼるようになったが、今回、臣が上せた『大礼要略』に、その事実と徐文華・余才・盧瓊が排撃した言等を記述すると、文華らは憤恨を我慢しきれず、遂に郷人の御史程啓充、都御史聶賢と謀議し、虚詞を捏造して浮躁に挙げ、啓充と瓊もまた順々に臣らを攻撃した[134]。

この伸冤で彭沢の外任決定は取り消され、留任となるや、給事中楊秉義・御史儲良材らが抗議して奪俸二ヵ月という処分を受けた。しかし彼らはこれに屈せず、考察拾遺で張璁を糾劾した[135]。張はさらに、

臣が挙朝と抗争すること四、五年、挙《こぞ》って臣を攻撃したのは百人の疏に及ぶ。今また『大礼全書』を勅修し、元悪は心を寒くし、群奸は目をそらす。『要略』が出て誹謗が繁興したところに、『全書』が編集されると、いっそう誣陥するのであり……、清明の朝にこうした攻撃の風潮があり、やはり臣は安んじない[136]。

と述べ、また大礼問題で挙朝と四～五年間抗争したが、『大礼全書』が刊行されて反対派の攻撃がより熾烈になったとして世宗の注意を喚起させ、それにより自身の信任をいっそう揺るぎないものにしようとしている。まさにこの頃、桂萼も詹事で礼部侍郎に昇進し、二人がともに日講官へ補任される等、皇帝の信任が厚くなっていたが、他方では桂

萼が南京科道官の考察拾遺により糾劾されていた。(137) また、この頃、吏部尚書廖紀の退官で空席となっていたポストに、吏部から廷推で前の尚書喬宇と楊旦を上せたが、張璁は彼らが張廷和党だと主張し、けっきょく世宗は彼らを採用せず、(138) それとは別に、桂萼が辺務の経略に王瓊の再起用を請うたが、給事中鄭自壁・御史譚讃らが不可であると述べ、「萼の奸邪を薦引するは謀国不忠」だと糾弾し、またうまくいかなかった。(139) このように、大礼派の中でも核心人物たる張璁と桂萼は、世宗の信任を受けて出世の道を駆けていても、絶えず至る所で内閣派科道官の攻撃を受けていた。これに対して両人は、議礼問題を口実に世宗の怒りに触れさせる一方、李福達事件を政治問題化することで言官の口を封じようとした。桂萼（?～一五三一）は、

昔、輔臣楊廷和が私党を過度に植え、聖徳を蔽って以来六年、今日に至るまでに殆ど斥けられたが、しかし遺奸は今だに言路に存在している。昔、憲宗の初年に詔勅が下され、科道官は考察拾遺が終った後、相互に糾察まで行い、遂に言路が清らかになった。請うらくは、今後も旧例に従い施行されんことを。

と、今回は科道官に対する弾圧として、考察拾遺後の彼らに相互糾察という制度的措置を講究しようというのであった。(140) 科道官に対する大礼派の憎悪は、積もりに積もっていた筈である。近くは楊一清の入閣時に、三辺提督の人事問題と関連させて、大礼派の席書が吏部尚書廖紀を「内で相臣に柔順で、外では科道に牽制されている」と非難し、科道官側から「言論を間接的に箝制しようとした」という攻撃を受けることがあったが、(141) 当時大礼派としては彼らの口をどのように箝ぐかが切実な問題であった。権力による弾圧が一般的だが、その効果は長続きしないのみならず、彼らは処分を受けても早晩復権されるものであった。ところが、桂萼が提案したこの科道官の相互糾察は、言路に仲間割れを起させ、それ自体の勢力を弱体化させようというものであって、世宗としても即座にこれを容れ、吏部に直ちに施行、報告させた。しかし、吏部侍郎何孟春はこれに反対して、「憲宗初年にこうした詔旨がなかったにも拘らず、萼はそのように述べた。これはちょうど彼が罪を論じられた時にあたり、報復の情が明らかで、衆心を満足させ公論

をはっきりさせることは出来ない。また既に考察が終わった今、別に論議してはならない」と応酬し、これに対し、さらに桂は「旨は憲宗の巻案に仔細に記載されている。春は奉職に状［功績］がなく、言官に阿諂して公務をおろそかにしており、当然治されるべきだ」と張り合った。そこで世宗は吏部に事の真否を調査するよう命じ、吏部はその結果を次のように報告した。すなわち、成化年間に廷臣が科道官の中から巡撫に抜擢するとき、推挙された者で不適格な者を劾奏させたところ、一時外任に補された者が七名になった(142)。しかし、これは考察拾遺の事例とは異なり、また憲綱に規定されたところは内外の風憲官が互いに糾挙するもので、六科とは無関係(143)なので、桂萼の主張は事実と異なる、とした。こうした報告にも拘らず、世宗は桂をかばって、吏部が党派を庇護するものだと詰責し、科道官に相互に糾挙させ、考察に遺漏した者を報告させた(144)。

　科道官は相互に糾劾しなければならず、これは彼らにとって甚だしい拷問に違いなかった。吏科都給事中王俊民は、この措置について、

> 先ごろ旨を下し、科道官をして相互に糾劾せしめられた。皇上のこの措置は、真に名実を綜覈して言路を尊重せんとする術である。今回、既に六科では四人が去り、十三道でも十人が去った。しかし、ほかの部曹と比較して、厳格に行わない訳にはいかない。まんいち遺漏があれば、どうして黙っていられよう。特に耳目の官は職司が甚だ重く、皇上が直接選ぶべきだ。

と述べ、御史盧瓊と劉隅らは、

> 皇上が登極後、二回行われた考察により、御史で黜せられた者が非常に多かった。今さらに臣等をして同僚批判を強要せしむれば、これは攻訐の門を開き報復の計を勧奨するもので、盛世に行われるところではない。

と、その撤回を建議したが、世宗はこれを抗命だと戒め、速やかに従うよう急き立てた。しかし、王俊民・劉隅らは再び、「吏部が人物を銓衡し、都察院が庶僚諸臣を糾正する責を負っており、（官吏は）行跡を隠し得ない。皇上はこ

れらに考覈の責を委ねており、かりに臣等が黜けられたとしても、不職の戒めとする」と述べ、相互糾劾だけは免れようとした。しかし、世宗は彼らを「朋辞」として回避し、奪俸五ヵ月の処分を下して、止むなく吏部と都察院に考覈させる方法を取ったが、ただ姑息に隠蔽、庇護しないことを厳命する線で落着した[145]。

こうして、吏部と都察院は不謹の御史として儲良材ら四人の姓名を上せたが、世宗は儲のみを斥け、さらに、これとは別に直言で権倖の中傷を受けた内閣派の鄭自壁と孟奇を特旨で斥ける一方、吏部と都察院に対して、再び考覈してより多くの科道官を黜退するよう命じた[146]。兵部侍郎で都察院を兼ねる張璁が各道の不職の御史一二人を黜退する等、斥けられた御史が前後二〇余人にもなり、「台署は空為り」といわれるほどだった[147]。他方、このとき南京の考察では科道官に斥けられた者は一人もなく、南京科道官と不和であった桂萼としては大いに不満であった。しかも、南京吏部尚書朱希周とは議礼問題をめぐって対立の関係にあったので、「勢を畏れて曲庇」したのみならず言官を庇護したと攻撃して、けっきょく朱を吏部から斥け[148]、またしばらくして、南京科道官の相互糾劾で戸科給事中顧溱ら四人も不職で斥けた[149]。

『大礼全書』の初稿が呈覧され、大礼派の功業が際立って見えたときも、李福達の獄には依然として解決の糸口を見出せなかった。世宗はこれを徹底的に究明するため、桂萼を刑部尚書署理に、張璁を都察院右都御史署理に、そして方献夫を大理寺卿にそれぞれ任命して、大礼派の三巨頭が三法司を掌握し、この疑獄事件は新たな段階を迎えた[150]。

彼らが事件を捜査する過程で、御史馬録の引き出しから大学士賈詠、都御史張仲賢、工部侍郎閔楷、御史張英らの私信が出てくると、賈詠は退け、張仲賢らは投獄させたのみならず、この事件に関与した言官及びその他官員のリストを、その罪名を付して列挙した。そして、

給事中常泰・劉琦、員外郎劉仕の三人は互いに寄り掛り、私でことに任じ、馬録を助けて殺人をおかしたが、皆が怖がり、法を行い難い。給事王科・鄭一鵬・秦祐・沈漢・程輅、評事杜鸞、南道御史姚鳴鳳・潘壮・戚雄らも

扶同妄奏して奸悪を醸成し……。近ごろ、科道官は党をつくって勝利を求め、内では公卿を奴隷とし、外では司属を草芥のように扱う。願わくは、大いに乾剛を奮い、国法を顕彰すべきである。そうでないと、脅従した大臣は繋獄され、朋謀した小人がむしろ朝廷にのさばるのであって、どうして天下に権威を打ちたて、人心を従わせることができようか。

という桂萼の言を容れて、世宗は「張寅は李福達でないのに、馬録らが郭勛を恨んで冤獄を構成した」と結論づけ、前後四〇余人を投獄させ、量刑の軽重にしたがって処分し、その経過を『欽明大獄録』として纂輯させ、天下に頒示した[151]。桂萼が指摘したような、「近来、科道官が党派をつくって、内では公卿を奴隷と見倣し、外では司属を草芥［取るに足らないもの］と考え、思い通りに暴れ回った」という、言官に対する大礼派の容赦ない批判は、結局、李福達事件を第二の伏門の獄にしてしまい、科道官の大規模な犠牲を招来することになった。同年九月のことである。この事件が事件担当官と科道官の一方的敗北で締め括られたのと殆ど時を同じくして、都察院を兼ねたまま礼部尚書として入閣し機務に参与するようになった張璁が、憲綱七条を上奏して言官の箝制策に拍車を加える一方[152]、桂萼は吏部尚書、そして郭勛は詹事で翰林学士を兼ねる等、大礼派の進出が顕著であった。ともあれ、伏哭事件と李福達事件という政治をめぐる二つの大きな波風により、科道官はその活動が大きく萎縮せざるを得なかった。御史張録はこれに対する憂慮を、次のように表明している。

先ごろの張寅の獄は、初めは担当官が法を刻薄に運用し、次には言官が誤って騒ぎ立てたことで……、陛下の怒りを買い、官に廷鞫が命ぜられ、各々軽重に従って謫罷された。この獄が成ると、陛下はますます疑心を抱き、言官はますます恐れ、言官が言論を回避すること数カ月になる。……願わくは、陛下は聴納を煩わずに、群臣をして事実に依拠して上言せしめ、可なれば用い、不可なれば捨て、至誠求助の意を説諭し、臣下の敢言の気象を奮い立たせるべく、［そうすれば］循黙の風潮を増長せず、壅蔽の患を招かなくなるのである。ただ、侍従と台諫は各々受け持ちが異なり、彼此が侵越すると、これは国体ではない。願わくは、陛下が二、三の大臣に説諭し、各々自己の職を持ち、侵越させなくすれば、言路が開かれ、体統もまた正しくなるのであり、これは天下国家の幸いである。[153]

李福達事件にあっては言官たちが誤って騒ぎ立て、応分の措置が下されたが、問題はその獄事のために言官が言論を回避する風潮が気懸かりだ。言官が話の出端を挫き壅蔽の禍が生ずると、天下国家に利がないので、敢言する気象を振作すべきであり、ひいては科官（侍従）と道官（台諫）は担当が異なるので、相互糾劾の措置は撤回されるべきだとし、また、張璁・桂萼ら二〜三の大臣たちが言官を侵越できないようにも措置すべきだ、というのであった。一連の政治をめぐる波風が過ぎ去ると、決って処分された言事者の復権のために努力がなされる。伏門の獄以後にも、そうした努力が、主に科道官を中心として活発に進められた。[154]ともあれ、右のような御史張録の言路伸張の要求に対し、世宗は、

言官は言論を職とするが、忠讜と公直が伴わねばならない。近来の言事者は、名分を売って名誉を買い、正直を毀損して奸邪に付き、公に借りて私を為し、雷同煩擾する。そのために朝廷では懲戒し、彼らをして各々改悟させ職に忠実ならしめざるを得ない。[155]

と述べ、所謂「近来の言事者」の否定的側面を挙げて、言官本来の職分へ戻すべきだと主張している。世宗は、かつて兵部尚書彭沢と科道官との間に政府の言論弾圧をめぐって対立が生じたときも、そのように主張したのみならず、張璁と桂萼が科道官の相互糾劾を強引に推し進めていたとき、楊一清内閣に対し「一挙に政治を粛正することが、朕の本心だ」と述べ、大礼派の言官箝制策を支持する意志を明白に示していた。[156]

ともあれ、科道官はもちろん楊内閣派の人士も、言路を開放して壅滞を防ぎ、天下国家を立て直すべきだと主張したのに対して、大礼派大臣は世宗の支援を受け、言官の箝制策により政治を粛正すべきだという主張であった。こう

した主張の違いは、嘉靖初の政治対立の本質を成すものであった。

註

（1）『明史』巻二〇八・余珊伝。

（2）楊廷和『楊文忠公三録』巻二「請停止織造第二疏」（『欽定四庫全書』史部）。

（3）『明史』巻一九〇・楊廷和伝。また焦竑『玉堂叢語』巻二・政事、参照。

（4）『玉堂叢語』巻五・器量。

（5）『明史』巻一九〇・楊廷和伝。

（6）同書・同巻の各伝。

（7）李洵氏は、楊内閣を改革派内閣、張璁を筆頭として大礼に賛成した側を権貴保守派と規定し、「大礼の議」は改革派と保守派の間で繰り広げられた内閣権の争奪戦に過ぎない、とした（李洵『明清史』、一九五六、八六～九〇頁、参照）。「大礼の議」を通じて改革派と保守派が内閣権を争奪したという見解は、牽強附会の感を免れないとしても、少なくとも楊内閣が帝権の濫用を牽制しようという見地から政治的刷新を図ろうとする意志を持っていたことには相違ない。特に楊が、武宗朝の内閣と戸部が中心となり、帝の周辺の奸臣たちを排除して、政治の刷新を期そうとした意志（第一篇・第五章・第一節・八虎打倒計画に於ける戸部と科道官、参照）を直接継承した点には疑う余地がない。

（8）『世宗実録』巻四・正徳十六年七月甲子の条、及び『明史』巻一九〇・楊廷和伝。

（9）谷応泰『明史紀事本末』巻五〇・大礼議。以下、「大礼の議」に関係する叙述は、特に註で明記しない場合、主に同書の記述に依拠した。

（10）楊廷和の政治改革の理念に関しては、鄭台燮「明代の典礼問題とその政治思想」（京都大学修士論文、一九八四）の見解を取った。氏はこの論考で、「大礼の議」を通じて楊廷和の改革的な政治理念を取り上げ、その理念について、明末に於ける帝権牽制のための礼論の展開に焦点を置き、論を展開させている。

（11）『楊文忠公三録』巻四・視草餘録に、

昔、呂端之鎖王継恩、李迪之制八大王、韓琦之叱允弼、皆事権専而委任重、所以能弁。我朝内閣無宰相之権、予輩任此亦難矣。

とある。

（12）同書・巻二「請停止織造第二疏」に、

我祖宗朝、一応批答、皆由内閣擬進。惟正徳年間、権奸乱政、始有擅自改擬、営求御批、以済其貪私者。……

とあり、内閣の票擬権が正徳朝の劉瑾の乱政により破壊されたことを嘆いている。

(13) 註(3)参照。

(14) 黄宗羲『明夷待訪録』「置相」、「奄宦」上。票擬制の成立により、文書や意旨を口頭で伝達する責を負う宦官が、奸計をめぐらすことが可能となり、六科の封駁権が強化されていった過程については、第一篇・第二章・第一節・1内閣の票擬制と六科の封駁権、参照。

(15) 『世宗実録』巻一・正徳十六年四月戊申の条、及び『明史』巻一九六・夏言伝。

(16) 『明史』巻一九〇・楊廷和伝。

(17) 同書・同巻・楊廷和伝に、

　時廷和当草大将軍征南勅諭、謝弗肯、帝心恚。

とあり、同巻・梁儲伝にも、

　十三年七月、帝従江彬言、将徧游塞上。……、令内閣草勅。閣臣不可、帝復集百官左順門面諭。廷和・冕在告、儲・紀泣諫、衆亦泣、帝意不可回。

などの記述が散見される。

(18) 沈徳符『万暦野獲編』内閣・巻七「首輔再居次」に、

　輔臣首次之分、極於正嘉間、而首輔復遜居於次、亦始於此時。正徳十年、楊新都廷和丁艱、梁南海(儲)代居首三年矣。

とある。

(19) 趙翼『二十二史劄記』巻三三・明内閣首輔之権最重。

(20) 『万暦野獲編』内閣・巻七「輔臣掌吏部」に、「内閣は章奏の看詳と勅旨の票擬以外に人事権を掌握し、真の宰相の実権を持つようになった。正徳初めに、焦芳が劉瑾の力を借りて、大学士として初めて吏部を兼たが、わずか数日だけのことであった」とあり、続いて嘉靖期の厳嵩と高拱を、その代表的な例として挙げている。ところで、楊廷和が吏部尚書王瓊を斥けたのも、そうした例に属する。楊が吏部を兼ておらず、王は自らを「九卿の長」と標榜して楊内閣と対立的な関係にあり、それゆえ大権のイニシアティブを取るためには、吏部権を掌握せずには不可能だったのである。『明史』巻一九〇・楊廷和伝、巻一九八・王瓊伝、及び王世貞『嘉靖以来首輔伝』等、参照。

(21) 『楊文忠公三録』巻七・辞謝録三。

(22) 『明史紀事本末』巻五〇・大礼議・正徳十六年十二月の条。

(23) 『明通鑑』巻四九・正徳十六年七月甲子の条。

(24) 註(22)参照。

(25) 『明通鑑』巻五〇・嘉靖元年十二月戊戌の条。

(26) 『世宗実録』巻一・正徳十六年四月己酉の条。

(27) 『明史』巻一九〇・梁儲伝。

(28)『世宗実録』巻二・正徳十六年五月壬申の条、『明通鑑』巻四九・正徳十六年五月壬申の条。

(29)『世宗実録』巻二四・嘉靖二年三月壬寅の条。

(30)『明通鑑』巻五一・嘉靖二年閏四月乙未、己未の各条。

(31)同書・同巻・嘉靖三年七月戊寅、己卯、癸未、辛卯の各条。

(32)『世宗実録』巻二・正徳十六年五月丙子の条、『明通鑑』巻四九・正徳十六年五月の条。

(33)彼は「請発留中章奏疏」(『楊文忠公三録』巻二)を上せ、正徳朝に留中とされた疏を全て捜し出し、編纂に利用しようとする等、言路の奨励を主張している。

(34)中山八郎「再び『嘉靖朝の大礼問題の発端』に就いて」(『清水博士追悼記念明代史論叢』、一九六三、四一一頁(のち『中山八郎明清史論集』再録、汲古書院、一九九五、一一五頁)、参照。

(35)熊浹の官職と上奏の日について、『世宗実録』は巻一〇・嘉靖元年正月己酉朔の条に「礼部右給事中熊浹奏……」と記しているが、『明通鑑』は巻四九・正徳十六年十月己卯朔の条に「巡視松潘御史熊浹亦馳疏如韜言……」とあり、異なっている。まず官職は、『掖垣人鑑』巻一三・熊浹によると、礼科・吏科・刑科は経たが、御史を歴任したことはなく、『明史』巻一九七の本伝には、正徳九年の進士で、礼科を経て松潘辺餉を「出核」したのち、世宗が践祚すると馳疏した、とある。これらの記述を見ると、彼が給事中として松潘地方を巡視してから大礼の報せを聞き、正徳十六年冬十月に馳疏したものが、翌年正月に朝廷で受付られたと考えられる。そして地方巡視は主に御史の仕事であるため、『明通鑑』の記述が誤謬を犯しているに相違ない。

(36)特殊な場合とは、権力闘争の渦中で互いに利用し利用される場合を指すが、これについては、例えば本章・第四節・1　伏哭後の大礼派の執権と科道官、参照。

(37)『万暦野獲編』巻二〇・言事「言官一言之失」。

(38)『明史』巻一九七・熊浹伝。

(39)『世宗実録』巻二一・嘉靖元年十二月戊子の条。

(40)同右、及び『明史』巻一九四・喬宇伝。

(41)王瓊は正徳朝に兵部尚書と吏部尚書を歴任し、楊廷和とは勿論、彭沢とも不和の関係にあった。はじめ兵部尚書に欠員が生ずると彭沢が廷推で上ったが、結局王瓊がそのポストに就いたので、多くの言官たちが王を攻撃し、両者の間に不和が生じた。また世宗の即位当初、王が再び楊廷和と同派言官たちの攻撃を受けて罪を得たとき、史道はほかの言官とは異なり、王を擁護したので、彭は史を王瓊の党だと攻撃した。『明史』巻八六・王瓊、彭沢の伝、及び楊一清撰「太子少保兵部尚書鹿野史公行状」、朱大韶編『皇明

名臣墓銘』「嘉靖紀年」兌集、『世宗実録』巻八・正徳十六年十一月己巳及び巻二一・嘉靖元年十二月戊子の各条、参照。

（42）註（39）参照。

（43）『世宗実録』巻二二・嘉靖二年正月癸卯朔、巻二四・同年三月壬寅朔の各条、及び『明史』巻八六・彭沢等の伝。

（44）『明史』巻一九四・趙璜伝。

（45）『世宗実録』巻二一・嘉靖元年十二月丁亥の条。

（46）同書・巻二二・嘉靖二年正月癸卯朔の条。

（47）同書・巻二二・嘉靖二年正月庚戌の条。

（48）『皇明奏疏類鈔』巻二五。

（49）『世宗実録』巻二二・嘉靖二年正月戊辰の条、及び『明史』巻二〇六・鄭一鵬伝。

（50）その具体的な一例として、『世宗実録』巻二三・嘉靖二年二月丙戌の条に、

　先是、都察院疏請、差御史巡塩、批答稍誤、以未下閣臣票擬也。刑科右給事中黄臣諫曰、我朝設立内閣、処以文学之臣、凡百章奏、先行票擬。今使内閣虚代言之職、中貴肆専擅之奸、関係匪軽、漸不長可容、臣封還原本、以重命令。疏入、即改批如制。

とある記事を挙げることができるが、これは御史の巡塩に関する批答の誤りを、担当の戸科給事中が原本を封還して訂正した、ということであった。そのこと自体は些細なことに過ぎないけれども、内閣の票擬を経ずに批答が下されたことを黄臣諫が問題として取り上げ、内閣票擬の正常な運営を要求している点に、着目する必要がある。

（51）『楊文忠公三録』巻二「請停止織造第二疏」。

（52）史道と曹嘉が大臣の誣告により罪を論ぜられたとき、御史尚信らの「史道・曹嘉の妄奏は、実は浙江僉事閻閎により使嗾された」という劾奏により、閻閎も左遷された（『世宗実録』巻二四・嘉靖二年三月丙午の条）が、これら三人による楊廷和と彭沢に対する弾劾の疏に関しては、「貴州按察司副使閻閎伝」（焦竑編『国朝献徴録』巻一〇二）でも、「給事中史道が宰執の罪を論ずると、兵部尚書は道の罪を論じた。御史曹嘉に続いて兵部が内閣に党附したと非難する疏草万言は、公が書いたものである」と記し、閻の隠れた役割を指摘している。閻は吏科給事中の立場から世宗の即位当初に上せた疏で、

　歴代以来、藩王入継大統者、序援立之功則主威弱、私扈従之人則侍衛驕、弛戚倖之禁則請託行。此治乱安危之幾、辨之不可不早也。（『世宗実録』巻一・正徳十六年四月丁未の条）

と述べ、つとに藩王が大統を継ぐ場合に帝権が脆弱にならないか憂慮していたところも、彼ら三人による楊内閣批判

と一定の関連があるようで、こうした点から、彼らは当時、楊内閣に対する言官たちの一般的な支持とは態度を異にしていたことが窺える。

　一般の科道官とは政治的見解や傾向を異にする彼らは、正徳朝の翰林院庶吉士の出身で「舘中三傑」と称され、やはり正徳朝にあっても批判的言論活動を活発に行い、以後、復職・昇進して、引続き官職に留まっていた（焦竑『皇明臣墓銘』兌集「太子少保兵部尚書鹿野史公行状」及び『国朝献徴録』「貴州按察司副使閻閎伝」）が、『明史』には伝が立てられていない。

(53) 楊廷和弾劾の疏を上せた時期が不適切という指摘は、すなわち史道が給事中から山西按察司僉事へ昇進したのちに、その疏を上せたということである。史は、本奏の草稿をはるか以前に準備していたが、楊に知られて外任へ斥けられたため、そのまま上せたと弁明した（『世宗実録』巻二一・嘉靖元年十二月戊子の条）が、これに対して楊は、それが事実でないという点と、言官在職時には如何様にもすることができ、また故意に言職を辞した、と主張した（『楊文忠公三録』巻八・辞謝録四）。

(54) 『世宗実録』巻二一・嘉靖二年正月乙丑の条。

(55) 同書・巻二四・嘉靖二年三月壬寅朔の条。

(56) 同書・巻二四・嘉靖二年正月庚午の条。

(57) 註（55）参照。

(58) 『明通鑑』巻五〇・嘉靖元年十二月戊子の条。

(59) 同書・巻五一・嘉靖三年二月丁酉の条に、

　　上初践祚、言路大開、言者過于切直、亦優容之。自劉最及継曾得罪後、厭薄言官、自此廃黜相継矣。

とあり、劉最と鄧継曾が罪を得てから、言官に対する弾圧が本格化したという。

(60) 『明通鑑』巻四九・正徳十六年七月壬子の条。

(61) 同右。

(62) 『明史紀事本末』巻五〇・大礼議・正徳十六年九月の条。

(63) 『明通鑑』巻四九・正徳十六年冬十月己卯朔の条。

(64) 『明史紀事本末』巻五〇・大礼議・正徳十六年十月壬午の条。

(65) 熊浹は大学士費宏と同郷であったが、費は楊廷和が自分を疑っていると思い、熊を外任へ斥けたという。同書・正徳十六年十月甲午の条、及び『明史』巻一九七・熊浹伝、参照。

(66) 『明通鑑』巻五〇・嘉靖元年二月壬寅の条。

(67) 同書・巻五一・嘉靖三年春正月丙子の条。

(68) 『明史紀事本末』巻五〇・嘉靖三年春正月の条、及び同右。

(69) 『明通鑑』巻五一・嘉靖三年春正月丙子の条。

（70）同書・巻五一・嘉靖三年二月丙午の条。

（71）『明史紀事本末』巻五〇・大礼議・嘉靖三年春正月の条。

（72）『世宗実録』巻三七・嘉靖三年三月丙戌の条。

（73）同書・巻三八・嘉靖三年四月己未朔の条。

（74）同書・巻三八・嘉靖三年四月己酉の条。

（75）同書・巻三八・嘉靖三年四月丙辰の条。

（76）『明史紀事本末』巻五〇・大礼議・嘉靖三年三月の条、『明通鑑』巻五一・嘉靖三年四月の条。

（77）『世宗実録』巻三九・嘉靖三年五月乙丑朔の条。

（78）同書・巻四〇・嘉靖三年六月戊戌の条。

（79）同書・巻四〇・嘉靖三年六月丙午の条。

（80）同右。

（81）翰林院官と科道官は、ともに近侍官であると同時に清要の職であり、いったん楊内閣の隊列に立つことになった以上、自らの主張を容易に曲げようとしなかった。そのうえ楊廷和の息子慎が修撰として、同官及び科道官と一丸となって闘争の隊列に加わり、主導的役割を果たしていたという事実も看過してはならない。

（82）『明通鑑』巻五一・嘉靖三年六月丙午の条。

（83）『世宗実録』巻四〇・嘉靖三年六月辛亥の条。

（84）同右。

（85）同書・嘉靖三年七月己卯の条、及び張璁・桂蕚「謹奏為条陳証拠典籍乞昭聖断以成大礼事」（『大礼集議』巻二）。

（86）『明通鑑』巻五一・嘉靖三年七月乙亥の条。

（87）何孟春の反駁の疏は、『何文簡公疏議』巻一〇「弁斥忠邪疏」（『欽定四庫全書』史部）、及び『世宗実録』巻四一・嘉靖三年七月己卯の条。

（88）『世宗実録』巻四一・嘉靖三年七月戊寅の条、『明史』巻一九一・何孟春伝。

（89）同右。

（90）『二十二史劄記』巻三四・成化嘉靖中百官伏闕争礼凡両次。

（91）『明通鑑』巻五一・嘉靖三年七月己亥、庚戌の各条。

（92）『世宗実録』巻四三・嘉靖三年九月丙寅の条。

（93）同書・巻五一・嘉靖四年五月庚辰の条、『明史』巻一九一・何孟春伝。

（94）『明史』巻一九七・霍韜伝。

（95）同書・巻一九六・方献夫伝。

（96）『世宗実録』巻一〇・嘉靖元年正月己酉の条、及び張璁「太子太保吏部尚書北原熊公浹墓碣」（焦竑編『国朝献徴録』巻二五）。

（97）中山氏前掲論文は、張璁を始めとする大礼派の「大礼の議」に於ける発想と論理が陽明学的であり、また実際に陽明学と深い人的関係にあったことを明らかにした労作だが、大礼派とその反対派の思想を新旧で区分した点には疑問がある。大礼の論議はがんらい思想性で論じ得ない性質のものであるからである。

(98) 沈徳符は『万暦野獲編』巻二〇・言事「陸澄六辨」に、

刑部主事陸澄、王文成高足弟子……。時、張・桂新用事、復疏頌桂・萼正論、云以其事質之師王守仁、謂父子天倫不可奪、礼臣之言未必是、張・桂之言未必非、……。文成之附大礼不可知、然其高弟如方献夫・席書・霍韜・黄綰輩、皆大礼貴人、文成無一言非之、意澄言亦不妄。

と記し、陽明は「大礼の議」に対して直接に意思を表明していないが、恐らくは賛成していたもののようだ、という。

(99) 中山氏前掲論文・六八~七三頁(前掲書・一三八~一四三頁)、参照。陽明の弟子たちが大礼派に加担していたのとは対照的に、反大礼運動で指導的役割を担った修撰楊慎がこのとき、桂萼と張璁を翰林院学士に命じたのに反駁して、

臣等与萼輩学術不同、議論亦異。臣等所執者、程頤・朱熹之説也。……(『明史』巻一九二・楊慎伝)

と、自身たちを程朱学徒と規定している点も看過し得ない。

(100) 『世宗実録』巻五〇・嘉靖四年四月乙卯の条、『明史紀事本末』巻五〇・大礼議・嘉靖四年夏四月の条。

(101) 溝口雄三氏が「明末には私が肯定的と否定的と両様に用いられる。」(「いわゆる東林派人士の思想」『東洋文化研究所紀要』七五、一九七八。二〇七頁)と述べる場合が、ここにも該当する。

(102) 『明通鑑』巻五二・嘉靖四年十二月辛丑の条。

(103) 島田虔次氏は「中国近世の主観唯心論について——万物一体の仁の思想——」(『東方学報[京都]』二八、一九五八。のち同『中国思想史の研究』再録、京都大学学術出版会、二〇〇二)で、朱子学を客観唯心論、陸王学を主観唯心論と規定し、安田二郎氏の説を引用、安田氏は「嘗て『陽明学の性格』を論ぜられた際に、現実から、即ち下から理想へという着実な修為に立つ朱子学の方法に対して、逆に理想から、即ち理想が既に達せられてあるという境界から出発するいわば高飛車な方法を『上からの』ものと名づけられた」(二二二頁。前掲書・二六頁)と述べているが、礼はすなわち到達した理想の境界として、君主の独断という「上からの」方法により実現されるべきだとしている。

(104) 『何文簡公疏議』巻一〇「弁斥忠邪疏」。

(105) 『世宗実録』巻八〇・嘉靖六年九月丁亥の条、『明史』巻一九七・霍韜伝。

(106) 註(91)参照。

(107) 『明史』巻一九〇・毛紀伝。

(108) 『世宗実録』巻三六・嘉靖三年二月丁酉の条。

(109) この事件の発生を、『皇明通紀』と『明書』では六年とするが、『世宗実録』は五年七月に始まり、翌六年九月に事件が終結したものとしている。『明史紀事本末』も『実録』に従っているが、これについては『明通鑑』巻五二・嘉靖五年秋七月丙戌の条に付された「考異」を参照。
(110) 『明史紀事本末』巻五六・李福達之獄・評欄。
(111) 『明史』巻一九六・桂萼伝。
(112) この事件の大要は、『明史紀事本末』巻五六・李福達之獄によった。
(113) 『明史』巻二〇六・馬録伝。
(114) 『世宗実録』巻六六・嘉靖五年七月乙未の条。
(115) 『万暦野獲編』巻一八・刑部「嘉靖大獄張本」。
(116) 『世宗実録』巻六九・嘉靖五年九月癸卯の条。
(117) 『明史紀事本末』巻五六・李福達之獄、『明通鑑』巻五二・嘉靖五年九月癸卯の条。
(118) 『明通鑑』巻五二・嘉靖五年十月の条。
(119) 『明史』巻一九六・張璁、桂萼伝、及び『万暦野獲編』巻一八・刑部「嘉靖大獄張本」、「嘉靖丁亥大獄」、『明史紀事本末』巻五六・李福達之獄。ところで、特に谷応泰は、李福達の獄を評するところで、張璁について、

永嘉等主之、必永嘉等成之、非為福達為武定耳。武定獲仲則諸臣之竄削有弗恤矣。甚哉永嘉之挙也。然則臺諫豈尽無過乎。

と記し、武定侯による意図的な伸冤が台諫の迫害を招いたと非難している。
(120) 『世宗実録』巻四二・嘉靖三年八月癸巳朔の条。
(121) 同書・巻四二・嘉靖三年八月甲寅の条、巻四四・同三年十月壬寅の条。
(122) 同書・巻五八・嘉靖四年十二月庚戌の条。
(123) 『万暦野獲編』巻一八・刑部「嘉靖大獄張本」。
(124) このとき彼らは、費宏の代わりに致仕大学士謝遷を推挙している。『明通鑑』巻五二・嘉靖四年十一月己巳の条では、このことを、

雖以薦遷、実以攻内閣諸臣。

と記し、楊内閣の余勢を削ぐために攻撃したのだという。
(125) 『世宗実録』巻七三・嘉靖六年二月己未の条、『明史』巻一九八・彭沢伝。
(126) 『明史』巻一九八・楊一清伝、『明通鑑』巻五一・嘉靖三年十二月戊午の条。
(127) 『世宗実録』巻五七・嘉靖四年十一月戊辰の条、『明史』巻一九七・席書伝。
(128) 『明通鑑』巻五二・嘉靖四年十一月辛巳の条。
(129) 『世宗実録』巻五八・嘉靖四年十二月丁酉の条、及び『明史』各本伝。

(130) 同右。
(131) 同右。
(132) 『明史』巻二〇六・馬録伝、『明史紀事本末』巻五六・李福達之獄。
(133) ここの彭沢は楊廷和内閣時代の兵部尚書で、退任した彭沢とは同名異人である。
(134) 『世宗実録』巻七四・嘉靖六年三月辛丑の条。
(135) 同書・巻七四・嘉靖六年三月壬寅の条。
(136) 同書・巻七四・嘉靖六年三月甲辰の条。
(137) 同書・巻七七・嘉靖六年六月丁未の条。
(138) 同書・巻七六・嘉靖六年五月癸巳の条。
(139) 同書・巻七七・嘉靖六年六月壬戌の条。
(140) 同書・巻七七・嘉靖六年六月己巳の条。
(141) 註（136）参照。
(142) 註（140）参照。
(143) 張鹵編『皇明制書』（東京、古典研究会刊）・勅撰「憲綱事類」に、正統四年十月二十六日付け勅諭の三四箇条中に相互糾劾に関する条項が挙げられているが、勿論これは六科と関係がない。
(144) 『世宗実録』巻七七・嘉靖六年六月己巳の条。
(145) 同書・巻七八・嘉靖六年七月丙子の条。
(146) 同右。
(147) 『明史』巻一九六・張璁伝、及び『明通鑑』巻五三・嘉靖六年九月戊寅の条の「考異」、参照。
(148) 『万暦野獲編』補遺二・「臺省」「科道互糾」、『世宗実録』巻七九・嘉靖六年八月壬申の条。
(149) 註（111）参照。
(150) 彼らが三法司を担当するようになった前後の情況については、『明通鑑』巻五三・嘉靖六年八月の条、「以桂萼署刑部尚書、張璁署都察院左都御史、方献夫署大理寺卿、治李福達之獄」に続く「考異」の部分を参照。
(151) 『世宗実録』巻八〇・嘉靖六年九月壬午の条。
(152) このとき張璁と桂萼は言官箝制策を強化しようとしたが、内閣首輔楊一清は、漸進的粛正という消極的な方法で当たった。世宗も「一挙に政治の粛正」を願い、張・桂の言官対策に支持を見せたが、元老たる楊の慎重論にも背くことができなかった（『世宗実録』巻七九・嘉靖六年八月壬申の条、参照）。しかし、このころ張璁が入閣し、楊一清による「祖宗旧制の憲綱の墨守」路線に反対して、按察御史と按察司官の相互糾劾を中心とした「祖宗旧制の憲綱の申明」を主張し、嘉納された（同書・同条及び巻八一・嘉靖六年十月丁未の条、参照）。
(153) 『世宗実録』巻八一・嘉靖六年十月甲戌の条。
(154) 同書・巻六〇・嘉靖五年正月戊申の条をはじめとして、

散見される。

（155）註（153）参照。

（156）世宗は大礼派による科道官箝制策を一貫して支持したといわれるが、時には慎重論に傾いた。例えば嘉靖六年、翰林院官と科道官の選抜と異動をめぐって大学士張璁と首輔楊一清が強・穏両論で対立した時、世宗は「祖宗の旧制をむやみに改めることはできない」として、楊の慎重論に傾いた（『世宗実録』巻八二・嘉靖六年十一月丁丑の条、参照）が、基本的には言官箝制策の立場に立っていた。

第二章　嘉靖以降における首輔権の強化と科道官の対応

第一節　張璁・夏言の閣権争奪と科道官

嘉靖帝（一五二二〜六六）の即位当初に発生した「大礼の議」は、楊廷和内閣の強力な抵抗にも拘らず、世宗が意図した通り、大礼派の勝利に終わり、張璁・桂萼らの大礼派内閣が成立した。これは、内閣権に対する帝権の勝利というべきもので、以後、世宗の治世に内閣の首輔権が強化されていったが、それは飽く迄も帝権の支配権を逸脱しないものであった。

大礼派内閣の成立を見るまでに大小臣工の多くの犠牲が伴ったことは周知の通りであるが、その中でも、嘉靖三年四月の伏闕疏争と同六年の李福達の獄により科道官が被った打撃は特に大きかった。大礼派の張内閣は科道官の犠牲の上に成り立ったと言っても過言ではない。そのため、大礼派に同調する少数の科道官もいなかった訳ではないが、それ以後、張内閣と科道官の間に感情的な対立が生じざるを得なかった。科道官として攻撃の口火を切ったのは、給事中孫応奎である。彼は大礼派の大学士楊一清（一四五四〜一五三〇）を攻撃するあまり、張璁・桂萼にも及び、

　桂萼は梟雄の資質と鷹鷙の性分を持って、威福をなして気節を沮仰し、党与を率いて言官を脅制するのみならず、その親故を私し……、威勢で六官を侵害したりして、事が沮撓されるのが常だ。上で委任を負い、下で隠憂を及ぼし、天下をして怒らしめ、敢えて述べさせない。(2)

と述べ、大礼派のなかでも特に桂萼が党与を率いて言官を脅かしたとの攻撃の言葉を発し、となると同官王準も「張

璁が推挙した通州参将陳璠と桂萼が推挙した御医李夢鶴は、ともに彼らの私人で、当然罷免すべきであり、かつ璁と萼も私党をつくって問題を起こしている」と糾劾した[3]。この王準による大礼派内閣の私人起用に対する糾弾には、同官陸燦からも朋比・賄賂等に関する広範な指弾が伴い、けっきょく張璁と桂萼は内閣を離れざるを得なかった[4]。しかし、言官たちもまた処分を免れることはできなかった。王準と陸燦はそうした状況を知りながらも速やかに糾劾しなかった責任が問われ、法司に送られ逮問の処分が下されたのである[5]。また当時、楊一清は大礼派と不和の関係にあり、そのため大礼派の霍韜が張璁と桂萼の為に弁じて、楊の収賄を告発し、それと同時に、張・桂に対する給事中陸燦らの糾劾は、実は楊の指図によるものだ、と述べた。これに対しては給事中劉希簡の反論があったが、世宗は「大礼の議」を通じて科道官に対し深い悪感情を抱いており、楊の罪状をも持ち出し、今度は科道官四九名に対して奪俸三ヵ月の処分を下した[6]。楊が法を犯した事実を知りながら、一人の科道官も事前に弾劾しなかったが、それは、彼らは阿附しなければ安んじ得ないためで、それゆえこのように軽微な処分で済ませたのであり、そして再び大臣張・桂を前後して入閣させた。

ところが今度は、夏言（一四八二～一五四八）が言官としては珍しく張璁を抜いて入閣し、天下の機務を担当することになった。彼は、政局が甚だ混乱していた嘉靖三年、親の死に際して帰郷し、七年には礼科給事中へ復官、直ちに兵科都給事中を経て、八年に特旨で吏科都給事中となり、政治活動を活発に展開するようになった。そのように出世したのは、彼が正徳末に兵科給事中を拝受して以来、嘉靖帝の即位で「大礼の議」が起った時もそこには一切介入せず、ひとえに与えられた任務に忠実であったものが、喪が明けて復官し、郊祀の儀礼に関して議論し帝の信任を受けたことに負うところが大きい。十年には少詹事兼翰林学士を経て直ちに礼部尚書に就任したが、これで科道官となってから何ヵ月も経たずに六卿に昇ったことになり、以前にはなかった特進である[7]。夏言は礼部尚書として帝の信任を受ける中、「大礼の議」で罪を得た科道官を始めとする大小臣僚の赦免論に同調することで、一方で世宗の叱責を受けても、他方では公卿の間で人気を博し、十五年、ついに入閣して機務に参与するまでになった。彼の入閣時に、張璁は既に郊祀の議礼をめぐって彼に押されて辞職し、大礼派としては南京礼部尚書霍韜が残っており、対決をいどんだが、けっきょく彼に斥けられてしまった。(8)

このように大礼派人士を順々に斥けて入閣したとき、李時が首輔の座にあったが、しばらくして夏言が代わった。七品官たる給事中から一年のうちに尚書になり、五年後には入閣し、その年のうちに首輔に上るのはめったにないことで、彼の昇進は、六科の政治的地位がどれくらい重要であったかを示す端的な一例といえる。その上、明初のように人材が貴重とされる時期や、「大礼の議」のように特殊な事件が発生したときは別として、嘉靖十年代、次第に政治的安定を取戻していた時期に於いて、七品官から二品官に特進した夏言のような出世は、科道官の政治的位置の重要性を代弁するものである。

夏言の出世がそのように急であったのは事実だが、入官〔後〕の年数でかぞえると、必ずしも速くはない。彼は正徳十二年の進士で、行人を経て、嘉靖初には兵科給事中として活躍した。そのとき「大礼の議」には加担しなかったけれども、正徳朝の悪政を辛辣に批判し嘉靖新政の必要性を力説した点では、科道官一斑の主張と異ならなかった。新政の主要な課題が宦官の政治介入を防ぎ、大臣による内閣票擬制の正常化と廷議制度の健全な運営にあることを力説した彼は、(9)その後、自分自身が内閣の首輔となり、その正常な運用を通じて内閣の権限とくに首輔権の確立を図ろうとしたことは、贅言を要さない。しかし、ことが思い通りに運んだのではない。そのあと二〇年間、首輔の座を維持して他に類例のない権力行使をする厳嵩（一四八〇～一五六五）が、夏言の後任の礼部尚書として、権力基盤を浸食し始めたためである。(10)

厳嵩は夏言と同郷で、夏を先輩として敬っていたが、自身が次第に帝の信任を得て入閣の機会をうかがうようになると、両者の関係は悪化した。さらに夏言は、当時の大礼派の人物で久しく帝の信任を受けていた武定侯郭勛とも対立関係にあり、厳・郭二人に対して科道官を動員し、短所を挙げて糾弾する方法を用いた(11)。しかし、これを不満に感じた世宗は、

　郭勛が既に獄に下されたのに、（夏言は）猶お千百の過ちを並べ立てる。言官は朝廷の耳目であるが、専ら［夏］言の主使に従う。朕が早くに朝会に出なければ、［夏］言もまた内閣に出勤せず、軍国の重事を私家で決裁し、王言の要密を戯玩と同一視する。言官が一言も述べず、徒らに君上を欺謗すると、神鬼の怒りをまねき、雨が禾《いね》を傷つける(12)。

と述べ、内閣大学士は飽く迄も君主の輔臣であり、言官は朝廷の耳目官であるが、夏言は内閣を私機構化し、科道官を個人の党与とした、との一撃を加えた。この一撃は彼の政治生命に致命的な打撃となった。夏言が処分を待つようになると、科道官は素早くその批判に乗り出した。御史喬佑らと給事中沈良才らは、夏言の失脚が決定的になると、彼の欠点を挙げ糾劾したのである。そこで世宗は科道官に対しても、

　祖宗が科道官を設置したのは、朝廷の耳目にしようとしたためだ。しかし、彼らは互いに結びついて欺き、自己の職分を尽くそうとせず、憎しみをむしろ帝に向けた(13)。

と、夏言が首輔の座にあって重大な誤りを犯したことについて「一言片疏の糾発もなかった」、という叱責(14)とともに、吏部に命じて彼ら科道官の考察を厳格にし、去就について報告させた。考察の結果、喬佑ら四人を辺方への流罪に処し、何允魁ら九人を外任とし、残りの王珩ら三六人は奪俸半年、賈太亨ら二四人は奪俸二ヵ月とする処分を下した(15)。

　このように世宗は、内閣の輔臣や科道官に対して厳格な態度を堅持した。内閣大学士が飽く迄も君主の顧問職であったのと同じように、科道官は朝廷の耳目官であり、祖宗の設官当初の目的に少しでも違背したときは、容赦のない処分が加えられた。張璁や夏言は閣臣としての去就が尋常ではなく(16)、また科道官に対する処分が頻繁に行われたけれども、その名分を明らかにしたことにより、世宗は君主として臣下に対する統御権を充分に行使し得たのであり、この

点で、以後の多くの君主とは区別される英断ある君主として称賛される訳である。

第二節　厳嵩の専権と科道官の公論後退

嘉靖二十一年、厳嵩が夏言に代わって入閣し、機務に参与するようになると、はじめから科道官の指弾を受けた。吏科の沈良才らと御史童漢臣・謝瑜らが、厳嵩は人となりが奸汚で輔臣の責を担う資格がないと劾奏したのを始め[17]と し、南京給事中王煜、御史陳継らにより、厳嵩の子世蕃が世道を操って賄賂を集めたという糾弾[18]が続いた。

しかし、厳嵩は翌年から礼部の事をはずれて内閣に専念し、内外の百司官が建白するには前もって彼の許しを受けねばならなくなり、となると彼も科道官の糾劾を被ってばかりはいなかった。御史葉経と謝瑜に対する処分がそれを物語る。かつて厳嵩が礼部にいたとき、葉経が、秦・晋の二宗藩の宗人より襲爵に関して重賂を受けたことを劾奏したのだが、葉はこの時たまたま山東郷試の監試官で、その試録の中に時政を風刺した内容があったので、厳嵩はこれを問題に取り上げて葉を杖死させたほか、これに関わった布政使以下の諸官を処分した事件、また、かつて厳嵩を郭勛らとともに四兇と指弾した謝瑜に対しても、大計の時に主宰者に圧力を加えて除名させた事件[19]が、それである。この葉経の杖死のころから、厳嵩に対する内外官の「憎悪と恐怖がいっそう高まり」、また謝瑜の除名と前後して、給事中王勰・沈良才・陳塏、御史喩時・陳紹及び巡按御史童漢臣・何維柏らも様々な罪を得た[20]。

厳嵩が首輔の座を確立するためには、再度夏言との攻防が行われねばならなかった。すなわち、夏言は二十四年に再入閣して二十七年初に失脚するまで、専ら厳嵩が担当していた票擬権を取り戻したのみならず、科道官の後援を得て厳父子の跋扈を徹底的に封ずることができた。夏言のこうした専断に不満を抱いた厳嵩は、たまたま河套問題が発生すると、河套を復旧すべきと主張する陝西総督曾銑とこれに同調する夏言を攻撃し、とうとう彼らを交結近侍律によって斬刑に処すという報復を行い、両者の争いはけっきょく厳嵩の完勝に終わった[21]。ところで、この時やはり、科道官に事前に夏言の罪を論じた者が一人もいなかったとして、彼ら全員を錦衣衛に逮捕させ、廷杖に加え奪俸四ヵ月の処分を下した[22]。

夏言は科道官出身で、科道官の助力を受けたのみならず、彼らを政略に利用する術を知る閣臣であったが、これとは違って、厳嵩には入閣の前後を問わず、彼らからの弾劾が相次いだ。夏言に代わり再び票擬権を掌握した厳嵩と彼の子世蕃に対し、給事中厲汝進の劾奏[23]をはじめとして、二十八年には沈束の劾奏[24]、二十九年に刑部郎中徐学詩[25]、三十年に錦衣衛経歴沈錬[26]、三十一年に御史王宗茂らの劾奏[27]が続き、三十二年には御史趙錦による厳嵩の罷免を要求する疏[28]のあと、兵部員外郎楊継盛（一五一六～五五）より弾劾の疏が出された。厳の一〇の大罪を論じた疏[29]の核心部分は、次の通りである。

……祖訓には、「丞相を立てようと言う者がいると、その本人は凌遅し、全家は死に処す」とある。嵩が輔臣になると、厳然と丞相を自任し、一人の権で百司を侵犯した。およそ府・部が題覆するには、まず面稟し、次に敢えて啓稟する。嵩の直房に百官が往来するのが、まるで市場の店のようで、府・部の堂司は嵩の招きで絡繹が絶えず……。嵩には丞相という名はないが丞相の権を持ち、丞相の権を持つが丞相の責はない。これは祖宗の成法を破壊するもので、第一の大罪である。

で始まり、その丞相の実権が票擬から出てくることを利用して、君上の大権を盗んでいる罪［第二の大罪］、そしてその票擬を子の世蕃に代行させ、「京師に大丞相、小丞相」の謡があるほど姦子による僭窃が甚だしいこと［第四の大罪］、のみならず、孫の效忠と鵲そして党人が軍功を捏造した罪［第五の大罪］、郎中徐学詩や給事中厲汝進が嵩を弾劾したのに対し、考察を利用して報復した罪［第八の大罪］等、主に厳嵩が票擬権を利用して丞相の実権を握り、君主の大権を僭窃した、という内容である。この一〇の大罪以外に、楊継盛はさらに五奸を附け加えている。すなわち君主の左右の侍従と重賄でもって交わりを結び、個人の間諜にしていること、通政使は君主の喉舌だが、ここに私人を任命して自身の鷹犬にしていること、厰衛の要人に子の世蕃と姻戚関係を結ばせ、君主の「爪牙」を自身の「瓜葛」にしていること、科道官の言を恐れて私属でなければ台諫に起用せず、君主の耳目を自身の奴隷にしていること、という内容がそれである。

楊継盛の疏から二ヵ月めに雲貴巡按御史趙錦より、やはり同じ内容の馳疏があったが、ともに大臣を誣奏したという理由で、楊は投獄され、趙も官職の削奪をこうむった。しかし、これらの疏は、一〇年近く首輔の座を固めてきた厳嵩にとって打撃とならない筈がなかった。まず、丞相という名称はなく責任を負ってもいないが、その実権の行使は、祖宗の設官の趣旨に違背するものであり、また票擬権をはじめとする彼の子・孫たちの僭窃についての暴露は、長期間にわたり「丞相の実権を行使してきた厳一家」にとって衝撃的であった。つぎの通政使司に対する指摘も同様である。通政使は、がんらい章疏を出納するための窓口で、内外から上ってきた一切の章疏（状疏）を接受して上達する君主の喉舌的存在である。それにも拘らず、当時の厳嵩は義子趙文華を派遣し、問題の素地ありと判断すると、いったん報告させた後にこれを上達することで、言わば彼ら厳家が票擬を私物化していたのみならず、通政使を通じて天下の事を事前に把握し得た。[30] それらの点に加えて、厰衛を掌握して科道官対策を駆使することにより専権し得るようになった、という楊の疏が、権臣厳嵩の専権体制に対して要領を得た暴露であったためである。

楊継盛は投獄されて三年目に、結局死を賜った。彼の死は厳嵩父子に対する一般の憎悪を増し、その一方で厳側は権臣たちが時おり利用する方法の一つである考察を通じて、「官界の粛正」を断行した。三十五年、厳嵩は吏部を兼ねていた大学士李本に、尚書・侍郎を含む九卿及び巡撫都御史ら一五名と科道官三八名を、考察を通じて斥けさせた。[31]

このように、厳嵩が入閣当初から科道官を始めとする所謂「敢言の士」の指弾を受けても、引き続き権力の座を享受し得たのは、早くから道教に耽溺した世宗に迎合し、[32] 他方で言官に対する世宗の不信感を巧みに利用したためである。じっさい世宗の不信感は甚だしかった。その例として給事中の筆禍事件を挙げることができる。三十二年正月、六科の正旦表賀文に不純な文言が挙げられているとして礼科都給事中楊思忠を廷杖一〇〇とし、官職を削奪し、他の給事中に対しても奪俸の処分を下したことや[33]、翌三十三年正月、六科給事中張思静らがやはり元旦賀表で「万寿」の字の擡頭を守らなかったとして、各四〇の廷杖に処したことがそれで[34]、この二つの廷杖事件が言官に対する世宗の疑心の程度を端的に示す好例である[35]。また、厳嵩の義子趙文華が豪邸新築により帝の憎しみを買って免職された時、夏言の失脚の時と同様、監察を担当する科道官はその事情を知っていたはずだが、糾劾を失したという理由で、給事中謝江らを廷杖、削籍させたのだが[36]、これもその一例に属す。このように如何なる事端が発生しても、その責任をひとまず科道官に擦り付けるという方法が、朝廷の言官対策の苛酷さを物語る。

ともあれ、厳嵩が専権を行使し得たのは、実は世宗が「大礼の議」以来抱いてきた科道官に対する不信感を、巧みに利用したところが大きかったためだが、であるとしても初めから、彼らの批判の標的となった厳嵩父子の権勢が黙過されていた訳ではない。三十七年に上せられた、給事中呉時来による弾劾の疏は、かなり大きな波紋を引き起こした。

嵩の輔政二十年に、文武の除遷は皆その手から出た。ひそかに息子の世蕃をして禁所に出入りせしめ、章奏の批答を任せた。世蕃は権威でもって公卿を指示し、将帥を奴視し……。私的に親しい万寀を文選郎に、方祥を職方郎に起用して、一事を行い一官を用いるごとに、必ず先に世蕃に命じ、そののちに奏請した。……陛下は既にその一、二を見抜いている。言官では給事中の袁洪愈・張璁、御史万民英らがかつて何回か指摘したことがあるが、単なる間接的批判に止まり、敢えて嵩父子を直に攻撃することができなかった[37]。

この呉の疏に続いて、刑部主事張翀と董伝策による同じ内容の劾奏もあったが、かえって彼ら自身に処分が加えられただけであった[38]。しかも嵩も年を取り、世蕃はその横暴さが増していった。特に四十年、嵩の妻が亡くなると、彼は孫の鵠に葬儀を行わせようと郷吏として遣わし、世蕃は残って老父に代わり票擬を担当したが、次第に帝の寵信を失い、彼らに対する一般の憎悪はつのっていった。こうした頃、御史鄒応龍より弾劾の疏が出された。「今日、天下には水災と旱害が相次ぎ、南倭北虜の禍が甚だしい。百姓《ひとびと》は飢え、財が底をついたのは、世蕃父子の貪婪厭く無きに由来する」[39]というものであった。二〇年続いた厳嵩の輔政は、実にこの鄒の一疏が契機となり、次の首輔徐階にポストを譲らねばならなかった。嵩が失脚し世蕃は処刑されたが、これについて谷応泰は「ああ、嵩は、下に殺人を犯す子を持ち、上で殺人を好む君に仕え、彼自身しばしば死に直面し、真に危うかった」[40]と記し、厳嵩の憐れな最期の責任を、彼の子と主君に転嫁しているのであるが、ともあれ御史鄒応龍のこの疏は、厳嵩父子を弾劾した同僚である、多くの科道官の犠牲の上に発せられたものであった。[41]

第三節　徐階による分権の主張と科道官の呼応

厳嵩に続いて首輔となった徐階（一五〇三～八三）も、礼部尚書の出身であった張璁以下、夏言、厳嵩の場合と同様であった。すなわち徐は、初め夏言の推薦を受けて厳嵩の憎しみを買ったが、他方では青詞を撰んで世宗の好感を得たのみならず、帝の左右で礼を進言して寵信を受け、自身の権力基盤をつき固めていったのである。このように世宗の治下で首輔は礼部尚書を経て入閣するようになったが、一旦閣臣になると百司官を如何に統御するか、特に科道官対策を如何に行うかが、その政治形態を決定する一つの要因となった。

徐階は嘉靖三十一年（一五五二）、礼部尚書で入閣し、機務に参与したが、その直後に科道官の言事による問題が発生すると、常に寛用策を建議した。例えば、楊継盛（彼は科道官でなかった）が厳嵩に対する弾劾の疏を上せて、その背後にいる人物の存在が問題として持ち上がった時、徐階は彼の策でないことを挙げて処分に反対し、厳嵩の疑心を買い、また、御史趙錦・王宗茂による弾劾の疏を処理する過程でもその処分を軽くすることを主張した。(42) 徐が入閣直後、このように言事に対して寛大な策を主張したことは後述するところでもあるが、三十七年の給事中呉時来の弾劾と主事張翀・董伝策の厳嵩弾劾の疏はともに、その背後に徐階自身がいた。(43) それにもかかわらず、世宗が彼の責任を強いて問わなかったのは、楊継盛の疏以後、厳父子の非行が挙げられるにつれて、徐への信任が次第に厚くなっていったためである。

帝の信任が厳嵩を離れ徐階に完全に傾き始めた四十一年に、御史鄒応龍より出された弾劾の疏は、既に言及した通り、徐の使嗾によるもので、この疏を契機に厳が失脚し、代わって徐階が首輔の座に就き、疏主の鄒は通政司参議に昇進した。徐階が首輔として入直し、政務を処理したが、その方針について、『明史』には、

階がその［堂］の中に三節の言を掲げ、「威福は主上に還し、政務は諸司に還し、用・舎・刑・賞は公論に還す」と述べると、朝士は侃侃とし、その意に従った。（大学士）袁煒がしばしば入直するようになり、階が召されて共に擬旨した。そこで「事は多くの人々が一緒に処理すると公で、公はすなわち百美の基礎である。専なれば私で、私はすなわち百弊を生ずる」と言うと、帝が頷いた。階は、張孚敬と嵩が帝を猜忌と刻薄に導いたのを改める為に、寛大さで以て帝意を開こうとした。(44)

とある。彼の政治スタイルは、張璁や厳嵩のような専権に代わって、分権を通じて「公」を成し遂げようというものだった。威福は主上に、政務は諸司に、用・舎・刑・賞は公論に還し、各々その職に従うべきだというのは、機能的政論による発想であり、こうした政治的構想は嘉靖帝をして過去四〇年間に経験した「専」と「私」の弊害に対する反省を促し、一時的にせよ肯定的な反応を出させた。特に起用（用）と免職（舎）、刑罰と賞作を公論に還そうという主張は、朝廷の公論、すなわち九卿科道官会議ないし科道官の世論を尊重するという点から、言路の開放を明白に述べたものである。『明史』は続けて、徐階の言路対策を次のように記述している。

帝は給事と御史の攻撃が度を越すのを嫌い、処分しようとしたが、階はあらゆる手をつくして調整し、軽罪に当てさせた。たまたま（帝が）知人の難を問い、階が答えて、「大奸は忠誠に似て、大詐は信じてもよいかに似たり。ただ広く聴納すると、人が我の為に窮兇極悪を除去してくれて、人が我の為に深情隠慝を発《あば》いてくれる。そのため、聖帝・明王は耳にするところがあると必ず調べ、たとい不実であっても、小さいものは捨て置き、大きなものは軽く責めた後に容赦することで、来る者を鼓舞するのである」と述べた。帝はこれに同意した。……こうして言路がいっそう開かれるようになった[45]。

ここにも徐階の分権と世論に基づく政治構想を、再度確認することができる。彼は、言路すなわち科道官の言の通路を出来る限り広げてこそ凶悪奸慝の群れが機会を得られなくなるもので、聖帝・明王は世論を調べて取捨選択し、或は失言にも寛容に対処し、朝廷に敢言の気象を養うべきだ、と述べた。威福は君主、行政は百司の官吏、そして九卿科道官は公論による分権的政治を行わねばならないとした、この論理によると、専権は私すなわち党派を出現させ、したがって、それは徹底して抑制されるべきだということになる。こうした公論による分権公治的政治理論は、かつて楊廷和内閣とその支持勢力である科道官により主張されたことがある。すなわち、彼らの公論或は公議の内容は、原則として九卿科道官会議によって規定されるが、具体的には内閣を頂点とした当該案件の主務部署と科道官により規定される、と述べたのである[46]。

こうした政論が、世宗治世の最後の段階に、徐階によってあらためて提唱されたのであるが、これは、張璁の専制政治ないし君主の「独断」擁護論に正面から反対したもので、また正徳朝の無軌道な専権政治にブレーキをかけようとした楊内閣派とその支持者たちの公論政治を継承したものでもあった。徐階が首輔になると、厳嵩を糾弾しその政治を批判した一部の建言諸臣たちに対し、赦免も行われた[47]。しかし、嘉靖末の政治的・社会経済的な諸事情は、もはや後戻りし得ないほど悪化の一途をたどっていた[48]。特に世宗が長らく視朝せず、斎醮に心を奪われ、政事に関心を置かない状況下にあって、戸部主事海瑞（一五三一～八七）より「治安疏」すなわち「直言天下第一疏」[49]が出された。これは当時の内乱外禍の全責任が嘉靖帝自身にあることを指弾したもので、その点で他のどの疏とも異なっていた。これにより海瑞は投獄されたが、「一日にして直声、天下を震わす」と表現されるほど俄に有名になり、上疏から数カ月後、隆慶帝の即位で、彼は復職した。[50]

嘉靖後期に上疏で天下を震動させた海瑞や楊継盛は、科道官ではなかった。こうした言官によらない言論は、洪武帝の「言路開放政策」が祖訓として重んじられ、明一代を通じて少なくとも形式的には継承されてきた結果なのであるが、それでは言官と言官以外との差異はどこにあるのか。『明史』の撰者は厳世蕃の処刑と関連して、言官の言論について、

世宗は庸懦な君主でないにも拘らず、厳嵩の丞相二十余年に、その貪悪が満ちてしまった。言者は次々おこって斥逐・罪死されるに甘んじ、君主の心に一回の悟りも得ることができなかった。……世蕃の誅が鄒応龍に始まり、林潤に終わった。二人の忠は楊継盛を凌がず、言の直切さは徐学詩・沈練らを凌ぐものではないが、大憝がこれによって首を切られた。おおよそ悪が積もれば身を滅ぼすが、鄒・林の弾撃はたまたまそのときに当たったのだ。[51]

と記し、御史鄒応龍が厳父子を攻撃して失脚させ、また御史林潤が世蕃を攻撃して処刑し[52]、積悪の大憝を折りよく斥けた言官の役割を描写している。楊継盛・徐学詩・沈練は言官でない。言事で処罰された点は同じだが、彼らが言官と異なる点は適切な時期を考慮するという政治的判断にあった。海瑞より数カ月後、すなわち世宗が崩ずる直前に出された、給事中胡応嘉の大学士高拱に対する弾劾の疏も、海瑞のそれに比べると多分に政治性を帯びていた。この点に於いて、鄒・林のそれと同じ性質のもので、言わば科道官は言責の官として言官以外よりも弾劾の時期をうまく捉えることができたのだが、それは彼らが糾察の官としても情勢の流れをよく掴んでおり、その時その時に適切に対応し得たためであった。[53]

徐階が楊廷和内閣の公論重視の系統を踏襲していることは、前述したところである。世宗が崩ずると、徐階が作成した遺詔(54)に、

宗廟を奉じて四十五年、これほど享国の久しいことは累朝になかったが、惟だ一念で惓惓として敬天・勤民に務めたのみである。しかし病気がちで、過度に長生きを求め、遂に奸人の誑惑で取り返しのつかない過失を犯した。特に即位から今日に至るまでに、大礼の獄と言事で罪を得た諸臣で、生きている者は召用し、亡くなった者は恤録することとし、方士は法司に送って罪を論じ、一切の斎醮工作と政令の不都合なものは罷めよ。

とあった。嘉靖年間の総ての失政を率直に認め、これを是正すべしとした遺詔に従って、穆宗の即位直後、海瑞を釈放すると同時に、引き続き建言で罪を得た諸臣は吏部で査実、上奏し、生存者を録用し、また死亡者と繫獄・辺戍者等に対する贈恤・復権も行われた(55)。

ところが世宗の遺詔により、内閣輔臣の間に紛争が起きるようになった。大学士高拱と郭朴が遺詔の作成に参与できなかったことに不満を抱き、首輔徐階に対してその内容を問題に取り上げたためである。郭朴が、遺詔を作成した徐階は先帝を誹謗したとし、甚だしくは斬刑に処すべきと主張するほど、双方は対立した(56)。こうした時、給事中胡応嘉を始めとする科道官と大学士高拱・郭朴との間に考察をめぐり攻防が発生した。これを説明するには、当時の政局に於いて最も本質的な問題であった徐階と高拱との対立に関し、しばらく言及する必要がある。高拱は、嘉靖四十五年に礼部尚書で文淵閣大学士を拝受し、郭朴とともに入閣したが、世宗が突然危篤に陥り、政局に変動が予想された。すなわち、穆宗が即位すると、高は裕王邸の旧臣であるため新帝の寵愛を受ける可能性があり、そうなると首輔権が動揺する。こうした時、徐階と同郷の給事中胡応嘉より直盧を守らなかったという理由を挙げて高拱を弾劾する疏が出たため、これが契機となり両者の関係は悪化せざるを得なかった(57)。そのうえ徐階は、首輔として遺詔を起草する時、学士張居正は参与させても閣臣たちは忌避したのみならず、諸般の政事にあっても独断的に処理していた。このため、

その他の輔臣が不平を抱いていたところに、胡応嘉が、吏部尚書楊博の主宰した考察が公平さを欠いていたと批判する疏を上せたのである。すなわち楊は山西の人で、今回の考察で山西の郷人は一人も傷つけなかったのに対して、平素からの悪感情のために考察に掛かった科道官が半数以上にのぼったと、その不公平さを指摘し、特に給事中鄭欽と御史胡維新を糾劾した。[58] ここにすぐさま反論を提起したのが高拱であった。彼は、胡応嘉自身が吏科給事中として考察を主ったが、どうして考察後に主宰者を攻撃し得るのか。これは無責任極まりないことで当然重罪に処すべきだ、と強硬に主張した。[59] これに対し、徐階としても弁明の余地がなく、けっきょく胡は官職を離れざるを得なかった。しかし、同官の給事中欧陽一敬が胡の為に弁じた疏で、高を宋代の蔡京になぞらえて指弾し、給事中辛自修、監察御史陳聯芳の応酬が続いた。[60] こうした機会を利用して徐階は胡に対する処分を改め、外任の建寧推官に補すると、今度は高拱が不平を述べ、「大臣が尊重されないと朝廷が軽くなるという言があるが、蔡京の如き人物が朝廷にいるとすれば、これは朝廷が軽くなった訳で、臣にはとても我慢しきれない」とし、何度も辞意を表した。[61] こうした中、つぎには高の門生の給事中斉康が出て、大学士高拱は科道官からしばしば攻撃を受けたが、それはみな徐階の主使を受けたものだ、と高を庇った。

このように双方の攻防が起こったが、衆寡敵せずであった。欧陽一敬は再び上疏で、「大学士高拱は屢次劾奏を被ったが、自らの咎を自陳するすべを知らず、むしろ言官を党だと指目し、朝紳を制圧し、国柄を専擅しようとしたので、速かに斥黜すべき」[62] ことを主張した。のみならず、斉康より反対の疏が出ると、「九卿大臣と南北科道官が奮然と論奏し、言を極めて咎めた連章・特疏が数十を下らない」ほどで、それゆえに高拱の休職を受け入れざる得ず、御史斉康も二級降等され、外任へ斥けられた。首輔の支持を受けた科道官の世論が、穆宗の信任を受けた旧臣を追い出してしまったのである。[63] 両者の勢力争いが前者の勝利で決着したのは、首輔が言官を保護し、またその支持を受け、それらの勢力で帝権を牽制しようとしたためであった。徐階が科道官を巧みに利用した例は、次の場合にも見ることがで

きる。すなわち、

給事・御史には廃籍から起用された者が多く、［徐］階を頼って権勢を奮い、言論に過激なところが多かった。帝はこれに耐えることができず、階らに適切な措置を取るよう命を下した。同列が彼らを譴責しようとしたが、階は「上が譴責しようとすると、我々としては努めてこれをやめさせるべきだ。何故［譴責の］先頭に立とうとするのか」と述べ、伝論を改めるよう請い、帝はまた罪を問わなかった。(64)

と、彼は、一方で科道官の勢力を利用し、他方で穆宗と自らの同僚の閣臣たちを牽制することで、首輔としての権力基盤を固めようとした。首輔の権力強化は、嘉靖中葉の夏言・厳嵩以来の顕著な一つの趨勢(65)であり、徐階に至り「政事は多くの人がともに処理する」というスローガンが掲げられたが、隆慶帝のように仁柔な君主の下では、首輔は一定の権力を必要とした。たとえば宦官の跋扈を食い止めるためにも必要だったのである。正徳朝に横暴を極めた宦官の勢力は、嘉靖年間に至り小康状態に陥ったが、隆慶朝になって再び頭をもたげ始めた(66)。宦官の横暴が甚だしくなると科道官の批判が伴うようになり、双方の対立は必至であった。隆慶初に宦官許義が脅迫して他人の財物を奪取しようとし、巡城御史李学道に笞刑を被ったが、これに報復しようと多くの宦官が宮中で李御史を殴打した(67)。この事件が、そうした事情を端的に物語るのであるが、一般に政治の現状に対する科道官の批判では、言うまでもなく宦官の問題が論じられるのが常で、その度ごとに宦官は帝の左右で百方手をつくして陥れ、結果的に科道官が被った被害は甚大なものであった(68)。

徐階は宦官を扱う手腕も非常に巧みであった(69)。もちろん、その跋扈を牽制するために、敢言の気象を官僚とくに科道官をして養わせようとしたのは、徐のみではなかった。しかし言路を開き、君主の私益追求とこれを手引する宦官勢力を制御しようとした彼の政治構想でさえも、当時の政治的・社会経済的難局は克服することができなかった。大部分の科道官が彼を支持したが、ただ彼に対する給事中斉康の攻撃を使嗾したことにより高拱が内閣を辞し、それから一年余りで、彼自身も首輔の座から去らねばならなかった。宦官たちに取り囲まれた穆宗からの信任は、既に失われた状態だったためである。

第四節　高拱による専権の主張と科道官の批判

高拱（一五一二～七八）は、徐階が内閣を辞してから一年余り経った隆慶二年（一五六八）末、南京礼部尚書趙貞吉（一五〇八～七六）と前後して入閣し、両者は科道官に対する考察をめぐって互角の対決をするようになった。四年十月の科道官に対する不時考察の直接の契機は、山西道御史葉夢熊がアルタンの孫バガンナギ（把漢那吉。一名、把葛奈済）の内附を許し、また彼に指揮使を除授したことに抗議した上疏だが、帝は妄言だとして機嫌を損ねたのであった(70)。このほか、当時は御史詹仰庇、給事中李己・陳吾徳らが言事で物議を醸している状況(71)であったので、穆宗は考察を通じた科道官の粛正を構想し、吏部の事を兼掌している大学士高拱に旨を伝え、

朝覲が近づいたが、糾劾はすべからく公正なるべきである。朕が即位して四年になるが、科道官には放肆に朝廷の綱紀を欺乱し、奸邪で不職の者がいる。卿等は考察を厳格に行い、詳細に報告せよ(72)。

と述べた。すなわち、間もなく実施される朝覲考察に公正を期すためには、まず考察拾遺を担当する科道官が粛正されるべきで、科道官に対する考察を断行しようというのであった。じっさい穆宗は即位前の裕王の時代にも、また即位後も、科道官の否定的な諸側面を目にしてきた。厳嵩から徐階への首輔交替に伴う徐階と高拱の間の勢力争いに於いて、科道官が公疏あるいは個別の上疏を通じて、どちらか一方を支持もしくは反対し、また所謂鷹犬として利用される多くの場合を見てきた筈であった。しかし、徐階の執政時には、彼の「公論は九卿科道に委ねるべきだ」という主張に押され、何の措置も講究することができず、徐階が退いて高拱が吏部権を兼掌したこの際に、やっと科道官の

粛正を命じたのである。ところが、今回は都察院を兼掌する大学士趙貞吉が、これに反対の意思を表明した。

上が登極して以来、科道の諸臣は二百人近くいるが、どうしてその中に赤心で報恩する忠直敢言の士がいないというのか。……臣が恐れるのは、考察に当たり、吏部で意志を奉じて過度に厳格に治めると、忠邪が一緒に斥けられ、玉石が同じように禍を蒙り、将来言路が壅塞し、士気が銷阻し、国家の安静・和平の福を傷つけることである。……わが祖宗は科道を設立し、その言に責任を負わせたが、是非は、むしろ執政の諸臣がその可否を酌量し、上裁を受け、不当なことがあっても、それぞれ責罰で懲戒するにとどめた。数百人を一緒に考察して一網打尽にし、漢・唐・宋の轍を踏むなど聞いたことがない。(73)

と、吏部と共同で考察を主宰する都察院の趙貞吉が、科道官に対する不時考察を不当だと指摘したのである。そこで高拱は、嘉靖朝に吏部を兼掌した大学士李本が都察院の協力なしに単独で九卿科道官に対する考察を実施した例(74)を挙げて、「しかし単独で考察を担当する場合、不公平がないと言いきれないので、今回の考察は部・院が合同で公平に実施すべき」ことを主張し、けっきょく高の主張通り、科道考察が実施されるに至った。(75)

こうして施行された考察で、高拱は趙貞吉が庇護する科道官を排除しようとし、趙もまた高側の言官を失脚させようとした。その結果二七人も排斥されたが、そこには、やはり主務部署たる吏部の息が強く掛かり、趙側の科道官が多数含まれていた。(76)のみならず、高拱の門生の給事中韓楫が考察での私情を理由に上げて趙貞吉の免職を要求し、ことがますます複雑に展開していった。このときの内閣は首輔に李春芳がいたが、穏健な人物で、高拱の勢が内閣を左右する状態にあった。(77)高が再入閣し、機会をとらえて吏部権を掌握すると、それより数カ月早く入閣してこれを司っていた趙は、李春芳の周旋で都察院を担当することになり、(78)首輔をはさんで互角の勢を形成するようになったのである。

こうした形成の下に考察が実施され、考察後に高拱の門生である給事中韓楫より趙貞吉に対する弾劾の疏が上せられた。趙はこれに対する疏の中で、高拱の専権政治に対する批判を、次のように述べている。

およそ楫は言官であり、公朝の臣である。ところが今回、臣を糾劾したのが、果たして公朝の為に正論を扶持したものか、でなければ私門の為に自己の党派でない者を排撃しようとしたものか。……科道官の考察の中止を要求した一事は、大学士高拱と意見が合わない。恐らく拱は聖諭に借りて私憤を報復し、威権を伸張しようとしたのであり、そのため臣は死を冒して陳情し、その謀害を阻止しようとしたが、允《ゆる》しを受けることができなかった。……臣がこの前、特旨で院事を兼ることになったとき、敢えて辞退しなかった。思うに、拱のもつ権限がはなはだ重かったので、皇上は臣をして弾圧の司を受け持たしめ、ともに並立させ、その権限を牽制させられたが、これは、真に明君の統御術である。……伏して望むらくは、臣が田里へ帰った後、拱をしてあらためて内閣に招き奉職せしめても久しく大権を専擅して党派をつくらせず、後来の奸臣が威権を盗んで己私を行おうとしても、その先例とならないようにされることを(79)。

この文は一つの政論というべきもので、内閣大学士が吏部の人事権を兼ねると、その権限と責任があまりに重くなり、その実権は昔の宰相を凌駕するほどで、これは祖宗の設官の意に違背する、と述べている。実際これより前に虚職でなく実職を兼ねた例は、一時的な場合を除くと、皆無に属した(80)。したがって閣臣で止むを得ず吏部を兼ねる時は、監察権を持つ都察院を別の大学士に兼ねさせて牽制しなければ、事実上の宰相の出現が可能で、これを放置してはならない。高拱に吏部を兼職させる時、自身で都察院を兼ねたのは、まさにこのためだという。まんいち牽制勢力がなければ「真の宰相」となり、専権を行使して党派をつくり、反対派を排除して私党だけになってしまう。科道官設置の理由も同様である。科道官は公朝の言官であり、その忠直・敢言の気象を養った理由は、権臣の出現を食い止めるところに大きな意味があり、韓楫のように権臣の門生言官としてその党派の利益のために行動すると、これは私門の鷹犬でしかない。科道官の中で玉石を分ける必要性はこうしたところにあるが、数百名の科道官に対して一度に考察を実施すると玉石を区別し得ない、というのが今回の考察に対する趙貞吉の反対理由であり、高拱との間で意見が食い違った。著者は、ここで両者の対立の本質を理解するためには、嘉靖初期の「大礼の議」をめぐって繰り広げられた楊廷和内閣派と大礼派の対立が、双方の政治的見解の相違、すなわち前者の分権公治論と後者の君主独断論という異なった主張に由来していた点を想起する必要がある、と考える。趙貞吉は、論理それ自体で見ると、明らかに楊内閣派の分権公治論の系統を有し、徐階の公論による分権政治ないしそれに伴う言路開放政策と軌を同じくするものである。したがって彼の政論は、高拱の専権政治に対立的にならざるを得なかった。

　趙貞吉の政論がそのように分権論であり、言路に対し開放的態度を取ったのとは異なり、高拱は、前述したように科道官と対立関係にあり、科道考察に先立って不確かな章奏を取締る措置を講究する等[81]、言路を無制限に開放することで招来される「紛更」は、国家にとって如何なる助けにもならない、という態度であった。彼はかつて徐階が奏請して実施することになった措置、例えば大礼問題に於いて科道官ほか言事で罪を得た諸臣を恤録する等の諸般の施策が、先帝と興献帝に対する正当性の否定であると決め付け、これを全面的に修正することにも躊躇しなかった[82]。徐階との対立から趙貞吉との対立へ移行していった理由が、ここにある。

　このように、大学士高拱は吏部の人事権を掌握し、首輔李春芳の再任期間にも事実上首輔の権限を行使し、趙貞吉・殷士儋に続いて李春芳が去った後には、首輔の座にあって大学士張居正の助力により強力な権限を行使し得るようになった。張居正も高拱・殷士儋とともに裕邸の旧臣であり、一時はともに閣臣として従事し、殷が去った後も、高拱を助けて閣務を忠実に行った[83]。ともあれ権力が首輔に集中し、科道官の人事をも左右し得るようになると、時政に対する彼らの批判的発言は自然と減るようになったが、であるとしても、言路として沈黙を守っている筈もなかった。御史汪文輝は、科道官としての自己反省を通じてではあるが、大臣の専権に対し批判を加えている。彼の反省の疏[84]を要約すると、次のようである。

第一に、嘉靖末年、徐階が首輔の任を引き受けたときは、相互協力がよく成り立ったが、一、二の言官が廷論の不一致という隙に乗じて、自己の趣向に合わない側を攻撃し始め、遂には国家を損傷させた。これは『傾陥』である。第二に、言官が上奏して制度の改革を主張すると、部臣としてはこれに背き難く、これを少し手直しし、その後に不都合なところがあると、旧制に復すことが頻繁にあった。これは『紛更』である。第三に、朝廷の大臣や地方の重臣に小疵があると、これを大蠹と指弾して職を辞するようにさせた。これは『苛刻』である。第四に、言官は人主を規切し大臣を糾劾するが、言官の言は誰が指摘するのか。こんにち言事と論人が或は不当でも、同僚は糾《ただ》さず、臣下は一つの咎も受けないが、このようであって、どうして君父を非難できるのか。これは『求勝』である。言官のこの四つの弊害は非常に警戒すべきところである。しかし重要なのは、大臣が過去の非を鑑とし、大臣の指使によって動く言官を用いないことである。彼らを利用すると、阿附する輩が勢力を振るうようになり、そうなると、大臣の専断に非があったとき、誰がこれを告発するのか。君主は朋比の禍をなくし、淳厚な風俗を取り戻すべきだ。

汪文輝自身は科道官であり、科道官の否定的な要素が傾陥・紛更・苛刻・求勝であるとの指摘は適切だが、結局はその究極的な責任を大臣に向けている。ここで述べる大臣とは閣臣とくに内閣首輔を指し、けっきょく首輔が専権を行使すると朋比が生まれ、その朋比すなわち党派を擁護すると科道官を政争に利用するようになり、そこから科道官の堕落が招来されるというのである。高拱の権勢がまさに頂点に達し、門生の科道官韓楫はじめ程文・涂夢桂らが彼の門を出入りして、所謂鷹犬の役をつとめた時、汪文輝自身も同門の一人でありながら、これを不満に感じ、言官自らに対する反省を促す意で時政を批判したものであって、そのために彼も遂には左遷されてしまった(85)。

御史汪文輝の疏が出された翌年すなわち隆慶六年には、尚宝寺卿劉奮庸が、やはり時政一般に関する批判の疏(86)を上せ、続いて給事中曹大埜より高拱の一〇の大罪を挙げて直接攻撃する弾劾の疏(87)が出され、政局を騒がしくした。曹の疏は、高拱が大学士で吏部権まで兼ねたことで、用・舎・予・奪がすべて彼の手中にあり、彼の親戚・郷里・門生・故旧を序次に関係なく昇進させる一方、賄賂の横行等その専権放恣が厳嵩よりも甚しいことを、一つ一つ列挙した。特に科道官の問題については、

科道官は陛下の耳目であり、大臣が敢えて奸を為さない訳は、これによるところが大きい。にも拘らず、拱は言路を蔽塞しようとし、毎回科道官を選抜する時、大臣の過失を擅言しないようにとまで戒諭する。これは陛下の耳目を蔽い、その奸悪を恣にしようという計策で、その不忠であることの第四である。……今日、科道官は大部分が拱の腹心で、およそ陛下が少しでも取用しないと交々章して上奏するが、拱の罪悪に関しては皆隠蔽して述べない。ゆえに内外では、拱がいることを知っていても、陛下が（朝廷に）いることは知らない。これは党を結びて悪を為すところで、その不忠であることの第五である。……

と、まさに高拱の言路に対する箝制策ないし言官の政略的利用を指弾している。劉の疏に続いて、こうした曹による弾劾の疏が出ると、やはり高の門人の給事中涂夢桂・程文より前後して、彼らこそが国是を惑わして元輔を陥れたのであり、その罪を罰すべきだと反駁する疏が出た[88]。ところで、これら上疏を通じての争いは穆宗が崩ずる一月余り前のことで、特に曹の疏が次に首輔となる大学士張居正の使嗾によるものであった[89]のを見ると、厳嵩の失脚時に御史鄒応龍による弾劾の疏が徐階の使嗾により述べられた場合と同じく、嘉靖・隆慶期に於ける首輔の交替と科道官との関係の一端を連想させる[90]。

第五節　張居正の考成法と科道官の対応

1　張居正の専権論とその系譜

万暦初に閣臣として史上類を見ない専権を行使した張居正（一五二五〜八二）は、穆宗が即位した時に裕王邸の講官として入閣して以来、ずっと内閣におり、神宗が即位すると、高拱の後任として首輔の座に就いた人物である[91]。嘉靖以降、首輔がしばしばその座を離れたのに比べ、張居正は閣臣としても首輔としても、継続してそのポストを守ったという点で異例であった。隆慶朝の六年間は、徐階と高拱、高拱と趙貞吉の場合に見られるように閣臣間の対立が激しく、深刻な状態にあったが、たとい首輔でなかったとはいえ、彼のみはポストを守り続けた。

彼がこのように長期間内閣にとどまることができたのは、自身の該博な知識と政治的敏腕によるところが大きいことは、周知の通りであるが、もう一つ特記すべき理由は、徐階とも高拱とも親しくし得たことである。ところで、前述したように徐階と高拱は互いに政治的に対立していたのみならず、政治理念上の対立もあったが、このことを想起するとき、張居正の政治路線はどちら側に近いのであろうか。

張居正は隆慶元年七月、すなわち世論の尊重と言路の保護を主張した首輔徐階が退いた翌月、「陳六事疏[92]」を上せ、初めて自らの政治的所信を披瀝した。これが彼の政治路線を知る上で重要な鍵となるもので、省議論・振紀綱・重詔令・覈名実・固邦本・飭武備の六事を述べた。ここに見られる六事の第一を、「議論を省くこと」から始めているが、これに着目すべきで、彼は「当今の第一の要務が議論を省くことから始まる」という点を明白に示しているのである。ここでその主張を挙げてみよう。

臣が切に調べたところでは、近年以来、朝廷に議論があまりに多く、或は一事について甲可乙否とし、或は一人に対して朝から暮れまで騒ぎたて、或は前後で互いに背馳し、或は毀誉が互いに矛盾し、是非が決まらず、用舎が愛憎に左右され、政治は紛更をもっぱらとし、事には統紀がない。……今後、朝廷では省事尚美の意にしたがい、一切の章奏は簡切につとめ、是非・可否を明白に直陳し、彼此が推諉して空言を事とせずに述べるべきである。そして大小臣工もまた各々公平を秉持し、誠心直道で臨み……、薄を直して厚くし、質実を崇尚して美文を省くようにすべく、そうすれば治理が興り、風俗が十分変わるのである。

これが「議論を省くこと」の要旨で、続いて「紀綱を振るうこと」「詔令を重んじること」「名実を覈《あきら》かにすること」を順に開陳しているが、みな連関を持つ理論体系であることは、題目を見ただけでも明白である。

ところで、この張居正の疏が、首輔徐階が退いたまさに翌月に提出されたという事実に着目する必要がある。これは、一方で徐階との政治的告別を意とし[93]、他方で自身のより積極的な政治参与を宣言したものに見えるためである。しかし、当時の政局は対内外的に非常に不安定な状況にあり、自身が政治の第一線に出るには時期尚早であった。嘉靖朝を抑えつけられて過ごした宦官たちが、隆慶朝に入って頭をもたげ始めたのも困難にする要因であった。司礼官滕祥・孟冲・陳洪らは奇技淫巧でもって帝の歓心を得、悪行を恣にすると、給事中石星・李已・陳吾徳、御史詹仰庇、尚宝丞鄭履淳らが彼らを弾劾したが、廷杖・削籍に処され、太常寺少卿周怡は外任へ斥けられた[94]。帝室に於ける宝珠の購買と宮廷の奢侈を諫諍した戸部尚書馬森が免職され[95]、倉庫を巡視した科道官が帳簿の不正を問題として取り上げたが、かえって廷杖、除名されたのみならず、その制度すら廃止され[96]、その一方で宦官が勢力を得ると、常に票擬制が彼らに侵害されるところとなり、科道官の劾奏を受けた[97]。また、科道官の反対にも拘らず、厰衛に部・院を監察させる新たな制度の実施を断行する[98]一方、正義派に属する内官監李芳が、彼ら悪徳司礼によって投獄、廷杖される等[99]、隆慶二年末から一年間にわたって、宦官たちにより様々な事件が惹起された。このように宦官の横暴が甚だしく政局が混乱している時、張居正は自身と政治理念を同じくし果断性がある高拱を呼び入れたのである。しかも高拱は帝の

信任が厚かった。この時のことを『明史』本伝では、

高拱は躁《もめごと》が多く、論ぜられて去り、徐階もまた去り、春芳が首輔となった。しばらくして趙貞吉が入閣し、居正を見下した。居正は、昔親しく交わった司礼担当の李芳と共謀し、拱を呼び入れ、吏部を兼ねさせて貞吉を抑え、春芳の政事を奪った。拱が入って、居正とますますよく交わった。春芳がやがて去り、以勤も自ら退き、貞吉と殷士儋がともに罷免されると、ただ居正と拱のみがとどまり、二人はいっそう親密になった。[100]

とあり、趙貞吉が入閣して張居正をあまりに軽く扱い、高拱を呼び入れたと簡単に表現されているだけだが、裏面にはそれよりも遙かに奥深い問題、すなわち政治理念をめぐる問題が隠れていたに相違ない。当時の首輔李春芳の政治路線が徐階の亜流で、張居正としては一緒に政事を企図し得ないと判断したうえの行動[101]であり、高拱に近いという表面的な理由よりも、むしろ「議論を省く[102]こと」の論理に見られる政治路線の類似性から理解すべきである。また、隆慶朝の所謂「柄臣相軋《あらそ》い、門戸《とうそう》漸く開《はじまる》く」の現象も、閣臣相互の親疎ないし政治的才能の異同に起因したというよりは、その政治理念上の異同という視角から説明すべきである。

ともあれ、張居正と高拱の関係を彼らの政治理念に関連させて考えるとき、その専権独断論の直接の先駆となった張璁の場合を、いま一度想起する必要がある。嘉靖初の「大礼の議」で見られた張璁と楊内閣派との闘争は、専権独裁と分権共政という政治理念上の差異に起因するものであった。前者は世宗の信任を受け、後者は九卿科道の支持を得て、互角に対決したが、結局後者の敗北に終わった。これは他方では、明代君主独裁制の制度上の勝利としての好例であり、張居正と高拱の政治路線も基本的には張璁の理念を踏襲したものである。王世貞（一五二六～九〇）は張居正の政治について、

居正の政治は、要するに、主権を尊重し、吏実《しょくせき》を果たし、賞罰を明らかにし、一度号令すると、万里の外にも迅速に伝わり、疾雷・迅風のごとく施行され、満足なものだった。［居正が］つねに言うには、「高皇帝は真に威厳

を備えた聖人で、世宗は十分にその意を知っていた。ために、深宮の中で枕を高くして眠り、朝廷のことを臣下に委任したが、天下が乱れなかったのは、大権が下授されなかったためである。今上も世宗の孫であるが、祖に法ることはできないのか」と。[103]

と述べ、張が、明朝の君主の中で太祖と世宗を指折りの明君として挙げたのも、決して偶然ではない。これは「国家の要務が旧制を遵守して紛更を避けたのであり、従って世論政治は紛更を引き起こしたのみ」という見解と合致する。太祖洪武帝は君主独裁制を創始した君主として、世宗は楊廷和内閣の「議論」と彼を支持する科道官の「紛更」を排除して君主の主権を保った英断ある君主として、評価しているのである。張居正のように世宗を明君と評価する限り、張璁に対する推尊が伴うのは自明の理である。張璁を手本として三召亭をつくったという、ある人物の勧誘を断る文に、彼は、

私は、平生の学問が「心をもって師とする」にあり、ただ一時の毀誉に関心を持たないのみならず、万世の是非だとしても問題にしない。張文忠はまた近時の賢相で、その名声が後世に伝えられたのは三召亭によるものではない。不穀《わたし》が自ら願っても文忠の列には立てないのであり、また後世に私を知る者が不朽の称をしてくれても、三召亭によって知るのでないことは明らかである。[104]

と、自らを張璁に比べ卑下している。彼らはともに文忠という謚号を持ち、両張文忠公と並び称され、それぞれ嘉靖初と万暦初に、閣臣としての才術のみならず、成し遂げた業績も互いに類似しているとの評を受けていた。[105]隆慶朝に『世宗実録』編纂の過程で、彼が張璁を非常に大きく祭り上げているのも、[106]結局、張璁が「大礼の議」と李福達事件で見せた果断性ある政治に対する評価のゆえである。張璁は「大礼の議」を通して、君主権強化のために君主独断論を主張し、紛更防止のために科道官の互糾を強行して世論を抑制したこと等による科道官箝制策は勿論のこと、憲綱七箇条をも建議して、従来の巡按御史の弊害を改革しようとする努力もしくは称賛を惜しまなかった。[107]次で論ずる張

居正の政治とくに科道官の箝制策を中心とした政策は、嘉靖朝の張璁や隆慶朝の高拱のそれを直接継承したものであった。

2　考成法の施行と科道官の対応

神宗の即位とともに、高拱に代わり首輔となった張居正は、かつての六事疏に見られた自身の政治的構想を、章奏考成法[108]として具体化した。これについての彼の説明を挙げてみよう。

近年来、章奏が繁多で、各衙門で題覆して、虚日がない。しかし、敷奏がたとい勤実に行われても、実効は少ない。請うらくは、成憲を申明し、まず道里の遠近と事情の緩急を参酌して、期限を定め、文簿をつくり、月末に註銷《けっさい》をする。もし撫按で遅滞すれば部で糾挙し、部・院で容隠欺蔽すれば六科で糾挙し、六科で容隠欺蔽すれば閣臣が糾挙せんことを。そうすれば毎月考があり、毎年稽があるようになり、名は必ず実に中《あた》り、事は十分に責成されるのである。[109]

これが考成法の骨子で、内閣は従来、法制上で単なる君主の顧問秘書機関に過ぎなかったが、ここでは官僚体系の頂点に位置するようになり、行政上に於いて最終責任を有する機構となった。そして内閣の首輔は、下では部・院・科道を監督し、上では君主一人のみに責任を負うようになり、所謂宰相の名称はないが、その実権を法制的に保障されたのである。こうした内閣の下で、科道官は、大臣のみでなく君主権に対してさえも行使し得た一種の拒否権ないし批判権を、事実上喪失し、代わって閣臣の監督下に置かれるようになった。[110]

考成法は、議論の繁多を省いて名実を綜覈し、君主権を確立するところに目的があったから、張居正はこの法を通して科道官の言官としての批判機能をひとまず統制し得ることになった。この点から見ると、考成法は歴代の朝廷で施行され、または施行が試みられた科道官箝制策の完結と言うべきものである。言官の政治批判を忌諱しようとする歴代の君主や権臣たちが多方面で計画し、また言路を開放すべきだとする科道官及び一般の反対を顧みずに強行した科道官箝制策であったが、この一種の官吏の勤務評定法では科道官をもひとまとめにし、これにより言路問題にひとつの決着がついたのである。

このように考成法を通して科道官に対する統制権を掌握した首輔張居正にとって、宦官に対する統制もまた切実な課題であった。前節でも言及したように、隆慶年間になって宦官による弊害がさらに頭をもたげ始め、科道官との間に多くの問題を惹起させていた。言官と宦官は本質的に対立関係にあった。言官の政治批判の基本的な視角の一つが君主の私利追求にあったため(111)、君主の私奴としての宦官が自ずと敵対関係に置かれたのであり、両者が対立する場合、内閣はやはり科道官の側に立った。御史詹仰庇が十庫の巡視後に内官の倉庫官吏の不実を劾奏して、かえって処分されたとき、張居正は彼を擁護する疏で、

臣等が内閣で事を弁ずる中、御史詹仰庇が言事で旨に忤り、錦衣衛をして午門の前で一百棍を打たしめ、官職を削奪させたが、これには臣等も驚きを禁じ得なかった。この奏本は票擬を経ていないので、何を申し上げようとしたか知ることができず……。すなわち、一、二の言官の言が乗輿に及んでも罪責を加えられなかったが、いま仰庇が内監のことを指摘したために、そのように震怒し、こうした処分を下された。皇上は平素言官を優容せられる意がないように思われる。臣等は輔導の職にある。傍観したまま救わなければ、(職責に)従わないことになる(112)。

と、詹の疏を処理するのに、票擬も経ずに直接錦衣衛に逮捕、廷杖させ、遂に官職を削奪したが、閣臣としては何ゆえに起こったことなのか全く知り得なかったと慇懃に抗議し、そのうえで、宦官が犯した過誤を言官が劾奏し、これを処分するのは不当だ、と弁じている。科道官が宦官の非違を糾劾して被る処分から断然擁護しようとする態度は、彼が首輔となった後も同じである。例えば万暦七年、蘇杭地方に水害が発生すると、給事中顧九思・王道成が宦官の

召還および織造の撤廃を要求したのに対し、存続の妥当性を力説して織造太監孫隆を召還したこと、[113] また、江南の水害を救恤すべきと要求した給事中李淶の上疏が帝の怒りを引き起こしたことに対し、言官の立場をつとめて弁護し事無きを得たこと、[114] 等を挙げることができる。代々問題とされてきた織造太監の派遣を被災地のみでも当分の間中止すべきという主張の裏には、帝室の利害のためにのみ服務する宦官に対する不信感が隠されており、それに対する張居正の支持も、君主の私利追求に対する批判的態度に基づくものであった。これは張のみの態度ではなく、嘉靖以降の首輔権が帝権を牽制し得るようになったという認識に基づくものであった。

ところが、宦官に対する張居正の態度は、他方では極めて政治的であった。万暦三年、宦官と対立した科官をかえって処分した事件が、そうした場合に当てはまる。すなわち、南京中官張進が酒に酔って給事中王頤を殴打する事件が発生し、給事中鄭岳・楊節がこれに抗議したが、朝廷で容れられないとなると、さらに同官趙参魯が、張進は司礼太監馮保と結託して悪行を恣にしたと劾奏し、厳重な処分を要求した。しかし、かえって趙参魯は左遷され、鄭岳・楊節も奪俸の処分を受けたのである。[115] こうした言官側に対する突飛な処分は、もちろん張居正によって下された措置であった。彼は言官と宦官の紛争において、ひとまず言官側を処分して司礼太監馮保の歓心を買おうと、多分に政治的な行動をとった。[116] 張居正と馮保の関係について、谷応泰は、

馮が執政《ないかく》に頼ると、言路に憂いがなく、張が中涓《かんがん》を信じると、主上の恩寵を失った。そのために扇をあおいで暑さを冷まし、毛布を敷いて寒さをしのいだ。居正が蒙ったところは、全くそっくりに宦官の力に依存したものである。[117]

と記し、首輔と司礼太監の結託を通じて、前者は君主の恩寵を引続き享受することができ、後者は言路の攻撃を防御できたと表現している。張居正が給事中趙参魯を処分し、一般の指弾を覚悟してまで馮保の歓心を買おうとした理由は、自らの専権行使のための政治的な布石にあった。すなわち、そのように突飛な措置を行い、科道官に対する首輔

の影響力を見せつけ、代わりに馮保にも科道官の跋扈を牽制するよう要求した、高次の政治的布石だったのである[118]。この点、張居正の政治的手腕の卓越性を示すもので、彼は政治理念上では張璁と高拱の流れを汲み、政治的手腕は徐階のそれを兼ねたと言い得るほど、直面する難題を巧みに解決していった。じっさい彼の権力基盤の構築には宦官の力が終始していたのであり、かつて高拱を入閣させるときは宦官李芳の力を借り、自身が高拱を退けて首輔の座に就くときは、馮保と結託してその計画を厳密に推進していたのである[119]。

このように張居正は首輔就任直後から強力に権力を行使し得るようになり、特に考成法でもって科道官に対する統制が可能になったが、さりとて科道官の政治批判が根絶されることは期待できなかった。じっさい張自身も言官の言論それ自体を否定したり、あるいは、祖宗の法たる科・道官制それ自体を否定するという考えを持っていたのではない。彼は飽く迄も「浮議」を減らし「紛更」を防止することによって主権を確立するところに主眼を置いていたから、科道官による健全な政治批判を期待していなかった訳ではない。言わば帝室の私利追求や宦官・宗藩・外戚そして富豪の土地収奪に対する批判は、科道官を通して行われねばならないと信じていた[120]ので、考成法の実施がただちに彼らの言路としての機能を断絶させるものではなかった。ここに科道官の政治批判の途が、狭いながらも開かれていた。

万暦三年初、南京給事中余懋学が初めて、考成法を中心として張居正に対し全面的な批判を加えた[121]。第一に、考成法が行われた結果、政治が過度に硬直するようになったので、寛大な政治をすること、第二に、言路を開いて政治批判を許容すること等、全部で五項目に及ぶ上疏を上せ、合わせて［言官であった］趙参魯に対する処分の不当性をも指摘した。この疏で余は官職削奪の処分を受けた。その次には同年十二月、河南道御史傅応禎の疏[122]が続いた。その中で傅は、趙参魯が宦官を劾奏して左遷され、余懋学が時政を論じて投獄されたことの不当性を指摘し、「君徳を重んず」「民困を蘇らす」「言路を開く」の三項目に及ぶ時政を論じて、やはり投獄されたのみならず、また同官に対する擁護も黙殺され、さらには彼らに面会した科道官三人まで左遷された。余懋学は張居正の子嗣修と同年であり、また傅応禎は張居正の門生[123]でありながらも、張批判の先頭に立っていた点が注目される。

翌年正月には巡按御史劉台より抗議の疏が出た[124]。彼は傅応禎と同郷の親旧で、やはり張居正の門人であった[125]。劉台はこの疏で内閣の権力集中を辛辣に論難し、特に考成法を全面的に批判した。それによると、がんらい内閣は君主の顧問に過ぎなかったが、考成法の実施で科道官に対する内閣の圧力が強化され、言官による言論の自由とその監督権の独立性が大きく侵害されるようになった、というのである。劉の批判は考成法の設置目的が内閣権の強化、特に首輔権の強化にあるという点を指摘したものであった。門生御史から虚を衝かれた張居正は激怒したが、別の科道官からの反撃が恐れられた当時は、厳しい処分を下すことができなかった[126]。

ともあれ、幼冲な神宗を脅かし、一方では司礼太監馮保の協力を得て首輔として専権を行使する張居正が、自身の門生科道官から厳しい批判を受けたことは、明代言官の敢言の気象を示す好例に属する。にもかかわらず、これはまた、考成法を中心とする張居正の専権行使によって、当時の言路が大きく萎縮していたことをも述べるもの[127]であり、それは、万暦初の科道官による政治批判がせいぜい趙参魯・余懋学・傅応禎・劉台により、その命脈が保たれてきたに過ぎないからである。こうした言官の消極的気風は、万暦五年の張居正の奪情を契機として、言責の官以外の言路をより積極的に開くことになった。これに関して、趙翼は、

万暦中、張居正の専権が久しくなり、下を操るのに湿《たきぎ》を束ねるが如きであった。自己と意見を異にする者は、たちまち斥けたが、科道はみな風を望んで靡《なび》くかのようであった。奪情の一事で疏劾する者は翰林・部曹から出た（翰林呉中行・趙用賢、員外郎艾穆、主事沈思孝、進士鄒元標ら）が、科道曾士楚・陳三謨らは、むしろ交々章して留まらんことを請うた。居正が帰葬するに至っては、その朝に還らんことを急き立て、居正が病になるに及んでは、科道はともに彼のために醮を立てて祈祷した。これは言路の一変である[128]。

と述べ、張の奪情に対する抗議の疏は、科道官でなく翰林や部曹から出るようになり、後に張が病気を患ったとき、

科道官は先頭に立ってその快癒のために醮を建てようとした。これが正徳・嘉靖以降の言路の一大変化というべきものだ、という。趙翼のこうした見解に妥当性がない訳ではない。しかし、品秩が低い科道官は個別には無力で、張居正時代のように強力な政治が行われる時には全般的に意気消沈するが、その批判的言論は決して消滅したのではない。潜伏して内面での膨張が続き、述べ得る機会が訪れると、その反作用で、むしろ批判の声はさらに激しく活火山のように爆発した[129]。同十年に張居正が亡くなると、一〇年間の抑圧から抜け出て再び批判の言を発し、これ以後、言官と政府はまた敵対関係に立つようになったのである。

註

（1）張璁の入閣は嘉靖七年の『明倫大典』の成立後で、彼と桂萼の推薦により楊一清が入閣して首輔となった。しかし、しばらくして両者の間に不和が生じ、一清が退いて張が首輔となった。そして翌八年には桂萼が入閣した。

（2）『世宗実録』巻一〇三・嘉靖八年七月乙未の条、『明史』巻二〇二・孫応奎伝。

（3）『世宗実録』巻一〇三・嘉靖八年七月癸丑の条、『明史』巻二〇六・王準伝。

（4）『世宗実録』巻一〇四・嘉靖八年八月丙子の条、『明史』巻二〇六・陸粲伝。

（5）『世宗実録』巻一〇四・嘉靖八年八月丙子の条、『明史』巻二〇六・王準、陸粲伝。

（6）『世宗実録』巻一〇五・嘉靖八年九月乙卯の条。

（7）『明史』巻一九六・夏言伝によると、当時、嘉靖帝は礼文に関心を持っていたが、夏言が言官として礼について議論することにより「大いに帝眷を蒙」り、「諫官の職を去ってから、浹歳［十年］も経たないうちに六卿となったが、これは以前になかったことだ」と述べている。

（8）『明史』巻一九六〜一九七の各伝。

（9）同書・巻一九六・夏言伝。

（10）嘉靖・隆慶年間に首輔となった者は、おおよそ礼部尚書を歴任している。これは、「大礼の議」以後の礼を重視する風潮と関係するもので、例えば張璁・夏言以後、厳嵩・徐階・高拱はすべて当てはまる。

（11）『明史』巻一九六・夏言伝。

（12）同右。

（13）『世宗実録』巻二六四・嘉靖二十一年七月己酉の条。

(14) 同書・巻二六三・嘉靖二十一年六月辛巳の条。
(15) 註（13）参照。
(16) 二人はともに首輔の座の去就が三～四回を数えた。ところで、張璁は世宗の諱（厚熜）を避け、嘉靖十年に孚敬という名を下賜された。
(17) 『世宗実録』巻二六五・嘉靖二十一年八月乙未、巻二六六・同年九月庚申の各条。
(18) 同書・巻二六七・嘉靖二十一年十月戊戌の条。
(19) 『明史』巻二一〇・葉経、謝瑜伝。
(20) 谷応泰『明史紀事本末』巻五四・厳嵩用事。
(21) 『明史』巻一九六・夏言伝、『明史紀事本末』巻五八・議復河套・嘉靖二十七年正月。
(22) 『世宗実録』巻三三二・嘉靖二十七年正月己卯の条。
(23) 『明史』巻二一〇・厲汝進伝。
(24) 同書・巻二〇九・沈束伝。
(25) 同書・巻二一〇・徐学詩伝。
(26) 同書・巻二〇九・沈練伝。
(27) 同書・巻二一〇・王宗茂伝。
(28) 同書・巻二一〇・趙錦伝。
(29) 同書・巻二〇九・楊継盛伝、及び＊高柄翊「楊継盛の上疏と遺嘱――明代士大夫の政治観と教育観――」（『学術院論文集』人文・社会、一四輯、一九七五）、参照。
(30) 『明史』巻三〇八「奸臣」趙文華伝。
(31) 『世宗実録』巻四三三・嘉靖三十五年三月癸亥の条。
(32) 『明史』巻三〇八「奸臣」厳嵩伝。
(33) 『世宗実録』巻三九三・嘉靖三十二年正月庚辰の条。
(34) 同書・巻四〇六・嘉靖三十三年正月壬寅朔の条。
(35) 『明通鑑』巻六〇・嘉靖三十三年春正月壬寅朔の条に、三編御批曰、嘉靖酷待言官、力加摧抑、錮獄杖死者接踵于廷、已非政体。至賀表違式、其事尤微、何亦重加譴責。蓋自厳嵩柄用、群臣異論紛如、嘉靖聴嵩之慫慂、蓄怒以待者已久。而衆喙仍然不已、則益務先事施威、欲以怵其心而箝厥口耳。爾時台諫陳言、固不必盡中事理。而嘉靖藉端抒憤、至以元日盡撻科臣、乖妄更甚矣。とあり、『三編』御批を引用し、嘉靖帝が厳嵩の慫慂を容れて、言官を過酷に扱ったことを記している。
(36) 『世宗実録』巻四五一・嘉靖三十六年九月辛亥の条。
(37) 『明史』巻二一〇・呉時来伝。
(38) 同書・同巻・張翀、董伝策伝。
(39) 同書・同巻・鄒応龍伝。
(40) 『明史紀事本末』巻五四・厳嵩用事・「谷応泰曰」の条。
(41) 『明史』巻三〇八「奸臣」厳嵩伝に、「前後して嵩と世蕃を劾奏した者は、謝瑜をはじめ、葉経・童漢臣・趙錦・王宗茂・何維柏・王曄・陳塏・厲汝進・沈錬・徐学詩・楊継盛・周鉄・呉時来・張翀・董伝策らで、皆処分された。経と錬は別の過失で殺され……。そのほか［彼が］憎んだ者たちにも、遷除と考察にかりて斥けられた者が多く、皆跡かたもなくなった」とあるが、謝瑜ら処分された者のみでも、一三名中の九名が科道官であった。

(42)『明史』巻二一三・徐階伝。

(43)同右、及び同書・巻三〇八「奸臣」厳嵩伝。

(44)『明史』巻二一三・徐階伝。

(45)同右。

(46)本章第二、三節、参照。

(47)徐階による言官寛用策の建議にも拘らず、言官に対する世宗の憎悪は相変わらずであった。御史張櫝が、厳嵩父子を劾奏して罪を得た呉時来・趙錦らの録用を、鄒応龍の劾奏後に建議したのだが、かえって帝の怒りを買い、廷杖・削籍に処された。また沈束の長期繫獄は、特に有名である。彼は給事中で、嘉靖二十年代中盤に取るに足らないことで投獄され、嘉靖末にようやく釈放された。『明史』巻二〇九・沈束伝に、

帝深疾言官、以廷杖遣戍未足遏其言、乃長繫以困之。而日令獄卒奏其語言食息、謂之監帖。或無所得、雖諧語亦以聞。一日、鵲噪於束前、束謾曰、豈有喜及罪人耶。卒以奏、帝心動。会戸部司務何以尚疏救主事海瑞、帝大怒、杖之、錮詔獄、而釈束還其家。

とあり、沈の獄中生活についても、その動静に対する監察を怠らず、海瑞の上疏の後にやっと一八年間の獄を解いたといい、嘉靖帝の言官に対する憎悪の深さを如実に示している。

(48)西村元照「明後期の丈量に就いて」（『史林』五四―五、一九七一）参照。

(49)『明史』巻二〇六・海瑞伝、及び『海瑞集』（北京、中華書局、一九八一）上編・三・京官時期、治安疏。海瑞に関する最近の研究としては、＊呉金成「海瑞（一五一三～一五八七）新論」（『歴史と人間の対応』ソウル、一九八四）をはじめ、王賢徳「海瑞に関する一考察」（『中山八郎教授頌寿記念明清史論叢』、一九七七）、Huang, Ray（黄仁宇）, Hai Jui, The Eccentric Model Official, 1587, *A Year of No Significance*（Yale U.P., 1981）『万暦十五年』（北京、一九八二）、等がある。

(50)同右。

(51)『明史』巻二一〇・鄒応龍の伝賛。

(52)厳世蕃とその党人羅龍文は、それぞれ雷州と潯州への謫戍の処分が下されたにもかかわらず、彼らはこれを無視して帰郷し、園亭を建てるなどの不法を恣に行った。すると四十三年十一月、この地域を巡歴した南京御史林潤が「不

軌の状」を上疏し、けっきょく二人は誅罰に伏したのである。『明史』巻二一〇・林潤伝。

(53) 言官（科道官）すなわち言責の官は、それ以外の官よりも上疏の時期や内容に於いて、はるかに政治的ないし意図的であった。こうした傾向は、科道官体系の形成前よりも形成以後、とくに明代後期に、首輔権の強化とそれをめぐる権力闘争と密接な関連を持ち、いっそう鮮明な様相を見せた。

(54) 『明通鑑』巻六三・嘉靖四十五年十二月庚子の条。『世宗実録』では同一内容の記事が同年同月辛丑の条にある。

(55) 『明通鑑』巻六四・隆慶元年春正月の条。

(56) 『明史』巻二一三・徐階伝に、

詔下、朝野号慟感激、比之楊廷和所擬登極詔書、為世宗始終盛事云。同列高拱・郭朴以階不与共謀、不楽。朴曰、徐公謗先帝、可斬也。

と記されている。

(57) 同書・同巻・高拱伝。

(58) 同書・同巻・徐階、高拱伝、及び巻二一五・欧陽一敬伝。

(59) 高拱は隆慶元年正月から約五ヵ月間、穆宗の信任を受けたことをめぐって、徐階と彼を支持する大部分の科道官と対決したが、ただ自己の弁明と乞休疏を上すことに終始するのみであった。『明史』巻二一三・高拱伝。

(60) 『穆宗実録』巻七・隆慶元年四月庚寅の条。

(61) 『明史』巻二一五・欧陽一敬伝には、双方の対決を描写して、

一敬尋劾拱威制朝紳、専柄擅国、亟宜罷。不聴。踰月、御史斉康劾階。諸給事御史以康受拱指、群集闕下、詈而唾之。一敬首劾康、康亦劾一敬。時康主拱、一敬主階、互指為党。言官多論康、康竟坐謫。

と記されている。

(62) 註（60）参照。

(63) 『穆宗実録』巻八・隆慶元年五月甲戌の条。

(64) 『明史』巻二一三・徐階伝。

(65) 王世貞『嘉靖以来首輔伝』序、趙翼『二十二史劄記』巻三三・明内閣首輔之権最重。

(66) 『明史』巻三〇五「宦官二」李芳伝。

(67) 同書・巻二一四・王廷伝。

(68) 同書・巻三〇五「宦官二」李芳伝、『明史紀事本末』巻六〇・俺答封貢。

(69) 『明史』巻二一三・徐階伝に、

群小璫毆御史於午門、都御史王廷将糾之。階曰、不得主名、劾何益。且慮彼先誣我。乃使人以好語誘大璫、先録其主名。廷疏上、乃分別逮治有差。階之持正応変、多此類也。

とある。

（70）『穆宗実録』巻五〇・隆慶四年十月丙辰の条。
（71）『明通鑑』巻六五・隆慶四年十月壬戌の条。
（72）『穆宗実録』巻五〇・隆慶四年十月丁巳の条。
（73）同書・巻五〇・隆慶四年十月己未の条。
（74）註（31）参照。
（75）『明史』巻一九三・趙貞吉伝。
（76）『穆宗実録』巻五〇・隆慶四年十月壬戌の条、及び註（75）、参照。
（77）『明史』巻一九三・李春芳伝。
（78）註（75）参照。
（79）『穆宗実録』巻五一・隆慶四年十一月乙酉の条。
（80）正徳朝に宦官劉瑾が専権した時、その党人焦芳が一時的に閣臣で吏部を兼ねたことがあり、嘉靖の時にも方献夫・李本・厳嵩が特殊な条件から一時的に吏部の事を管掌したが、高拱の場合は自ら請うたものである。沈徳符『万暦野獲編』巻七・内閣「輔臣掌吏部」に、

高新鄭以故官起掌吏部、初猶謂其止得銓柄耳。及抵任、則自以意脅首揆李興化条旨云、不妨部務、入閣辦事、比進首揆、猶長天曹、首尾共三年、則明興所僅見也。

とあり、高拱が前後三年間、閣臣で吏部を兼掌したが、こうしたことは、それまで明朝になかったという。

（81）『穆宗実録』巻四七・隆慶四年七月己巳の条に、

掌吏部事大学士高拱言、近来章奏、日趨浮汎、鋪綴連牘、煩聖覧、且言多意晦、端緒雖尋翻可窺匿事情、支調仮飾、人臣奏対之礼、不当如此。請厳加禁約、令内外諸司、凡有章奏、務在直陳其事、意尽而止、不得仍前鋪綴。違者、聴該部科官参治、庶存躬粛之体、且還簡実之風。得旨。

とあるところからも、高拱の世論政治に対する反対意見の一端を知り得る。

（82）『明史』巻二一三・高拱伝。
（83）同右。
（84）『明史』巻二一五・汪文輝伝。
（85）同右。
（86）同書・巻二一五・劉奮庸伝。
（87）『穆宗実録』巻六八・隆慶六年三月己酉の条。
（88）同書・巻六九・隆慶六年四月丁巳の条。
（89）『明史』巻二一五・曹大埜伝。
（90）嘉靖・隆慶期の首輔交替に於いて大部分の場合、科道官は前の首輔の過失を暴いて劾奏した。ところが、隆慶朝の徐階と高拱、高拱と徐階の交替に於いては、前首輔の留任を主張する科道官が増えていた。これは科道官の定見のなさに原因がある（『万暦野獲編』巻八・内閣「攻保公疏」）

というよりは、当時の対内外の危機的状況が、彼らをして政治的安定を願わせたものではなかろうか。

(91) 伝記類として、陳翊林『張居正評伝』(中華書局、一九三四)、楊鐸『張江陵年譜』(商務印書館、一九三八)、朱東潤『張居正大伝』(湖北人民出版社、一九五七)、唐新『張江陵新伝』(台湾中華書局、一九六八)等がある。

(92) 張居正『張文忠公全集』奏疏一、『明史』巻二一三・張居正伝。

(93) 疏が出された時期やその内容から見て、徐階との政治路線上の告別宣言というべきものである。しかし彼は、政治路線上では高拱を追従していたが、個人的には徐と親密な間柄にあった。高拱が入閣し、言官をして徐を追論させた過程に見られる張居正の態度でも、そうした間柄を見せていた。

(94) 『明史』巻三〇五「宦官二」李芳伝。

(95) 同書・巻二一四・馬森伝。

(96) 御史詹仰庇が十庫を巡視するうち、内官監の帳簿に不正を見つけ出し、これを糾劾した。すると宦官たちがその疏中の文言に難癖をつけ、詹が処分されたのは勿論、巡視官の制度を革罷する措置も下された。『明史』巻二一五・詹仰庇伝。

(97) 給事中呉時来が上せた保泰九剳は、すべて宦官による皇帝誤導に関連する内容で、九箇条のうち、習奏事、厳票旨、慎伝奉は、票擬に関連するものである。『明通鑑』巻六四・隆慶三年三月の条。

(98) 『穆宗実録』巻四〇・隆慶三年十二月己亥の条。

(99) 『明史』巻三〇五「宦官二」李芳伝。

(100) 同書・巻二一三・張居正伝。

(101) 同書・巻一九三・李春芳伝。

(102) 同書・巻一九・穆宗本紀。

(103) 『嘉靖以来首輔伝』巻七・張居正伝。

(104) 張居正『張文忠公全集』附録一・先公致禍之由敬述。

(105) 『万暦野獲編』巻七・内閣「両張文忠」。

(106) 同右。

(107) 『張文忠公全集』奏疏一・陳六事疏、振紀綱。

(108) 同書・奏疏三・請稽査章奏随事考成以修実政疏。

(109) この引用文は、考成法を要領よくまとめた夏燮の文で、『明通鑑』巻六六・万暦元年十一月庚辰の条である。

(110) 小野和子「東林党と張居正――考成法を中心に――」(『明清時代の政治と社会』、一九九三。のち同『明季党社考――東林党と復社――』再録、同朋舎出版、一九九六)参照。

(111) 本書・第一編・第二章・第二節・二、参照。

(112) 『張文忠公全集』奏疏一・請宥言官疏。

(113)『神宗実録』巻八九・万暦七年七月乙丑の条。

(114)同書・巻八九・万暦七年七月癸亥の条。

(115)『明史』巻二二一・趙参魯伝。

(116)謝国楨「万暦時代之朝政及各党之紛争」(『明清之際党社運動考』二)、及び小野氏前掲論文・三・言路の批判、参照。

(117)『明史紀事本末』巻六一・江陵柄政・「谷応泰曰」の条。

(118)『明史』巻二一三・張居正伝。

(119)『万暦野獲編』巻九・内閣「江陵始終宦官」。

(120)『張文忠公全集』奏疏一・請宥言官以彰聖徳疏に、

昨該吏科給事中石星疏陳時政、冒犯天威、……但臣惓惓之愚、竊以為科道乃朝廷耳目之官、職司糾正、必平日養其剛直之気、寛其触冒之誅、而後遇事敢言、無所畏避、四方利弊、得以上聞。我皇上登極之初、特下明詔、広求直言……。今若因此一事、将石星遂加重譴、四方聞之、必謂朝廷求言、特虚文耳。転相告戒、以言為諱、……

とあり、隆慶朝に給事中石星が直諫して処分されると、請宥の疏を上せ、科道官の剛直の気象を養うべきだと力説している。

(121)『万暦疏鈔』巻一・陳五議以襄化理疏、及び小野氏前掲論文・三・言路の批判。

(122)『万暦疏鈔』巻一・披血誠陳膚議以光聖治疏、及び小野氏前掲論文・三・言路の批判。

(123)『明史』巻二二九・傅応禎伝。

(124)『万暦疏鈔』巻一八・懇乞聖明節輔臣権勢疏、及び小野氏前掲論文・三・言路の批判。

(125)『明史』巻二二九・劉台伝。

(126)同右。

(127)黄仁宇氏も、これについて「朝廷の糾察官である一一〇名の監察御史と五二名の給事中が、みな張居正の手のうちの者であり、彼らはこれまで張居正に不利な者を糾察するだけで、世論を顧みることはなかった)」(『万暦十五年』二三頁)と述べている。

(128)『二十二史劄記』巻三五・明言路習気先後不同。

(129)黄仁宇氏の表現を借りると、科道官を獬豸《かいち》になぞらえて、彼らは「世論を集め、本音と建前の調整をし、公益と私利の折衷点を見付ける道具であるのに、元輔張先生は、それを利用して、自分の政策を推進した。……この状況は、彼らを特務警察同様にした。こうして張居正は、独裁者の地位を持たずに、独裁者の手腕を振るったのである。もし、彼らの執政期に、このように遍く抑圧された恐怖や怨恨がなかったら、その後の反張居正運動もこれほど多くの同情を引くことはなかっただろうし、運動員がこれほどの力を出し、これほど波紋を広げることもなかっただろう。」（前掲書・七二頁）と記している。

第三章　張内閣後の内閣派と東林派科道官の対立

第一節　申時行内閣による「出位越職の禁」と科道官

1　張内閣後の政局と「出位越職の禁」

万暦十年（一五八二）、朝廷を左右した内閣首輔張居正が亡くなると、それまで彼により弾圧されてきた科道官の言論活動が、ふたたび活気を取り戻した。しかし、活気を取り戻したのは科道官だけではなかった。神宗自身が彼の威勢に圧倒されてきたので、ひとたび科道官が攻撃すれば、張居正一派に対する本格的な粛正があると予見されていた。そうした中で、攻撃の口火を切ったのが御史江東之と李植である。張の死後も太監馮保とその一党、特に馮の私人の錦衣指揮同知徐爵が中心となって朋比〔党派〕をつくり、依然として世道を操ろうとしていたが、そうした状況で、まず御史江東之が彼に対する攻撃を加え、(1)続いて李植が馮の一二の大罪を挙げて糾弾し、これにより両御史は帝に認められた。さらに同十二年、張居正の家財が籍没された時に御史羊可立の追及があって、羊も神宗に認められ、それを契機に三御史は同志として結束するようになったのである。(2)

彼ら三御史は、万暦五年に張居正奪情に抗議して削籍の処分を受けたが、張の死後には復官された翰林院官呉中行・趙用賢・沈思孝らを推奨するなど、反張居正運動を継続、推進する勢力として浮上した。(3)彼ら科道官は、翰林官趙用賢・呉中行らとともに張居正の治下では同じ被害者的立場に立ち、張の没後には神宗黙認の下で趙・呉の側を庇うことにより、張内閣の専制政治を批判した。しかし、それは相対的に内閣権に対する批判の意を含まざるを得なかったので、次に成立した申時行内閣とも自ずと気まずい関係に立つことになった。のみならず、申時行（一五三五〜一六一四）は張居正に推薦された人物であり、たとい彼が大勢において所謂「寛大の政」を実施したとしても、それは飽く迄も、高拱や張居正といった先輩首輔たちの強圧的政治がけっきょく自身の悲劇的な最期を招いた、という反省に立った行為に過ぎず、(4)じっさい張居正の「富国強兵」論に反対したものではなかった。これは言路に対する方針でも同じことで、最初から多くの困難な要因を抱えていた。『明史』本伝に、

（張）四維が喪に当たって帰郷すると、時行が首輔となった。余有丁・許国・王錫爵・王家屏が前後して政府に同居したが、嫌猜するところはなかった。ところが言路は居正に抑圧されており、ここに至ってはじめて発舒することになった。居正はもともと時行と親しかったので、諷刺《ひはん》無しとはし得なかった。時行は、うわべでは博大を見せて人を容れるかのようだが、心ではもともと不満に思っていた。帝は、たとい言者たちが居正の短所をそしるのを好んでいたとしても、時事を論難する者をもっとも嫌がり、言事者は時おり謫官された。多くの人がこのことで時行を怨望し、口を開けば互いに詆りあった。諸々の大臣たちがみな時行が言者の口を塞いだことを庇うと、言者はますます憤り、時行はこのために物望を損った。(5)

とあり、申時行の言路に対する態度と両者の関係を端的に示しているが、ここから著者がもう一つ知り得るのは、張居正から申時行・許国・王錫爵・王家屏に至る輔臣と言路との関係が、一般的に良好であったとは言えないという点である。特に張と申は親密な間柄だったので、張に対する言官の攻撃は申にとって非常に負担となったのであり、例えばそれは、張の考成法を始めとする四つの「専恣」は永遠に禁革すべきだという御史張文煕の主張に対して、申時行が直ちに反論し、帝に同意を求めているところからも推測し得る。(6)

ともあれ、張御史に続いて御史丁此呂も、居正の執政当時、郷試と会試に於いて子の嗣修・懋修・敬修に私があったことを暴露した。彼が特に「侍郎高啓愚が南京試を主管したとき、『舜も亦た以て禹に命ず』を策題としたのは、

居正に勧進《しんげん》したものだ」という内容の疏を上すと、申時行・許国らが、嗣修らの座主という苦しい立場にあったけれども、やはり吏部と共同歩調を取り、尚書楊巍は一部の考試官を処分する一方、丁を流罪に処す措置を下した。(7)しかし、こうした措置に御史李植・江東之らと給事中王士性らが反発した。なかでも江東之は、時行の二子の登科をも挙げ、楊のそうした措置は居正を庇うようだが、実は現在の首輔申時行の歓心を買おうとするものだと述べ、科道官が閣・部臣と互角に立ち向かったのである。こうした状況で、神宗は申・楊に対し慰留する一方、丁に対しても処分を容れ、双方の和解を慫慂するだけであった。彼は張居正に対する憎悪の気持ちを、科道官の攻撃で多少和らげることができた。しかし大臣たちがむしろ張を庇護する態度を取ったため、閣臣を始めとする大臣たちの反対にも拘らず李植ら三御史を昇進させ、自身の立場を明確にしようとした。しかし、こうした神宗による言官を庇う態度もしくは中立的な措置は、閣臣と言官との関係をいっそう悪化させただけである。(8)そして言路であるという理由で三御史と共同歩調を取ったことは、勿論ない。御史蔡系周が旱害について述べる中で、李植らは呉中行・趙用賢・鄒元標らの朋党で、専権を企てたと非難すると、これに対する江東之・羊可立らの弁明、そして内閣側の介入と給事中斉世臣、御史呉定らによる蔡御史の庇護などがあり、様態は予想外に複雑に展開していった。こうした中で神宗は、今回も双方の和解を慫慂しようとし、その一方で都察院に勅諭して、「今後、諫官の計事は当然国家の大体を顧みるべく、私で公を滅ぼしてはならない。違う者は必ず罪する。(9)」と一般論を展開するのみであった。閣臣許国は不満を、「むかし専恣は権貴にあったが、今日は下僚にある。むかしは是非を顛倒することが小人にあったが、今日では君子にある。意気と感激で……、不世の節を自負し、浮薄好事する者を呼び集めて、党を組んで異を伐ち、上を罔《なみ》し私を行う。(10)」と述べているが、これは呉中行・趙用賢・鄒元標ら新進の下僚と李植ら科道官を指したものに他ならない。当時は、このように「君子下僚」を一つの政治勢力とし、閣・部を中心とする指導層をもう一つの政治勢力とする、両極化の兆候がはっきりと現れていたのである。

このように神宗が、内閣・六部と科道及び一部の翰林院官との争いで中立的立場を取る限り、言官の気勢はいっそう高まるよりほかなく、こうした状況では科道官内部の異見及び対立の調整のために、政局の混乱が予想された。[11] しかも、こうした頃に太子冊立の問題が起こり、さらなる混迷を迎えねばならなかったのである。万暦十四年初、鄭貴妃が皇子を産み皇貴妃に封ぜられると、恭妃王氏が産んだ皇長子を太子に立てない可能性が生じ、中外に疑懼の念が蔓延した。そうした中、給事中姜応麟が上疏して速やかな冊立で疑惑を晴らすことを主張したが、左遷される、という出来事が発生した。[12] 姜の処分にも拘らず、太子冊立を主張する上疏が相次ぐと、神宗は首輔申時行が考成法の対案として考案した言路弾圧策を容れ、それまでの態度を一変させた。申の言路弾圧策というのは、百官に自己の地位や職務と関係しなければ建言を禁ずる、所謂「百官出位越職の禁」であった。[13]

このような政府の言路制限措置にも拘らず、新たに発生した太子冊立問題すなわち国本問題は、言論を言官に限定し得ない状況をもたらした。のちに東林書院の盟主となる顧憲成の弟允成は、ちょうどこの時廷試の受験生で、その対策の中に鄭貴妃の問題を取り上げたのだが、翌十五年、清官として有名な海瑞が不当な弾劾を受けると、弁事進士諸寿賢・彭遵古らとともに彼を擁護して、自身たちの議論こそ「天下の公論」であると主張し、「出位越職」の罪に引っ掛かり、みな削籍の処分を受けた。[14] こうした政府の措置に反対する抗疏で騒々しい中、むしろ給事中邵庶が政府側の建言制限策を支持して出ると、刑部員外郎李懋檜は次のように抗議した。

陛下が百官越職の禁を重くするのは、言官失職の禁を厳しくするのに及ばない。当然言うべきことを言わなければ、負君誤国の罪に当て、軽ければ過失を記録し、重ければ褫官する。科道の人事異動にもっぱらその章奏の多寡と得失を基準とすれば、言官として直言せざるを得ず、庶官たちは言うべきこともなくなるので、出位の禁が必要なくなり、太平の効果が自ら現れるのである。[15]

このように理路整然とした「出位越職の禁」に対する李の反論も、出位越職の禁に掛かって処分され、そうなると、科道官内部では彼に対する擁護と弾劾が行き交った。

万暦十五年二月、京官の考察で、工部尚書何起鳴と宦官張誠との親密な関係が拾遺の対象となり、給事中陳与郊が内閣の意向を支持してこれを庇ったのだが、それに反して御史高維崧らは再び何を糾劾し、やはり処分された。そこで吏部主事顧憲成（一五五〇～一六一二）がその不当性を挙げて反駁し、合わせて政府に阿附して自己本来の任務を忘れてしまった言官の反省及び百官出位越職令は不必要だとする疏を上せたが、彼もまた左遷されただけであった。[16] 翌十六年には順天郷試の問題で内閣が窮地に追い込まれた。すなわち、合格した王錫爵の子王衡と申時行の婿李鴻らの成績に関する疑惑で、考試官黄洪憲が弾劾されたのである。となると左都御史呉時来らがその弾劾を阻止して言路を弾圧しようとした。しかし、給事中史孟麟と吏部員外郎趙南星、吏部主事姜士昌らはかつて反張居正運動に参加した者たちであり、やはり内閣に対し批判的立場に立った。そこで内閣は吏科都給事中陳与郊に工作し、李春開に命じて「官守」すなわち部・寺等の職務執行と、「言責」すなわち科道の言論の責任とを明確に区分し、言責の官ではない趙南星と姜士昌を「出位妄言」で以て弾劾させた。[17]

このように言責と官守の問題をめぐって内閣とその反対派とで賛否が交差する中、太子冊立問題が持ち上がり、内閣は再び困難な立場に置かれた。万暦十八年、皇長子常洛は九歳を迎えたが、神宗はその虚弱を理由に、十歳を越えてから冊立を挙行するとの諭旨を下し、[18] 他方では「冊立問題は、科道官がうるさく言わなければ来年までに決着を見、もし引続きうるさく言うのであれば、十五歳までこれを延期する」という意向を内閣に伝えた。[19] 申時行を始めとする内閣の意見は、もちろん速やかな冊立を望むというものであった。神宗は延期を単に口頭で告げ、科道官の口を塞ごうとする魂胆であったが、ことが六部と六科に知れわたり、書面上の約束と同じく確実視されてしまい、不満を抱かざるを得なかった。翌十九年春、星変が起こると、これを理由に言官に対して一年間の奪俸を命ずるという前例の無い措置を取った。[20] 表面上の理由は「科道官は言責の官であるにも拘らず、自らの名誉心のためにむやみに君主を糾弾した群臣を弾劾せず、「言官の責を放棄した」責任の追究であったが、実際には言官を威嚇し、太子を冊立していないことに対する科道官側の批判を食い止めようという意図から出たものであった。この措置について、南京太常寺博士湯顕祖（一五五〇～一六一七）は抗議して、

言官はどうして皆不肖なのか。大概、陛下の威福の柄を輔臣が潜かに窃むため、言官たちの向背がそのようになるのである。……陛下は方今、言官の欺蔽を叱責したが、輔臣の欺蔽は相変わらずだ。……陛下が天下を統御せられた二十年の間、前半十年の政治は、張居正が剛で欲深く、私人と群れをなしてこれを壊し、後半十年の政治は、時行が柔で欲深く、私人と群れをなしてこれを壊してしまったのである。(21)

と、科道官を一括して処分するのは不当だ。問題は言官よりも閣臣にあった。張居正と申時行は科道官を含む私人組織すなわち派閥をつくり、政治を混乱させたのであり、処分すべきは言官でなく輔臣にある、と述べた。

ともあれ、このように太子冊立問題を始めとして政局が慌ただしい時、首輔申時行は表面的には冊立の延期に反対したが、他方で密掲を上り神宗を支持していた立場が露見し(22)、いっそう窮地に追い込まれた。その密掲が内閣中書黄正賓により六科へ送られ、あわや公開されるとなると、うろたえた申は礼科給事中胡汝寧に交渉してそれを取り返そうとした。担当の給事中羅大紘は止むを得ず返戻したが、申のそうした前後の矛盾した態度を批判する疏を上せて、黄正賓とともに処分され、また彼の為に弁じた同官の鍾羽正らも奪俸の処分を受けた。(23)

2　「出位越職の禁」の背景と科道官

内閣派と反内閣派の対立は対外政策に於いても同様に見られた。例えばモンゴル問題は明初以来続く難題であったが、隆慶五年（一五七一）、彼らに朝貢貿易を許可してからは両国間に平和的関係が成立していた。しかし、万暦十八年（一五九〇）の洮河の変でその関係が崩れると、明王朝としては脅威の拡大を感じざるを得なかった。(24)このときモ

ンゴルによる国境侵犯の実状を伝えた陝西巡茶御史崔景栄は、国境に於ける敗因が対モンゴル和議にあることを指摘して、内閣の対外政策を追及し[25]、御史万国欽もその直接の責任を首輔申時行になすりつけた。万は、申時行を和議で以て国を売った宋の秦檜になぞらえ、当時の辺臣や辺将の大多数は申の親戚・家人が賄賂で手に入れたものであっただけでなく、兵部尚書や総督さえも彼の私人か、そうでなければ故知であることを指摘して、辛辣な批判を加えた[26]。兵科都給事中張棟は、洮河の変が起こると現地を視察し、のちに提出した報告書を通して、次のように述べた。敵との和議は、時間かせぎのため事件発生の初期には必要かもしれないが、この場合それとは異なる。正規軍は定員が大幅に減少して戦闘力は低下の一途にあった。のみならず、北虜は朝貢貿易を通して過大な要求をつきつけてきたが、辺臣や辺将は恩賞に汲々とするだけでその要求をのみ、媚外的な姿勢で一貫していた。彼らは、特に内閣と私的に結びついて、対外的には消極策に盲従し、ことをしくじっている、と批判したのである[27]。

対外政策に於いて媚外的だと申内閣を批判した御史万国欽は、万暦十八年の洮河の変と前後して発生した郷紳董份の存問事件でも、やはり申時行攻撃の先頭に立った。烏程の董份は嘉靖年間に礼部尚書を歴任し、大規模な土地を所有する典型的な郷紳地主であり[28]、このとき八十歳の誕生日を迎えて、天子より特使を遣わして問安すべきだ、と申時行と王錫爵が主張した。二人は董份の門生で、特に申は自分の子と董の孫娘が結婚した間柄にあった。彼らの主張が出ると、御史万国欽らが董氏のような悪徳郷紳に対する存問の不当性を挙げて抗議し、続いて他からも申と董の姻戚関係まで持ち出し、彼らの提議が私的親交のためであることを非難する疏が出された[29]。結局その存問は阻止されたが、ともあれ、董氏による暴力的な土地の集積に対し、三年後には「董氏の変」と呼ばれる民変[30]が起こった。のち間もなく発生した帰安の郷紳范氏の変とともに、それら民変の原因を調べて、董氏と范氏の非を追及した巡撫王汝訓と巡按御史彭応参は、反対に免職された[31]。

董份存問の提議を通して、申時行内閣の権力基盤の実状をうかがい知ることができる。太子冊立問題をめぐって、上では神宗に迎合し、下では軍閥化傾向を強める辺臣・辺将と結合し[32]、また、董份のような大郷紳地主と野合したことで、反内閣派言官による批判の標的となったのである。張居正に続いて首輔となったが、父が没して帰郷した張四維も、その一族は大商人であったようで、『明史』本伝に、

> 御史郜永春が河東の塩を視察した時、塩法の崩壊は勢要の横行と大商の専利のせいだとしたが、それは四維と（王）崇古が勢要であることを指摘したものである。四維の父と崇古の弟は大商人であった。……四維の家が大金持ちで、歳時に居正への餽問を欠かさず……。明年（三年）三月、居正が閣臣を増置せんことを請い、四維を推挙し、馮保とも交際し、……[33]

とあり、彼の社会的基盤が富豪であったことを示している。こうした様々な事例を綜合してみると、張居正から張四維、申時行内閣へと続く当時の閣臣は、概して、内では大郷紳地主と野合し、対外的には軍閥化傾向を強める辺臣・辺将たちと野合して所謂媚外政策をとった点で一貫しており[34]、科道官の指弾を受けたのである。

それらの内閣は、政治理念の面では、張璁・高拱・張居正の系統を継承して君主「独断」の中央集権体制の強化を目標としたが、万暦朝の政治状況は十年を絶頂として大きく変わったので、言路対策でも方法を異にせざるを得なかった。

張居正時代の言官取締法とも言える考成法の処理でも、そうした点を見出すことができる。張四維と申時行は、張居正が創案した考成法を引き続き維持させることが困難な状況にあったので、所謂「寛大の政」へ政策転換せざるを得なかった。『明史』申時行伝に、

> 張居正が政権を専攬して久しく、群下を操縦するのに湿《たきぎ》を束ねるようにし、自己に従わない者はおおむね斥けた。居正が亡くなった後、張四維・時行が相次いで政事を担当し、寛大につとめた。老成を順番に呼び入れて庶位に布列し、朝論の称賛するところが大きかった[35]。

とあり、張居正の専権政治は既に頂点に達し、神宗や言路も同じようにその強圧的政治に嫌気を感じていたので、張四維・申時行の執政時には内閣の専権政治を緩和することによる政治的安定が模索された。そしてそのためには、考成法に象徴される強圧政治ではなく、むしろ強化された内閣権を利用し、六卿など朝廷の大臣の協力を得て所謂寛大な政治をすることが、何よりも政権維持のためには理有ることだと判断されたのである。

しかし、所謂寛大な政治により開放された言路が、内閣に対し口を閉ざす筈はない。そのうえ申時行の、張居正との親分関係や董份との姻戚関係は、言官の攻撃の標的となるに十分であった。既に言及したように、申は表向きは言路を開いても、内心では言官の言論を疾視し、神宗もまた言官の張居正に対する攻撃以外の一般的な政治批判に対しては、これを容認しようとしなかった。これが「百官出位越職の禁」が考え出された背景であり、また申内閣の所謂寛大な政治の限界なのであった。ともあれ、「寛大の政」には六卿を始めとする大臣の支持が伴い、「諸大臣がみな言者の口を塞ごうとする時行を庇うと、言者はいっそう憤激し、時行はこのために物望を損い」、遂には「閣臣と言路がますます互いに水火の仲となった」のである。[36] こうした状況に対し、閣臣許国も、

むかし専恣は権貴にあったが、今日では下僚にある。むかしは是非を顛倒することが小人にあったが、今日では君子にある。意気と感激で一、二の事を成すと、遂に不世の節を自負し、浮薄好事する者を呼び集めて、党を組んで異を伐ち、上を罔《なみ》し私を行うが、そうした風潮が蔓延してはならない。[37]

と述べ、翰林官呉中行・趙用賢を始めとして科道官江東之・李植ら、君子によく知られた下僚が、私的党派をつくった誤りを嘆いている。翰林・科道のみならず、部・府の小官たちをも含む下僚たちが「党を組んで異を伐ち」「上を罔し私を行う」のは、主に大臣との対立に関連がある。閣臣を始めとする大臣たちが皇帝中心の中央集権的政治体制を理想としたのに対し、科道官中心の下僚たちはそこに批判的態度を取りがちである。彼ら科道官は、概して反内閣派官僚とともにその社会的基盤が中小地主であったから、政治的主張は郷村中心の政治体制に目標を置いたものとな

り、両者の基本的立場は異なっていた[38]。「むかしは是非を顚倒することが小人にあったが、今日では君子にある」という言は、のちの顧憲成を始めとする東林党の核心メンバーが、科道官とともに朝廷大臣の政策に対して行った無条件の批判を指したものであるが、ともあれ、大臣と下僚の対立[39]ないし大臣と科道官の対立は、特に言路の開放と壅滞をめぐって、これ以後も継続された。

第二節　王錫爵内閣・吏部・科道官の対立

申時行は密掲暴露の事件によって、万暦十九年（一五九一）首輔の職を辞任せざるを得なくなり、後任に趙志皐と張位を推薦したのだが、これに対し、また抗議騒動が広がった。すなわち吏部尚書陸光祖が、廷推を無視した首輔の密薦に抗議したのである。廷推とは九卿と科道官の合議による推薦の制度で、吏部は人事の主務部署であるにも拘らず、当時の尚書陸光祖は趙志皐と張位が閣臣に推薦されたことを全く知ることができなかった。吏部がこのように無視されたのは、嘉靖以降の内閣権の強化にともない、部権が大きく萎縮していたためである。張内閣の余勢を駆って申時行が首輔となったが、その初期にも、当時の吏部尚書楊巍は人事行政を大部分政府の指示により行っていた[40]。しかし、申内閣も末期に至って閣権の支配力が弱体化し、それにともない、人事権については吏部で次第に自己主張を強めるようになった。吏部をつかさどる陸光祖が申時行の閣臣密薦に抗議したのも、こうした背景の下でのことであった[41]。

このような吏部側の反発にも拘らず、趙志皐・張位が入閣して内閣を担当するようになると、この内閣の下では内閣と六部の対立が顕著になった。そして、閣権と部権に対する理論的角逐が伴うようになった。東林派人士の張納陛は、朝廷と内閣の権限について、次のように主張した。

国の大権には三つある。内閣、銓曹《りぶ》、台諌である。内閣には、専任は無くても独権があり、前もって是非・予奪を制し、天下と公にするものである。銓臣［吏部尚書］は天下の是非を採択し、天下を予奪するものである。台諌は天下の公是・公非を持って、予奪を銓曹に手助けするものである。(42)

これによると、内閣は天子の意を奉じて票擬することで天下の公を反映し、六部は天下の是非に基づいて最終的に政策を決定し、台諌は天下の公是公非に基づいて六部の政策決定を監察することが、それぞれ本来の任務であることを挙げて、三権の重要性とその独立性を強調したのである。ここには、三権すべてが朝廷すなわち皇帝の独断のために存在するのでなく、「天下の公」「天下の是非」のために従事すべきだという主張があり、従来の反内閣イコール反張居正的とする政治理論が、一つの整理されたかたちとなっていることが分かる。したがって、この主張は内閣権のみならず、皇帝権自体の縮小をも強調しているのである。

吏部と台諌の独立性の高まりは、相対的に内閣権の弱体化を意味するものであった。万暦二十年、豊臣秀吉の朝鮮侵略により、明の参戦問題を中心に生じ始めた内閣批判、および対内的には太子冊立問題を始めとする政治紛争に於ける科道官の内閣批判は、その度を強めていった。特に太子冊立については、翌二十一年が神宗により冊立が約束された年であり、この年を控えて科道官のそれに関する論議はいっそう活発になっていった。万暦二十年初、礼科給事中李献可は同官とともに皇長子の予備教育について建議して、奪俸半年の処分を受けたが、吏科都給事中鍾羽正と同官叙弘緒らが李献可を支持し、また戸科の孟養浩らも彼を支持したのみならず、その処分に反対して、やはり処分を受け、さらに初めから太子冊立に積極的であった王家屏も科道官の処分に抗議して辞任してしまった。(43)このころ帰郷していた王錫爵（一五三四～一六一〇）が、神宗の召喚を受けて再び内閣に復帰し、三王併封すなわち皇長子・皇三子・皇五子を同時に王に封じて、太子冊立を延期する措置をとると、東林派から強い非難を受けることになった。(44)

三王併封をめぐって内閣と反内閣派の対立が次第に激化していく中で行われた癸巳大計は、両者の対立をいっそうあおり、従来の反内閣派は「東林党」と指目されるようになったのであるが、ともあれ、この万暦二十一年の癸巳京察から、政局の推移は新たな様相を帯びるようになった(45)。今回の京察は吏部尚書孫鑨と考功郎中趙南星が主宰し、吏部郎中顧憲成が補佐した。孫は陸光祖の後任で、前任者以上に吏部の独立性を強調し、京察に於ける内閣の不干渉を力説して、彼ら自身、公論に上ることが出来ない者はすべて処分するという方針を立て、孫は自分の甥を、そして趙は姻戚を察典にかけ、大学士趙志皐の弟もこれに含ませるという厳格さを見せた。それゆえ、内閣としては不快にならざるを得なかった。王錫爵も首輔として赴任する途中で、自分の庇護する者たちが処分されたのである(46)。

ちょうどこの時、科道官による拾遺で、稽勲員外郎虞淳熙、職方郎中楊于廷、主事袁黄に対する弾劾があり、吏部で袁黄を処分して虞・楊は留任させようとすると、今度は内閣側でこれに介入し、双方の対立が深刻になった。王錫爵が吏部の「専権結党」を責める上諭に従って、これを票擬し上せた結果、孫鑨に奪俸、趙南星には降三級の処分が下されたが、こうした措置に対して王汝訓・魏允貞らがその不当性を抗議し、左遷された(47)。また、その年の秋、行人高攀龍もまた王錫爵と対立して左遷され、翌二十二年秋には顧憲成も閣臣の会推に当たり神宗と対立して削籍の処分を受けたが、これらは全て以後の東林派の核心メンバーである(48)。

神宗と吏部、内閣と吏部との不和は、科道官の人事とも関係が深い。吏部では皇長子の予備教育を主張して革職された原任の給事中鍾羽正・張棟を、欠員となっていた吏科都給事中に推用しようとした。六科内の序列では吏科左給事中許子偉が任用される順番であったが、「内閣の私人」という理由で推挙の対象から外されたのである。この提請《すいせん》が受け入れられないとなると、次には兵科都給事中許弘綱が提請され、けっきょく任命を受けたが、新たに欠員となった兵科には、朝廷の反対にも拘らず鍾羽正・張棟を相次いで推薦し、文選郎中孟化鯉らが革職された(49)。孫鑨は結局、顧憲成代筆の辞職疏で、

およそ権とは人主の操柄であり、人臣が司るところは職掌という。吏部は用人を職となし、進退去留が一切ここ

に属すが、必ず擬議・上請して旨を奉じた後に行う。権は固より自から在るところで、人臣がむやみに行うものではない。そのため職は分任を主とし、権は総括するのだが、権が独断を主とすると、職が伸張しないのである。君臣の分がここにあり、その境界は厳しい(50)。

と述べ、彼は辞しても、吏部の独立した権限を強調している。ともあれ、こうした内閣と吏部の対立の下で、明くる万暦二十三年にまた乙未外計を迎えることになった。今度は尚書孫丕揚と考功郎中蔣時馨がこれを主宰したが、処分された者のうちに浙江参政丁此呂、江西提学僉事馬猶龍らが含まれており、これもまた党争の火種となった(51)。丁は、かつて張居正の子弟が科挙に不正登第したことを告発して左遷されたのみならず、科道官李植・江東之らとともに張居正以後の内閣批判の旗手として名声を博した人物であり、たとい彼に賄賂の疑惑があって処分されたとしても、やはり争いにならざるを得なかった。この問題を強力に提起したのは協理戎政兵部右侍郎沈思孝で、彼もかつて反張居正運動で名望があり、孫丕揚とともに東林派と称された人物である。顧憲成を始めとする大部分の東林派人士が、主宰者側を批判する立場にあることは勿論だが、それら両者の対立は基本的に以前の反内閣派の分裂と見ることができる。対立の過程で、吏科都給事中楊東明と戸科給事中鄒廷彦は、沈思孝の協理戎政就任に疑惑があるとして追及し、御史趙炳文は文選司郎中蔣時馨の汚職を告発した。また、御史強恩・馮従吾は沈思孝側が蔣を陥れたと弾劾し、御史馬経綸、給事中黄運泰・楊天民らも沈側が奸詐な群れと勢力を合せて奸人を党附庇護したと攻撃した(52)。これに対して沈思孝側は、彼ら科道官が吏部に阿附していると逆に攻勢をかけるなどし、紛糾は次第に複雑化していったのだが、その渦中で神宗は、兵部の武官考選に不正があるのに、兵部でその摘発を怠ったとして関係官僚を左遷させ(53)、吏部に対しても、

近来、両京の科道官はもっぱら己私のみを追い、附和結党して君命に背き、名を売ることに汲々とし、いつも事実無根のことで疑惑事件を引き起こし、政治を乱す。また先ごろ兵部で君を欺き官爵を鬻いだときも、朋奸結納

して口を箝し言が無かった。奸邪を糾発する耳目の責は誰が負っているのか。職責を守ることができないと、罪は重い。汝ら吏部は、両京の六科都給事中と十三道掌道御史を調査し、三級を降等して外任へ斥け、決して朦朧として推陞を許してはならず、そのほか（科道）は各々罰俸一年に処せ(54)。

と、一度に三四人の科道官を処分した。このように、口を閉ざしていたという理由で科道官が処分を被ると、御史馬経綸はこれに強力に抗議して左遷され、給事中林熙春が馬の為に弁じて、やはり左遷された(55)。神宗は、孫と沈を一旦不問に付し、蒋は削籍、丁は逮捕して、この問題をひとまず締め括ろうとした。しかし翌年、孫鑨も沈思孝も内閣に不満を抱き、自らポストを退いてしまった(56)。

この乙未外計の結果、それまで成長してきた吏部権が大きく弱体化し、神宗は吏部を著しく軽視するようになり、万暦二十三年後半からは吏部の人事権運用に内閣の新たな干渉が始まった(57)。

また、それまでの反内閣派官僚に内部分裂が起ったことで、以前は政治路線が、概して親内閣か反内閣かという単純な形態であったのに対し、万暦二十年以後は予想以上に複雑な様相が目につくようになった。その点では、科道官の向背も軌を一にした。それまでは政府の鷹犬か否かという比較的単純な形態であったものが、次第に党派の言官として活躍するという複雑な様相を帯びるようになったのである。

第三節　沈一貫内閣の言官利用と東林派科道官

1　首輔沈一貫と「私人の給事中」

万暦朝に国本（太子冊立）の大計とともに朝野を震撼させた事件として、かの悪名高い鉱税使の派遣がある。万暦二十四年（一五九六）、焼失した宮殿の再建という名目で鉱山を開発して商税を徴収するために、宦官を全国の要所要所に派遣したのである。鉱税使たる宦官は自己の麾下に百名から千名に及ぶ使役人を擁したが、その使役人による誅求で各地の官民の苦痛は深刻な状態に陥っていた。[58] 朝野を挙げての反対にも拘らず、神宗は自らが私的に派遣した徴税使とその手下の活動を妨害する者がいると、容赦なく処分を下したが、これは皇帝の私的権力が異常に肥大化した結果であった。[59]

周知の通り、「鉱税の禍」に最も強硬に反対したのは東林派人士で、それを阻止できない内閣との関係は、よりいっそう悪化せざるを得なかった。はじめて鉱税使が派遣された時、内閣には首輔に趙志皐、次輔に張位と沈一貫がいたが、万暦二十九年に趙が亡くなると、沈一貫（一五三一～一六一五）が後任の首輔として閣権を左右した。彼らは鉱税使派遣に全面的に反対であったが、閣臣として神宗の強圧的措置に真向から立ち向うには困難な状況にあり、神宗と東林派との正面きっての対立にも曖昧な態度を見せるだけであった。たとえば大学士張位が、鉱税使に撫按官を代置して、宦官により引起こされる弊害を減らそうという姑息な妥協策を提示するのが、やっとであった。[60]

万暦三十年初、神宗の急病により鉱税使を廃止する好機が到来した。危篤に陥った神宗が、建言で罪を得た者の官位の復権と鉱税使の中止を許可する上諭を内閣に起草させたのだが、次の日、病が快癒したことによって前旨は撤回され、ことは一幕の劇に終わってしまった。沈一貫は、このとき首輔として強力に建議したならば「鉱税の禍」を免れることができたという怨望を持たれるとともに、同じ内閣にあって鉱税に強硬に反対する沈鯉の抵抗を受けるようになった。沈鯉は他の閣臣とは異なり、吏部の会推を経た者であり、入閣して直ちに鉱税問題について上奏し、その弊害を開陳して速やかな中止を要求し、あらゆる手段を用いてこれを廃止させようと努力し、首輔との対立が次第に深刻化していったのである。[61] 沈一貫内閣は、このように困難な状況の下で新たに発生した楚王の獄と妖書事件により、清流派から激しい非難を浴びた。楚王の獄は王府内の相続問題が政治問題化したものであり、妖書は太子冊立問題がこの時になって再び政治問題に飛び火した事件であった。[62] 沈一貫はこれらの事件を利用して、自身の政治的地盤を構築しようとし、これに反して清議派人士たちは東林書院の盟主顧憲成を中心に新たな勢力を形成したのである。[63]

妖書と楚王の獄は、もともと関係が深い事件である。楚王にはかつて後嗣がなく、王妃が華奎と華越を養子に迎えたが、成人した華奎が楚王となると、華越側と間に正統をめぐる争いがおこった。この争いで、主務部署たる礼部の郭正域は華越側を庇い、沈一貫は楚王華奎の方を味方にし、互いに立場を異にした。沈が給事中楊応文と御史康丕揚を使嗾して、礼部で正当な世論を遮断して報告しなかったと弾劾すると、郭は通政使沈子本が沈一貫の指示を受けて華越側の上疏を上せなかったと反駁した。清流派に属す大学士沈鯉は郭正域を庇い、尚書趙世卿らは楚王の側に就く等、事件は次第に複雑化していった。さらにこのとき給事中銭夢皐が沈一貫の使嗾により郭正域を弾劾して、次輔沈鯉にまで及び、また給事中楊応文は、郭の父懋がかつて楚の恭王から笞辱を受けたことがあり、正域が父の怨恨をはらすためにこの事件で不当な主張をしているとした。[64]［このように］首輔が政治活動に於いて科道官や通政使を利用するのは、比較的容易なうえに、極めて有用であった。

楚王の獄で科道官楊応文・康丕揚・銭夢皐らが、沈一貫の使嗾を受け清流派の沈鯉・郭正域を弾劾して苦境に追い込み、また間もなく発生した妖書事件にあっても、彼らはそれが郭の所業だと工作し、沈鯉までもここに連座させようとした。[65]沈一貫は、私欲に目が眩んでいた神宗から特別な支持も得られず、内閣でも次輔と対立していたが、一部の科道官の手助けを得てそれなりに現状を維持していた。こうした状況で、万暦三十二年に実施された京察は、当時の政局をより一層党派の渦中へと追い込むことになった。尚書のポストが空席であり、主宰者は当然侍郎楊時喬と都御史温純が担当すべきであったが、ともに東林派の人物であったのみならず、特に温純は沈一貫党の給事中陳治則・鍾兆斗により不当に弾劾され、沈とは対立関係にあった。そのため沈一貫は、吏部尚書が欠員であるという理由で兵部尚書蕭大亨に代行させようとしたが、沈鯉の反対で阻止された。けっきょく楊・温が主宰して実施されたのだが、その京察では自ずと、沈一貫の私人の給事中銭夢皐、御史張似渠・于永清らが処分の対象とならざるを得なかった。

また、年例によって給事中鍾兆斗が外任へ退くと、これに大きな不満を抱いた首輔は、神宗にその不当性を説いて京察の結果を発表できなくした。ことがこうなってしまうと、今度は主事劉元珍・龐時雍、御史朱吾弼ら東林派人士が、この百年来、察典は留中とされたことがなかったことを挙げて、内閣に集中攻撃を加えた。沈一貫派の銭夢皐もこれに応じて、主宰者たちが楚王の獄に不満を抱き、郭正域のために彼の反対派を排除しようとしたものだと反撃した。神宗は沈一貫の側に耳を傾け、銭を特別に留任させ、続いて科道官で処分の対象に上った全員を留任させ、反対に楊時喬には報復人事を行ったとしてその責任を追及した(66)。

今回の京察では、内閣首輔の私人の科道官たちに対する東林派主宰者たちの膺懲があった点を、特徴として挙げることができよう。時に内閣の私人給事中に対して、次のような興味深い諷刺が行われた。ある日、沈一貫と同席した一人の山人がいた。傍にいた銭夢皐が「昔の山人は山中の野人、今日の山人は山外の遊人」と難詰すると、山人は「昔の給事は黄門の事を給し、今日の給事は相門の事を給す」と応酬したというのである(67)。科道官の政略的利用は、明代中期以後、科道官体系の確立とともに本格化し、嘉靖以降の首輔権の強化とともに科道官が頻繁に「権門の鷹犬」と指弾されるようになったが、万暦三十年以後には政治の党派的傾向が強まり、事情は一変した。銭夢皐らが言い返された「相門の事を給す」給事の出現がそれで、党争が深刻化して首輔権が孤立したとき、一部の首輔派科道官は与党言官としての政治的機能を遂行し、上では君主と、下では東林派に対応する態勢を整えるようになった。

2　宣・崑・浙三党科道官と東林党

沈一貫は、上では鉱税使派遣等の私利追求で帝権の公的責任を忘れた神宗による積極的な支持もなく、下からは東林派の抵抗を受けながらも、一部科道官の協力を得て約四年間政局を主導したが、万暦三十四年ついに辞職した。在職時には銭夢皐のような私人の科道官の協力を得て、政治上の反対派を排除して派閥を構成したが、職を退く時はや

は り別の科道官の弾劾を受け、次輔とともに辞任した(68)。

首輔と次輔がともに退くと、内閣に残ったのは沈一貫の腹心朱賡のみで、閣臣の補充に急を要した。今回の会推では、七名の中より李廷機と葉向高が選ばれたが、前者は沈一貫党に属し(69)、後者は東林派の指導者であった。このほか、神宗は前の首輔王錫爵を再び入閣させようとしたが、こうなると東林派はひとり葉向高（一五五九～一六二七）のみとなり、内閣に於ける劣勢を大きく意識するよりほかなく、東林派としては王の再入閣に対し猛烈な反対運動を始めざるを得なかった。その代表的な人物が李三才であった。

王錫爵自身も政界復帰のため、密掲を通して、当時朝廷が直面していた問題について自分なりの見解を明らかにしていたが、その中で政府側に対する東林派科道官の猛烈な攻撃を「禽鳥の音《なきごえ》」と表現し、そうした章奏は一切留中とするよう建議した(70)。この密掲が李三才の追跡により露見すると(71)、言官たちは激しく憤った。戸科給事中段然を中心として同官胡嘉棟・王元翰らがこれを大きく問題に取り上げ、王はけっきょく入閣出来ずじまいだった。李廷機が首輔となったが、給事中王元翰の弾劾を受けて九ヵ月めに退き(72)、三十六年に朱賡も亡くなると、内閣には葉向高ひとりが残った。

閣臣になるべき人物として、東林派では李三才が浮かび上り、別の側からは国子監祭酒湯賓尹が上った。給事中王紹徽は湯賓尹と親しい間柄で、湯の入閣のために、言官として名望を得ていた同官王元翰に工作したが、拒絶されると、御史鄭継芳に命じて元翰を弾劾させた(73)。鄭継芳は元翰と対立関係にあった吏科都給事中陳治則の門人でもあり、元翰の貪虐さを攻撃したが、これに対し元翰は継芳を「北鄙の小賊」と人身攻撃を加えた。継芳の党には劉文炳・王紹徽・劉国縉らが加担し、元翰の側には史記事・胡忻・史学遷・張国儒・馬孟禎・陳于廷・呉亮・金士衡・高節・劉蘭らが立ち、互いに争った(74)。所謂「南北の科道が互相攻訐し、是非を問うことができない状況」となり、けっきょく元翰が職を退いた(75)。

李三才の入閣を主張したのは給事中段然らであった。ところが、かりに政治的力量のある李が入閣すると、非東林の系派は窮地に陥らざるを得ない。そこで沈一貫と同郷の工部屯田司郎中邵輔忠が李に対する弾劾に立ち上がり、続いて御史徐兆魁は李が「党を結んで私を行っている」と弾劾した。これに対して工科給事中馬従龍、御史董兆舒・彭端吾、南京工科給事中金士衡らが、李三才の為に弁じた。これら科道官以外に、東林書院の顧憲成も要路に書札で意見を述べ、巡按御史呉亮がその書札の内容を抄録して各衙門に送り、李の入閣を主張、世論化した。反対に、給事中王紹徽を始め同官徐紹吉、周永春らは李の不法行為を暴き出し、その解任を要求する等、李三才の入閣をめぐって政局は混乱を繰り返した(76)。

このように、給事中王元翰と漕運総督李三才に対する是非をめぐり、南北の科道官はじめ朝野を挙げて賛否で議論が沸騰する中、反東林派勢力の結束が具体化し、祭酒湯賓尹（宣城の人）を中心とする宣党、諭徳顧天埈（崑山の人）を中心とする崑党、沈一貫を中心とする浙党など、出身地を媒介とした人脈が形成された(77)。他方、東林派では万暦三十九年の京察を通じて、湯賓尹と主事秦聚奎、給事中王紹徽ら七人を察典にかけ、反撃を加えた。事件の経緯はこうである。二十三年に吏部尚書で外計を主宰した孫丕揚（一五三二～一六一四）が再び起用され、今回の京察を担当したが、科道官の処分をめぐってまた争いが生じた。すなわち御史金明時がかつて宮闕巡視の任務を遂行した時、吏部侍郎王図の子たる宝抵知県王淑汴を糾劾したが、京察に当たり処分を免れられないかと気遣って救命運動を展開し、また、湯賓尹も庚戌科場の事で察典にかけられるのを恐れ、王図と同郷の給事中王紹徽に請託させたが、拒絶された。けっきょく孫丕揚が副都御史許弘綱とともに主宰し、考功郎王宗賢、吏科都給事中曹于汴、御史湯兆京・喬允升がこれを補佐したのだが、湯兆京が金明時に対し考察を回避しようとしたと糾劾すると、吏部でこれを問題に取り上げて罪を論じた。すると金の党人秦聚奎が、むしろ孫丕揚こそ「党を結んで君を欺いた」と述べて対立し、そこで再び曹于汴・湯兆京・喬允升らが京察を乱したとして秦を糾劾した。けっきょく金は革職され、秦は閑住処分を受け、残りの者も孫丕揚の意向によって決着がはかられた。湯賓尹と顧天埈は勿論科道官であるが、御史劉国縉及び元の給事中鍾兆斗・陳治則・宋一韓・姚文蔚、御史康丕揚もみな察典にかけられ、また年例によって王紹徽と同官喬応甲を出外させる等、東林派としては、以前になし得なかった反対派科道官等に対する厳格な察典を貫徹したことで、快哉を叫んだ。(78)

今回の三十九年の京察は、閣臣葉向高の同調を得て決着がついたもので、東林側の完全な勝利と言うことができる。万暦中葉以後、浙党の沈一貫と東林党の沈鯉が同時に辞任して以来、政局は日毎に複雑さを増していったが、今回の京察で宣・崑・浙三党の科道官をはじめとする核心分子が殆ど察典にかけられたことで、雰囲気がひときわ刷新されたようであった。しかし、こうした刷新的雰囲気は一時的な現象に過ぎず、直ちに三党側の科道官から反撃が開始された。御史徐兆魁による攻撃は「臣が今日、天下の大勢を見ると、ことごとく東林へ集まっており、今年の計典の誤りも実はここに基づく」で始まり、顧憲成を中心とする東林講学は、遠くで朝廷の政治を操って淮撫李三才と党派をつくり、そこに孫丕揚・湯兆京・丁元薦らが附和して、京察を党人の場へと台無しにしてしまった、と非難した。(79)

こうした状況の下でも、孫丕揚は東林派人士の推挙を怠らなかった。沈鯉・呂坤・郭正域はじめ顧憲成・趙南星・鄒元標・馮従吾ら東林派の大物を推薦したのだが、帝の承認を得られず、さらに東林派の元の御史銭一本ら一三人と元の給事中鍾羽正ら一五人を起用しようとしたが、また意を果たせず、孫自身もポストを離れざるを得なかった。辞職を乞う二〇余りの疏を上せ、裁可が下されないまま、自ら退いてしまったのである。(80)

孫丕揚が主宰した万暦三十九年の京察は、東林派の勝利のように見えるが、むしろ失敗というべきである。(81)三党の声勢は非常に高まり、孫尚書が退き、しばらくのち葉首輔も退くと、東林派とその科道官は発言の機会を次第に失っていかざるを得なかったのである。

註

（1）『明史』巻二三六・江東之伝。

（2）同書・同巻・李植伝。

（3）同書・巻二二九・呉中行伝。

（4）同書・巻二一八・申時行伝、及び黄仁宇『万暦十五年』（北京、一九八二）五〇、六〇、七〇～七三頁、参照。

（5）同前。

（6）同書・巻二三六・李植伝。

（7）同書・巻二一八・申時行伝、巻二三六・李植伝。

（8）同書・巻二三六・李植伝。

（9）同書・巻二二九・趙用賢伝。

（10）同前。

（11）翰林院官すなわち詞臣が科道官の側になり、政治紛争に於いて力を発揮した例は、明代後期にしばしば見られる。例えば、嘉靖「大礼の議」では学士豊熙、修撰楊維聡・楊慎らが闘争の先頭に立ち、また崇禎初には魏忠賢・崔呈秀など魏党の排除をめぐって、反東林派言官と論戦を始めた倪元璐を挙げることができる。第二編・第二章・第四節・1、参照。

（12）『明史』巻二三三・姜応麟伝。

（13）『明通鑑』巻六八・万暦十四年二月癸卯の条に、

以閣臣申時行等之請、詔諸曹建言、止及所司職掌、仍聴其長択而進之、不得専達。

とあり、各曹の建言をその職掌内に限定させることで、言官を除く一般官僚の政治批判を禁止しようとした、いわゆる「百官出位越職の禁」である。これについては、小野和子「東林党考（二）――その形成過程をめぐって――」『東方学報［京都］』五五、一九八三、二六八～二六九頁（のち同『明季党社考――東林党と復社――』再録、同朋舎出版、一九九六、一七四～一七五頁）、参照。

（14）『明史』巻二三一・顧允成伝。

（15）同書・巻二三四・李懋桧伝。

（16）『万暦疏鈔』巻六・恭陳当今第一切務以回人心疏、『明通鑑』巻六八・万暦十五年三月の条。

（17）『明史』巻二三一・孟麟等の各本伝。また言責と官守の論争については、小野氏前掲論文・二七四～二七六頁（前掲書・一八一～一八五頁）、参照。

（18）『明史』巻二一八・申時行伝、『神宗実録』巻二二八・万暦十八年十月甲午の条。

（19）『神宗実録』巻二二八・万暦十八年十月丙申の条。

（20）同書・巻二三四・万暦十九年閏三月己卯の条。

（21）『明史』巻二三〇・湯顕祖伝。

（22）同書・巻二一八・申時行伝。申時行の密掲暴露については、小野氏前掲論文・二八二～二八七頁（前掲書・一九一

～一九七頁）、参照。

(23)『明史』巻二三三・羅大紘等の伝。

(24) 小野氏前掲論文・二八七～二八八頁（前掲書・一〇八～一一〇頁）。

(25)『万暦邸鈔』十八年、『明史』巻二五六・崔景栄伝。

(26)『明史』巻二三〇・万国欽伝。

(27) 同書・巻二三三・張棟伝、『万暦疏鈔』巻三八・辺事久敝敬陳責実之議疏。

(28) 小野氏前掲論文・二九三頁。

(29) 小野氏前掲論文・二九四～二九五頁。

(30) 佐伯有一「明末の董氏の変――所謂『奴変』の性格に関連して――」（『東洋史研究』一六－一、一九五七）参照。

(31)『明史』巻二三五・王汝訓伝。

(32) 小野氏前掲論文・二九三頁。

(33)『明史』巻二一九・張四維伝。

(34) 小野氏前掲論文・二九六～二九七頁、及び＊金鍾博「明代東林党争とその社会背景」（『東洋史学研究』一六、一九八一。のち山根幸夫・稲田英子共訳『明代史研究』一一、一九八三～八四）では、内閣派を皇族集団としてひとまとめにし、論を展開している。

(35)『明史』巻二一八・申時行伝。

(36) 註（35）参照。

(37)『明史』巻二二九・趙用賢伝。

(38) 溝口雄三「いわゆる東林派人士の思想――前近代における中国思想の展開――」（『東洋文化研究所紀要』七五）二四六～二四九頁。

(39) 両者の対立は、一六世紀初頭以降、高官たちの生活の一般的な奢侈に始まったのとは対照的に、明末に至り、もともと薄い官俸が財政上の混乱と窮乏とにより、いっそう実質と符合しなくなった実情からもたらされた、一種の対立感情とも関係がある。黄仁宇『万暦十五年』一三頁、九〇頁、及び Huang Ray, *Taxation and Governmental Financial in Sixteenth Century Ming China* (Cambridge Univ. Press, 1974) 参照。

(40)『明史』巻二二五・楊巍伝に、

当居正初敗、言路張甚、帝亦心疑諸大臣朋比、欲言官摘発之以杜壅蔽。諸大臣懼見攻、政府与銓部陰相倚以制言路。……十五年復当大計。都御史辛自修欲大有所澄汰、巍徇政府指持之。……

と記されている。

(41) 小野氏前掲論文・二九七～三〇七頁（前掲書・一九七～二一一頁）、及び城井隆志「万暦二十年代の吏部と党争」（『九州大学東洋史論集』一三、一九八四）五一～六四頁。

(42)『万暦疏鈔』巻六・邪官巧迎当路陰中受事銓臣疏。

(43)『明史』巻二三三・李献可、孟養浩伝。
(44) 同書・巻二一八・王錫爵伝。
(45) 万暦二十一年の京察を契機に、それまで続いてきた内閣と反内閣の対立がいっそう熾烈になり、その結果、反内閣派は党派をつくっているという理由で、官職から大部分追放された。『明史紀事本末』巻六六・東林党議が癸巳京察から始まっているのもこのためであり、小野氏の前掲論文及び「東林党考(一)――淮撫李三才をめぐって――」(『東方学報［京都］』五二、一九八〇。前掲書再録)も、この見解を取り入れている。そして林麗月「閣部衝突与明万暦期的党争」(『国立台湾師範大学歴史学報』一〇、一九八二)と城井氏前掲論文は、党争に関連して内閣と吏部権の衝突を詳論するものである。
(46)『明史』巻二二四・孫鑨伝。
(47) 同前、及び同書・巻二四三・趙南星伝。
(48) 同書・巻二三一・顧憲成伝、巻二四三・高攀龍伝。
(49) 同書・巻二八三「儒林二」孟化鯉伝。
(50) 顧憲成『涇皐蔵稿』巻一・感恩惶悚循職披忠懇祈聖明特賜照察并乞休致以安愚分事疏。
(51)『明史』巻二二四・孫丕揚伝。
(52) 同書・巻二二九・沈思孝、丁此呂伝。
(53)『神宗実録』巻二九二・万暦二十三年十二月辛亥の条。
(54) 同書・巻二九二・万暦二十三年十二月庚申の条。
(55)『明史』巻二三四・馬経綸伝。
(56) 同書・巻二二九・沈思孝伝。
(57) 乙未外計については、城井氏前掲論文で一章を立てて詳論されている。吏部の権限縮小に関しても同様だとする氏は、人事権を中心とした吏部の権限強化の時期を、万暦十年代末から同二十六年までのこととしている。
(58) 田中正俊「民変・抗租奴変」(『世界の歴史』一一、一九六一)。
(59) 小野和子「東林党考(一)」五六四～五六八頁(前掲書・二八四～二九〇頁)。
(60)『明史』巻二一九・張位伝。
(61) 同書・巻二一九・沈鯉伝、巻二一八・沈一貫伝。
(62) 謝国楨『明清之際党社運動考』二「万暦時代之朝政及各党之紛争」。
(63) 同前、及び＊金氏前掲論文、参照。
(64)『明史』巻二二六・郭正域伝。
(65) 同前。
(66) 同書・巻二二〇・温純伝、及び『温恭毅公文集』巻六・京察自陳疏ほか、多くの乙巳疏、参照。
(67) 伍袁萃『林居漫録』巻一。
(68) 小野氏前掲論文・五七九頁(前掲書・三一一頁)。

(69)『明史』巻二二七・李廷機伝。
(70)『明史』巻二一八・王錫爵伝、小野氏前掲論文・五八一～五八二頁（前掲書・三一四～三一五頁）。
(71) 同前。
(72)『明史』巻二一七・李廷機伝、巻二三六・王元翰伝。
(73)『明史紀事本末』巻六六・東林党議・万暦三十七年春三月丙寅の記事。
(74)『明史』巻二三六・王元翰伝、及び『凝翠集』柳宗周明故徴仕即原任工科右給事中緊洲王公墓誌銘。
(75)『明史紀事本末』巻六六・東林党議・万暦三十七年夏四月の記事。
(76) 小野氏前掲論文・五八四～五八五頁（前掲書・三一九～三二一頁）。
(77)『明史』巻二二四・孫丕揚伝。
(78)『明史』巻二二四・孫丕揚伝、『明通鑑』巻七四・万暦三十九年三月の条、及び謝氏前掲論文・三五～三七頁。
(79)『明史紀事本末』巻六六・東林党議・万暦三十九年五月の記事。
(80) 謝氏前掲論文・三七頁。
(81)『明史』巻二二四・孫丕揚伝。

第四章　万暦・天啓年間における党争の激化と科道官の政局主導

第一節　科道官の員缺と三党科道官の政局主導

1　神宗の言論忌避と科道官の員缺

明朝の歴代皇帝は、太祖の科・道官設置以来、少なくとも名分上では言路開放政策を標榜したが、そうだとしても、実際には言官の弾圧がたびたび行われた。特に中期以降、政治的・軍事的及び社会経済的な状況が複雑化していくにつれて科道官の発言権が強化され、彼らの発言が君主や執政者の気に障ることがあると、容赦ない処分が伴った。廷杖・辺戍・削籍等さまざまな方法を駆使して個別的に或は集団的に弾圧を加える一方、時には弾圧の制度的装置を講究する動きも見られた。例えば嘉靖朝の李福達事件に於いて楊廷和内閣派系統の科道官に対して強制された相互糾劾や、張居正が考案した考成法、申時行内閣の「百官出位越職の禁」等が、それである。

前述したように、考成法や出位越職の禁は万暦前期の言路弾圧策であったが、党派政治が活発になった万暦後期からは、内閣による自派科道官の政略的利用、これを通じた反対派科道官に対する分裂政策という新たな方法が講じられた。政府側による言官の政略的利用は早くから行われてきたが、首輔沈一貫の「私人の給事中」の出現は、党派政治が徐々に本格化した万暦中期以後に、やはり本格化し始めた新たな様相であった。

そのうえ科道官に対する弾圧は、神宗の私的感情でいっそう加熱化した。彼は、太子冊立の問題でうるさく振る舞った言官に対して非常に不満に感じ、万暦十九年には星変を理由として言官全員に奪俸一年の処分を下す一方、翌年、皇長子の予備教育について建議した礼科給事中李献可をはじめ、彼の為に弁じた科道官にも処分を拡げた。御史銭一本は、太子冊立に関わって、神宗が言論をどれぐらい巧妙に忌避したかについて、次のように記している。

前者《さきに》、旨で、諸司がうるさく振る舞い、（冊立を）遅延するを許さないとしたが、これは陛下が罠を仕掛け、天下の言者を塞ごうとしたものではなかったか。約束の期限までに一人も言及しなければ、知らない振りをして遅延を願う。一人でも言及すると、「それは朕を煩わせようとするものだ」として塞ぎ、さらに一年延期させる。明年にまた一人が言及すれば、「これもまた朕を煩わせようとするものだ」とし、さらに二、三年遅延させる。そうして天下に敢言する者を一人もいなくしてしまうのは、何とか当面を糊塗し、陛下個人の私をもっぱらにしようとするもので、国本がこれによって動揺し、天下がこれによって危乱することになろう。臣が思うに、陛下が人を扱う方法は至って巧妙だが、図謀は甚だ拙劣だ。こうした機智では匹夫匹婦も騙すことはできないはずだ。まして天下万世を欺けるものか。(1)

これは万暦十八年、皇長子常洛が九歳を迎えた時、神宗は太子の冊立を強く主張する臣僚たちの口をふさぐため、「科道官がうるさく振る舞わなければ、来年には冊立を断行し、まんいち引き続きうるさく振る舞えば十五歳の時まで延期する」という旨を内閣に伝えたが、それに反駁したもので、神宗が言者すなわち科道官の言論をどれほど忌諱していたかを端的に示している。

銭一本の主張通り、言官に対する術策にも限界があり、そのため既に指摘したように、神宗は万暦十九年、星変を口実にしてそれぞれ言官に対し処分をも行った。その一連の処分は、同二十三年末から二十四年初にかけて下された。兵部の考選に於ける過失を兵科で糾劾しなかったとして、武選郎韓范とともに都給事中呉文梓、給事中劉仕瞻らを処罰する一方、続いて五城御史夏之臣・朱鳳翔らが中官客用の家財を籍没したことは旨にはずれるとして、彼らを左遷させた。また当時、帝の信任を失っていた東廠太監張誠の家奴の錦衣副千戸霍文炳が指揮僉事に遷った順番をめぐり、部臣の奏請があったが、言官が口をつぐんだままでいると、「緘黙」を口実に科道官を処分したのである。このころ神宗は科道官に対する悪感情のために、不言をきっかけに処分を加えようと待ち構えていたところであり、この所謂緘黙の罪を適用して南北科道官一九名を外任へ斥け、残りは停俸一年に処した。停俸以外に、このとき前後数カ月にわたり処分された科道官は、実に三四名に達した。(2) そこで御史馬経綸は抗議の上疏を上せ、

近ごろ南北言官を逐斥せよという厳旨をたびたび奉じた。臣は罰俸で供職する恩恵をこうむり、今日は臣が諫諍する日である。……およそ兵部の考察のことで兵科を罪すると、それだけでも他の給事に達し、また多くの御史にまで波及する。去る者は、自分が受けるべき罪が何なのか明らかにされず、留まる者も、自分が許された理由が何なのか知ることができない。たとい聖意が淵微で、窺測し難いとしても、路上でうわさが広まる。陛下は年来、言官を厭苦し、ややもするとうるさく騒ぎ立てたとして罪したが、今は態度を変えて、口をつぐんだとして罪する。(3)

と述べ、続いて、言官が口をつぐんで述べないとして罪すべきは、「陛下の不郊・不朝・不講・不惜才・不賤貨」など、より本質的な問題に関して批判しなかった場合であり、今回三〇余名を、取るに足らないことを述べなかったとして罪するのは不当だと指摘した。馬御史は貶秩、出外され、これに抗弁した給事中林熙春ら数十人もまた左遷、奪俸の処分を受けた。(4) ともあれ、馬御史の「年来、言官を厭苦し、ややもするとうるさく騒ぎ立てたとして罪したが、今は態度を変えて、口をつぐんだとして罪する」という言は、神宗による言官弾圧の方法が万暦二十三年に先立って変化していたことを示し、と同時に言官は敢言し直言して処分されるのが常であるが、緘黙しても罪を受けるようになった、と訴えている。じっさい敢言しても罪になり沈黙しても罪になるというのは、君主独裁体制下に於ける言官の宿命と言うべきである。そうした言官の宿命的負担は前代にも常に問題とされてきたが、特に張居正の死後、相次いで発生した政治的事件、例えば太子冊立問題を筆頭に、万暦二十一年と同二十三年の大計の後遺症等で、廷臣間で

議論が紛糾するようになると、科道官の発言権が自ずと強化された。そうなると、科道官の発言の中には必ず直言・敢言が含まれ、君主や権臣からの弾圧が予想されるが、実際、そうした趨勢は明代中期以後とくに正徳以後、政治が紊乱したり門戸が開放されて一層深まっていったのである。

ところで、神宗の科道官に対する弾圧、すなわち敢言しても処分し、緘黙しても処分するという方法は、それ以後も継続されたが、翌二十四年からは処分で欠員となったポストへの補任が中止され、それまでとは全く異なる新たな事態が発生した。大学士陳于陛と沈一貫は、次のように上奏している。

昨日、臣等が閣に出て朝房に到り、吏部左侍郎孫継皐、都察院左都御史衷貞吉、左副都御史張養蒙を接見した。彼らの言によると、科道の缺員が今日ほど多いときはなく、行取の一事はこれ以上遅らせることができない、という。調べてみると、六科給事中はただ掌科が一人、署印が五人、冊封がまた二人のみで、このほか守科もわずか四人である。十三道の中には一人の坐印もなく、ただ巡視京営御史に暫く兼管させている。そのほかには巡視光禄が一人、巡視五城が五人である。……今日、行取の命が下っても、また遅れるのかと懸念される。給事中羅棟・邵庶・劉為楫、御史馮応鳳・趙標は、みな闕下で順番を待っているが、ややもすると年を越えたりする。毎回上啓しても、処置が下されない。吏部でまた言うに、科・道の缺を補わなければ、中書・行人・推官・知県等には缺が生じず、選法は今後ますます塞がって通じないのであり……、と。(5)

ここに見られるように、科道官の員缺は以前から累積したものだが、万暦二十四年初までに合わせて三四名を処分した後、補任を中止したことで、定員五〇名の給事中は僅か一二名、定員一一〇名の道御史はいっそう甚だしく、五名に過ぎなくなったことが分かる。そして、それ以後は、多少の変動はあったものの、一貫して非常に深刻な状態に陥っていた。和田正広氏は二十四年以後の科道官の員缺を調べ、その推移を次頁のような［表］にまとめている。(6)

表Ⅰ　六科給事中の員缺推移表

万暦時の年	月	日	額員	見員	缺員	缺官率(%)	典拠
24	4	癸丑	50	12	38	76	『神宗実録』万暦二十四年四月癸丑の条。
27			〈57〉	〈8〉	〈49〉	〈86〉	『北海集』巻三三、銓部稿、為仰繹綸音俯循職掌、懇乞速諭考選以光盛治疏。
40	3	己亥	50(7)	10(2)	40(5)	80(72)	『神宗実録』万暦四十年三月己亥の条。
45	11	乙丑	50	4	46	92	『神宗実録』万暦四十五年十一月乙丑の条。
46	閏4	庚辰	50	7	43	86	『神宗実録』万暦四十六年閏四月庚辰の条。
46	11	甲午	50(7)	5(1)	45(6)	90(86)	『神宗実録』万暦四十六年十一月甲午の条（南・北科道官の額員が記されている。）

表Ⅱ　十三道監察御史の員缺推移表

万暦時の年	月	日	額員	見員	缺員	缺官率(%)	典拠
24	4	癸丑	110	5	105	95	『神宗実録』万暦二十四年四月癸丑の条。
27			〈140〉	〈57〉	〈83〉	〈60〉	表Ⅰの『北海集』に同じ。
27	2	庚申	(29)	(2)	(27)	(93)	『神宗実録』万暦二十七年二月庚申の条。
40	3	己亥	110	4～5	106～107	95～96	『神宗実録』万暦四十年三月己亥の条。
45	11	乙丑	110	5	105	95	『神宗実録』万暦四十五年十一月乙丑の条。
46	3	戊寅	(29)	(3)	(26)	(90)	『神宗実録』万暦四十六年三月戊寅の条。
46	閏4	庚辰	110	10	100	91	『神宗実録』万暦四十六年閏四月庚辰の条。
46	11	甲午	110(26)	10(4)	100(22)	91(85)	『神宗実録』万暦四十六年十一月甲午の条。

※缺官率：$\frac{\text{缺員}}{\text{額員}} \times 100$（%）

（　）内は、南京の場合である。〈 〉内は、南・北の合計である。

和田氏はこれらの表を作成し、科道官の欠員は万暦二十一年の癸巳京察から鉱税問題が発生した同二十四年六月までの間に頻発しており、特に二十三年から二十四年初めにかけての集団処分を画期として、以後員缺の状態は慢性化したと指摘している。右の表に見える員缺の数は同じ年でも異なることがあり、そのような場合に最も少ない数値を選んだものと考えられるが[7]、そうだとしても万暦二十四年を境として、それ以後に員缺状態が慢性化したのは事実である。科道官の員缺が補充されなければ、吏部の言のように選法が窒碍し疏通できなくなるのである。さらに言えば、科道官の選補に関する規定は弘治以後整備されて、同十五年、都給事中の員缺は左・右給事中より、左・右給事中の員缺は給事中より、上奏・推陞せしめ、給事中の場合は中書・行人・評事・博士及び推官・知県等より選授せしめるとし[8]、嘉靖二十七年には科道官が急に員缺となった場合は在京の部属等の官から考選・改授せしめるよう規定し[9]、施行を見た。しかし万暦中期以後、科道官の員缺が行取・考選[10]の遅延で恒常化すると、考満を過ぎても留滞せざるを得ず、三年ごとに輩出される六部等の観政進士の任命されるべき途が塞がってしまった。これが所謂「選法の窒碍して通ぜざる」理由である。

員缺は科道官に限られたものではない。しかし科道官の場合が最も深刻で、そのほか地方政治の要職たる撫・按・司・道と守令等にも多かった。和田氏は、万暦朝において員缺特に科道官の員缺が量的に増加したのは二十四年六月、すなわち鉱税が開始されたときからで、「鉱税体制が存続する限り、王朝国家の徴税体系における、官僚支配と宦官支配との謂わば二重体制の生み出す深刻な矛盾は、決して解消」し得ない性質のものなので、宦官内使が差遣地で直接に対応するのは、府州県の守令有司と、商品流通の要衝に皇帝の欽差官として派遣される閲視給事中や按差――巡按・巡塩・巡茶等御史の所謂糾劾官僚たる科道官とであった。神宗が行取・考選を遅滞させた背景には、鉱税の貫徹に障害となる府州県の有司と科道官の両者を、同時に大量かつ継続的に員缺状態に放置させる意義が存したと[11]、員缺を位置付けている。

しかし、こうした説明にはやや無理がある。第一に、員缺は内閣を始めとする六部の堂官と都御史そして方面官に及ぶ広範な官僚層に、同一の現象として現われており[12]、第二に、科道官の員缺が万暦二十四年の鉱税開始の年から増加したとしても、それを必然的な結果と見るのは疑問があるためである。前述したように、太子冊立問題をはじめ神宗の政治に対する科道官の批判は辛辣で、科道官に対する個別的、集団的な処分が続けられていた。二十三〜二十四年の科道官の処分とその員缺に補任しなかったという事実を、官僚全般の員缺状態と関連させて考えたとき、それは鉱税貫徹のために取られた措置というよりも、むしろ神宗が道家的な「無為にして治まる」を実現しようとした妄想家的構想の結果と見ることができるのではなかろうか。富国強兵を成し遂げようとする張居正の強圧政治に束縛されてきた彼は、張の没後、その罪名を「親藩を誣蔑して王墳府第を侵奪し、言官を箝制して朕の聡を蔽塞し、権を専らにし政を乱した」ことに着せ、「棺を剖きて尸を戮した」[13]が、それから四、五年後に寵愛する鄭貴妃に皇子常洵が産まれ、倦怠した生活が始まった。そうした中で実施された殿試で、試題を「無為にして治まる」としたところに[14]、その後の彼の政治姿勢に関して重要な示唆があると見るべきであろう。「無為にして治まる」政治は、所謂祖制としての廠衛制により帝室が安全に護衛されてこそ初めて可能である[15]。しかし、特に明代中期いらい君主の「民と利を争う」私欲の追求は慢性化し、神宗の場合は張居正政治により抑圧されてきたが、そうした雰囲気から解放されると、私欲追求の衝動はかえって一気に噴き出した。例えば、彼が生前に皇子常洵（後の福王）に賜与した荘田は総計四万頃（四〇〇万畝）で、これは全国の耕地面積の一〇〇分の一に相当する途方もない数であり[16]、鉱税使の派遣も結局このような彼の私欲が発露したものであった。豪華な私生活を楽しむために、煩わしい臣僚の章奏を「留中として下さない」ことで初めから問題を棚上げし、問題を惹起させた言官はじめその他多くの臣僚は排除し、員缺となった状態をそのまま放置した。このように見てくると、鉱税使の派遣は科道官の員缺状態と無関係ではないが、科道官の員缺状態を鉱税使派遣の結果に限定させて考えるのは難しい。神宗は、帝権を維持し得る範囲内で、科道官を始めとする煩わしい上下官員の員缺状態を放置することにより、張居正の死後、かつて構想したところの「無為にして治まる」政治を、意識的にせよ無意識的にせよ、最後まで押し通したのであった。

2　斉・楚・浙三党科道官の政局主導

既に見たように、万暦朝もその中期からは諸般の矛盾が時々刻々と深まっていった。国本問題と大計、鉱税使の派遣と大小官僚の員缺等、重畳した政治問題の発生で、王朝の行政秩序は破局に直面していたが、神宗は従来から朝会に参席しないほど政治に無関心であった。そのうえ東林派と反東林派の対立は、万暦三十年代に至り、首輔沈一貫が清流の東林派の結集に対抗して、銭夢皐ら「私人の給事中」を党派政治に利用してから、次第に本格化した。同三十年代末の反東林派による李三才・王元翰ら東林派人士に対する攻撃の過程で、崑党・宣党・浙党といった出身地を媒介とする人脈が形成され、以後、東林派に対する攻撃がいっそう強化されたが、そうした状況を夏燮は次のように述べている。

初め顧憲成が家居して東林で講学したとき、付き随って遊ぶ者は甚だ多かったが、憎む者も徐々に多くなった。このとき廷臣間で党勢が日増しに盛んとなり、国子祭酒湯賓尹と諭徳顧天埈が各々朋徒を呼び集め、時政に干預したが、これらを宣党、崑党と言った。賓尹は宣城の人、天埈は崑山の人なので、そのように称したのである。上が政事を怠り、内外の章奏を留中させて発せず、言路がひとたび攻撃すると、その人が自ら去り、そのために台諫の勢力が強まり、揺らがなくなった。斉・楚・浙の三党があるが、斉は亓詩教・周永春・韓浚・張延登が首魁で、燕人の趙興邦が附和し、楚は官応震・呉亮嗣・田生金が首魁で、蜀人の田一甲・徐紹吉が附和し、浙は姚宗文・劉廷元が首魁で、商周祚・毛一鷺・過庭訓らが附和し、賓尹・天埈とともに声勢に互いに寄り掛かり、一緒に東林を攻撃し、反対派の排斥を事とし、「大東・小東」の説を創り出し、東宮を大東、東林を小東と指目したのである。一人が少しでも異義を唱えると、たちまち蜂のように群れて追い払い、大僚でも、その党でなければ職位に安んずることができなかった。[17]（傍線は訳者による）

神宗が政事をおろそかにし、内外から上ってきた章奏に対する処理も行い得なくなると、相対的に台諫の発言権が強化され、「言路がひとたび攻撃すると、その人が自ら去る」という事態にまで陥ったのである。科道官で構成された斉・楚・浙党は反東林派の崑党・宣党と勢力を合せ、東林派に対し攻撃を強化した。[18]万暦三十九年の辛亥京察で、吏部尚書孫丕揚は内閣の葉向高と東林派言官の後援を受け、党人及びその党の科道官を察典にかけて処分したが、右のような状況にあって、かえって反対派の攻撃を招き、辞任してしまった。

万暦四十年、孫丕揚に続き吏部尚書となった趙煥は、かねてから清望があったが、東林派とは不和の関係にあり、自ずと同郷出身の言官たる亓詩教の接近するところとなった。こうして東林派を攻撃する多くの党人と近づき、彼の人事行政は清議に左右された。彼は、そうした偏向人事で東林派側の御史李若星と給事中孫振基により弾劾されたが、翌年に年例によって孫振基と御史王時熙・魏雲中を出外させると、ここでもまた問題となった。[19]この三科道官は、かつて反東林派の湯賓尹と熊廷弼を攻撃した者たちで、趙煥が彼らを出外させるとき都察院に移咨しなかった。[20]これを理由に御史湯兆京が趙煥を攻撃したが、志を果たせず職を退くと、同官の李邦華・周起元・孫居相らが引き続き交々章して弾劾し、振基らの科道官復帰を要求した。続いて給事中李成名の攻撃を受け、けっきょく趙煥は職を退いてしまったのである。

趙煥の在職時に一〇名に過ぎなかった科道官が、大幅に補任されて七〇余名に増え、言路は盛んになったが、[21]こうした言官の補強も党人政治の方向を正すどころか、むしろ「攻撃紛起」の状態に没入させるだけであった。当時の戸部侍郎李朴の上疏に、[22]

朝廷で言官を設けて権勢を仮すのは、本来、諸司を糾正し非法を挙刺する責を負うためで、彼らをして党をつくり威勢を張らしめ、百僚を挟制して端人・正士を排斥せしめようとしたものではない。ところが今は戚畹・近侍を近づけ、大僚を威制し……、至尊は章奏を閲覧せず、大臣は柔弱無為であるために、猖狂恣肆してその極に達している。臣が思うに、こうした輩たちは皆斬るべきだ。孫瑋・湯兆京・李邦華・孫居相・周起元が職掌を守ろうとして争ったが、群起した攻撃を受け、いま或は去り或は罰せられ、ただ居相だけが残ったのだが、むしろそれを党と呼ぶ。居相ひとりで何ができるというのか。その者たちは江浙に姚宗文・劉廷元、湖広には官応震・呉亮嗣・黄彦士、山東には亓詩教・周永春、四川には田一甲であり、百人が一心になり、善類を斥けたが、趙興邦がここに付いている。陛下、考えてみて下さい。居相ひとりで宗文百人に立ち向かうが、どちら側が党になるのかを。

とあり、斉・楚・浙三党の科道官が政局を完全に主導し、ただ東林派の科道官孫居相が孤軍奮闘する姿を生き生きと表現している。しかし、李朴のこうした直言が政局をいっそう騒々しくしたと判断した大学士葉向高と方従哲は、彼の処分を要求した。神宗はむしろ三党言官に対する見解を李朴と共にしたため、言官側を責め、李朴は免じようとしたのだが、党人の相次ぐ攻撃で、けっきょく免職されてしまった[23]。

万暦四十二年、趙煥の辞任で空席となっていた吏部尚書に、南京尚書鄭継之が転任した。彼も政治的には中立であったが、当時の言官が東林派か、そうでなければ斉・楚・浙党に所属して言論活動を展開していたために、大臣たちの去就や進退も、みな言官らの向背に従って自身の立場を取らざるを得ない形勢にあった[24]。そのため、鄭継之は人事権を持つ吏部尚書として、中立的立場を取ることがいっそう難しかった。しかも彼は楚［湖広］の出身であって、自ずと楚人と接近しない筈がなく、また、年齢も八十を過ぎて党人の操縦を受けがちであった。例えば彼が信任した文選郎王大智は、年例で御史宋槃・潘之祥、給事中張鍵、南京給事中張篤敬を出外させたが、これらはみな湯賓尹・熊廷弼を攻撃した科道官であり、また出外のとき都察院と吏科に移咨しなかった。それだけではない。科道官の考選に於いて、中書舎人張光房、知県趙運昌・張廷拱・曠鳴鸞・濮中玉が該当するにも拘らず、東林派の于玉立・李三才を擁護して、改めて彼らを部曹に任命させた。こうした不公正な人事に対し、御史孫居相・張五典・周起元らが年例・慣例を持出して攻撃したのみならず、張光房らの無念さを挙げてその不当性に反駁し、また吏科都給事中李瑾も、科臣の出外時の移咨を省略したのは吏科を無視する措置だと上疏して、王大智を弾劾した[25]。

しかし、党人側でも御史唐世済が吏部を擁護し、力をつくして孫居相らを攻め、双方の科道官が交々章して相攻撃したが、そうした中で王大智が退き、代わって胡来朝が文選郎となった[26]。ところが、今度は兵科都給事中張国儒、御史馬孟禎・徐良彦を年例で出外させるとき、また都察院と吏科に移咨しなかった。張国儒はすでに京卿に陪推されており、馬・徐も平素党人と不和の関係にあって外任へ斥けられた、として争いになったのである。東林派の言官孫居相は既に退き、惟だ李瑾がひとり尚書鄭継之と文選郎胡来朝を攻撃したが、三党の科道官が群れを成して李に反撃し、彼さえも科道の職を離れざるを得なかった。三党側は科道官の「年例出外」と「移咨」の不都合を理由に、その改定を要求したが、可否を決定できなかった。その年の秋、東林派側の給事中梅之煥、御史李若星・張五典が年例で外転となった時も、移咨の手続きが省略され、吏科の韓光裕、御史徐養量が抗議したが、東林派側の劣勢で三党とは争いにならなかった[27]。

このように三党の政治主導で政局は混迷しており、内閣を始めとする部・院も缺官となり、ほとんど空白の状態であった。内閣では、首輔葉向高ひとりが欠員となった大僚の補充を強力に要求し[28]、と同時に、言わば「言路がひとたび攻撃すると、その人が自ら去る」という三党ないし言官の政局主導により、大臣が耐えられない状況に陥っていることについて、

こんにち国事は艱難で、人材は日ごとに少なくなる。野に在る者は復官に期するところがなく、朝廷にいる者は官職が朝の星のように少なく、大小臣工が水火の争いのように暴れ回るのは、国家の福でない。願わくは、今か

> ら成心を捨て、議論は言官に聞き、主張は当事（部曹）に聞くべきだ。大臣をして抱負を広げしめて言官の掣肘に苦しめられなくし、言官をして批判的機能を遂行せしめて当局者の摧残の憂いをなくせば、天下の事は十分に成就されるのである。[29]

と述べ、批判的機能は科道官に付与し、部曹と大臣を掣肘させ、職務遂行を妨害してはならない、とした。葉は、閣臣の増員を要求する疏を百余り上せたが、方従哲と呉道南が起用されるのを見るや、辞任を乞う疏を一〇余り上せ、かろうじて允許された。吏部では、孫丕揚が退き、趙煥が退いたあとに鄭継之が就いた。言官の掣肘に苦しめられていた万暦四十二年八月のことである。

万暦四十三年には梃撃の案が発生し、以後、東林派と反対派との間に熱を帯びた論争が起こり、[30]政局はいっそう複雑に展開したが、こうした状況下で行われた四十五年の丁巳京察は事態をまた再び困難にさせた。今回の京察は、楚党に操られた鄭継之と、浙党により推薦され兵部尚書で都察院を兼署する李鋕とが主宰し、科道官としては斉党の給事中韓浚とその党の御史徐紹吉がこれを補佐して進められたが、じっさい官吏の去就は彼ら科道官の意に従うのみであった。そして京察の結果、三党科道官による政治はいっそう強化された。一時、斉・楚・浙の三党が互角の地勢を成し、言路が互いに倡和し、東林派攻撃を能事とするようになった。[31]葉向高に続いて優柔不断な方従哲が首輔となってから、東林派は言路奨励策を主張してきた。それにも拘らず、現実には言路は彼らとの敵対行為をいっそう強化した。『明史』方従哲伝に、[32]

> 向高の執政の時には、党論が鼎沸した。言路が銓部と通じ、清流を東林となして残らず斥けた。従哲が執政するに及んで、言路に正人がなく、党論は次第に衰えていった。丁巳の京察では、東林を排斥し、山林に居る者まで及んだ。斉・楚・浙の三党が鼎立して、務めて清流を搏撃した。斉人の亓詩教は従哲の門生で、勢力がもっとも盛んだった。

とあり、葉向高と方従哲とで執政期の特色が分けられている。前者の執政期には未だに東林党をも含む党論が鼎沸する中で、科道官と吏部が通じて政局を主導し、次第に党人政治へ変わり、東林が押される形勢であったが、後者の執政期には党人一色に包まれ、東林のみならず、自派に属さなければ無条件に敵視した、というのである。このとき三党は、斉党に亓詩教・韓浚・周永春、楚党に官応震・呉亮嗣、そして浙党に劉廷元・姚宗文らの科道官で構成されていたが、方従哲が首輔となってからは、彼の門生である亓詩教の勢力が三党で最も強大となった。その亓は、かつての党派政治の責任を東林派になすりつけた。

> 今日の争いは門戸《とうそう》から始まり、門戸《とうそう》は東林から始まり、東林は顧憲成によって主唱され、刑部郎中于玉立がこれに附和した。……羽翼を言路に置き、爪牙は諸曹に布列されており、大内［宮中］と通じて朝権を操る。顧憲成が生きていれば、こんなことを願っただろうか。[33]

とあり、万暦朝に於ける朋党の責任をすべて東林書院の創始者顧憲成になすりつけ、また葉向高に対する攻撃も緩めなかったのである。亓が首輔方従哲の後光を負って斉党の中心人物となり、そのうえ三党の首魁格として政界を意の侭に操っているとき、顧憲成は既に故人となっていたが、東林派ないし清流に対する攻撃は続けられた。そして万暦四十六年、鄭継之に代わって趙煥を吏部尚書に復帰させた。趙は同郷であるのみならず、七十七歳の老躯で、操るのに適していたためである。[34]方従哲が首輔となり趙煥が尚書に復帰すると、銓政は専ら亓詩教の指示によって行われ、「善類一空」の状態に至る有様であった。[35]翌年、閣臣の会推も三党科道官の意の侭に進められ、東林派の人物はほとんど朝廷に頼ることができない状態であった。例えば、礼部侍郎何宗彦は吏科給事中張延登の署名拒否により入閣できず、となると、東林派の御史薛敷政・蕭毅中・左光斗らがその不当性を攻撃し、そこで礼科都給事中亓詩教、兵科給事中薛鳳翔が力をつくして攻め、けっきょく斉党の意の通りとなった。これは、党人の同類でなければ入閣し得なかったことを示している。[36]

しかし三党も、敵対する東林派が政界で勢力を失うと、内紛により危機を迎えた。浙党の工部主事鄒之麟が、亓詩教に請託して吏部への転属を願った。しかし意を遂げることができず、となると斉党はもちろん方従哲までも攻撃したが、斥けられ、両党は分裂することになった。首輔を担いでこの上ない影響力を行使した斉党の首魁亓詩教も、羽翼の浙党の後援を失うと、孤立の形勢を免れることはできなかった[37]。そして泰昌朝を迎え、「大東」すなわち東宮の即位で、それまで守勢に回っていた「小東」すなわち東林派の政治的立場が有利になり、同派科道官の発言権も強化され、政局は再び一転した。

第二節　泰昌・天啓年間における東林・閹党の政争と科道官の政局主導

1　泰昌・天啓初の東林派科道官の政局主導

万暦四十八年（一六二〇）八月、神宗に続いて光宗泰昌帝が即位したが、一ヵ月目に亡くなり、彼の子である熹宗天啓帝が位を嗣いだ。熹宗在位の七年間は万暦以来の党争がいっそう加熱化し、王朝の滅亡を早めたが、科道官の政治活動はそれが否定的にせよ肯定的にせよ、依然として活発に展開されていた。

まず万暦と泰昌、泰昌と天啓の交替期は、それまでの斉・楚・浙三党の極盛期に代わって、東林党が再び執政し、政局は新たな様相を呈することになった。先帝によく見られたように、神宗も遺詔で、帑金を発して辺賞を分給し、悪名高き鉱税使をなくし、建言で罪を得た諸臣を起用するという措置を講じたのみならず、何よりもあれほど大きな問題となった皇太子冊立が、けっきょく東林派の主張通り皇長子常洛が即位することで決着し、東林側の人士が大挙起用されたためである。鄒元標が大理寺卿に起用されたのを筆頭に、侍読学士劉一燝・韓爌を礼部尚書兼東閣大学士に、そして旧輔葉向高を特別に徴召し[38]、さらに次の熹宗の即位以後も、東林派人士は引き続き抜擢された。このため、万暦末以来、政治的に無為無能であった方従哲は、「七年独相」の地位を当分の間維持できることになったが、亓詩教など三党科道官の気勢はそれ以上持続しなかった。その方従哲も紅丸・移宮の案の発生により、東林派科道官の弾劾を受け、泰昌元年（一六二〇）十二月、遂に致仕せざるを得なかった[39]。

紅丸・移宮の案[40]は万暦四十三年に発生した梃撃の案とともに、所謂三案として、以後東林党と斉・楚・浙三党の間に於ける主要な争点となった。この三案のあらゆる背後に鄭貴妃一派が深く関与していると信じた東林派と同派科道官によって政治問題化されたことで、結局は万暦朝の党争が続くこととなった。かつて鄭貴妃は乾清宮で神宗の病を看護したが、光宗が帝位を嗣いだ後も居所を移さず、珠玉や美姫でもって過ぎさりし日の東宮時代の自身に対する悪感情を晴らそうと努めたのみならず、李選侍に対する光宗の寵愛を利用し、彼女を皇后として自身は皇太后になろうと企てていたが、そうした状況で、紅丸・移宮の案が相次いで発生したのである[41]。このとき東林側科道官の批判が紛紛とする中、楊漣（一五七二～一六二六）・左光斗（一五七五～一六二六）が断然、指導的役割を担った。『明史』楊漣伝[42]に、

漣・光斗がすなわち朝廷に倡言して、鄭養性を詰責し、貴妃をして移宮せしめると、貴妃は直ちに慈寧宮へ移った。漣は遂に崔文昇の用薬も間違いだったとして推問を要求した。……疏が上り、三日が過ぎた丁卯の日に、帝が大臣を召見したとき、漣も呼び……、入ると、帝が温かな言で、しきりに漣に目配せし、外廷での流言を信じないようにと諭した。そして遂に文昇を斥け、太后に封ずるのを中止した。さらに大臣を召見するとき、常に漣が含まれたので、漣は自分が小臣で顧命に参豫できたと感激し、死をもって報いることを誓約した。

とある。これを見ると、楊漣が帝の大臣召見の隊列に加わるようになったのは、あたかも帝の寵愛のためのようだが、実は鄭貴妃一派の陰謀が強い影響力を及ぼしていた当時、楊漣のように敢言する科道官を交代させずにおく必要があったためである。つぎに移宮問題に於ける御史左光斗の役割を見よう。

光宗が崩御すると、李選侍が乾清宮を占拠し、皇長子に圧力をかけて皇后に封ぜられようとした。そのため光斗が、「内廷に乾清宮があるのは、外廷に皇極殿があるのと同じで……、仮りにいま決断なされないと、撫養に名を借りて専制の実権を行使し、武氏の禍を今日再び見ることになっても、将来敢言する者がいなくなる」と上言した。時に選侍は大権を専らにせんと欲し、廷臣の牋奏は先に乾清宮に送り、そのあと慈慶宮へ送らせた。［選侍は］光斗の牋を得て大いに怒り、将に重罰を下そうとした。……［選侍は］熹宗を乾清宮へ迎えて議論しようとした。しかし熹宗は出掛けず、その（光斗の）牋奏を持って来させ、見て［これは］善いと思い、すみやかに吉日を選んで移宮させたので、光斗は罪を逃れることができた。このとき宮中・府中が危疑し、人情が危懼していたところに、光斗は楊漣と協心建議し、閹奴を排撃して沖主を助け、正しい途へと導いたのだが、それには二人の力が大きかった。これにより、朝野では彼らを楊・左と並称した。(43)

紅丸事件と移宮問題に於ける科道官、中でも科官の政治的役割がいっそう活発であったのを見ると、彼らが当時の政界で有した比重の一端を推測することができる。(44)このころ一部の科道官は道徳論を掲げ、移宮に反対していた。例えば、御史賈継春が「新君が即位直後に先皇に違忤して庶母を逼逐することは、百姓の心を痛めるところだ」という内容の疏で立ち向かい、出外されると、むしろ賈継春を論ずる科道官もいた。(45)このように政界の一般的雰囲気は必ずしも初めから彼らのみを支持、擁護したのではなかったが、これに対し彼らは、とある英雄的姿で自らの政治的所信を強行し、乱れた政界の雰囲気を正していったのである。これはあたかも、かつて「土木の変」で極度の不安定に陥った時期に、景宗即位等の重要な政治問題に関し、科道官林聡や葉盛、左鼎や練綱が言官として行使した影響力(46)の再現を感じさせる。しかし両者の間には、その役割において性格的な差異が見受けられる。前者の場合は科道官が朝廷により期待された「世論の代弁者」として影響力を行使したのに対し、後者の場合は単なる代弁者に止まるものではなく、政治参与になおいっそう積極的であった。つづいて楊漣と左光斗の政治的活躍を見てみよう。

（万暦）四十八年、神宗が病にかかり、食べることができなくなって半月が過ぎたが、太子も見ることができなかった。漣が諸々の給事・御史とともに大学士方従哲を訪ね、御史左光斗が従哲に（帝の）問安を促した。……二日が過ぎ、従哲がようやく廷臣を率いて入り、問安した。帝の病は急を要する状況であったが、太子は宮門の外で躊躇していたので、漣・光斗が人を遣わして、東宮伴読王安に「帝の疾は深刻で、太子を呼ばないのは帝の意でない。当然、入侍を力請し、看病し、日が暮れてから戻るべきだ」と伝えしめ、太子はこれを聞き入れた[47]。

この一節は、神宗の臨終の時、斉・楚・浙の三党が輔臣方従哲を担いで政局を支配している状況にあって、楊と左が科道官を陣頭指揮して帝位継承に直接関与したことを、端的に示している。

楊漣と左光斗は万暦三十五年、ともに進士となった。楊は知県を経て給事中となり、左は中書舎人を経て御史となって以来、天啓五年に魏忠賢（?～一六二七）により一緒に処刑されるまで終始、政治的運命を共にした。彼らは万暦末、新進の科道官として出発し、党人政治を批判的眼目で見守り、光宗・熹宗の相次ぐ即位という複雑な政局を迎えると、東林派の指導者たちと同列で国政に参与した。

明くる庚辰の日、熹宗が即位した。光宗が崩じて六日目のことである。漣が一燝・嘉謨とともに宮中や府中の危疑を論定するのに、言官としては光斗を自発的に手助けしたのみで、残りはみな漣の指示に従っていた。漣の鬚や髪は尽く白かったが、帝はしばしば忠臣と称した。しばらくして［漣は］兵科都給事中となった[48]。

一燝は大学士劉一燝、嘉謨は吏部尚書周嘉謨で、彼らと同列で国家の懸案を論定する場に参与していたのである[49]。天啓初に葉向高・韓爌が入閣し、張問達ついで趙南星が吏部尚書となり、東林派の勢力が強化されたが、その時まで楊漣と左光斗は、言官としてその基礎を固めた。そして、大理寺卿に抜擢された鄒元標が、副都御史馮従吾と一緒に北京に首善書院を開き、無錫の東林書院とともに東林派人士の講学の中心となった[50]が、そうした雰囲気の下で、彼らの言路としての政治活動はいっそう活発に展開された。当時の政治状況では東林派か非東林派かのみが問題で、政治的中立は受け入れられなかった。[51] 三案が繰り返し追論される過程で、東林か否かの鮮明さが強要されたためである。

こうした中で行われた天啓三年の京察は、東林側の過激さをいっそう露呈した。吏部尚書張問達と左都御史趙南星が京察を主導するに際し、三党の元の給事中亓詩教・趙興邦・官応震・呉亮嗣らを、先朝にあって結党して政治を乱したという理由で議論に付し、また、浙江巡按張素養が姚宗文・邵輔忠・劉廷元を推薦して奪俸の処分を受ける等、万暦末の気勢騰々たる三党の党徒が一網打尽にされたのである。[52]

反対に、東林党人は昇進の街道を駆け上り、政界の要路を占めていた。楊漣は天啓二年に礼科都給事中より太常寺少卿、同三年には左僉都御史、同四年には左副都御史に昇進し、左光斗も天啓三年に大理寺少卿となり、翌年には楊漣に続いて左僉都御史となった。彼らに続いて、東林派の魏大中（一五七五～一六二六）は、天啓初に工科給事中に就任して以来、反東林派の大学士沈漼、太常寺少卿王紹徽はじめ魏進忠と客氏に対する弾劾、そして紅丸の案に関わった方従哲・李可灼・崔文昇の誅罰を奏請するなど、科道官の中でもその役割が目立ち、天啓二年に礼科左給事中、同四年には吏科都給事中へ栄転し、吏部尚書趙南星の信任の下に東林党の実力ある言官として影響力を行使した。[53] 魏大中は前の科道官楊漣・左光斗とともに、東林派の言路として天啓初の政局主導に重要な役割を果したが、しばらくして彼らにより斥けられた多数の党人たちから反撃を受けるようになった。

2　東林派弾圧と閹党科道官の役割

東林派の現・旧の科道官を代表する楊漣・左光斗・魏大中らが、当時要職を占めていた東林派大臣たちの後援を受け、出世街道を駆け上っていたとき、他方では、東林派の勢力獲得で思いがけない立場に置かれた反東林派人士たちが、幼冲で無知放漫な熹宗を内廷で操縦し得るようになった宦官魏忠賢の麾下に群がり、反撃の機会をうかがっていた。斉・楚・浙三党の党人として王紹徽・阮大鋮・崔呈秀・魏広微・馮銓らが、魏忠賢の力を借りて東林派を討つ大獄を計画した。汪文言の獄[54]がそれである。

汪文言は捐納により監生となった人物で、智術と侠気を兼ね備え、東林派のため計略を用いて斉・楚・浙三党を離間させ、党人政治を壊すのに功をたてた。彼は、東宮伴読王安が宦官だが東林派のために企図する人物であることを看破し、泰昌から天啓朝にかけて三党を討つのに功を立てたが、魏忠賢が王安を陰謀にかけて殺した後は、閹党の府丞邵輔忠の攻撃を受け、逮捕されるに至った[55]。しかし、かろうじて釈放されると東林派のための活動を継続し、能力が認められて大学士葉向高により内閣中書に抜擢される一方、韓爌・趙南星など東林派巨頭の門に出入りし、楊漣・左光斗・魏大中とも往来した。天啓四年、給事中阮大鋮が、吏科都給事中への昇進をめぐって左光斗・魏大中と意見が合わず、同官章允儒らと謀り、再び同官傅櫆に汪文言を攻撃させ、合わせて魏大中も汪文言と交際があり奸利に没頭していると劾奏させた。こうして［大いに喜んだ］魏忠賢は直ちに汪文言を詔獄に下し、正人たちを陥れ、政治問題化させようとした。しかし、大学士葉向高と科道官袁化中・甄淑・黄尊素らの弁護で汪文言が廷杖・革職に処されたのみで、左光斗と魏大中はひとまず不問とされた。しばらくして副都御史楊漣が魏忠賢の二四の大罪を挙げて攻撃し、続いて魏大中も魏忠賢の罪を暴露すると、［これを契機に］魏忠賢は非東林派の大学士顧秉謙・魏広微らと結託し、自派の科道官陳九疇・梁夢環らに命じて、再び汪文言の獄を持ち出させ、けっきょく東林派人士たちを一網打尽にするに至った[56]。

天啓五年三月に起こった汪文言の獄で、楊漣・左光斗・魏大中をはじめ、御史袁化中・太僕寺少卿周朝瑞、陝西副使顧大章が逮捕され、鎮撫司に下されたが、罪名は熊廷弼（一五七三～一六二五）の賄賂を受け取ったということであった[57]。これは、東林派に近い熊廷弼を汪文言の獄に連座させて、東林派人士を排除しようとする、閹党の陰謀であった。ここで熊廷弼と東林派の関係について、しばらく検討を加えてみよう。万暦末、党派争いが絶頂の時、遼東地方が満州族の侵入を受け、朝野で危機感が時々刻々澎湃とする中、朝廷では熊廷弼を遼東経略に任命した。熊はかつて姚宗文・劉国縉とともに言官の職にあったとき、非東林派人士として互いに親交があったが、熊が経略となり位序の相違が生じ、そのうえ請託が受け入れられないとなると、両人の謀略を被るようになった。のみならず、兵事に通じていない御史顧慥・馮三元・張修徳、給事中魏応嘉らの弾劾を受け、遼東巡撫袁応泰に職を譲らざるを得なかった。[58] 天啓初、瀋陽が陥落すると、朝廷では熊廷弼を再び起用しようとしたが、給事中郭鞏の反対で実現を見なかった。しかし、さらに遼陽も陥落すると、遼東に於ける熊の功労が再評価され、結局彼を起用することになり、郭鞏をはじめ、それまでに熊廷弼を弾劾する上奏を上せた科道官馮三元・張修徳・魏応嘉らを左遷させ、姚宗文を除名した。[59] このとき東林派科道官呉応箕・楊漣・江秉謙は、熊廷弼がかつて御史在職中に取った反東林的態度[60]にも拘らず、遼東に功があったという事実のために、彼を擁護した。

熊廷弼が経略に就任すると、今度は軍務に精通していない広寧巡撫王化貞との間で、戦略上の意見の相違により対立が深刻化すると、廷臣間は支持と反対で議論が紛糾し、科道官の間も賛否両論に分かれた。[61] 熊は、遼事で自身が当面した困難な事態と関連させ、当時の政局に一縷の望みもかけることができない状況について、次のように慨嘆した。

経略と巡撫が不和ならば言官を頼みとし、言官が互いに攻撃するときは枢部を頼みとし、枢部がまた分裂して争うときは閣臣を頼みとする。臣には、いま希望がない。[62]

と述べるように、戦争に責任を持つ経略が所信に従って戦略を樹てても、それを施行し得ない制度的ないし状況的な問題があり、責務の遂行が不可能であるという心境を吐露している。さらに軍事問題では、経略と巡撫の間で責任の所在をめぐる対立で戦争遂行に蹉跌が生じたとき、朝廷で速かに措置を講じ問題の解決に努力すべきなのに、言官と兵部・内閣の間に於ける党派的争いで、結局ことをしくじっている、という。この時の状況について、大学士劉一燝に関する記述に、

天啓改元の年に瀋陽を失うと、大部分の廷臣は熊廷弼を再び用いることを請うた。一燝もまた、「廷弼が遼東を

守ってから一年、彊土が安らかだったのに、何のために斥けたのか分からない。……以後、「軍国の大事を」陛下は毅然と主持し、諸臣をして洗心滌慮させ、附和雷同を破り、ともに憂国奉公せしめられよ」と述べ、帝は優旨で褒答した。しばらくして詔があり、かつて廷弼を排斥した姚宗文ら官僚をすべて流罪に処し、言路の大部分が一燝を怨んだ。一燝はかつて、「天下の事を担当するのはもっぱら六官で、言路が振るうと六官の実政がなくなる。天下をよく治めるには、六官に事を担当させ、言路をしてその誤りを正させ、言官が事を述べ、政府がその正しいことを選ぶと、天下は治まるのである」と述べた。そこで一切の条奏はすべて部議に回すことになり、まんいち回さないと、詔でこれを格《ただ》した[63]。

とあり、ここから、東林派の大学士劉一燝が熊廷弼の遼東に於ける立場を支持していたことを知り得る。合わせて、当時の言路と六部、そして言路と内閣との関係について批判的に言及しているところから、万暦末に於ける言路に対する葉向高の見解とともに、東林派閣臣の言路観を推測することができる。万暦中期、内閣・六部・科道が鼎足の勢を成すようになって[64]以来、その勢力均衡は多少の変動を経て、相互に権限の主張が継続[65]される中で、本来それらを統御する朝廷すなわち帝権は微弱となり、無能な一路を走り、議論が紛糾したまま、政局は混迷の度を深めるのみであった。特に遼東地方への満州族侵入のような国家の存亡に関わる問題に直面しては、体制の基本的改変なくして政局のどのような好転も期待し難い。熊廷弼の慨嘆は正にそうした状況を反映したもので、葉向高と劉一燝による言官の過激さに対する批判的な指摘も、明朝の体制的矛盾に対する反省論に過ぎない。

再び汪文言の獄に戻ろう。熊廷弼と王化貞の間に不和が続く中で広寧守備のポストが空き、両人がともに罪を論ぜられ投獄されると、魏忠賢は熊を、汪文言に賄賂を渡して助命運動を展開したという理由で汪文言の獄に連座させ、東林党に対する一大弾圧を加え始めた。まず楊漣・左光斗・魏大中らを詔獄に下し、前後して斃死させ、これと時を同じくして閹党の大学士馮銓が東林派御史張慎言・周宗建・李応昇・黄尊素らを謀略により害するため、閹党の給事中李魯生に命じて弾劾、削籍の処分を下させた。[66] また翌六年二月には、提督蘇杭太監李実の誣奏で前の応天巡撫周起元を陥れ、前の左都御史高攀龍らとともに獄中に斃し、科道官を含む東林派の指導者を殆どいなくしたのである。[67]

天啓五、六年を境にして、閹党の謀略で東林派の科道官を含む東林派指導層は大きな打撃を受けたが、そこには勿論、閹党科道官の役割が大きくはたらいていた。『明史』霍維華伝に、[68]

四年冬に朝事［国政］が大いに変わった。南京御史の呂鵬雲が外転を以て請告すると、忠賢が旨を伝えて、察典にかけられた徐大化と年例で外転される孫杰をともに京卿へ抜擢し、維華及び王志道・郭興治・徐景濂・賈継春・楊維垣をすべて故官に復帰させたが、維華は刑科となった。趙南星に斥けられた全ての者たちが、前後して抜擢され事を用うるようになったことで、維華は東林をますます鋭意攻撃し、御史劉璞、南京御史涂世業・黄公輔・万揚言を劾罷し、また、三案を追論して、劉一燝・韓爌・孫慎行・張問達・周嘉謨・王之寀・楊漣・左光斗を痛烈に非難し、范済世・王志道・汪慶百・劉廷元・徐景濂・郭如楚・張捷・唐嗣美・岳駿声・曾道唯を誉めたたえた。

とある。これを見ると、天啓四年末に、趙南星（一五五〇〜一六二七）が吏部尚書であった時に斥けられた三党の系統の科道官霍維華らが復職し、年例で外転された科道官が京卿に抜擢され、代わって、東林派の科道官劉璞らが弾劾、罷免され、范済世・王志道ら反東林派科道官の行為が称賛されるという雰囲気に変化していったのである。[69]『明史』魏忠賢伝にも、[70]

正人の国を去ること、まるで落葉が乱れ散るようであった。まもなく中旨を偽り、例転される科道を召用し、朱童蒙・郭允厚を太僕少卿とし、呂鵬雲・孫杰を大理丞とし、霍維華・郭興治を給事中、徐景濂・賈継春・楊維垣を御史へ復官させた。そして徐兆魁・王紹徽・喬応甲・徐紹吉・阮大鋮・陳爾翌・張養素・李応薦・李嵩・楊春懋らが起用されて爪牙となった。しばらくして、辺戍されるべき崔呈秀を御史へ起用した。呈秀は『天鑑』『同志』の諸録をつくり、王紹徽も『点将録』をつくり、みな鄒元標・顧憲成・葉向高・劉一燝らを首魁とし、忠賢につかない者はすべて網羅して東林党人と号し、忠賢に献じた。忠賢は喜び、ここに群小がますます忠賢に媚び、競って東林を攻撃した。

とあり、東林派人士が葉の散るように落ちて出た代わりに、魏忠賢が自派科道官の隊列を整備していったことを示している。長期勤務を経て外転される順番にある者を京卿に抜擢する一方、廃官された者は復帰させ、また、前の科道官王紹徽・阮大鋮らも適度に昇進させ、自身の所謂「爪牙」として利用した。そして、前・現の科道官王紹徽と崔呈秀により『天鑑録』『同志録』『点将録』等が作成されたが、特に王紹徽の『点将録』は、李三才・鄒元標・顧憲成など東林派指導者を首魁とする東林派の人物を、『水滸伝』の中の豪傑一〇八人になぞらえて選定したブラック・リストとして有名である。(71)

このような魏忠賢を頂点とする閹党の政治も、実は科道官の政治的役割が後楯となってこそ可能だったと言っても過言ではない。それは『明史』閹党列伝に載せられている合計一一名中の四名が魏忠賢党の科道官（給事中二人、御史二人）であり、同列伝の崔呈秀以下、本・附伝を合わせた合計三〇名中の一七名が科道官だという数からも推測することができる。そしてこのことは、泰昌朝から天啓朝にかけて政局を主導した楊漣・左光斗や魏大中・袁化中といった東林派の前・現科道官の活躍とともに、明末の党争に於いても、彼ら科道官の政治的役割が肯定的にせよ否定的にせよ、重要であった事実を物語るものである。

註

（1）『明史』巻二三一・銭一本伝。
（2）同書・巻二三四・馬経綸伝。
（3）同前。
（4）同前。
（5）『神宗実録』巻二九六・万暦二十四年四月癸丑の条。

（6）和田正広「万暦政治における員缺の位置」（『九州大学東洋史論集』四、一九七五）。

（7）例えば、『明史』巻二二五・趙煥伝に、

故事、給事中五十人、御史一百十人、至是皆不過十人。煥累疏乞除補、帝皆不報。其年（四十年…著者）八月、遂用煥為吏部尚書、……補給事中十七人、御史五十人、言路称盛。

とあり、万暦四十年八月以前にわずか一〇人だった科道官が、八月に六七人が補任されたことを示しているが、和田氏の表では補任以前の数が記されている。

（8）『大明会典』巻五・吏部四・推陞。

（9）同書・同巻・選官。

（10）考選とは、科目出身の官員より、考満でその成績が優秀な者を選ぶ制度だが、『明史』巻七一・選挙三に、

考選、内則両京五主事・中・行・平・博・国子助教等、外官則推官・知県、自推・知入者、謂之行取。

とあり、外官の推官・知県から科道官に考選される場合を行取といった。

（11）和田氏前掲論文・五四頁。

（12）趙翼『二十二史劄記』巻三五・万暦中缺官不補。

（13）『明史』巻二一三・張居正伝。

（14）黄仁宇『万暦十五年』三八頁。

（15）呉晗・費孝通『皇権与紳権』四四頁。ところが神宗は、実は貪欲な君主としては一番と見做すことができ、特別に刻薄な政治をしたのではない。例えば、『明史』巻三〇五「宦官二」陳矩伝に、

自馮保・張誠・張鯨相継獲罪、其党有所懲、不敢大肆。帝亦悪其党盛、有缺多不補。迨晩年、用事者寥寥、東廠獄中至生青草。……以故偵卒稀簡、中外相安。惟四方採榷者、帝実縦之、……

とあり、神宗は宦官の党が盛んなことを好まず、「缺有るも多くは補せず」して、「偵卒稀簡、中外相安んずる」ほどだったが、この点に関しては、劉若愚『酌中志』巻一六・一〇四頁、孟森『明清史講義』、及び Hucker, Governmental Organization of Ming Dynasty, *Harvard Journal of Asiatic Studies* 21 (1958), p.60 参照。

（16）黄氏前掲書・七八頁、及び註（2）、参照。

（17）『明通鑑』巻七四・万暦三十八年十一月の条。

（18）『明史』巻二三六・夏嘉遇伝では、万暦四十年を境とした党法の分岐に、右の『明通鑑』の内容とほぼ同じ説明を加え、それら三党の中心人物がほとんど科道官であることを示している。すなわち、

台諫之勢積重不返、有斉・楚・浙三方鼎峙之名。斉則給事中亓詩教・周永春、御史韓浚。楚則給事中官応震・

呉亮嗣。浙則給事中姚宗文、御史劉廷元。而湯賓尹輩陰為之主。其党給事中趙興邦・張延登・徐紹吉・商周祚、御史駱駸曾・過庭訓・房壮麗・牟志夔・唐世済・金汝諧・彭宗孟・田生金・李徴儀・董元儒・李嵩輩、与相倡和、務以攻東林排異己為事。

とある。

（19）『明史』巻二二五・趙煥伝。

（20）科道官を年例によって出外させるとき、給事中は吏科に、御史は都察院に、それぞれ移咨するのが慣例であった。

（21）註（19）参照。

（22）『明史』巻二三六・李朴伝。

（23）同右に、

帝雅不喜言官、得朴疏、心善之。

とあり、神宗は言官政治を不満に感じている。

（24）同書・巻二四一・周嘉謨伝に、

神宗末、斉・楚・浙三党為政。黜陟之権、吏部不能主。

と記されている。

（25）同書・巻二二五・鄭継之伝。

（26）同書・巻二五四・孫居相伝。

（27）註（25）参照。

（28）同書・巻二四〇・葉向高伝。

（29）註（19）参照。

（30）謝国楨『明清之際党社運動考』二「万暦時代之朝廷及各党之紛争」1万暦朝宮廷的紊乱和三大案的発生（人人文庫本）二三～二五頁。

（31）『明史』巻二二五・鄭継之伝、謝氏前掲書・二「万暦時代之朝廷及各党之紛争」2歴年的京察政府与言官的紛争、三八～四〇頁。

（32）『明史』巻二一八・方従哲伝。

（33）『明史紀事本末』巻六六・東林党議・万暦四十一年二月辛丑の記事。

（34）註（19）参照。

（35）『明通鑑』巻七五・万暦四十五年三月の条。

（36）『明史』巻二四〇・何宗彦伝、及び謝氏前掲書・三六頁。

（37）『明史』巻二三六・夏嘉遇伝。

（38）『明史紀事本末』巻六六・東林党議・泰昌元年（万暦四十八年）の記事。

（39）註（32）参照。

（40）紅丸の案とは、光宗が即位して数カ月めに痢疾を病むようになったが、その治療のために鴻臚寺官李可灼が上せた紅丸すなわち丹薬を飲み、たちまち亡くなると、紅丸に疑惑があるとし、これをめぐって繰り広げられた論争である。次の移宮の案は、光宗が崩じ、子の熹宗が一六歳で帝位を継承したが、このとき乳母の選侍李氏が乾清宮を占居し、熹宗を監護しており、これに対して東林派科道官楊漣と左光斗がその不当性を強く抗議し、けっきょく李選侍が噦鸞宮へ移居した事件をさす。

（41）謝氏前掲書・二「万暦時代之朝廷及各党之紛争」1万暦朝宮廷的紊乱和三大案的発生、参照。

（42）『明史』巻二四四・楊漣伝。

（43）同書・巻二四四・左光斗伝。

（44）Hucker, *The Censorial System of Ming China*, pp. 180〜182 の統計によると、天啓年間（一六二〇〜二七）に、科道官による弾劾の疏は合計五二六件になるが、その中で御史のものが三一七件、給事中のものが一九八件で、残りの一一件はその他によるものである。そして、その弾劾の疏により処分された官員の数とその比率は、

	給事中	御史
処分がなかった場合	九五（四八％）	一〇八（三四％）
調査や裁判を行った場合	六六（三三％）	九八（三一％）
即座に処分した場合	三七（一九％）	一一一（三五％）

で、道官よりも科官の要求がいくぶん少なめに反映されているように見える。しかし、これは科官の弾劾が主に中央の政治問題に関するものであるのに対し、道官のそれは主に解決を緊急に求める地方の問題であったためだ、とHucker 氏は適確な説明を加えている。そして氏はまた、仁・宣年間（一四二四〜三四）の科道官による弾劾の疏に対する処分内容と、天啓年間（一六二〇〜二七）のそれとを比較して、

	仁・宣年間	天啓年間
処分がなかった場合	一四％	三九・五％
調査や裁判を行った場合	一六％	三二・〇％
即座に処分した場合	七〇％	二八・五％

と記している。これは、仁・宣年間の科道官の弾劾が天啓年間よりもはるかに高く反映されていたことを示しており、結局、明末の党争の時期にあって朝廷と言官の間に生じていた不信感が、その主たる原因であったことを現している。

（45）『明史』巻三〇六「閹党」賈継春伝。

（46）第一篇・第三章・第三節　景泰・天順年間における科道官の発言権強化。

（47）註（42）参照。

（48）同前。

（49）同書・巻二四一・周嘉謨伝。

（50）同書・巻二四三・鄒元標、馮従吾伝。

（51）謝氏前掲書・三「東林党議及天啓間之党禍」五九頁。

（52）『明史』巻二四三・趙南星伝。

（53）同書・巻二四四・魏大中伝。

（54）『二十二史劄記』巻三六・汪文言之獄。

(55) 同右。
(56) 『明史』巻二四四・魏大中、及び巻三〇六「閹党」梁夢環伝。
(57) 同書・巻二四四・魏大中伝。
(58) 同書・巻二五九・熊廷弼伝。
(59) 同前。同書・巻二四五・周宗建伝。
(60) 同書・巻二四一・孫瑋伝。熊廷弼が御史（南直隷提学御史）在職中に、万暦三十九年の京察で失脚し家居していた反東林派たる宣党の領袖湯賓尹の不法を告発した諸生が、訪察の名目で杖刑に処され、殺害されるという事件が発生した。この事件が暴露されると、調査内容をめぐり、非東林派の熊を庇護する側と、反対に彼を攻撃する東林派側との対立が深刻であった。これについては、城井隆志「明末地方生員の活動と党争に関する一試論――提学御史熊廷弼の諸生杖殺をめぐって――」（『九州大学東洋史論集』一〇、一九八二）参照。
(61) Hucker, *Censorial System of Ming China*, p.225。
(62) 『明史』巻二五九・熊廷弼伝。
(63) 同書・巻二四〇・劉一燝伝。
(64) 謝氏前掲書・三〇頁。
(65) 小野和子「東林党考（二）」二九七～三〇七頁（のち同『明季党社考』再録、同朋舎出版、一九九六、一九七～二一一頁）。
(66) 『明史』巻二四五・周宗建伝、及び巻三〇六「閹党」曹欽程伝。
(67) 同書・巻二四五・周起元等の伝。
(68) 同書・巻三〇六「閹党」霍維華伝。
(69) Hucker, *Censorial System of Ming China*, p.271 によると、魏忠賢により犠牲となった東林党人二二名の中、一三名が「活動的な監察官」であり、また東林党人榜に上った三〇九名中、少なくとも九三名が科道官だという。
(70) 『明史』巻三〇五「宦官二」魏忠賢伝。
(71) 小野和子「東林党考（一）――淮撫李三才をめぐって――」五六三～五六四頁（前掲書・二八三～二八四頁）。

第五章　明の滅亡と崇禎朝の科道官

第一節　崇禎初の政局と両派科道官の対立

政治に対する神宗の無関心さと繰り返された党派争いは、万暦末年を迎えて、科道官にその政治的主役を担当させることになった。万暦末の斉・楚・浙党を代表する亓詩教の台頭や、東林派の全盛期における楊漣・左光斗・魏大中の活躍、そして魏忠賢専権の時期においては崔呈秀・王紹徽・霍維華らの役割が、その際立った例に属す。[1]しかし崇禎帝が即位すると、党争を静めようという方針によって事情は一変した。

天啓七年（一六二七）、閹党による悪弊が絶頂に達したときに光宗が崩じ、毅宗崇禎帝が一七歳の若さで即位した。彼は明敏で、直ちに魏忠賢一党に対する弾圧に着手した。その第一の対象は、御史出身で魏の忠犬の役割をつとめ、侍郎を経ていちやく尚書に昇った崔呈秀で、科道官楊所修・楊維垣・賈継春の弾劾があると、毅宗は即座にこれを容れ、彼の官職を削奪した。続いて各処から上がってきた魏忠賢とその党人に対する弾劾の疏も容れ、魏を鳳陽へ流罪に処す措置を取り、[2]崇禎元年（一六二八）正月には「中官は、命を奉ずるのでなければ禁門を出るな」[3]という詔令で宦官の政治的活動を封じ、魏忠賢と崔呈秀の屍をさらして、ひとまず魏党の時代は終わりを告げた。それに代わって東林派系統の韓爌・劉一燝はじめ、南京吏部侍郎銭龍錫、礼部侍郎李標、少詹事劉鴻訓らが前後して入閣し、政局は一変したが、とはいえ魏党の余勢が一朝一夕に清算される筈もなかった。

崇禎初に行われた大計で御史として補佐した楊維垣は、崔呈秀・魏忠賢を告発したが、東林派に対する批判をも兼ねていた。彼の論は、党派の根絶に焦点を置いたもので、これを受けて立った人物が東林派の論客、編修倪元璐（一五九三～一六四四）である。双方は三案をめぐり数回の上疏を通じて攻防を繰り広げたのだが、翰林官倪元璐は、天啓末に東林派言官が大挙放逐された状態の中で孤軍奮闘せざるを得なかった。(4) 当時は、魏・崔を始めとする閹党の元凶たちが処刑されても、その徒党はいまだ要路を占めており、彼らを政界から斥け、東林派を称頌し得る状況にはなかった。(5)

こうした状況にあって、科道官楊維垣の言路としての活動は非常に興味を引くところである。彼は当時、魏党の「遺孽《わすれがたみ》」と指目されていた。すなわち彼は、崇禎帝が即位すると、天啓朝の魏党による対東林党迫害をはじめとした専権行為に対する帝の意思を打診するために、同官の楊所修とともに、まず魏党の先鋒たる崔呈秀を告発した。(6) その後、魏党の閹臣黄立極・張瑞図が監生胡煥猷により弾劾されたとき、やはり楊維垣らが胡の奏を論難し、胡は東林の使嗾を受けていると疑いをかけられ、除名された。(7) このような東林派に対する批判的態度により、彼は相対的に魏党の余勢を庇護する「遺孽」と指目されるようになったのである。そして、倪元璐との間に繰り返された論弁を経て、結局は東林派人士のブラック・リストである『三朝要典』が焼かれ、(8) その一方で魏党の閹臣馮銓と魏広微は削籍され、許顕純が誅罰に伏したが、その過程で楊は、彼の同調者及び魏党の科道官とともに罷免された。このとき新進の給事中瞿式耜が、馮銓と魏広微は魏党に加担した者で、これ以上政府にとどまらせてはならないと指弾し、同時に東林派の楊漣・魏大中・周順昌への謚の賜与を主張した。(9) こうした大勢で魏党の科道官が大挙斥けられたが、粘り強い抵抗が彼の後継者により続けられた。当時の状況を『明史』劉鴻訓伝(10)では、

たとい忠賢が敗れたとしても、その党はまだ朝廷に満ちていた。言路の新進者たちが力を合せて抨撃したが、諸々の執政がかつて忠賢とともに事に当たっていたので、敢て黒白をはっきりさせることができなかった。鴻訓が内閣に入ると、毅然と主張を立て、楊維垣・李恒茂・楊所修・田景新・孫之解・阮大鋮・徐紹吉・張訥・李蕃・賈

継春・霍維華を退斥し、人情は大いに快しとした。しかし、袁弘勛・史𡒄・高捷はもともと維垣に育てられており、一緒に鴻訓を攻撃し斥けてしまえば、党人が安全だと考えた。弘勛は「所修・継春・維垣は表裏の奸を抨撃し、功はあっても罪はないのみならず、党人の攻撃がこの三臣から始まった」と主張し、また「鴻訓が朝鮮に使臣で遣わされたとき、貂・参を満載して帰って来た」と非難した。

と記し、先輩の科道官である楊所修・賈継春・霍維華の指導を受けた御史袁弘勛・史𡒄・高捷らが、劉鴻訓のような東林派大臣により斥けられると、彼らのために伸冤運動を展開し、むしろ劉の過去のあやまちを暴いて攻撃した。こうして両派科道官の間に攻防が繰り広げられたが、けっきょく弘勛を筆頭に高捷・史𡒄両人も所謂「言路新進者の群起抨撃」により辞職せざるを得なかった。しかし高・史の両人は、間もなく吏部尚書王永光の粘り強い推薦により復官し、となると、復官を妨害した東林派大臣に対する弾劾を事とする等、反東林派言路としての役割を担い続けた。例えば大学士銭龍錫と左都御史曹于汴に対する謀略が、それである。銭は閣臣で、自身たちの復官を妨害したのみならず、逆案の確定で主役を演じ、また曹は都察院の責任者で、御史の復官に際しては慣例上彼の同意を得ることになっていたが、やはり反対した[11]。そこで高・史は御史に復職すると、東林派大臣に対する計略をめぐらし、特に銭龍錫を、当時政治問題化していた袁崇煥の毛文龍殺害事件に連座させ、挙げ句の果て免職にまで追い込んだ[12]。また両人は崇禎四年、温体仁が同郷の閔洪学を吏部尚書に推挙し、内閣が吏部と組んで反対派人士の排除と自派人士の結束を誓ったとき、内閣の腹心の言路として温体仁内閣の勢力基盤を固める一翼を担った[13]。

崇禎初の政局に大きな波紋を引き起こしたもう一つの事件は、閣臣の会推であった。同元年末の会推で、劉鴻訓の後任として吏部侍郎成基命と礼部侍郎銭謙益の名が上り、礼部尚書温体仁（?〜一六三八）と礼部右侍郎周延儒（一五八八〜一六四四）は名が上らなかったが、それは衆望の有無のためであった。この温体仁と周延儒の二人は、のちに朝廷を壟断して亡国の途を開いたとして、『明史』では奸臣伝に入れられているが、ともあれ、温はこのとき、衆望を集めていた銭謙益に対して、天啓時代に主管した浙江郷試に於ける銭千秋との関節事件を蒸し返して、その入閣を正面で阻止した。[14] 崇禎帝はかねて廷臣の壅蔽と植党を疑っていただけに、温の堂々とした公開批判に「体仁がいなければ、朕はもう少しでだまされるところだった」と嘆息した。衆議は大部分銭を擁護し、吏科都給事中章允儒も強硬にその無実を主張したが、章は詔獄に下され、諸大臣は切責されたのみであった。聡明かつ剛果な毅宗は、しかし二十歳の若さで柔軟性に欠け、賢奸を区分するのに短見で、党派を鋭意警戒したが、このことがかえって自身も知らない間に党派を養成する結果を生んだ。[15] 温体仁が銭謙益を攻撃したとき、やはり周延儒の手助けを受けたが、これが温・周の合作内閣の基礎をつくり、党争の種を播く結果となったのである。ともあれ、このとき銭謙益は免官され、彼を擁護した給事中章允儒・瞿式耜、御史房可壮らにも謫降の処分が下った。[16]

大臣の会推と考察等、人事をめぐる問題が党争を引き起こす要因となることを見てきた帝としては、自ら最初に迎える閣臣の会推から枚卜法を用いて植党を防止しようとしたが、[17] それも無駄になってしまった。こうして科道官の紛糾とした反対にも拘らず、帝の信任を得た周延儒と温体仁が前後して入閣し、崇禎三年九月、周が首輔となり両人の合作内閣が成立したのである。ともあれ、会推をめぐって東林派と温・周の間に攻防が繰り広げられた直後の同二年三月、魏忠賢の客氏を謀反大逆律に依り磔死させたほか、数百名の人員を六等級に分けて処分する「逆案」が確定、発表されたのだが、[18] ここに前・現職の科道官が相当数含まれていたのは勿論である。逆案の公表後も両派特に両派科道官の対立は前述した通りであり、党派政治に嫌悪感を持っていた毅宗にとって、科道官対策は早くも処理しづらい問題の一つとなった。

第二節　言路観をめぐる朝廷と科道官の争い

一般にそうであるように崇禎帝も、即位当初には先帝時代の複雑な政治的遺産を整理することに急を要した。中でも言路対策は、明代後半期に入って次第に開かれた党派政治に於いて言官の否定的役割が強調されたために重要であったが、同時に朝廷としては常に関心を抱かざるを得ない課題でもあった。そのため、特に万暦・天啓朝の党派政治を経た崇禎初に於いては、非常に重要であった。そのうえ天啓朝の政治を乱した張本人たる魏忠賢・崔呈秀を始めとする閹党の処理をめぐって繰り広げられた、東林派と非東林派の科道官及び翰林官の間の論争[19]は、あたかも前代の党争の再現を彷彿とさせ、党争を静めて政治を刷新しようという新君には、言路対策について根本的な反省を促した。彼は科道官に、次のように誡諭している。

朕が思うに、祖宗が科道を設置したのは、上で主徳を輔弼し、下で官邪に警鐘を鳴らすためで、耳目の司に寄託し、聡明の用を広げたことに頼るところが極めて大きい。逆奸の用事以来、忠良を屠戮し、一時に直言・敢諫の士がすべて屏斥され、諸臣が考えを有しても言うことができなかった。ときに一度に発舒しようとしても、まるで川の流れが塞がれば決壊するようなもので、これは勢として自然だ。

朕が即位して以来、言路を広げ、言路の条奏を事ごとに省覧し、日ごとに文華殿に出て、講求し商榷し、大部分施行に移した。諸臣が忠心で国のために尽くす誠意が、真に朕の鑑になるものである。中には名誉を売って私を求める者もいないではない。濫りに推挙しないように何度諭しても、いい加減な推挙で恩を市《う》ろうとし、糾参はいつも事実に基づくように強調しても、実なるものは少ない。初め封章を閲覧するときは、侃然と忠讜のようだが、朕が詰問すると風聞にゆだね、忠邪を分けることができず、論劾をむやみに行い、大臣をしてその位に不安ならしむれば、誰がともに理めるだろうか。朕が心を空しくして納諫しようという初意とは、本当に懸け離れたものである。

朕が今、お前たち科道諸臣に特に諭すのは、以後つとめて積習を壊し、それぞれ大道に従い、もっぱら公に従って忠直につとめ、条奏を必ず実行性あるものとすべく、〔剿襲して〕聴覧に混乱を生じさせず、弾劾は必ず事実に基づき、憶測で生平を誤らないようにすべきだ、ということである。諸臣は風紀を担う者なので、当然他人よりまず〔自らの〕周囲を明らかにすべきで、まんいち任意に誣捏し、風聞に従って口をむやみに開く等、己れを持することをなおざりにし官常を紊乱させる者は、朕が監察して部に下し、真実をしらべ、人を論ずるのが不当であれば反坐の条に当て、決して容赦しない。(20)

この誡諭文のあらましを要約、整理してみると、次のようになる。祖宗の科道官設置の目的は主徳を輔弼して官邪を弾劾するところにあるが、魏忠賢のような逆奸が権力を握ると、敢言の士が斥けられる。自身が即位してからは言路を広げ、また文華殿での召対を通じて講求し、商権を怠らなかった。しかし、中には人物の薦挙や官邪の糾参に際し、名誉を売って私利を追求した者もおり、また、根拠もなく大臣を弾劾して不安を助長する等の言官の壅蔽は、納諫の意図と掛け離れている。従って今後は、章奏や弾劾を任意に捏造したり、風聞を信じて荒唐無稽な言説を並べ立てて官紀を紊乱したり、或いは人を論ずるのに不当なことがあると、反坐律を適用する、というのである。科道官に対するこうした警告は毅宗のみの気持ちの現われではなく、実は明朝の歴代君主が彼らの言論に対して常に感じ考えていたところを、ひっくるめて述べたものだが、特に反坐律云々は、以後の科道官取締りを厳格に行うという彼の警告を明白に示している。

毅宗が誡諭文で表現するように、魏忠賢の乱政で塞がった言路は、自身の即位により突然開かれた。じっさい魏忠賢執権の時期に、科道官に政治活動の正常化を期待するのは難しかった。東林派科道官に対する魏党の弾圧で、天啓末年には科道官の数が大幅に減少しており、崇禎帝の即位当初に科官は僅か一〇余名、道官の数も大いに不足する状況にあった[21]。そのため科道官側からの要請によって、同元年に部属の各官から給事中一一員、試御史一四員を選抜し[22]、同年四月には給事中二六員、御史四〇員をそれぞれ候補として考選した[23]。また魏忠賢乱政の時代に紊乱した科道官の年例・陞転も、旧制にもどして需給にアンバランスが生じないように正常化させる一方、閣臣の会推でも公正を期して枚卜の古法にしたがわせ、このため、科道官の発言権が強化されたのは当然のことであった[24]。そのほかに毅宗は文華殿での召対を通して全ての政事を議論したが、このとき翰林官に記注の役をさせ、科道官に糾参させ、彼らに昔の左・右史官の職能を帯びさせており[25]、この措置も言路対策に関心を傾けた努力の一つと見ることができる。

このように毅宗は、一方では魏党のために塞がった言路を解き、他方では自身の即位当初から東林派と非東林派の言官の間に現れていた党派的傾向に刺激されて、言官に対する弾圧策を講究したのである。勿論これ以前にも、言官に対する弾圧措置は、時として朝廷や政府で講究されていた。章奏や弾劾の内容が彼らの気に障ったときに、随時、廷杖や出外辺戍または削籍の処分が下されたのだが、嘉靖朝の科道官の相互糾劾や万暦朝の考成法、百官出位越職の禁等もそれで、そのたびに科道官側から強烈な反発を招いた。今回の誡諭文に明示された、言官に対する崇禎帝の直接的「監察」や、根拠のない言官の言論は「反坐の条」に該当させる等の科道官に対する弾劾措置も、すぐさま反発を呼び起こした。最初の反駁は、楊漣の魏忠賢糾弾のときに同一歩調を取って出外となり、再び兵科に復帰した許誉卿から出された。彼は、太祖が科道官設置の目的を広く世論を採取するところに置いたので、建言が風聞によるものであろうと根拠あるものであろうと関係ないとし、誡諭文に対する反駁を次のように行った。

わが皇上は事ごとに太祖を法としており、今回もこうした戒諭があった。臣が気掛かりなのは、これが海内に伝わって史冊に記録され、妄りに皇上が言官を圧迫したと謂われることであり、臣が深く惜しむところである。また皇上は、大臣がその位に不安を感じると謂うが、近日、一、二の言官がたとい指弾することがあっても、南科臣が既に厳旨を奉じ、家臣もまた温旨を奉じており、恐らくその位は安泰である。万一ひとりの言で言官全体を責めると、家臣がかえって不安になる。……言官が己れを持するのを怠り、官常を紊乱させ、本当に腐敗してしまっていれば、法で以て処断してよい。人を論ずるのが不当であるとして反坐律に該当させるというが、臣が知るところでは［御心は］人について人を論じ、事実に基づいて言えということであって、決して批判を退けるという意味ではない。……切に心配するのは、皇上は元来厚い思し召しをお持ちだが、臣下をして、或は口を箝せ舌を結ばせる恐れがないかであり、死を顧みず、敢えて申し上げるところである。(26)

この許誉卿の反駁は、一、二の言官が言を誤ったとして言官全体を弾圧しようというのは不当で、また言官の態度が誤っていたり、糾弾が風聞によるものだとしても、これに反坐律を適用するのは、けっきょく言官の「口を箝ぎ舌を結」ぶ弾圧策となる。今回の誡諭は当然撤回されるべきだ、というのであった。こうした反駁は、つづいて山東道御史鄧啓隆により同様の論調で展開されたが、(27)ともあれ科道官側の反発で、朝廷による言官弾圧の画策はひとまず撤回せざるを得なかった。(28)科道官は、上では主徳の闕失を、下では臣僚の邪正を、自由に論難し得る言責の官として、あくまでも外部の干渉から抜け出そうとする属性を備えていたのに反して、朝廷としては科道官の無責任な言説を坐視し得なかったのである。毅宗は科道官に対する弾圧の意思を一旦は撤回したが、そうした後退は一時的、表面的なものに過ぎず、その裏面では彼らに自由な政治批判よりも現体制に協力する行政官僚的性格を要求していた。歴代の前帝による科道官弾圧の画策や張居正の考成法は、崇禎初にも構想されたが、(29)思い通り実行に移すことができず、従って言官に対する不信感は相対的に増加していった。

第三節　毅宗の科道官対策と「姜・熊の獄」

1　弾劾権の宦官・武挙人への拡大

毅宗は即位直後、魏忠賢の乱政に鑑み、宦官の政治関与を厳禁して言路を開放し、大臣の会推を枚卜法により行って公正を期す一方、文華殿での召対を通して国事を論議する等、公議による大道政治を標榜した。しかし、現実の政治はそのようには行い得なかった。魏忠賢とその一党の処理をめぐって見え始めた党派的兆候、特に科道官の紛紛とした論議は東林党争を再現をさせるかもしれないという憂慮が、若い毅宗の危機意識を一層深刻にさせた。言官弾圧の構想は科道官の反発にあい、一旦撤回したが、彼らに対する不信感はますます助長され、会推と召対を通じた公開行政の構想も修正せざるを得なかった[30]。そして、崇禎四年を境にして、官僚による正常な行政ではなく、宦官や武挙人により通常とは異なる方法が講究されることとなった。

その方法として、まず、宦官の重用を挙げることができる。かつて各地方の鎮守中官を撤収したが、崇禎四年九月には王応朝らを関・寧地方へ派遣して軍馬を監視させ、また王坤を宣府に、劉文忠を大同に、劉允中を山西に各々派遣した。その一方で、張彝憲を所謂戸工総理として尚書の上におき、郎中以下に謁見させ、その権限は外では総督に次ぎ、内では団営提督に比肩されるほどであった[31]。そこで御史李曰輔が上疏して諫め、

> 邇者《ちかごろ》、一日に内臣四人を派遣し、またさらに五人を遣用したが、兵事の機務か、そうでなければ、すべて要地であった。廷臣がまさに交々章した中でも、登島・陝西にまた二宦官を遣わし、専権に仮りて、中外の聴を驚かせ、水火の隙を開き……。陛下は践祚の初めに、内臣を撤収し、中外で聖王と誉め称えられた。そのときはどうして撤収し、今はどうして派遣するのか[32]。

と述べた。このとき四方へ派遣された宦官の中でも、宣府へ使わされた王坤は気性が荒く敢言する者で、巡按御史胡良機を劾奏して免職させ、また、修撰陳于泰が科名を盗窃したとの弾劾の上疏を上せ、このときの首輔周延儒に及ぶなど、言官の役割までも兼ねた。王坤のこうした越権に対して、科道官はもちろん大臣としても坐視し得なかった。『明史』張彝憲伝[33]に、

> 給事中傅朝佑は「坤が妄りに弾劾権までも行使し、かつその文詞が練達で、機鋒が挑激であるので、(その背後には)必ず陰兇で邪険な者がいて、やらせたに相違ない」と言い……、左副都御史王志道は「近者《ちかごろ》、内臣の挙動が皇綱を握っており、輔臣は終に敢えて一言も発することができず、甚だしくは身が弾撃を被っても、むしろ耐えて述べない。[このようであって]どうして明主の知に副応することができるのか」と言って延儒を責め、帝を動かそうとした。しかし、帝は怒って削籍の処分を下した。当時、帝は専ら内臣を起用したため、言者は大部分が罪を受けた。

とあり、宦官王坤の弾劾権行使で、甚だしい場合、首輔でさえ糾弾を被ると一言も発することができず、言事者が彼らにより罪を得た場合は一度や二度ではない、という。御史が宦官の弾劾を受けて免職され、これに抗議した給事中が流罪に処せられたの[34]は宦官に対する毅宗の親信のせいだが、その親信というのは実は苦肉の策に過ぎなかった。彼は軍国の機勢に関して宦官の諮問を受け、廷臣に「諸臣がもし実心で事に当たれば、朕もどうしてこれらの輩たちを近づけようか」[35]と苦衷を述べているのである。宮崎市定氏は明代監察機構の特色を論じた箇所で、「明代の特色は官僚をして官僚を監察させることは既に限界に達したものとして見切りをつけ、官僚機構の外に別種の監察機関を設けたことであり、それは宦官の利用である」[36]と説明を加えているが、ここで強いてこれを敷衍するまでもなく、また本書第一篇で繰り返し論じたところでもある。ともあれ、崇禎朝に於いて宦官に監察権を持たせ弾劾権を行使させたことは、科道官にとってはその固有の権限の部分的放棄を意味し、彼らの敏感な抵抗を呼び起こしたのは当然の結果と

いえる。

毅宗は、宦官の弾劾権行使を容認するとともに、もう一つ破格の言路対策として、武挙人を給事中に任命した。崇禎九年、山陽の武挙人陳啓新は、科目・資格及び行取考選の人事上の弊害を改革すべきだと建議して、帝の関心を引いたが、その内容はと言えば、

天下には三大病がある。士子が文を作るのに孝悌や仁義を高談するが、官となると奸慝を恣にする。これは科目の病である。国初に典史は都御史となり、秀才は尚書となった。嘉靖の時には、むしろ三途が並用された。今はただ一途のみで、進士となっただけで横行、放誕する。これは資格の病である。旧制では、給事・御史は教官から任命したが、今に至っては、ただ進士のみから選び、知県・監司・郡守は上に諂るのに余念がない。これは行取考選の病である。請うらくは、科目を停止し、行取考選を廃止して、横行の陋習をなくし、……(37)

というものであった。科挙制の虚構性［すぐれた文章と孝悌仁義との乖離］を論じて、用人と取人の理想的な方法は科挙以前の時代に求められ、［また］少なくとも国初ないし嘉靖以前までは選抜方法にそれなりに融通性があった［三途並用であった］が、明末に至ると進士のみを重んずる弊害が多様なかたちで現れるようになり、当然その改善策が講究されるべきだという。陳啓新が指摘した三大病の中でも、特に三番目の行取考選についての指摘は科道官の人事に関わるもので、我々の興味を引く。すなわち考選とは、内外の科目出身の官員より、考満後に治績が優秀な者を給事中・御史に任用する制度である。考選に参与できる範囲は、明代後期には両京の官員と地方の推官・知県に限られていたが(38)、この制度こそ、すべての科道官の持つ権限が、中央と地方とを問わず大きく強化された趨勢を示すものである。明末、諸般の対内外的状況が次第に悪化するなかで科道官の活躍がいっそう活発化したが、同時にその否定的な側面をも露呈した。嘉靖以降、党派の兆候が起こり始めたときから彼らによる壅蔽もまた見えはじめたが、そうした政治的側面のみでなく、地方行政に於いても同様に見られたのである。陳啓新が指摘したように、彼らは受任の時に、

まず給事中・御史に身を置くが、「[知県]・監司・郡守は上に諂するのに余念がなく」、下を剥して民を虐げ、その所為は放恣だと言われ、彼ら自身とともにその醜態を嘆いていた。例えば、戸科給事中韓一良が「臣は県令で起家し、今は言路に居る。官に関して言えば、県官は行賄の首であり、給事は納賄の魁である」[39]と述べているところからも、そうした事情を知ることができる。

万暦・天啓朝の乱政を経験した毅宗としては、正直な監察と言論を通じてこそ、官紀を正し国運を挽回することができると信じ、それだけに科道官の人事に対して格別な関心を持たざるを得なかった。そして陳啓新が武挙人であるにも拘らず、吏科給事中に抜擢し、しばらくのち兵科左給事中に重用するという破格の人事を断行し、一般の非難を買うようになった。劉宗周・詹爾選らが前後してその不可を論じ、歙人楊光先が賤役の出身であること及び私情に拘われ収賄したことを挙げて論難し、また後には御史王聚奎がその溺職［職務沈滞］を論じて帝の怒りを買い、流罪に処されることまで起こった[40]。

非常の時局に当たり、このように宦官に弾劾権の行使を許す一方、武挙人を給事中に抜擢するという異例の人事を実施したのは、新たな要素を導入して政局の与件を一新させようという、毅宗の言官対策の一環であったが、その意図に添うのを［彼らに］期待するのは難しかった。彼らが、温体仁専政内閣の下で内閣の側になり、善類を背にして権力と財富を追求し、遂には政局に有害な存在へと変身した[41]のは、むしろ当然の帰結である。

2　明の滅亡と「姜・熊の獄」

崇禎末、言事で政局をふたたび騒々しくしたのは、給事中姜埰と行人司副熊開元の獄、すなわち「姜・熊の獄」で、この獄事が明朝滅亡の一、二年前に発生したという点で、事件の重大性やその影響度は以前のどれよりも大きなものであった。また、初期の四、五年を除く崇禎朝十余年間の政治は、みな非東林派内閣の主導により行われていたが、唯一東林と復社の後援で成立した周延儒の二度目の執政期に、この事件が発生した点も、事態の微妙さを示すものである。まず、当時の内閣に関連した政局の推移を一瞥しておく必要があろう。

かつて周延儒・温体仁の合作内閣の成立により東林派勢力に大打撃が加えられたが、以後温体仁内閣（崇禎六～十年）や薛国観内閣（同十～十三年）の時期でも、鄭三俊・劉宗周・黄道周といった東林派の大物が離職すると、内閣にはこれといった人物が入ることができなかった。そうこうするうちに、崇禎十四年、薛国観の退陣に決定的役割を果たした呉昌時と復社の指導者張溥らの後援により、周延儒内閣の成立を見ると、周は言事で左遷されたり流刑に処せられたりした人士の復官を奏請して、鄭三俊を吏部尚書に、劉宗周を左都御史に、范景文を工部に、倪元璐を兵部にそれぞれ就かせた。そのほかにも李邦華・張国維・徐石麒・張瑋・金光辰ら東林派人士を大挙起用し、文震孟・姚希孟らに官職を追贈する等、温・薛内閣で行われた悪政を改革し、政局に刷新的気風を振作した[42]。しかし、末期的現象は各方面で露呈しており、辺境が清兵により侵犯され、内地が李自成・張献忠により蹂躙され、危機が時々刻々と迫っていた。こうした状況で、周もまたこれといった方策を打出すことができなかったのみならず、東林派人士の起用を不満に感じた反対派が所謂二十四気説を捏造して、臣僚に対する帝の疑惑を刺激し、諸般の政治問題を惹起させたのだが、その中の一つが「姜・熊の獄」であった[43]。

姜埰は崇禎四年の進士で、密雲・儀真知県を経て礼部主事、同十五年に礼科給事中へ補任された、所謂新進の言官であった。当時、対内外的に切迫した状況に置かれており、毅宗は詔書を下し、自身の罪を是認して直言を求めたが、他方では百官への誡諭の中で、特に言路に対して厳しく叱責した。ゆえに姜は、帝が二十四気説に眩惑されて、耳目が曇るようになったと判断し、次のような抗議の疏を上せた。

陛下は言官を重視し、そのために叱責も厳しくした。聖諭に「人に代わって規卸《じたい》し、人の為に缺《ポスト》を出だす」とあるというが、臣は敢えてそうした事実は存在しないと思う。であるならば、陛下は何を見てそう言うのか。恐らく二十四気という蜚語には、必ず大奸・巨憝がおり、言者が自己に不利ではないかと恐れて、それ［二十四気］に中《あ》てんと考え、至尊の怒りを触発し、言官の口を箝いでしまおうとしたのである。人々がみな沈黙してしまうと、誰が陛下とともに天下の事を述べるのか(44)。

姜埰が抗議した聖諭の「人の為に缺を出だす」とは、実は当時の一般の廷臣の積習を訓戒したもので、特定の事を指したものではない。しかし、言官として身分不相応な問題を惹起したのみならず、二十四気説のような流言蜚語を問題にして、そうでなくても乱れている政局に波紋を起こしたとして激怒した毅宗は、直ちに彼を詔獄に処した。国家危急の時を迎え、精確な情報によって有益な建言をすべきにも拘らず、言路の責を受け持つ科道官が虚無孟浪な弁舌で「詔旨を詰問する」など、「埰の罪情は特に重い」というのであった(45)。

姜埰の獄とほぼ同じ時期に、熊開元の獄が発生した。熊は天啓五年、科挙に合格、崇禎四年に吏科給事中となったが、考選でつまずき、長く下僚にとどまっていた。同十三年、たまたま光禄寺丞に欠員が生ずると、首輔周延儒に請託して［就任が］約束された。しかし、結局その約束が無視されたまま出外となり、ゆえに復讐を誓った。そうしたところに、清兵の侵入が畿内［直隷］にまで及び、戒厳状態に置かれた朝廷では直言を求めた。このように切迫した状況での求言は、官民を問わず建言する者がいると、即日、召対する形式で行われた。そこで、好機とばかりに熊は、周を論難するつもりであった。しかし輔臣が帝の左右を離れず、軍事問題、あるいは輔臣の賢否と督撫の適材に関する漠然とした議論のみ繰り返し、そのために召対を請うた理由が何なのかさえも納得を得られず、帝の疑惑を招いた。そこで彼は、不十分な部分を奏牘で申し上げることにして退いた。しかし奏牘で周の罪状を暴露しようとした計画も、周囲の慰留で放棄したまま虚辞のみ並びたて、また大きく帝の怒りを買ったのである(46)。

毅宗は熊開元を逮治させたが、それは熊が姜埰と共謀したのではないかと疑ったためで、植党、乱政した張本人として獄中に斃すよう、錦衣衛戍駱養性に命じた。ところが、駱養性は熊開元と同郷であるばかりか、彼もまた周延儒に対して悪感情を抱いていた。のみならず、天啓時代に手続きを踏まずに諫臣を詔獄で殺害した田爾耕・許顕純の悪名がいまだ生々しく残っていたので、駱は敢えて命を奉じなかった。さいわい姜埰を審問した鎮撫の再訊でも、供述に格別な疑心はないと報告してきたので、帝としてもそれ以上は追及せず、二人を刑部へ移管して罪を定めさせた(47)。こうして事態はいったん好転するかに思われた。

ところが彼らに対する廷臣の擁護が、かえって帝の猜疑心を刺激し、事態を悪化させた。左都御史劉宗周（一五七八～一六四五）は平素言路の開放を強調してきた東林派の人物で、姜と熊が獄に下されると、九卿と一緒に擁護を計画したが、彼らが死罪に処されるという報せに、強力に抗議した。『明史』では、劉が敢言で直面した光景を描写して、

よって宗周が上奏し、「陛下はまさに詔書で賢人を求めながら、姜埰・熊開元の二人が言で罪を得た。国朝に言官を詔獄に処した例はなく、あるとすれば、この二臣から始まるのである。……朝廷で言官を待遇するには法度があり、言は十分用いるに値すれば用い、不可なれば捨てる。また罪すべきことがあると、当然法司に回す。急に詔獄に下すと、国体に損傷を与える」と述べると、帝は大いに怒り、「法司と錦衣衛はともに刑官である。どちらが公で、どちらが私というのか。また、一、二の言官を罪して国体に損傷があるとは、どういうことなのか……」、……しばらく後、「開元の今回の疏には、間違いなく主使する者がいる。宗周が疑わしい」と述べた(48)。

と記す。劉宗周は姜・熊二言官(49)の場合を取り挙げ、朝廷で言官の言論が問題だとして処分したのは不当だと抗弁したのに対し、毅宗は一、二の言官の処分がなぜ国体を損傷することになるのかと応じ、あたかも崇禎初年に言路対策をめぐって繰り広げられた帝と廷臣の間の論難が、再現された感じを受ける。かりに言官に罪すべきことがあれば、法司に回付して正常な手続きにより罪が論ぜられるべきであるのに、詔獄に下し、国体に損傷を及ぼした、という劉宗周の主張に対し、刑部や錦衣衛は同じ刑官だが、片方が公でもう片方が私ということはない、という毅宗の反論は、

基本的に君主権行使における公・私の限界に合意点がなく、感情的な対立であることが分かる。錦衣衛は特務機関で、がんらい帝権を維持する私的性質を帯びたものであるが、また国家の公的機関であることも間違いない。ところが、これを帝の私的機関でないとすれば公的機関と見るのかという点が、今更のように論議されたところに、また問題がある。そうした論議は、基本的には天下を皇帝の私家と見ようという見解[50]に対する批判的態度から惹起されるものである。これについては、例えば一六四四年、李自成の乱で北京城が陥落したとき、毅宗が長平公主を斬り、「お前はどうして我家に生まれたのだ」[51]といった一言をめぐり、黄宗羲が「痛ましいではないか、この言葉」と、帝室の私的観念を痛嘆したことがあげられる。[52]これはまた、成化朝の皇荘田設置に対して「民と利を争うもの」だと科道官から攻撃されたことと、軌を同じくするものである。劉宗周が言官に対する帝の「私刑（詔獄）」を抗議したのに対し、彼ら言官の背後で劉が主使しているのではないかと毅宗が疑ったのも、両者の間にあった埋めることができない公・私に対する認識の違いのためであった。

ともあれ、左都御史劉宗周はこのことで免職され、彼ら言官に軽罰を下した刑部尚書徐石麒に対しても「情に絆されて法を曲げた」罪で罷免措置が取られ、また姜埰・熊開元にも廷杖一〇〇ののち刑部の獄に繋ぐという酷刑が加えられ、[53]科道官に対する毅宗の猜疑心がどれ程深かったのかを推測させる。帝の左右で姜・熊に対する断固たる処分を主張した首輔周延儒が失脚した後も、引き続き繫獄された彼ら二言官は、崇禎十七年二月、廷臣の懇請により、ようやく戍所〔謫戍される場所〕へ去った。[54]京師が流賊によって陥落し、帝が煤山に自縊する十五日前のことであるから、毅宗は国が滅びる直前まで言官との対決を続けた訳である。

註

（1）崇禎朝に入り党争が激化してからは、前職の科道官の政治活動が現職による活動の延長線上で強化された事実を看取することができる。楊漣・左光斗の場合がそうであり、崔呈秀・王紹徽・霍維華の場合もまたそれにあてはまる。特に崔呈秀は御史で工部侍郎を兼ね、問題を引き起こしてもいた（『明史』崔呈秀伝）が、ともあれ、これとともに、東林派の全盛期に於ける亓詩教のような三党の前科道官に対する報復措置も、崇禎朝の政治が、前職の科道官から現職へ延長された政治活動に左右されるところが大きかったことを示す端的な例である。

（2）『明史』巻三〇五「宦官二」魏忠賢伝。

（3）『明通鑑』巻八一・崇禎元年正月辛巳の条。

（4）『明史』巻二六五・倪元璐伝。

（5）『明通鑑』巻八一・崇禎元年正月の条、

当是時、元凶雖殛、其徒党猶盛、無敢頌言東林者。自元璐疏出、清議漸明、而善類亦稍登進矣。

（6）同右に「清議漸明、而善類亦稍登進矣」とあり、また同巻・同年二月丁巳の条にも「申禁廷臣交結内侍、頒諭諄戒之」とあり、毅宗は即位当初から宦官の政治参預を厳禁している。

（7）『明史』巻二六五・倪元璐、魏忠賢等の伝では、楊維垣らを魏党の遺孽と見做しており、魏党が敗れるのが確実になったので、まず崔呈秀・魏忠賢を攻撃して、帝の意を打診しようとした、と記されている。

（8）同書・巻二六五・倪元璐伝。

（9）同書・巻二八〇・瞿式耜伝、及び『瞿式耜集』（上海古籍出版社、一九八一年刊本）巻一・特表忠清疏。

（10）同書・巻二五一・劉鴻訓伝。

（11）同書・巻二五四・曹于汴伝。

故御史高捷・史𡎺素憸邪、為清議所擯、吏部尚書王永光力薦之。故事、御史起官、必都察院咨取。于汴悪其人、久弗咨。……両人竟以部疏起官、遂日夜謀傾于汴。

（12）同書・巻二五九・袁崇煥伝。

龍錫故主定逆案、魏忠賢遺党王永光・高捷・袁弘勲・史𡎺輩謀興大獄、為逆党報讐、見崇煥下吏、遂以擅主和議・専戮大帥二事為両人罪。捷首疏力攻、𡎺・弘勲継之、必欲并誅龍錫。

（13）同書・巻三〇八「奸臣」温体仁伝。

（14）同前。

（15）謝国楨『明清之際党社運動考』七四頁。

（16）『明史』巻三〇八「奸臣」温体仁伝。

（17）万暦二十二年、孫丕揚が吏部尚書となって実施した考察では、掣籤法という言わば籤引きによる方法で、左右の請託を排除しようとした。孫の時（万暦二十三年）の外計では結局成功しなかった（『明史』巻二二四・孫丕揚伝）が、以後も時おり会推にこの方法が用いられた。崇禎帝の枚卜法も一種の抽選である。

(18)『明史』巻三〇五「閹党」崔呈秀伝。
(19)『崇禎長編』巻三・天啓七年十一月庚寅の条。
(20)同書・巻一三・崇禎元年九月戊辰の条。
(21)同書・巻四・天啓七年十二月甲辰の条。
(22)同書・巻八・崇禎元年四月丙午の条。
(23)崇禎元年、礼科都給事中魏照乗が、「毎年三・八月に科一、道二の陞転がある。魏忠賢が言官を抑圧する方法の一つとして外転の数を倍に増やしたが、旧規に従って正常を回復すべき」と主張し、容れられた。同書・巻五・崇禎元年正月丙戌の条、参照。
(24)同書・巻四・天啓七年十二月甲辰の条。
(25)同書・巻一二・崇禎元年四月甲辰の条。
(26)同書・巻一三・崇禎元年九月乙亥の条。
(27)同書・巻一三・崇禎元年九月丁丑の条。
(28)同書・巻一四・崇禎元年十月戊子朔の条に、

諭吏部・都察院、朕践祚以来、勤思治理。……昨諭科道諸臣、厳加申飭、正為亹裨忠益、初非厭薄讜言。頃天変頻仍、京師地震、宣大之間尤甚、日光雷霧、種種示異、……朕中夜以思深用祗懼。……条奏必中其窾、朕得於省覧、一見了然、黜陟興除、確有的拠、使天下受言之利、而朕亦不病言之煩於以恢弘化理、……

とあり、前日の誡諭をいったん後退させている。

(29)同書・巻六・崇禎元年二月辛丑の条に、

諭部科諸臣曰、……科抄久不到部、或已抄而久不題覆、殊非政体。令自元年二月始、一切発行章奏、倶限十日内題覆、仍各立考成、着実遵行。

とあり、部・科臣に章奏の処理を期限内に済まさせるよう、考成の遵守を念押ししている。

(30)同書・巻三三・崇禎三年四月己卯の条に、

礼科給事中張鏡心上言、……往年、皇上召対之際、科道官得従諸大臣之後、魚貫奏事。邇者、軍機旁午、時事倥偬、皇上之召対、頗覚稀矣。而或採宣、或独召、諸給事御史曽不得望天顔、而自伸耳目之用、得無有偏廃、与往年皇上省覧、章奏批答如流、而近者則漸有留中矣。

と記されているところからも、崇禎三年頃になると召対は採宣や独召にとどまり、章奏は留中とされる例が頻繁になったことがわかる。

(31)『明史』巻三〇五「宦官二」張彝憲伝、『明通鑑』巻八二・崇禎四年十一月癸巳の条。
(32)『明史』巻二五八・李曰輔伝。
(33)同書・巻三〇五「宦官二」張彝憲伝。
(34)同書・巻二五八・魏呈潤伝。
(35)『明通鑑』巻八二・崇禎四年十一月癸巳の条。

(36) 宮崎市定「明代蘇松地方の士大夫と民衆」『史林』三七―三、一九五四（のち『宮崎市定全集』一三、再録、岩波書店、一九九二）。
(37) 『明通鑑』巻八五・崇禎九年二月辛卯の条。
(38) 張治安「明代六科之研究」三、二二頁、参照。
(39) 『崇禎長編』巻一一・崇禎元年七月丁卯の条。科道官が出使する時の、地方官からの重賄に関しては、趙翼『二十二史剳記』巻三五・明代宦官、参照。
(40) 『明史』巻二五八・姜埰伝。
(41) 同書・巻三〇八「奸臣」温体仁伝、及び李清『三垣筆記』（北京、一九八二年再刊本）「筆記上」三一頁、七四頁。
(42) 『明史』巻三〇八「奸臣」周延儒伝。
(43) 福本雅一「熊姜の獄」『明清時代の政治と社会』、一九八三、一三五～一五五頁（のち同『明末清初』再録、同朋舎出版、一九八四、一三七～一六五頁）、参照。
(44) 註（40）参照。
(45) 同前。
(46) 『明史』巻二五八・熊開元伝、及び李清『三垣筆記』「筆記上」五四頁、五五頁。
(47) 註（40）参照。
(48) 『明史』巻二五五・劉宗周伝。
(49) 「姜・熊の獄」は、しばしば言官に対する疑獄事件だと言われる。ところが、熊開元は給事中を務めたことはあるが、この時は行人司副で科道官ではなかった。けれども姜と熊を一緒に言官と見るのは、熊が以前に給事中であったこととともに、言事で罪を得たことに力点が置かれるためである。
(50) 黄仁宇『万暦十五年』一三頁、参照。
(51) 『明史』巻一二一・公主列伝・荘烈帝六女。
(52) 黄宗羲『明夷待訪録』巻二・原君。
(53) 『明史』巻二七五・徐石麒伝、及び巻二五八・姜・熊伝。
(54) 同書・巻二五八・姜・熊伝。

結論　君主独裁体制下に於ける科道官の言官的性格とその限界

Ⅰ

明末の東林派の人士たちは、国家の危機の一因が下情を上達する言論の壅滞にあるとみて、かつて太祖洪武帝が実施した言路開放策を祖法ないし祖制と称賛し、科道官の言論活動を強力に促進した。

しかし、太祖の開放策は、東林派の主張に符合するものではなかった。太祖が構想した天下は、朱子学を政治理念とし、上下の名分秩序が保たれた世界であった。中書省と丞相制を廃止し、さらにはそれらを復活させないために講じた措置や、桀・紂の放伐を正当化して易姓革命説を提唱する孟子を孔子の配享から取り除かせた意図も、すべて君臣上下の名分秩序を政治理念とする太祖の君主権強化策に起因するものであった。すべての言論は、その実現のためにのみ存在理由があり、ここに違背したときは容赦ない処分が下された。制度的には無制限に言論を開放したとしても、実際は抗直の人士に刑罰が伴い、百工技芸にまで言論を開放しても、生員にだけはこれを許さなかった。

科道官の場合も同様である。洪武初の御史と給事中は、元朝の制度を殆どそのまま踏襲したもので、それぞれ監察業務の担当官や起居注のような記録官に過ぎなかった。「胡惟庸の獄」を契機とした丞相制の廃止以後は、君臣間があまりに遠くなり、下情を上達させるために直言と諫諍がいっそう必要となり、これによって、六科給事中と十二道監察御史の言責としての職務が重くなったが、のちに言路として成長するためには、一定の期間を待たねばならなかった。例えば、通政司を設置して六科をここに直属させ、また、諫院が廃止された洪武二十二年以後には、その機能の一部が六科に付け加えられた。都察院も次第に大臣弾劾等の言事を担当するようになり、監察機構も大幅に改編し、察院の監察御史は残したが御史台を廃止し、洪武十五年には都察院を設置して十二道監察御史をここに所属させ、帝の耳目官としての役割を担当させた。しかし、科・道はまだ別々のものとして存在していた。洪武朝に於ける科・道官設置の目的とその運用は、あくまでも君主独裁体制の維持と存続のための一手段に過ぎなかった。したがって、それらは記録官ないし耳目官としての性格を脱け出るものでなく、いわゆる太祖の言路開放策もそれ自体に明らかな限界があり、東林派人士の分権公治論的政治理念から見ると、決して祖法と称賛されるものではなかった。のみならず、丘濬が述べるような、太祖が言責の意を付したかたちの「科道」の概念も、実は少なくとも洪武二十二年以前には存在していなかった。

Ⅱ

科・道官は、設置当時にはもっぱら異なる体系の官職で、その職掌もまた別個のものであったが、次第に同じ言官として科道官体系を整えるようになった。それは、永楽から正統年間にかけての政治的・社会経済的な諸変化に対応したものである。まず、六科がどのような過程を経て中央言官化するようになったのかを考察したが、そのなかで封駁権について検討を加えた。太祖の時には、単に行政上の欺蔽と壅遏を防止するに過ぎなかった。しかし、それが正統朝から、唐代の門下省制下に於ける給事中固有の権限である、帝権に対して牽制的機能を持つ封駁権の性格を帯びるようになったのだが、これは一方で仁・宣以後の内閣票擬制の実施と関係があり、他方では六科の廷議への参与とも関係があった。内閣票擬制の実施により新たな政治権力として登場した内閣大学士と、永楽以後の宦官勢力の台頭という権力構造の変化に対して、その牽制勢力として六科の封駁権が対応するようになったのは、君主独裁体制の下ではむしろ当然のことであった。封駁権とともに廷議への参与も、六科の政治的成長にとって重要な契機を与えてくれた。大臣と同列で朝廷の重事を論議するそれへの参与は、封駁権を持つ六科に中央の言官としての成長をいっそう促進させたのである。

六科がこのように中央言官化していったのに対して、十三道も似通った経緯で言官的職能を付け加えていった。十三道はその名称が示すように、地方的色彩が強い天子の耳目官で、都察院に所属しても都御史の属官ではなかった。彼らは地方巡按の後に復命するときも、都御史を経ずに直接奏達し、また、その公式名称も某道監察御史で、その独立性を示すのみならず、「憲綱」で相互糾劾が勧奨されるほど、監察官としての独立性が強かった。巡按御史の任務は、はじめ罪囚の審録、巻宗の吊刷のように比較的単純なものであったが、永楽以後、次第に軍民間に惹起された詞訟等の複雑な諸問題を処理するようになり、勤務年限も初めは不定期であったのが、宣徳朝に至ると一年間の常駐となり、三司官の地方行政を補完するという点では、「地方官化」せざるを得なかった。しかし、巡按御史のこうした職能も、あくまでも天子の耳目官として、中央と地方の間に於いて上意下達、民情上達という言路的機能を担うことが第一次的なものであった。宣徳・正統年間に地方を根拠として言路的機能を強化していく十三道御史は、他方で中央言官化した六科に接近して科道官体系を形成し、言官的機能はいっそう強化されるようになった。

このように、六科給事中が中央を舞台にして言官化し、十三道監察御史が中央・地方間の疏通のための言路へと成長するようになったのは、遅くとも宣徳から正統にかけてのことであるが、これに先立って、政策的な面からその言官化を促進した人物が成祖永楽帝である。彼は、靖難の変という政治的弱点を弥縫し北京遷都という極めて重要な事業を進めるため、太祖が取った言路の開放策ではなくて、御史と給事中の言官的育成を通して政治的安定を図った。科・道両官に積極的な建言を要求する一方、彼らと州県官との交流を通して民情の把握をより具体的に行おうと試みた。また成祖が、御史と給事中を京郷［中央と地方］の巡視に同行させる一方、官員の非違に対して同時に糾劾させたことで、両官は徐々に接近し始めた。その接近が容易であったのは、彼らがいずれも天子の近侍官であり耳目官であるという親近性のほか、多くの共通性ないし類似性のためであった。すなわち、各科の都給事中は正七品、左・右給事中及び給事中はともに従七品であったが、道監察御史は都給事中と同じく正七品官で、ともに品秩が低い新進であるのみならず、人員が多く、朝廷としても彼らを抜擢して政治的に利用することが容易であった。また、彼ら自身も新鋭として、身家を顧みず直言する気象を備えていた。そして、成祖による言路奨励策の時代を経て幼冲の英宗が即位すると、彼ら科・道の発言権は大きく伸張するようになった。政治的には帝権が微弱な状態で、大学士の三楊が天下の章奏を担当して票擬権を行使することで、内閣の勢力が強まったが、それに続いて宦官王振が権勢を専らにして政治紀綱が紊乱すると、とうぜん言官の発言権が相対的に伸張した。社会経済的にも里甲制が解体されて銀経済が徐々に浸透していく中で、階層の分化が起こり、流民の発生により社会的不安が助長されたが、そうした状況で、科・道官に言路としての役割がなおいっそう要請された。こうして科・道による聯疏ないし交章劾奏等、共同の言論活動がいっそう活発になったのである。

六科と十三道はそれぞれ中央と地方を根拠とし、言責の官としての機能を分担することにより、その役割が強化されたが、これによって両官に序列上の変動があった。宣徳年間には、両官が同席する場合、品秩に従って道官が科官よりも上位だったが、景泰三年になると、科官を道官よりも上位につかせる令が下った。このような序列上の転換が起ったのは、内閣票擬制の成立にともない、六科が封駁権を具体的に行使し得る根拠を有し、また廷議にも参与することで、中央言官としての発言権を強化していったためである。六科は宣徳朝から、六部の尚書と都察院の左都御史で構成される七卿会議に参与し、正統十年には、そのほかに通政使と大理寺卿を含む九卿会議にも参与したが、いまだ道官は参与していなかった。六科の言官的成長は、このように制度的裏付けに負うところが大きいが、明代も前期を過ぎると、政治的・社会経済的な諸変化が言官の発言をさらに必要とした。例えば仁・宣一〇年間に上せられた弾劾の疏は合わせて二四七件で、この中の一八八件が御史、一一件が給事中で、残りの一一件は両官の聯疏、三七件は他の官僚によるものであったのに対し、正統初から一〇年間の弾劾の疏は両官の合疏が二四件だが、聯書で交々章したり或は連章で劾奏した場合を加えると三六件に上っており、都合六〇件になり、また科官単独の疏も数えきれないほど増加していた。それだけ六科の言論活動が活発化し、正統年間になると十三道と殆ど同じ水準に達したのである。このように六科は、言論活動では十三道と同列に立ち、他方で十三道が参与できない廷議に参与することで、以前の道官優位の序列に変化が生じた。言わば、科道官体系の形成をもたらしたのである。

言官としての科道官体系の形成は、「土木の変」がもたらした政治的危機に際して、初めて現実化することになり、景泰三年の令がそれであった。ところが、景泰三年の令が科官優位の序列を確定したのは事実だが、恐らく道官は科官と一緒に廷議に参与し得なかった。したがって、科道官体系の確立は、科・道官が並んで廷議に参与するようになった景泰六年に至り、初めて可能になったと見るべきである。このように科・道両官が言官としての体系を形成、確立していく過程は、「土木の変」により生じた郕王の監国と即位、易儲と復儲に関する論難、英宗の帰還とその待遇問題、そしてエセン対策と辺備の問題等、多事多難な国家的政治状況の中で、言路がそれだけ必要とされていたという事実に沿うものである。当時、給事中林聡と葉盛は大臣と同列で朝廷の重事を論じ、御史左鼎と練綱は敢言で名を揚げたが、以前には見られなかったそのような政治的成長もまた、科道官体系の確立期前後の景泰・天順年間に可能となったのである。科道という用語がこの頃から用いられた事実も、そうした事情を推測させる。

景泰六年、九卿会議に科道官が初めて参与することで九卿科道官会議が成立し、以後、国家の重大事がすべてここで論議されるようになった。ところで、この九卿科道官会議で廷推を扱うようになったのは、成化朝からのことである。廷推とは、大臣が欠員となった時に吏部が主務を担当し、九卿科道官会議で資格を有する者を複数或は三倍数推薦し、［その中から］天子が選定するもので、これを会推とも称した。この制度の成立で、科道官は大臣の人事にも影響力を行使し得るようになった。以後、会推を経ずに中旨で特別に抜擢される場合があると、科道官は公論を無視した措置だと抗議し、そこで中旨により抜擢される者は自らこれを甘んじて認めなくなったという。このほか科道官が官界に影響力を及ぼした要因に、拾遺権の行使を挙げることができる。明代の百官考課法は、弘治以後には吏部が都察院の助力を得て、三年ごとに外計、六年ごとに京察を実施したが、かりに考察後に漏落や誤謬が発見されると、科道官がこれを糾挙した。科道官の考察拾遺権は、会推とともに、大小官員に対する人事上の影響力を増大させたのであり、「言路がひとたび攻撃すると、その人が自ら去る」という表現が、そのような事情を雄弁に物語っている。趙翼は明代の言路の気風を述べて、明初から成化・弘治までを一つの時期に区分したが、その訳も、科道官体系が正統までの形成期を経て、景泰・天順年間にその確立を見、さらに成化・弘治期までの発展期へとつながる全過程を、連続したものと把握したために相違ない。

こうして科道官の発言権がいっそう強化された成化・弘治年間に至ると、考選でも科官が道官よりも優先された。すなわち他官から科道官へ考選される場合、最も優秀な者は給事中へ、その次を御史、またその次を部曹へ任用するようになったのである。こうした任用上に於ける科官優位の原則は、正統以降の科道官体系の形成の帰結というべきもので、これは清朝の雍正期に都察院の官職体系に編入されるとき、給事中が正五品官で、中央の六部百司官に対する糾察を担当し、従五品官で方面官に対する糾察の任を持つ御史よりも上位に就く端緒となったのである。

科道官の初任と陞遷も一般の選官の場合と同じで、明初にはいまだ科挙制度が正常に実施されておらず、進士・挙貢・監生で初任されるか或は推官・知県・学官等から陞遷され、その数は半々となっていた。しかし、永楽・宣徳以後は初任者が次第に減り、正統朝を経て成化以後には全くいなくなった。このように初任者が減少し、代わりに他職からの陞遷・填補が次第に多くなったのは、科道官の言官的任務が徐々に重くなるに従って、経験を有し政治の大体を知る人材を選びとらなくてはならないという現実的要請に沿ったためである。これとともに、考満で成績優秀な科道官や名望ある科道官が五品以上へ遷擢される場合が多くなったのも、明代中期に於ける彼らの政治的地位の向上を示す好例というべきである。この頃になると、六部の主事（正六品）や郎中（正五品）も科道官の後列に立つようになり、科道官は、その政治的機能の拡大により「秩は低いが権が重い」清要の職として確固たる位置を占めるようになったのである。

成化・弘治年間に至ると、廷議への参与や考察拾遺のような制度的要請による発言権の強化とは別に、帝室の私利追求及びその寄生的存在である外戚や宦官の横暴が増えるにつれて、科道官の政治批判は新たな視角を持つようになった。成化初、没収された宦官曹吉祥の土地を皇荘田とすると、君主が「民と利を争うもの」だと批判したのを始めとして、当時の公主や王府に対する過多な荘田の賜与と宗禄の増加が次第に国家経済を脅かすと、彼らは公論の代弁者たることを自任して、君主権の私的側面に対する批判の視角を新たに持つようになったのである。当時、大臣論と宦官批判が活発に展開された訳も、そこにある。永楽以後の内閣と宦官の政治参与は、正統朝になると三楊と王振の台頭を見たが、「土木の変」以後、廷臣たちは政治的不安をすべて王振の腐敗に帰した。そうした雰囲気から、景泰年間には宦官による弊害がなくならず、英宗の復辟後も曹吉祥・牛玉らの専横があり、成化朝には西廠を掌握して権勢をふるった汪直、そして正徳朝の劉瑾と間断なく現れ、特務政治を強化していった。しかし、こうした宦官の奸計は帝権が絶対化した政治体制の下では、むしろ発生し易い現象であった。これは内閣の存在とも密接な関係がある。内閣が票擬権を持って事実上丞相権を行使したのは事実だが、もともとの性格は、黄宗羲が指摘するように、天子の批答を書く開府の書記のような私的職能を帯びたものであった(1)。前述したように、内閣が成化初に廷議への参与を中止したのも、その頃から顕著になった皇荘田の出現など君主側の私利追求に対し、輔臣としての職能を持つがゆえに、擁護が不可能だったためであり、科道官はもちろん当務部署たる六部とも衝突を避けようとする苦肉の策に過ぎなかった。ともあれ、内閣と司礼監は正統以後、帝権を維持する双輪的機能を遂行し、そうしたところに科道官の側から、君主の公的性質の回復とともに、閹臣として宦官との不公正な関係を清算して、股肱大臣としての正道をさがし求めるべきだ、という批判や忠告が重なった。これが彼らの大臣論であった。

Ⅲ

明代中期までの言官的体系の確立により科道官の発言権が強化されると、帝室の「民と利を争う」利益追求など君主権の不当な行為に、抗直で「犯顔」することが、当たり前のように行われた。給事中毛弘が成化帝の施政をことごとく問題として取り上げ、帝の怒りに触れたことは、前王朝に諫官が帝の私的挙動を問題にしたに過ぎなかった「諫」を脱け出るもので、当時の彼らの公私観にもとづいて皇帝から私的性質を排除し、ただ公人としてのみ位置付けようという士の意識に立脚したものであった。それは宋代以降綿々と継承されてきた意識で、モンゴルの支配と明太祖の創業期には顧みられないことがあったが、他方で洪武帝の程朱学的な名分主義の理念に立脚した科挙及び学校教育の復興政策に負い、中期以後に見られた紳士層の顕著な台頭とも密接な関係があった。里甲制秩序の解体期を迎えて、彼らは郷村社会に於いて、郷村の公益のために指導者としての高い参与意識を見せ[2]、その一方で中央政界へも進出して、前代に比べ高揚した統治者としての参与意識を見せたのだが、科道官の政治活動がこのことを代弁してくれる。一七〇人内外の、言わば制度的に保障された政治集団としての六科・十三道は、地方と中央の全官僚はもちろん紳士層全般をも「代弁する機構」として、その「秩は卑いが権は重い」という政治的成長をしたものであり、したがって科道官は自ら誇りを持つとともに責任を痛感せざるを得なかった。

そして彼らは、君主側から要求される制度上の言論にとどまらず、君主権の不当な行使にも実力で対抗する場合が頻繁になった。成化四年に慈懿銭太后が亡くなると、英宗陵への祔葬［合葬］問題で憲宗と廷臣の間に意見の対立が生じたが、このとき科道官は連名上疏し、容れられないとなると、伏闕哭争という集団行動で抗議した。また嘉靖初に「大礼の議」により引き起こされた伏闕哭争は、成化朝のそれとは異なり、科道官のみにとどまらず、楊廷和内閣を始めとする朝野を挙げての抗議であったが、その行動隊列では新鋭の科道官が中心となった。そのほか正徳朝には、議礼問題ではないが、武宗の無軌道な政治に対しても科道官の抗争が繰り広げられた。その中で、特に南方巡幸に抗議する彼らの伏闕上疏が朝野を挙げての争いを誘発したことは、注目に値する。

成化・嘉靖の二度にわたり、議礼をめぐる問題によって集団的抵抗運動が発生したが、そこに見られた礼官や科道官等の抗疏の内容は、まさに彼らの政治理論であった。成化朝の争礼で礼部尚書姚夔が「天下は祖宗の天下であり、陛下は祖宗の成法を守るべきだ」と主張すると、科道官はこれを擁護して「公議公論を果敢に政治に反映すべきであり、私恩で綱常を壊してはならない」と述べ、君主権の恣意性は放置し得ないという考えを明白に示した。このような理論は、正徳初の乱政を経て嘉靖初の「大礼の議」で、はるかに整理された政治理論として展開された。「大礼の議」では、世宗の立場に反対する楊内閣派及びその支持勢力としての科道官側と、世宗を庇護する大礼派及びそれを支持する少数の科道官との間に、政治理論の対立というかたちで現れた。楊廷和による最初の議礼上疏で述べられた「天下万世の公議は一人（帝）の私情で廃し得ない」という主張は、君主を公人としてのみ容認し、その私的性質を否定しようとしたものであるのに対し、張璁を先鋒とする大礼派は「私情の自然的発現がすなわち礼であり、公になる」とし、現存の君主を基準とする君主独断的政治体制を強調した。また、楊廷和を中心とする反大礼派は、内閣権を強化して言路を開放することで公論により帝権を牽制しようという意図から、分権公治を主張し、これに対して大礼派では、内閣権が強まれば私（党）が生じて公（帝）権が弱まると主張し、君主一元的専権論を述べた。

君主一元的専権論に加担した科道官は二、三人に過ぎず、大部分の科道官は反大礼派に加担して分権公治を主張した。君主の独断に反対する分権公治論は、明代中期以後の対内外的な諸変化、特に武宗の乱政後に深まっていった士大夫一斑の危機意識の所産であった。ところで、結局大礼派が勝利したのは、現実に君主一元的専制支配体制が制度的に保証されていたためだが、さりとて言路開放と分権公治論の主張がそれ以後に止んでしまった訳ではない。「大礼の議」以降、嘉靖・隆慶朝から万暦にかけて内閣の首輔権が強化されていく過程で、「分権」「専権」両論が交差し、特に万暦以後には、東林派と同派科道官による言路開放と分権公治の主張が活発であった。(3) これに反して万暦初期の首輔張居正の専権体制下では、嘉靖以降強化された内閣首輔権の集大成としての考成法の実施により、科道官を掌握し得るようになったのみならず、彼らの分権公治論を強力に規制した。しかし張内閣が倒れると、内閣派と反内閣派の対立として現れ、「大礼の議」当時の理論対立の拡大再現を演出することになった。ただ「大礼の議」のときには、少数の科道官が大礼派と政治理論は同じでも政治的運命までともにすることはなかったが、東林党議の場合には、そうではない。初めは少数の科道官が内閣の私人として政治活動を展開したが、次第にその数が増加していったのである。こうした一部科道官の内閣の私人化は、嘉靖以降の首輔権強化と傾向を同じくするもので、こうした傾向は万暦末、方従哲の執政を中心とする時期に於いて、科道官の極端な員缺状態のために、政局を反東林派科道官の独り舞台へと変えてしまった。

ともあれ、科道官の政治批判は時として君主を対象にし、あるいは直接の批判でなくても、例えば大学士や宦官に対する批判が、間接的に君主批判につながる場合が多かった。そのため朝廷から様々な弾圧が加えられた。弾圧は主に政治批判が本格化した明代中期以後に見られ、その方法は主に人事権を利用する場合が多かった。例えば宦官劉瑾の専横期には、彼の私人の吏部尚書焦芳に文淵閣大学士を兼ねさせ、都御史劉宇を自派へ引き込み、科道官の箝制に効果を上げたが、甚だしくは特務機関を動員して圧迫し、許天錫を始めとする言官たちを自尽にまでおいやった。嘉靖「大礼の議」で大礼派が勝利を収めると、李福達の獄を利用して桂萼・張璁・方献夫らが、吏部はもちろん三法司をも掌握し、関わった科道官に対し苛酷な弾圧を加え、その一方で、言官の相互糾劾を強制して憲綱を強化した。首輔として悪名高い厳嵩の執政期には自派の大学士李本に吏部の職を兼ねさせ、またすべての章疏の窓口となる通政司官に自派の人物を補任することで、問題となる疏の内容を事前に把握して言官弾圧を強化する等、様々な方法が駆使された。しかし朝廷の科道官対策には、必ずしもこうした強硬策のみが取られた訳でなく、君主或は執政の施政方針に従って、穏健策ないし言官優遇策も実施された。嘉靖初から万暦初に至る首輔権強化の時期に在職した首輔のみを挙げても、楊廷和・夏言・徐階は穏健策を、張璁・厳嵩・高拱・張居正は強硬策を用いたが、これはそれぞれ分権・専権の主張と軌を一にするものであった。楊・夏・徐が穏健路線を取る場合、おおむね公論の尊重を政策の基礎に置いていたため、科道官の支持を受けることができたが、張・厳・高・張は常に言路と対立関係に立たざるを得なかった。この中の徐階の場合、彼は大土地所有者で郷里では「悪徳」地主として評判を落としていたが、中央では言官の支持を受けたのみならず、士大夫の社会でもまた評判を博したが、その理由も、言路の支持を受けていたからに相違ない[4]。一般に内閣首輔の言路対策が強硬か穏健かによって、科道官の批判もしくは支持を誘発したが、ただ首輔の交替期に当たっては、必ず次期の首輔のために現首輔の弱点を暴露する少数の科道官がいるもので、万暦の党争期には所謂内閣の私人の科道官が公然と活動した。

朝廷では科道官の政治批判に対し、一貫して弾圧で臨んだが、もちろん皇帝や内閣首輔の個人的性向によってその程度を異にし、これに対応する科道官の態度も様々であった。前述したように、科道官は明代中期以後、政治的・社会経済的変化によって発生した多くの問題に対し、言路として、言い換えると、澎湃した士大夫意識の一種の噴出口としての自覚が、「言を発すれば禍が伴い、言を発しなければ職分を廃するようになる」という言官の悲劇的な職務を無視できないまま、「禍に当たって死んでも、名を後世にとどろかせ、幸いに死ななければ君子として堂々とした役割［を果たせる］」と自らを慰め、敢言の士としての矜持と自負心を持って行動させた。そうした彼らの職分意識は士大夫としての功名心に基づいていたが、と同時に、人数が多くて品秩が低い官僚であったため、相互間の競争心と昇進に対する関心も甚だしくならざるを得なかった。昇進に対する関心は、宦官による特務政治が強化された時期あるいは首輔権が大きく強化された時期、また党派争いが激烈な時には、彼らに士大夫としての功名心を容易に忘れさせ、「権門の鷹犬」に豹変させた。科道官のこうした両面性は、明末の党争の渦中で、時には東林派の先鋒として、時には斉・楚・浙党や魏忠賢党の先導者として、政局を主導する勢力に登場するようになった要因でもある。

しかし、科道官の言職としての本領は政治批判にあり、朝廷による弾圧にも拘らず、批判的態度は全般的に相変わらず途切れることなく続けられた。張居正が張璁の政治路線をほめたたえ、その系統の専権論的な言路弾圧策を考成法として集大成し、専権体制を構築したが、一部科道官の批判は最後まで止まなかった。張居正が幼冲の神宗を擁し司礼太監馮保と表裏して政権を壟断し得たのは、彼が馮を引き込んで太后の支持を出させ、馮は張を利用して科道官の口を塞ぐことができたからであり、こうして張居正は君主一元的支配の名分の下、他に比類ない強力な首輔権の行使を可能にしたのであった。しかし、張の専権体制下では反張勢力が生まれ、それは神宗の親政期に至ると反内閣派ないし東林派として形成されたのであるが、そうした過程のある決定的な時期には、常に科道官が表面に現れた。張居正が勢いをくじかれたときも彼らの弾劾が先行し、また申時行内閣成立後もそうした状況が繰り返し現れたのである。

申時行内閣は、張居正内閣に比べて弱体で、考成法を強行し難く、寛容策を用いた。吏部が人事権の独自の運営を標榜して内閣の従属的地位から脱け出したのみならず、太子冊立問題をめぐって繰り広げられた反内閣派と科道官の政治批判は、内閣の立場をいっそう困難にした。ゆえに内閣としては、百官の出位越職の禁で言責と言守を厳格に区分することにより、言路の勢を弱めようと画策した。しかし、深刻化した国本・京察と、さらに万暦二十四年頃から鉱税使派遣により惹起された大小の民衆反乱等の複雑な政治問題は、科道官はもちろん朝野を挙げての批判を呼び起こした。申時行に続いて王錫爵、沈一貫の内閣が成立すると、特に人事問題をめぐって吏部権と衝突することが多かった。沈一貫内閣は、上で神宗の支持も確固としなかったので、私人の科道官を政治に利用するようになり、このことは東林党と崑・宣・浙党の科道官どうしの対立に発展し、さらに東林党と斉・楚・浙党の科道官どうしの対立へと激化、展開された。こうした渦中で、朝廷では科道官の批判的言論に対し個別に弾圧を加えたが、それ以外にも、章疏が上ってくるとこれを「留中」として批答しなかったり、科道官が転出・昇遷あるいは処分で欠員となると、補任措置を取らないまま放置することで、深刻な員缺の状態をもたらした。特に万暦末の方従哲執政の七年間を境にして、三党の科道官が互角の勢いを成し、東林派勢力は大きく阻喪せざるを得なかった。当時は、内閣以外に吏部も三党の科道官に附和し、変則的な「君主一元的支配」が成し遂げられたのであった。このような内閣・吏部・科道の三者の一体化は、嘉靖以降の首輔権強化の過程で、部分的にあるいは一時的に存在したけれども、方内閣の下に於ける三党科道官の政局主導の如きことは、今回が初めてであった。そうして天啓以後、東林派の執権期や魏忠賢の乱政期でも、科道官は大臣と同列であり、また政局を主導するほど、その役割が強化されたのであった。万暦朝と泰昌朝、泰昌朝と天啓朝の交替期に、紅丸と移宮の問題をめぐって東林派科道官の楊漣と左光斗が果たした役割、そしてその後輩の魏大中と袁化中らの役割や、また魏忠賢専政期では崔呈秀・王紹徽・霍維華らの政治的役割も、活発であった。『明史』閹党列伝では、崔呈秀伝以下、本・附伝を含む計三〇名中の一七名が科道官であるという事実も、魏忠賢体制下に於ける彼らの役割が一定程度活発であったことを予想させてくれる。

明朝最後の皇帝毅宗は、一般にそうであるように、即位初期に言路開放策を実施し、言事で罪を得た言官を復職させる一方、科道官の弾劾を容れて魏忠賢とその党人の崔呈秀を投獄し、逆案を確定し、他方で、魏忠賢の乱政で生じた科道官の欠員を大幅に補充した。そして、言官の無責任な言事により惹起された数多くの弊害を見てきた彼は、言路を開放したが、根拠のない発言や情実による人物の薦挙に反坐律を適用させる端緒を開いた。こうしたたぐいの条件付き開放策は、前代にも時おり試みられ、そのたび即座に科道官側の反発を呼び起こした。毅宗の場合も例外ではなかったが、満州族の侵入と李自成・張献忠の農民反乱等、時々刻々と切迫する危機的状況の中にあって、彼は「党派的因襲」に染まった科道官に弾劾権を一任した儘にしておかなかった。言官自ら「納賄の首魁」と慨嘆するほどその否定的側面が露呈しており、毅宗は言官の弾劾権を宦官にも賦与し、他方で武挙人を科道官へ抜擢する新例をも定め、そのため科道官側の強烈な反発を招いた。崇禎朝の十七年間、五〇員にも達した閣臣の頻繁な交替を指して「五十宰相」と称し、これは廷臣に対する毅宗の不信感を示したものだが、その不信感は科道官に対して一層強くなっていった。崇禎末年に至り、取るに足らない言事で所謂「姜・熊の獄」を起こし、王朝滅亡の直前まで長期にわたって繫獄させたのも、まさにそのためで、この事件こそ君主独裁制下に於ける言官の宿命的帰結であった。明一代を通して科道官は人数が固定されていたため、時代が下るにつれて担うべき業務の分量は相対的に増大した。しかも単に制度上の分量が増えたのみならず、備辺の問題、特に遼事のような困難に直面して、彼らの負担は大きくならざるを得なかった。帝の言官に対する疑心が増大したのも、それと相関関係を持つものであった。

Ⅳ

これまで著者は、明代君主独裁体制下に於ける科道官の言官的役割とその性格を中心に、検討を加えてきた。ところで、伝統時代に君主権を牽制する機能を持つ言官が、他方で君主権を擁護する察官的機能をも備えていた点[5]を勘案すると、この研究は科道官の言官的機能の面を重視するあまり、察官的性格を過度におろそかにしたことを率直に認めざるを得ない。しかし序論で言及したように、明代の科道官は、一般の監察官とは異なり、当初から言官的機能を強めていたのみならず、実際に明一代を通して、言官として私益追求に汲々とする君主権を批判し、また、君主権の維持・存続に双輪的役割を担った内閣と司礼監に対する仮借ない弾劾を事とし、その言官的性格を如実に示した。[6]そうした科道官の言官的性質は、党争が激化した時にはそこに飛び込んで、所謂世論政治を標榜して政局を左右する立場に立たせ、満州族の侵略と李自成・張献忠に領導された農民反乱に当たっても「派争的騒乱」と応酬するのみで、監察官として実質的に助力することができず、それゆえに朝廷からは常に疑心と嫉みを受けねばならなかった。(7)

ところが、科道官のこのような言官的性質、言い換えると政治批判を職分とする科道官は、制度上の官職ではなく、現実の政治が変動したことによって形成された一種の官職体系であり、がんらい太祖の設置意図に違背するものである。すなわち太祖の科・道官設置は、君主権を維持させる砦として監察制度の一環として取られた措置であったが、科道官体系の形成と発展は、明朝の守成期ないし解体期に入って変化した政治制度的ないし社会経済的な現実の要請に従って、上下通情の橋梁的或は士意識の代弁者的な言路として台頭したものだったのである。

以上のような科道官の言官的体系の形成は、他方では道官が都察院からの独立性を強めていった過程と一致するもので、言わば太祖が意図したところの、強力な君主一元的統治体制のために設けられた監察制度としての性格が弱まっていき、このため清の異民族統治下になると、科道官には言官的機能に代わり、あらためて察官的性格が必要とされるようなったのである。こうして雍正元年、六科を都察院に編入し、給事中は監察御史よりも上位に位置付け、都御史の管轄下に置いた。(8)かつて、君主一元的な中央集権体制を強化するために、張居正が考成法を創案し、科道官の言官的性格を弱めて察官的機能を強化する企てが試みられたのだが、満州族の統治体制下で科道官を都察院に編入させることによって、洪武帝の科・道官設置の目的が最終的に達成された訳である。

註

（1）黄宗羲『明夷待訪録』「置相」。

（2）士大夫層は、宋代に台頭して以降、明・清時代を通じて政治的であったが、社会の諸分野で指導的役割を担当していた。より具体的には、明代中期以降の政治的・社会経済的な諸変化にともない、彼ら士大夫は郷村に於いて自らの支配力を強化し、いわゆる「郷紳支配」の成立を可能にした、という（重田徳「郷紳支配の成立と構造」『岩波講座世界歴史』一二）。他方、この郷紳は過度に郷村に限定された偏狭な概念であり、むしろ紳士という概念のほうが遙かに包括的で、明・清時代の士大夫の階層的性格の特徴を端的に把握できる、という主張もある（＊閔斗基「清代『生監層』の性格――特にその階層的個別性を中心に――」『中国近代史研究――紳士層の思想と行動――』、一潮閣、一九七三。のち山根幸夫・稲田英子共訳『明代史研究』四～五、一九七六～七七、及び、＊呉金成「日本における中国明清時代紳士層研究について」『東亜文化』一五、一九七八。のち日本語訳『明代史研究』七、一九七九、を参照）。紳士にせよ郷紳にせよ、明代中期以降の諸般の歴史的契機により、彼らの政治的・社会経済的活動は活発となり、参与意識が強くなったのは事実で、特に明代東林派の指導的人物たる顧憲成の主張には、明らかに宋代の士大夫に見出だし難い特徴がある。小野和子氏の「東林派とその政治思想」をはじめとした東林派に関する一連の研究（氏はそこで特別にそうした用語を使っている訳ではないが、明末に於ける士の意識の特徴を強調している）や、溝口雄三氏の「明末を生きた李卓吾」（『東洋文化研究所紀要』五五、一九七一）や「いわゆる東林派人士の思想――前近代期における中国思想の展開――」（同紀要七五、一九七八）等は、何れもそうした問題関心からの研究である。

（3）　溝口雄三氏は「いわゆる東林派人士の思想」二四六～二四九頁で、東林党の政治闘争を、皇帝宦官派の皇帝一元的な国家へゲモニーに対する分権公治的君主主義に立脚した郷村地主側の郷村へゲモニーの、いわば新・旧の対立関係として把握しており、また小野和子氏は「張居正が中央から地方をコントロールしようとしたとするならば、東林派は地方の側から中央をコントロールしようとした」（「東林党と張居正」九七頁、『明季党社考』五三頁）とし、また「後の東林派の人びとは、ポスト張居正の時期、……言路を拡張することによって、『天下の公』『天下の理』を中央の政治に反映させてゆこうとした。この『天下』は、夫々に地域的な利害と具体的な問題をかかえた『地方』をそのなかに包摂した『天下』であり、士大夫のみならず、理念としては草莽の匹夫をさえふくみこんだ『天下』である。君主権は、究極的には、この『天下の公』『天下の理』によって規定さるべきもの」（同右・九六頁、同書・五三頁）とし、東林派人士の分権公治論の内容とその性格を、東林派に関する一連の論文で明らかにしている。ところが、分権公治論は東林派に限って現れたものではなく、近くは嘉靖期の「大礼の議」で楊廷和内閣派により君主権に対する牽制の方式として強調されており、遠くは成化年間すなわち明代中期以降、帝室が「民と利を争う」時代を背景として現れているところに、着目すべきである。

（4）伍袁萃『林居漫録』巻一・海公華亭篇によると、いわゆる大地主としての徐階は、子弟・家奴たちが閭里で横暴をはたらき非難を受けていたが、特に海瑞が応天巡撫としてこれを問題に取り上げると、徐はこれをなだめるために給事中戴鳳翔を三万金で買収して、海巡撫を斥けるよう付託した、という。徐階の大地主としての地位については、森正夫「明中葉江南デルタにおける税糧徴収制度の改革——蘇州・松江二府の場合——」（『明清時代の政治と社会』、一九八三）四三八～四四八頁、参照。

（5）Hucker, *Censorial System of Ming China*, pp.289～290.

（6）Hucker 氏の研究は、監察制度に焦点を置いて進められており、その言官的活動がどの王朝よりも活発だったことを認めている。それにも関わらず、「監察制度」それ自体が帝権を擁護するための砦としての基本的性格を持つために、言官のそうした活発さも結局は帝権擁護の傾向を帯びざるを得なかったと結論づけている（pp.287～301）が、それは当然の帰結である。

しかし科道官は、監察制度にのみくくられるのではなく、察官としてよりも言官としての性格が強かったという点から見ると、それは決して「帝権擁護の砦」として機能したのではなく、むしろ私益追求を能事とする君主権に対する牽制機能がその本領であったことを、氏は看過しているのである。科道官のそうした政治批判にも拘らず君主権は健在だったが、その理由は、科道官の政治批判との関係の下で把握するのではなく、ほかの点から究明すべきである。

（7）李徳福氏は、『明代言官』六七頁で、「明代の言官は往往にして一方では君主専制の促進剤であって、君主集権化の主要な演出者であると同時に、君主専制の生け贄であるが、ここに正に封建時代の言官の悲劇が存在した。」と指摘している。

（8）銭穆『国史大綱』下冊・六〇〇頁、及び＊曺永禄「明清時代の言官研究」二七～二九頁、参照。

研究文献書目

一九八八年に韓国で原書『中国近世政治史研究』が出版されてから一〇年以上が経ち、現在までに科道官に関する多くの研究書や研究論文が発表されている。最近では、張治安氏の『明代監察制度研究』（台北、五南図書出版公司、二〇〇〇年）も出版された。そこで、この訳書の刊行まで、おおむね一九八五年以降に発表された研究書などを、以下に掲出することにした。本書が日本語訳という性格上、邦語のものを取り上げ、執筆者ごと（五十音順）にまとめた。不十分なもので、見落としもあるかと思われるが、御寛恕をお願いしたい。

【著書】

小川　尚『明代地方監察制度の研究』（汲古書院）一九九九年
小野和子『明季党社考――東林党と復社――』（同朋舎出版）一九九六年
阪倉篤秀『明王朝中央統治機構の研究』（汲古書院）二〇〇〇年
和田正広『明清官僚制の研究』（汲古書院）二〇〇二年

【訳書】

黄　仁　宇（稲畑耕一郎・岡崎由美・古屋昭弘・堀誠訳）『万暦十五年――一五八七「文明」の悲劇――』（東方書店）一九八九年

【論文】

岩井茂樹「張居正財政の課題と方法」『明末清初期の研究』（京都大学人文科学研究所）一九八九年
　同　「明末の集権と『法治』主義――考成法のゆくえ――」『和田博徳教授古稀記念・明清時代の法と社会』（汲古書院）一九九三年
小川　尚「明代都察院の再編成について」『明代史研究』二九、二〇〇一年
小野和子「東林党と張居正――考成法を中心に――」『明清時代の政治と社会』（京都大学人文科学研究所）一九九三年
　同　「浙東のレジスタンス」『明末清初の社会と文化』（京都大学人文科学研究所）一九九六年
大石隆夫「明代嘉靖期の進士集団」『（関西学院大学）人文論究』四七－四、一九九八年
大野晃嗣「明代の廷試合格者と初任官ポスト――『同年歯録』とその統計的利用――」『東洋史研究』五八－一、一九九九年
川勝　守「徐階と張居正」『山根幸夫教授退休記念・明代史論叢　上』（汲古書院）一九九〇年
阪倉篤秀「成化期における吏部権限縮小論」『アジアの文化と社会』（関西学院大学）一九九五年
　同　「洪武朝初期の吏部」㈠・㈡『人文論究』四六－一・三、一九九六年
　同　「吏部尚書蹇義とその時代」『東洋史研究』五六－四、一九九八年
桜井俊郎「隆慶時代の内閣政治――高拱の考課政策を中心に――」『明末清初の社会と文化』（京都大学人文科学研究所）一九九六年
車　恵　媛「明代における考課政策の変化――考満と考察の関係を中心に――」『東洋史研究』五五－四、一九九七年
城井隆志「嘉靖初年の翰林院改革について」『九州大学東洋史論集』一四、一九八五年
　同　「万暦三十年代における沈一貫の政治と党争」『史淵』一二二、一九八五年
　同　「明代の六科給事中の任用について」『史淵』一二四、一九八七年

同　「明代前半期の御史の任用」『和田博徳教授古稀記念・明清時代の法と社会』（汲古書院）一九九三年
同　「明代の科道官の陞進人事」『東アジアにおける生産と流通の歴史社会学的研究』（中国書店）一九九三年
進藤尊信「明代の司礼監とその周辺」『秋大史学』四八、二〇〇二年
谷井陽子「明朝官僚の徴税責任――考成法の再検討――」『史林』八五－三、二〇〇二年
鶴成久章「明代会試の舞台裏」『福岡教育大学紀要』五一、二〇〇二年
中　純夫「徐階研究」『富山大学教養部紀要』二四－一、一九九一年
同　「張居正と講学」『富山大学教養部紀要』二五－一、一九九二年
同　「耿定向と張居正」『東洋史研究』五三－一、一九九四年
和田正広「明清の宗譜にみえる科挙条規――官僚制に於ける腐敗の中国的特質――」『中国伝統社会の歴史的性質』（中国書店）一九九七年
同　「明代科挙の性格」『九州国際大学教養研究』七－一、二〇〇〇年

訳者あとがき

訳者にとっては二冊目となる韓国文の研究書の翻訳で、このたびも山根幸夫先生のご推奨により、汲古書院より刊行できることになりました。ただ、刊行の了解をいただいてからも、かなりの時間が過ぎてしまいました。何よりもこのことを、関係の方々に深くお詫び致します。

原書『中国近世政治史研究――明代科道官の言官的機能――』を読むことになったのは、書評を依頼されたことが理由でした。その拙評（『東洋史研究』四九―二、一九九〇年）が適切であったか否か気に掛かっていたところに、著者の曺永禄先生が教鞭をとる東国大学校から徐仁範氏が東北大学大学院に留学しているのを知り、あらためて全訳を試みることにした次第です。

訳稿作成に際して、今回も諸先生方にご指導を賜りました。厚くお礼申し上げます。「まえがき」に記されている通り、本書の内容は小野和子先生の諸研究に関連したものですが、その小野先生は二度にわたって訳稿を精読され、原史料までも参照されて誤りをご指摘いただけたことは、この上ない幸運でした。森正夫先生からは、主に日本語の文章として不自然な語句・表現について、ご指摘いただきました。徐仁範氏（現東国大学校専任講師）には、曺永禄先生との連絡とともに疑問点の解決にご協力いただきました。ただ招請を受けながらも、訳者の都合で訪韓して曺先生や徐氏に直接会う機会が得られず、手紙のやりとりに多くの時間を費やしたことを申し訳なく思います。

こうして諸先生方よりご意見をいただき、修正などを加えました。しかし、例えば「箝制」といった語をそのまま用いるなど、まだ分かりにくい語句・表現が残されています。そのほか誤訳や不適切な箇所もあるかと思いますが、それらの責は何れも訳者が負うべきもので、ご海容のほどお願い致します。

最後になりましたが、当初予定していた訳稿の提出・校正の期日を大幅に過ぎ、また後日訂正の箇所が多かったにもかかわらず、あとで悔いを残さないようにとお励ましいただいた石坂叡志社長をはじめ、汲古書院の方々に、お詫びとともに厚くお礼申し上げます。

二〇〇二年一一月一六日　　初校の途中にて

渡　昌　弘

著者略歴

曺　永　禄（チョ・ヨンロㇰ）

1936年生れ。東国大学校名誉教授。文学博士。

著書：『*中国近世知性の理念と運動』（*知識産業社）

『*近世東アジア三国の国際関係と文化』（*知識産業社）

訳者略歴

渡　昌弘（わたり・まさひろ）

1956年生れ。東北大学大学院文学研究科博士課程単位取得。

訳書：『明代社会経済史研究』（汲古書院）

明代政治史研究

二〇〇三年三月三十一日　発行

著者　曺　永　禄

訳者　渡　昌　弘

発行者　石　坂　叡　志

印刷　富士リプロ

発行所　汲　古　書　院

〒102-0072 東京都千代田区飯田橋二-五-四

電話　〇三（三二六五）九七六四

ＦＡＸ　〇三（三二二二）一八四五

ISBN4-7629-2685-X　C3022

索　　　　引

この索引は、原書所掲のものに加筆して作成した。なお、内容から判断して取り上げた場合があり、当該の頁にその用語が見られないこともある。

事 項 索 引

【ア行】

【カ行】

【サ行】

【タ行】

【ナ行】

【ハ行】

【マ行】

【ヤ行】

【ラ行】

人　名　索　引

【ア行】

【カ行】

【サ行】

【タ行】

【ナ行】

【ハ行】

【マ行】

【ヤ行】

【ラ行】

【ワ行】